文學叢刊之九十一

朱介凡著

壽堂雜憶（上）

文史哲出版社印行

珍貴的歷史鏡頭

二次大戰時的盟軍統帥蔣中正、艾森豪，以中華民國總統和美國總統身份聚會臺北。

春情意濃，色彩繽紛

六十年三月遊陽明山，周君亮兄所攝

八十二年元宵節攝於臺北燈會

赤子之心，君子之道

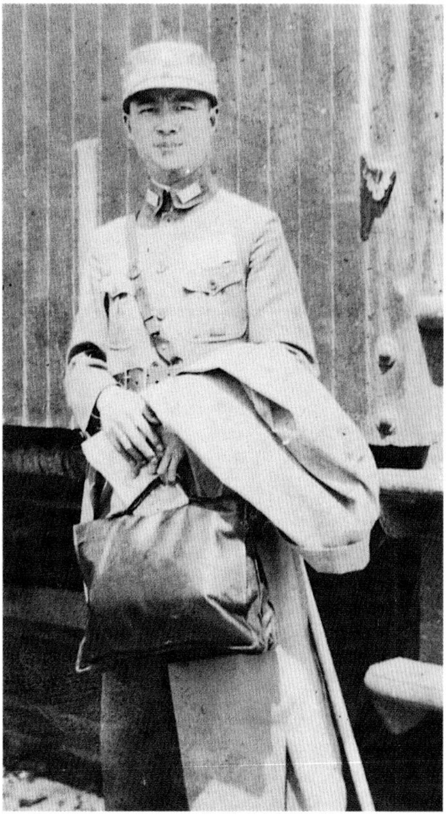

七七事變前夕攝於平綏路南口車站

民二十七年八月征馬初卸，在河南延津敵後撰寫戰地見聞。

金婚誌慶（七十三年秋於臺北）

前排右起：大外孫梁振儀、壽堂、孫取莊、姚青、小外孫女振萱。

後排起：婿梁定祥、女仁星、子仁昶、媳江元姑。

後排右起：壽堂、妹成珍、姚青。

前排右起：父、母、女秋影子仁昶、么弟成伯。

全家福　二十九年攝於長安曲江池。

民二十三年秋壽堂與姚青旅行結婚

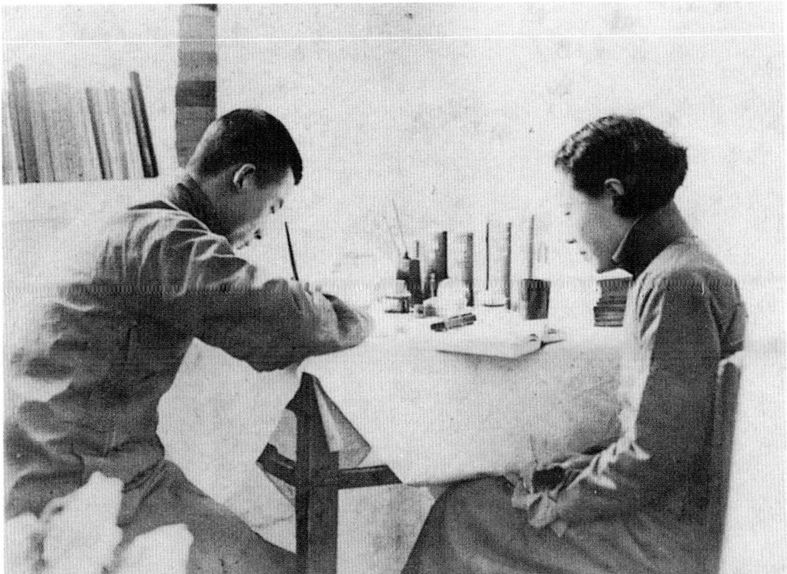

民二十三年十一月在河北大名府度蜜月

民四十六年夏，姚青在臺北割治骨結核，調養三年始見豐潤。

救國團主任蔣經國（前排中）茶會文藝界，中排左五爲壽堂。

民七十八年五四文藝節文協頒發榮譽獎。右起郭嗣汾、王大任、鍾鼎文、壽堂、頒獎人教育部長郭為藩、顧正秋代表人、葛香亭、蒲添生。

中國語文學會贈獎壽堂。右起趙友培、周天固、陳紀瀅、張希文、壽堂、高明、潘振球。

文友歡宴林語堂伉儷

民五十五年一次歷史性盛會。左起梁又銘、壽堂、黎東方、趙友培、宋膺、張道藩、王集叢、鍾雷、謝冰瑩、魏希文、林語堂、穆中南、林語堂夫人、吳若、王世杰夫人、馬壽華、王世杰、任卓宣、羅家倫夫人、陳紀瀅、張道藩夫人、羅家倫。

民六十六年一月，陳紀瀅邀宴文友。右起劉紹唐、左曙萍、何容、鍾雷、吳俊才、趙友培、蔡文甫、壽堂、陳紀瀅。

民四十八年王超凡兄壽宴，長安故人往賀，有壽堂、姚青夫婦，張佛千、曹敏、張義舉、高化臣諸伉儷。中坐者爲超凡及張蓓伉儷。

日本學者古屋二夫研究中國諺語，定期來臺造訪，與壽堂作深長討論。

齊鐵恨先生對壽堂多所提攜，指導諺學研究，使諺學薪傳。

民四十二年春，初晤胡秋原於臺北景美胡府。

訪鍾敬文於北京友誼醫院（壽堂、義女易典、鍾老及鍾弟子張銘遠、高丙中。）

新舊任中華民國羽球協會副總幹事壽堂（右）、周培敬（左）。

民五十五年國慶日，壽堂率領羽球選手在總統府前遊行。

民七十四年，法國高達思博士（中）常來研討諺學與壽堂夫婦合影。張寶仁、呂淑芬、李麗娟、林嫵（自左自右）四位小姐助我致力「中國古典小說集諺」工程

八十年五月訪北京中央民族學院「中國諺語集成」主編馬學良教授（右坐者）。

外甥錢毅、盧連方夫婦結婚十年，與壽堂攝於黃鶴樓前。

同胞重逢鄉土

民八十六年四月壽堂在漢口，與小妹成珍、二弟朱坡、么弟成伯。

民八十年於長安，與壽堂、二弟、內弟姚運江全家合影。

外甥朱斌獲美國波士頓大學英美文學博士，一家三代聚於異邦。左起妹婿錢鋒、朱斌、外甥媳、小妹成珍及小外孫。

長太息以掩涕兮
哀民生之多艱

屈原 離騷

周培敬先生序

老友介凡兄以「米壽」高齡，出版「壽堂雜憶」自傳式巨著。我為協助其校讐排印稿件，得以仔細閱覽全文，成為本書第一位讀者，感到異常榮幸。

介凡兄與民國同春，他的雜憶寫出其八十八年歲月的點點滴滴，實際上就是一部側面的民國近代史。從中可以看出我們這個苦難的東方第一個民主國家，每一時期所遭受內憂外患的折磨，及其成長過程。不過，此書不同於一般史書者，是從作者個人經歷的敘述中，透露了許多不為衆所週知的背景說明，讓讀者在瞭解史事時，恍然有「原來如此」的感受。因此，這本雜憶必將成為大衆之所必讀。

一個自幼因家貧失學，未得接受正常教育，而能憑其不斷努力自修，從極度艱苦中，鍛鍊成為多產作家，著作等身，在文壇享有盛名。難能可貴的是他大半生投身軍旅，沙場上出死入生，累瀕於危，卻始終不離閱讀與寫作。所涉獵的中外古今文藝書刊，車載斗量。其在軍中數十年，南征北戰，足跡走遍宇內各省。像他這樣眞正讀萬卷書、行萬里路的文學奇才實不多見。這位自由主義的著作人，矢志於斯，逾時七十載。

他不僅是位文藝作家，其於文藝批評、文史、民俗學都有深度研究，又曾致力婦女問題探討十餘年。

介凡兄對國家最大的貢獻，是以六十年心血，從事諺語的蒐集與研究，著成五百萬言的「中華諺語志」，使全球文壇同表景仰。而他都是在公餘之暇爲之，毫未耽誤其在公職上所應盡的職責。

不僅治學有成，其爲人處世更表現忠厚謙讓。於任台灣省保安司令部政治部副主任期間，負責書刊出版審核。尚値戒嚴，爲防中共滲透，訂有諸多限制法令；而他的處理原則，多在於調和協助，絕不故事刁難，因而與文化出版界建立起深厚友誼，做到了「身在公門好修行」。當年保安司令部被民間視爲「可怕的機關」，他的作爲則博得了：「這樣的地方竟有這樣的好人」之稱譽。對於他自身職位官階的升遷和福利爭取，都採取退讓態度，勿論服務軍旅或任政工，均能上和下睦，順利解決公務上一切困難。

介凡兄文中累說，一生中經常遇有貴人相助。其實，他本身就是一位貴人。所謂「天助自助者」，他對一件事業已經奠立了基礎，別人受其感動，自然儘力相助。以集諺爲例，他畢生竭力蒐求研究，已多所成就；友好但得聽聞諺語，莫不立即提供所知，以促其成，就是極好例證。

他大名「介凡」，可以解釋爲「介乎平凡與不凡之間」。其歷來作爲，不凡之處實多於平凡。閱此雜憶，可以觀之。讀者將以能讀此書爲幸；我們亦以能與這位不凡的學者相識相交爲幸！

自序

壽堂雜憶始筆於民國七十一年十月二日，八十一年十一月十九日寫畢初稿。八十年陰曆年前後，寒冷中，去陝西長安一月，住西北工業大學教授區。黎明時分，撰述不輟，乃是雜憶寫述最難忘的情境。清晨散步西工大操場，衰草嚴霜，沙沙有聲。稿成後，至八十八年七月，十次校訂，刪去六十萬言。內中一半篇章，另寫爲小說和別題的記事。

民元出生。少年爲國民黨、共產黨。犧牲拚命，經歷非尋常。既讓那第三黨攪亂一陣子，又受執政者誤導，跌落法西斯迷霧。十九歲矢志著述，體認自由主義，乃得躍身超越。

斑斑血淚，一生辛酸，些許甜快交織。今猶挺腰健步，秉筆直書，爲國家社會歷史作見證，也說說人家之所未聞未見。

自己一生，對政治不太有興致，只想自由自在，於文學寫作有所貢獻。非不關心政治，自幼到老，家無半畝，心憂天下，稟賦著「革命黨脫胎」的時代精神。

諺學領域，整整耕耘六十年。八十三歲了，回到文學，已時不我予。

外婆、先母遺傳所賜，一生四季，黎明即起，特感生命常新，朝氣勃勃，過這每一天的日子。

壽堂八十歲時，與相識半世紀的老友常薇結婚，滿擬遊山玩水，償我多年願望，同走大江南北，寫自己人生最後一部書「中國我愛」。誰知一下子和她分手了。一道彩虹，好奇幻、深刻的愛戀，一絲無惱怨。平生頂意外的挫敗，並未給擊倒。志誠君子，瀟灑安泰，傲嘯如初。

未離娘胎，即受死亡威脅。平生屢瀕危難，皆化險爲夷。比起幾位老友，若孫東衡未死戰陣，而猝亡於敵機轟炸的大後方。乃至太平年月，臺北內湖，黃昏晚風輕柔漫步，三十餘載戎馬生涯的史泰安才年過八十，竟橫遭車禍。黃埔三期的董從善兄，也是如此。今人生旅途將盡，不知何以終了也？世間萬事，王侯將相，高人隱士，修道入禪，惟此生命之終結一事，由不得你，秦皇、漢武無奈。看水流舟，只有聽它去，且學莊周逍遙。

壽堂雜憶寫到十七章第四節，下筆屆十年，成稿五分之四，以重讀「歌德（一七四九——一八三二）自傳」，有番悟解。歌德自傳又以「詩與眞實」爲名。這漢譯本，三十四年秋於長安讀到。長久留下的印象，總認它是「詩本事」之意。

八十年元月，臺北屏東之旅，將離屏北返，展閱趙震譯「歌德自傳」。半個世紀所讀的這兩個譯本，都非全譯。只因原著篇幅浩瀚，事涉多方，且有些高層知性探討，兩位譯家，雖先後相隔六十年，分在海峽兩岸，不約而同，都採取了濃縮性的譯述。

由於十餘年壽堂雜憶的用筆，如今深深體會到：「詩與眞實」者，有些部份，歌德出之詩的隱約、委婉，乃至想像、夸飾，有如中國屈原。而大多內容，則有若法國盧騷（一七一二——一七七八）「懺悔錄」，絕對赤裸，善惡榮辱，一無忌諱的陳述。歌德晚生於盧騷三十多年，比盧騷多活了十幾歲，他寫「詩與眞實」，信必多少受些「懺悔錄」的影響。

壽堂初讀「懺悔錄」譯本，是在十八、九歲時。不管怎樣，自傳筆法，不同於小說創作，

「紅樓夢」之眞事隱（甄士隱），假語眞（賈雨村）。壽堂雜憶絕大部份，近似盧騷「懺悔錄」，惟百分之一，不得不採取歌德「詩與眞實」，委約其辭。或亦古今中外之通例乎！

作爲一個中國人的心性，自由主義乃是很儒家的，君子溫良恭儉讓，忠恕之道，文質彬彬，不黨同伐異，不遺世獨立，不自我膨脹。獨立自主的愼思明辨而篤行之。深具全力以赴的道德勇氣。

回顧既往，欣然發現，同此時代浪潮中，載浮載沈的伙伴們，其成爲自由主義者，大有人在，眞是人同此心，心同此理。也正是胡林翼的體會：「吾必不孤，吾亦必不可孤！」

六經皆史也。是則，壽堂這一生所寫下的書册，不僅只是歷史的註脚。自己文筆笨拙，但絕不失其樸質懇摯，不偏私巧辯，不阿諛曲說，可欣慰，也可告慰於天下者。這，確乎是壽堂所不敢辭謝的自負。我怎能夠不高唱——一個自由主義者的喜歌！

承周培敬兄惠序，深感。溢美之甚，不敢當。其揭示此書特點，確是自己所全力以赴。復蒙他再四校閱，且關切付排方面諸多細微末節，我不能不說，太是遇到貴人了，我好幸運。

凡例

一、不以自傳名書，乃因敘述上，引發許多相關論證，筆致龐雜。本書特多二十世紀中國社會生活史料，乃是同類著述中，人們給忽略了的部份。壽堂並不單揀自身事來用筆。

二、何幸生當此動盪、蛻變，多樣進步的大時代，波瀾闊壯，置身奮戰前鋒，經歷了同時代一般人們罕有的遭遇。凡有關歷史、文化、社會、民俗，以及人所疏於了知的事件，敘述不厭其詳，勿慮枝蔓。不欲耗費篇章，後半生的陳述，則甚簡約。

三、此雜憶篇章，必顯示壽堂所生活的歲月，國家社會個人的時代背景與時代精神，坦說心路歷程，爲密緻的詮釋。不文過飾非。也申訴此生一些遺憾，表我冤苦。

四、悼念許許多多已逝的人和事。並非大時代潮浪中的泡沫，而是狂濤上揚的浪花，爲風波捲沒而去。無限感懷，對這些位在天堂的親友、同志、伙伴們，謹致敬意。

五、不教人家臉紅，不致引人惱怒。不能無褒貶，採隱惡揚善主義。極少數的，或出諸化名。有關係的人早過世了，身後是非誰管得？

六、深深感到愧然的，乃是各章節長短不一，無法強求其字數均等。

七、行文中不免顚三倒四，每爲今昔對比的述說，非故意如此，也非「意識流」。實緣一世紀歷史省思，不得不然。當可獲高明鑒諒，您或許會很欣賞這等顚三倒四的比證，也不一定。

壽堂雜憶

目錄

第五章　革命小同志

第六章　當學兵

第七章　廣東歸來

第十二章　晉冀豫魯敵前敵後

第十三章　終南山下

第十四章　中國之奮戰

第一章　家世

第一節　逃難到武昌城

長江浩蕩。武漢上游六十里，兩岸有小山伸展江中，使江面收束如瓶頸。東岸大鎮金口，屬武昌縣。站上黃鶴樓，向西南望，漢陽、鸚鵡洲，武昌、白沙洲，兩岸地形平坦。極目處金口，天邊小山隱約。

太平天國之亂，從廣西、湖南一路瘋狂、攻擊、屠殺，裹脅百姓而來。老一輩長上的傳說，沒人對太平天國有好感。那些頭裹紅巾的長毛，說著腔調生硬的語言，人人中了魔一樣，擄掠、燒殺，把女人小腳剁下來堆成塔。自己瘋瘋癲癲，反說別人是妖氣。還沒打過來，老百姓就聞風而逃。

向來，逃難的事沒定準。既有城裏人往四鄉逃，也不乏鄉下人往城裏逃。

從金口鎮逃向武昌城的難民群，有位婦人帶著她兩個兒子，母子三人，挾了兩個包袱，茫茫蹌蹌，向北奔走。

她丈夫怎未同行？是已經去世？還是被裹脅上，也當了長毛？再不然，或者逃難中，給人潮衝散了？這幾種情況，總有一端。母子三人，是靠甚麼爲生的呢？種田？做買賣？還是做工？在金口鎭上，怎沒人扶助他們呢？大亂臨頭，各人自顧不暇。她一雙小腳，帶著兩個半大的孩子，奔這六十里路，到武昌城去投奔誰呢？她身上能帶幾文錢？

他三人乃金口鎭紫陽堂朱家。壽堂的高祖母、伯曾祖父、曾祖父。

清咸豐二年（一八五二），太平天國第一次破武昌城，大殺三天，裹脅了不少男女，沿江而下南京。咸豐四年，曾國藩克武昌。次年，武昌復陷。咸豐六年，再爲胡林翼克復。

壽堂高祖母，母子三人從金口逃到武昌，應是咸豐六年前後的事。

高祖母當時三十多歲，兩個兒子，哥哥約十三、四歲，弟弟十一、二。

武昌城保安門外的十字街，街道兩旁，家家是商店、貨行、篦貨、苧麻、陶瓷、鐵器、農作木具、半新估衣、糊湯粉館、清眞教門麵飯館、糖食、雜貨、米糧、百貨。其中舖店門面寬大，外牆特別高，沿著保安門往南：第一家，做酒的槽坊。第二家，孫家大雜貨店榮泰祥。第三家，氣派顯赫的晉泰當舖。

母子三人到了武昌城，就落腳在十字街這一帶地方。在孫家大雜貨店門外，擺了個攤子，做小生意糊口。

榮泰祥老板，浙江人，生意很興隆。老奶奶宅心仁厚，總想著要賙濟人家。對於店門外擺小攤的母子三人非常同情。「國亂出忠臣，家貧出孝子」，老人家特別愛重這弟兄倆，兄長好本分，弟弟精明，勤巴苦做，孝順娘親，不由的她要樂心樂意的來全力援助。

第二節　樹大分椏

不到十年的奮鬥，高祖母創家立業，在武昌城開了朱祥泰大雜貨店。房子有三進，前面做生意，後面住家。

店鋪已請有夥計，帶著徒弟伢。高祖母居中督導，伯曾祖父坐賬房，守鋪子，曾祖父跑街，專管對外，生意日見興旺。

朱祥泰生意有了名聲，弟兄倆先後結婚。妯娌倆也與弟兄倆一樣，性格迥然不同，嫂子高身材，長眉大眼，極大方，善辭令，富機心，爭強好勝。弟媳婦矮矮的，小眉小眼，怯於應對，不善言語，極本分，近乎懦弱。

逢到年節、喜慶，或是家裏、店鋪有甚麼事，總是老大和弟婦守鋪子，守廚房；而由老二和嫂子，裏裏外外應酬客人。親友們當人不當人，都有取笑說：「你朱家這妯娌倆，要掉換一下就好了。」

樹大分椏，人大分家。高祖母去世，倆弟兄人口也多，非得各立門戶不可。

大房子女多，有八人，就從老屋遷出，在廣里堤買了房子，另在望山門正街新開一家萬泰大雜貨店。

二房單傳，只壽堂祖父一人，無兄弟姊妹，仍然守著祥泰老鋪子。

分家是不公平的。按理本應該老弟兄倆對分。可是，嫂子堅持要按小弟兄們輩分。老弟兄倆患難中長大，情誼好，弟媳婦為人本分。本家、親戚，沒有長輩能挺身出來說話。

大房的第二代，是壽堂的爺爺和姑奶奶輩。大爺爺、二爺爺、七爺爺未婚即去世。三爺爺之綱，讀書人，進了學，沒甚麼功名，婚後，無出，民國初年去世。三奶奶斯文有禮。四爺爺、五爺爺、六爺爺，皆體格強壯，聲音宏亮。婚後，只四房生了兩子，五房兩子一女，六房無出。除了五奶奶湖南人，是五爺爺在湖南美孚煤油公司任事而對上的一門親事，四奶奶、六奶奶，都是「大太」湖北口語，稱曾祖父母爲「太」，爲太公太婆的省略語，帶暱稱意味。自省城和漢口大戶人家千挑萬選，才對上的親事。大太的獨生女，則選上武昌大富戶韓百萬的兒子爲婿，雖患不輕不重的神經病，也不計較。韓家在武昌城長街、芝麻嶺的房舍宏偉，越到後進越高。

二房的婆媳，壽堂的曾祖母、祖母，則都是武昌南鄉的鄉下人。

第三節　朱祥泰的富塌

罪過，竟不知曾祖父母名諱。但清楚記得，曾祖母娘家姓祝。祖父之榮，字壽臣。祖母萬氏。祖父母長子本璿，字伯衡。

祖母幾乎每隔一年多就有生育。從第二胎起，每一個孩子都是在嬰兒期夭折。么兒僅活到六、七歲，也告夭折。

祖父得伯曾祖父、曾祖父餘蔭，承繼二房家業，而爲朱祥泰雜貨舖的老板。

曾祖父年歲老大，家庭生活既已富泰，加之，他已吸上鴉片煙癮，懶得再像青少年時代那樣勤奮。或者，是否有了老莊哲學的潛在影響呢——人貴知足。況通諺：「世上錢多賺不盡，朝裏官多做不了。」又說：「錢能消志」。總之，這不是太平天國之亂，母子三人從金口鎮奔向武昌城的那番奮苦而爲了。

祖父謹愼務實，平平穩穩。老早，看中了老同學楊世瀛的二女兒菊生，要爲獨子本璿訂這門親事。這一對男女都是光緒十七年（一八九一）生，那時才上十歲。

世瀛爲武昌名醫，苦學，藥店學徒出身。醫道醫德兼美，爲全城人稱道。

楊家世爲武官，太平天國之役，陣亡者多，孤兒寡婦們賴國家微薄恩俸，勉維生活。

還有一層，壽堂的曾祖父，與這位年侄楊世瀛，常有躺在大煙盤旁談心，是具有同一氣質的人，都身軀瘦長，富思考而行動敏捷，自幼就有一番人生苦鬥的經歷。本璿跟菊生既定親，她的姐姐道生還待字閨中。

曾祖父去世，不久，朱祥泰便宣告停業。是無意經營，要裝出無力經營的樣子來賴債。壽臣帶了部份錢財，往上海一走，把這一切都委託世瀛處理。

人們都說朱祥泰是富塌，不是眞正的塌了。只緣世瀛人緣好，他是全武昌城的好醫生，德惠衆人，好說歹說，勉強了結，沒讓壽臣吃官司。只是給債主們寫了不少的「興隆字」。這種字據表示，等到自己事業發達，或是子孫興隆時，再來償債。有的人處事認眞，負責到底，就重視這興隆字的約束。多數情形，則藉以搪塞一陣罷了。

外祖父母本準備好豐厚的嫁妝，祖父母也早安排了要把喜事辦得十分風光。卻以辛亥革命，武昌首義，迫得慌慌張張的，一頂小轎抬進門，草草拜了花燭。第二天、便由祖母帶了這對新人，急忙逃往武昌南鄉青蓮寺戴家避亂。其時，清軍、民軍，在漢口武昌戰鬥，情勢緊張，大局瞬息萬變。漢口遭清軍大火焚燒，漢陽失而復得。直到十一月下旬，武昌面臨清軍強力攻擊，岌岌可危。十二月二日南京光復，黎元洪的軍政府才告穩定。

雙親的蜜月，乃在如此動盪不安的情勢中，隱避鄉間度過。我少年時，曾專程去戴家拜謁教書先生的戴叔，細說往事。他是父親同學，世代交情。

第二章 黃金年華

第一節 江漢初冬雪朝

民國元年（一九一二）陰曆九月二十八日（陽曆十一月六日）午時，壽堂出生於湖北武昌城漢陽門外筷子街。

頭生兒，生產不太順利。是「接生的」，江漢地區稱老年婆，用手抓緊我的頭部，從母體拖出來，頭皮受了傷，我啼哭不止。三朝日，外公趕來，發覺我後腦上給老年婆抓破了皮。幸而老年婆也多半有些經驗，沒有損傷到頭骨，也幸而及早發覺有所醫治，否則，我這條小命不是保不住，就是腦部受重傷而成殘廢或癡獃。

滿月後，我還是個不太靈敏的嬰孩。外公拿起點水煙吸的媒紙，燃著火亮的尖端在我眼前晃動，我眼睛都不會眨一下。母親乳汁不太夠，就補充上鷹牌煉乳，是祖父從上海整打整打的買來。起初，據說還吃了點咖啡牛奶，以激奮激奮我這個小人兒。

從高祖母算起，我是第五代。在大房、二房，我是長孫。親友的道賀，曾祖父母、祖父母、外公外婆和父母的喜耀，眞可說是無可比擬。

我譜名成章。出典「論語、公冶長」篇：「子在陳曰：歸與歸與，吾黨之小子狂簡，斐然成章，不知所以裁之？」

由於母親執意反對，我沒有乳名。童年時，外祖家細太，老愛親暱的喊我「章」，也並未太喊開。

民十七年夏，在河南密縣任縣政府第一科科員，自起官名介凡。號依萍，其實應該是字。十九年至二十一年，在武漢爲職業寫作，發表文章，多用依萍及筆名一平、朱可、陳敷。四十歲前後用本名，偶用新的筆名：張大山、漆思魯、秋暉。花甲後別署壽堂。

這些名字，跟壽堂這一生皆有若干影響。

雖出身商人家庭，而出意外的，我這一生，最大興趣在於寫文章，雖是並不那麼斐然成章。

第二節　幼小

民國四年，袁世凱想做皇帝，眼看亂事要起，祖父接我們去上海避難，也是藉題旅遊一番。祖父和他早年的書僮岳四（比父親年紀略大），常常來往上海、武漢間。其時岳四已離開祖父，在招商局長江輪船上當茶房。在他倆看來，這一段水上旅程，便利、舒適無比，花費又不多，在上海又有熟識的棧房可落腳，不怕黃浦灘上的人欺生。

有一說，由於湖北人有「九頭鳥」之名，又因湖北有漢口這個大碼頭，湖北人是不好惹的，加之在上海工商界湖北人多，因而湖北人在黃浦灘不易受到欺生。

家裏只留下父親侍奉曾祖母。

現在還依稀記得，去上海途中，不知誰抱著我，在大輪船高處，憑著欄杆，觀看江景。到上海後，住棋盤街。我很喜歡這個花花世界，東張西望，每天都不太有胃口，我看上海看飽了。我母子倆有早睡早起的習慣，天未亮，上海大紗廠放夜工的汽笛聲，屢屢叫醒了我。每天我都聽得出了神，大大引起童心幻想。

在上海住了兩三個月，這段時光，應是祖父一生最光彩的日子。他有心愛的媳婦、么兒、長孫，又能同祖母倆同在這個大都市裏做主人，接待我外婆，對師姐親家母，也是對我外公新亡，表示一番極誠摯的情誼。外公逝去，在朱、楊兩家都是很大打擊，走上海一趟讓外婆散散心。

回到武昌未久，就搬進城，住到山前大朝街南段十六號。當街為舖面，後面住家。我家這棟大房子，是祖父經過好幾年在上海「坐號」的辛苦經營，又起發了，才買下的。

父親幼年讓徒弟伢抱著跌交，右臂重傷，手指中度癱瘓，以致他一生未出外就業。青少年時代讀商業學堂。祖父母為此，深感對兒子、媳婦以及我外祖父母有著歉意。

乾泰恒雜貨店開張。恒字諧音父親字伯衡的衡字。是祖父出資本，讓父親做老板。

店裏請了一位管事先生，五位店員先生，一位大師傅，兩個徒弟伢。父親並未整日在店。店員中有一位是祖父的表侄，我喊他高叔叔。高叔叔是最疼愛我的人。

老僕婦艾婆，可稱特別人物。她是四川人，小時候被鹽船拐賣到武漢，先是在高家當丫頭。她容貌不美，但是忠誠鯁直，人所莫及。在高家，幾位高爺爺同輩份的人，遇有甚麼不順眼的事，她定必直言無隱，不管你愛聽不聽。至於對下輩人，那更是耳提面命的教訓，苦口婆心的勸說。你厭煩她，頂撞她，她都不在乎。上上下下，大大小小的人，也都曉得心存感激，她一心只爲你好。子侄們如果德行有虧，竟不免有兩三分忌憚她：「艾婆又要講話了。」

她先是嫁給一位新軍裏的醫官，從夫姓艾。丈夫嫌她不漂亮，又不溫柔，很快就另娶了小。跟小的生了一個女兒。入民國後，這位醫官故去，小老婆並不怎麼照料女兒，艾婆搶著領養過來，視同己出。

艾婆在我家是名副其實的管家婆。除了曾祖母、祖父母以下，她遇事都要批評，不怕得罪主人。只因她的忠誠出了名，即令是她說錯了話，大家也認了。

艾婆跟高叔叔倆，常有沒大沒小的笑謔打趣。艾婆照著我母親的口吻，也喊高叔叔做「高」。高叔叔笑謔艾婆是「葫蘆瓢」，因她禿頂。

高叔叔老在人前人後，誇美我是祖父跟前的紅人，最受看重。祖父特爲我從上海帶回一些玩具，有一個內帶發條的大公雞，上足發條，它跑起來雄糾糾的，把初從鄉下來的李媽都嚇住了。還有一輛三輪腳踏車。那時候，在武漢，所有親戚家和街坊鄰里家的孩子，都還沒有這樣闊氣的玩具。蓮姐、慶弟來了，總是羨慕我的福氣好，不像她們家，姨爹已經去世，姚爺爺、姚奶奶，對著她母女三人，冷冰冰。母親管教嚴格，艾婆就給她起了「楊鐵匠」的綽號。母親有時懇切的勸說艾婆，不要太護我，甚至惱了臉皮，裝著生氣的樣子，艾婆也不以爲忤。也有那麼兩次，不知是那個太教她下不來，生了氣，跑回家去，住在崔家院她一人獨居的房裏去。不到半天，總是高叔叔帶著我去說好話，把她請回來。

母親會向她致歉，說：「對不起呀，艾婆。」

艾婆會笑著說：「誰跟你們生氣？」掉過頭去她又會掉淚。忙著找家務事做，而且嘮叨：

「看，我一下不在，廚房裏又讓老陳弄得亂七八糟的。」母親總囑咐高叔叔和我不要惹艾婆生氣。

弟弟成瑞，兩歲多便夭折了。民六年正月初五，母親生第三胎，又是男孩，適財神生日，取名成寶，成爲弟兄間的老二。嬰兒期間，搖弟弟入睡的差使，每每就由我承當，那種搖窩，擱在木架上，在地板上左右搖動，強使嬰兒入睡。有一次，我數著數著，搖了三百下，弟弟也未睡著，一分心，失手，搖窩翻倒了，幸而未壓著弟弟。

艾婆時有打趣我：「你要是個丫頭，就能成你媽的好幫手了。」

這當兒，祖母以水臌症去世。入殮時，我不知怎麼的看到了，死去的祖母穿了壽衣，睡在棺材裏，好長好長呀。祖父約才五十多歲罷，他想討塡房。外婆給介紹一位三十多歲大戶人家的老姑娘，知書識禮。他不接受，卻看中隔壁王家的林丫頭。她才十八、九，身長個大，粗腳粗手。不顧父親的強烈反對，在祖母喪服未滿之前，祖父硬娶了林姨進門。說是，人老了要貼身人伏侍。曾祖母一生性子和善，阻止不了這件事，雖然她老人家也教訓祖父：「之榮，之榮，你是有孫子的人了，凡事要三思而行。」又對外婆說：「你是他師姐，又是親家，好好勸他些。」父親呢，不能執意反對，只是說，你得等我做兒子的孝服滿了。

從此，父親跟祖父感情破裂，他不再好好守著曾祖父、祖父辛苦營商賺來的家業，而跟上了吃喝玩樂的三朋四友，胡天胡帝。林姨呢，進門未久，攛掇祖父變了心，要攢私房錢，不再把上海坐號賺來的錢，繼續投資在這家雜貨舖裏了。如今，我當然老早體諒了林姨，誰教祖父這麼老夫少妻的？

總之，興旺的家業從此慢慢衰敗，融融樂樂一家人，也變得氣氣鼓鼓的了。我再不是祖父的紅人。儘管如此，祖父並沒有太見外我。我記得幾件事：湖上園開放，他帶我去遊園，然後在回回館的祥元樓吃鍋貼餃子。平日消夜吃稀飯，買了燒臘豬頭肉來吃，那美味總叫我先嘗的。而站在大門口，挺胸拔肚的，摸著那富家翁的鬍鬚，總還是在人面前稱讚我。

父親帶我上館子，老是去長街、百壽巷口的五香齋，他的第一道菜是燒青魚。我愛吃的是糖排骨，江漢餐館的這道菜，還用紅麯，使排骨染爲紅色。二弟還小，所以沒他的份。等到他也可以一道去了，家庭破產，已淪於窮境。糖排骨，純湖北菜口味，跟一般的糖醋排骨有別，孩子們自幼嗜之。

有一次，林姨蹲著，我伏在她背上玩，不知是不是，絆壞了她的髮髻罷？她哭到祖父面前告狀。引起了母親對她的責備。我想，這是我童年生活中，母親對我僅有一次的護短。母親們，那有不常常爲兒女護短的，我的母親卻不是這樣。所以艾婆總不滿意，背地也罷，當面也罷，總批評母親管教我們弟兄太嚴。

我做過一個稀奇的夢。跟林姨結婚，被母親帶著，睡在牀裏面，卻不曾夢見跟蓮姐結婚，怪不怪呢？當然，又常常夢見自己會飛。

在洗臉架前，母親用熱騰騰的毛巾給我洗臉，只要兩眼一被蒙搗，我就生起一些幻想。看天上的雲，看牆頭上的陽塵彷彿畫面，也是常常勾引起心中的幻想。後來，過貧窮的日子，幻想就更多了。幾乎每天都有新的意念，不斷產生，有若海潮翻騰。

小時候常想，能把自己睡的這一牀被子疊好，就很了不起了。那時，是把被子橫疊成三層或四層，直直的擱在牀裏邊。

第三節　私塾

六、七歲，進私塾發蒙。

沒上學之前，母親教我認字塊，大約總認上了四、五百個字。字塊者，五公分方形的卡片，正面印的單字，背面印的圖畫，取看圖識字之意。也有少數爲兩個字的，如「蝴蝶」、「玫瑰」、「玻璃」。是上海商務印書館印行的。我很羨慕洋學堂，家裏卻送我上私塾，先從三字經讀起。第一位老師是楊泗堂街的劉先生，他是外祖家老太的內姪。因爲初次上學，備了一條盤的發糕送同學，還加上一刀豬肉送老師，向孔聖人牌位磕頭。老師有羊癲瘋，偏偏這天他發了病，又好像發神經病，被人家用鐵鍊纏身鎖在房子裏。老同學看慣了，不以爲意，卻不能不教我這個第一天做學生的人，大大感到恐怖。人之初，擺在桌子上，我獃獃望著太陽光照在孔聖人牌位上，極緩慢的移動。第二天，任人怎樣勸說，我不肯上學。這是我幼小時，在母親面前第一次不聽話。

向孔聖人牌位磕頭行大禮這件事，印象極深刻。迄今我總認爲一年級小學生，應該於開學時行這種禮儀才是。跪拜孔聖人，向校長、老師行鞠躬禮，無言而教，不必需要有甚麼訓話。

艾婆、高叔叔、林姨的勸說，我停止了上學。尤其是太，她老人家特地過不得我這個「蟲」。湖北話，俗稱曾孫爲蟲，彷彿是極得祖上寵愛的意思而轉化的一個字眼。其實，蟲者，重孫之略語。我總記得太最是庇護我這一個蟲，她不以母親的嚴格管教爲然，大道理是：「二姑娘，成章還小呀！」第二年，或許是下半年，家裏送我到小朝街張先生處讀書，只因初次發蒙的印象壞，我不肯上學。高叔叔強抱了我，母親拿了棍子攆著打出街來，我在高叔叔身上掙扎，罵他「你媽的皮」，這是我人生八十多年來僅有的一次惡語傷人，因為母親自幼的教導，做人的理性，任怎樣過不去，不可傷人父母。這也是母親僅有的一次，攆出門來管教我。母親下狠力打我，高叔叔東躲西擋，一棍也沒打到我身上，都是高叔叔用手臂、背部挨受了。我為甚麼不肯上學呢？除了上述發蒙的壞印象，第一、這還是私塾；第二、那一帶人家都稱張家為張屠戶，你想，殺豬的人家教小孩子讀書，這是甚麼味兒？

張先生學堂，在一處寬敞明亮的大廳上，張先生有六十多歲，長長的白鬍子，精神奕奕，對學生們極和藹，又叫大的同學照顧我。所以，一進去，我揩乾眼淚，就安定下來，恢復了向來和順的性情。因為我認得的字多，三字經很快讀完。第二本書大概是讀「百家姓」，上海錦章書局的石印本，有筆劃惡劣的插圖，卻已經大大叫我們孩子感到趣味了。由大同學扶了我的手腕，從「上大人，孔乙己」的紅影本，學著寫字，興趣也是很濃厚。還讀了千字文，四言雜字、五言雜字和幼學瓊林。

張先生和他的三個兒子都是文質彬彬的，為甚麼稱為張屠戶呢？是不是他家先人有操刀在手的？無有考證，我不敢隨便斷定。

張先生這裏只讀了半年，轉學到我家斜對過的路先生處。路先生收的學生不多。他的境況不怎麼好。教這些小學生，顯得無可奈何的樣子。路師母，高高胖胖，因為膝下無子女，她對我們學生照顧得極周到。

顯然路先生這處私塾不甚適合，轉學第四位老師，「沈脾寒」。沈老師，黃陂鄉下人，設館於大朝街中段冉雪峰醫生的花廳。這時，讀子曰學而時習之了。沈先生，濃眉。三十多歲，顯得幾分威嚴可怕。冉雪峰的女兒，那時十二、三歲，長得肌膚潔白，明眸皓齒，打一根辮子，穿著家常的上等服飾，我們小學生一看到她，都覺得眼睛一亮。男孩子手腳髒，心眼野，對她竟會自自然然的全體起一番敬重的心意，沒有人說過邪穢的話。

冉雪峰爲武漢名中醫，人人皆知，但卻少有人知道，他是辛亥革命時的國民黨人。民七十一年，我寫「彭楚藩、劉復基、楊宏勝傳」，細續武昌首義史實，才知曉這椿事。

沈先生鄉下人的習慣，很教我們城裏孩子看不來。譬如他隨便擤鼻涕。他的儉省。他閒來無事，喜歡把學生寫過了的九宮格大字紙，在背面練大字，又在有空隙的上面寫小字。一直把一張張的紙，正面反面全部都寫得墨黑墨黑的了才放手。那時，我們背地都笑老師太慳吝。直到抗戰時期，物力艱難，我欣賞起沈老師這麼一物當作十物用了。

沒多久，轉學於「桂林劉」的停館，沈老先生。停館者，專請老師駐家中教書之謂。劉家在聖公會對過，環境極寧靜，收的學生不多，只有二十幾人。主人劉家的子弟，姚衡卿家的，趙家的，津水閘幾家菜園的，老師的孫女，她現得特別聰慧。再就是我和舅舅。有初發蒙的小學生，也有十六、七的大學生，男的、女的。沈老先生年近七十，駝背，街坊間都稱他沈駝子。他的教學有方法，懂得兒童心理，除四書五經，對對子，學詩，尺牘，還採用洋學堂的教科書。又教我們社會生活應對的禮節，加以演練。下午臨放學之前，必爲我們講故事，歷史傳說，神奇鬼怪，兒女英雄，眼前時事，宇宙新知，無所不談。學生和家長都極尊敬他，喜歡他。他書案上照例擱著戒尺，從來不曾用過。沈老先生常用的，只是那隻紅筆，爲我們圈書，改文章，批大小字。他對我們大小學生，教一段生書，都是極有韻味的先朗誦一番，然後一句句念讀，一字字一句句的講解。我們無形中把他看做孔夫子，而我們是顏淵、子路、曾子……那些好學生。我學作文，老從「蓋聞天下有道」和「自古君子尙義」之類句子開始。教科書的課外閱讀，大大的開我知識，上下古今，東西四方，世界在我心眼，越來越廣大了。我得到了人生求知之樂。

沈老先生是我五位私塾老師中最好的一位，但是免不了的世俗勢利。有件事，覺得好遺憾。舅舅綬紳，大我三歲，他自小本長得白白胖胖，聰明可愛。家中有張八寸照片，襯著十六寸硬硬厚厚的卡紙，是姨爹跟我父親在黃鶴樓有名的顯眞樓照相館所攝的合影，他兩人坐位中間，就是這個可愛的小內弟。一家人從小就很疼他。從他這文雅的名兒上，可以看到。六、七歲，他得了一場大病，病愈後智力減退，面龐變得瘦削，不再是從前小天使那般模樣了。外婆管他很嚴格，老太疼這個孫子，兩個姐姐愛這個兄弟。只權太公、細太夫妻倆常給他白眼，總是冷諷熱嘲的。他是轎伕老周從外邊抱回來，人家大閨女的私生子。沈老先生早知道舅舅的底細。

我比舅舅聰明，功課也比他好。有次，我舅甥倆在沈老師跟前受教生書，沈老師居然以十分鄙夷的口氣責備他說：「你這個笨東西呀，跟你外甥舐屁股，也不夠格。」我並未爲此而高興，我太小，不曉得對老師抗議，只感到老師不應該說這樣刻薄粗鄙的話。孔夫子再貶責人，也是很厚道的。舅舅當時並未因此著惱。記憶著這件事，六十多年後的今天，我直覺得舅舅太受委屈。

好幸運，讀私塾時，就開始買閒書了。我家雜貨店上午生意最忙，先生們把收到手的零星貨款，當十文二十文的銅幣俗稱銅板，隨手往錢櫃一丟，總有些被丟在外邊，不知是否故意如此？櫃臺內地板上，幾乎到處都是銅板。同學們告訴我去檢它幾個，就夠買書了。我是小老板，又不是常常這樣，母親管得嚴，也許店裏伙計都曉得我不是偷錢買零嘴吃，而是買書。人們下意識裏，都認爲買書總是件好事。保安門內正街，大公館對面，有家賣書的，賣的是小曲、唱本之類。到那裏，我以五、六十文錢，買了「劉子英打虎」之類的書，這是其時江漢地區都熟知的民間故事。

那時，有種行腳書販子，用藍布包袱包著，摞到一尺多高，扛在肩上，到各處兜售。多半是上海石印的通俗小說，彈詞如「楊家將」、「白蛇傳」、「再生緣」之類，小冊線裝本。銷售的對象特地偏重在家庭婦女。因爲民國八、九年，江漢地區除了女教員和中等以上學校的女生，武昌、漢口幾家大紗廠、蛋廠，茶葉店摘茶女工這少數女性之外，絕大多數婦女，要非上廟進香，走人家，歸寧，還是很少出門的。江漢口語，指婦女探訪親友，或拜壽、賀喜，謂走人家。這別具特色的行腳書販，民十五年後就絕跡了。

私塾其時還保存著遊學先生的風氣。那是落魄的士子，或是帶點江湖氣味的教書先生，穿一襲長衫，每逢春秋佳日，他不知從那兒來的，飄然而至，帶點執經問難的神氣。無非款待他一頓酒食，打發點盤纏走路。這是一般情形。少數特殊點的，或是主客弄得不愉快，面紅耳赤，悻悻而去。或是十分投合，就這樣而結爲朋友。遊學先生並不太多，也不會常來，所以會引得學生們驚奇的期待，看有無意料之外的事故發生。無獨有偶，與行腳書販一樣，民十五年後也絕跡了。

有年開春後的艷陽天，是老師囑咐，要去山後察院坡的胡開文店買筆墨。本來，山前望山門內、王府井、蘭陵街、勸業場、火巷口這些地方，都有筆墨店，但是老師說，既然大字小字都寫得有相當程度了，就應當使用好筆好墨，而胡開文是最有名氣的，價格略貴些，但是品質好，寫出來的字受看。我專程去辦這件事，由年長同學領路，經大朝街、百壽巷、長街、司門口走去，轉回來，全身都發熱，臉頰紅透了，脫下小棉襖披在肩上。店裏先生都著實誇好，艾婆急著打臉水給我擦汗。我愉快極了。這時，我忽發覺，那大我五歲的徒弟伢，有事情去後面醬園，經過廳堂，以羨慕又無可奈何的眼光瞅著我，教我引起一種反省：比起他來，我好幸福。自己不要太得意了。又想著，我當對他多有番溫情。**壽堂一生好替人著想，自幼便是如此**。也因此，一生不喜吃獨食。任何事，都希望善與人同。

第四節　武昌兵變

民國十年陰曆五月初二，武昌兵變。在大朝街這一段，我家是首先遭搶劫的。深夜裏，到處火光和槍聲。賴著艾婆、高叔叔他們，把我們弟兄從被窩裏抱出來，冒著生命危險，分別送到蕭家巷外婆家，小朝街周姑奶奶家。第二天回來，每個房間的箱櫃都被戳開，院裏每口醬缸也被攪亂。是湖南戰場下來的士兵，久不關餉，發了橫心，把武昌城打劫了。他們彼此之間，又黑吃黑的起了爭鬥。這樣軍民都有死傷。我家老幼倖皆無恙。武漢人心惶惶，這天下午，一隻大木船載著我們一家人，過江到漢口後花樓小董家巷的岳四家作客。

這件事，使湖北政局起了變化。各方大事抨擊兩湖巡閱使、湖北督軍王占元，迫得他不能不引咎辭職，而由吳佩孚爲兩湖巡閱使，蕭耀南任湖北督軍。

林姨已生有一兒一女，她在這家庭無地位。父親不太管店中事，早已不像從前那樣跟祖父同心同德。他橫了心，跟一處高等的私娼——表面上是良家婦女的門戶和打扮——糾纏不已。高叔叔常取笑我：「你要有花姆媽了。」使得林姨更是不斷在祖父面前攛掇：「你不能這樣養了兒子還要養孫子，你父子應該分家才是，家私本是你一人掙來的。

我原本可以穩穩當當做小老板，少年生活不致淪於貧苦而不可得。五月初二兵變，對我前半生有了關鍵性的影響。

漢口與武昌，顯然是兩個不同的世界。新市場呀，老圃呀，租界呀，爲的要壓壓驚，我們過了一些時遊樂的生活。這時，三弟成潤正在懷抱，由於父親的風流病影響了他的身體。有好幾次，由我陪著母親，帶他回到武昌藍心齋醫師處看牙齒、看頭上膿疱。成潤有堅毅犧牲的意志，忍受小外科手術不用麻藥的痛苦，雖然他只那麼小。

一次，漢口駛往武昌的小輪船，乘客擁擠，輪船壓得低沈沈，駛過中流，靠武昌江面，在第一紗廠那一帶鼓輪逆流上行，船幾乎要沈。母親悲傷的說：「要死，我娘兒三個死在一起。」

民國十年前後，還發生一件事。

半夜裏，祖父從牀上跌下來，手臂脫臼，一家人急死了。也是請藍心齋醫師來，使用了麻藥，他並沒帶助手，居然治得骨節復合。他眞是個全科大夫，全武昌城的病家，尊稱他藍先生而不名。他算得是好多人家的家庭醫生，因爲每家老老小小的體質、病歷，他都記得清楚。內科、外科、皮膚科、婦科、兒科的大小疾病，都找他看。大家知道體諒，要去他百壽巷宏仁診所看病的人多，不敢隨便請他出診。

藍先生比外公小十一、二歲，他跟另一位年輕醫生，都是某一位外國醫師的學生。長輩的說法是，那洋醫師只收了這兩位學生，所學醫道完全一樣。**外公少年清苦，宅心仁厚，樂於提攜後**

進，總勸說藍先生，做醫生，服務貧病人家第一，不可太擺醫生架子，只想著看病賺錢，專爲富貴人家服務。藍先生很信從外公的話，不像另一位，比官老爺架子還大，懶得整年整日，起早睡晚的忙。藍先生不管候診的人有多少，總從容不迫，耐心的察問，細心的診斷。

在漢口，外國租界地面的寬闊、整潔、寧靜、與前花樓、後花樓、王家巷的窄狹、骯髒、雜亂，成極強烈對比。夏夜陣雨之後，坐著馬車走租界區臨江大道，眞賞心悅目。

我是老大，老大必然不像弟弟妹妹們聰明活潑。小時候，我頂不會玩耍。說來，也是教人難以相信的事。我不會踢毽子，抽陀螺，跳繩子，滾鐵鐶，放風箏……幾乎凡是孩子們玩的事，我都不會。每每到姨媽家，跟蓮姐、慶弟一塊玩，我只有看的份，心裏羨慕的不得了。他姊弟倆手腳怎那般靈活哩。拍皮球，我連續拍上五、六十下，成績就算不壞了，而他倆可以計數到一千出頭，還跨腿子，轉身軀的玩花樣。

艾婆的女兒艾毛，周家姑奶奶的二女兒，都比我大一兩歲，住在附近，當母親們在堂屋擱了門板上被子，我們小孩最喜歡在下頭鑽來鑽去。時間已近黃昏，天井裏蝙蝠飛上飛下。街頭傳來了入夜的叫賣聲：「洋油哇！」在桌子底下，我喜歡嗅她們女孩子髮辮上的香味，有時還親她們的臉。

大朝街的孩子們都野得很，像我這麼笨手笨腳的，眞是絕無而僅有。吃過晚飯之後，也常跟他們一塊玩，成群結隊的起鬨，學兵操呀，跑跑跳跳呀。到後面小朝街安徽會館鬧鬼玩，也到聖公會教堂去觀察「吃洋教」的一些行徑。那時，老百姓愛胡亂傳說，說是外國傳教師挖掉死人眼睛來製藥。跟女孩兒們一起呢，就文靜些，大家擠在一起玩「腳腳斑斑」的遊戲，又唱又做。

兒時遊伴，七十多年之後還記得清楚，他們的身形、面貌、性情。那是謝家、吳家、張家、徐家、劉家、王家……的孩子，富貴貧賤都有，我們玩在一起，不像大人們有尊卑之分。

我也看到人生慘苦的一面。

我家雜貨店徒弟湯倌，十五、六歲，大熱天得急症，一下就死了，幾乎弄得打人命官司。

對街謝家大雜院有位大哥哥，好會玩的。不去紗局上工的時候，一年四季，他和朋友們總在他家大門口玩耍，也練力氣，摔沙袋，舉石鎖，玩石滚的。他強壯有力，胸膛挺張。大姑娘們看到他，總忍不住要多看這個可愛的少年人兩眼。因爲家窮，只粗粗認得兩三百個字，就不能再上學了。家裏環境也教他念不下去。他進紗局，是從童工幹起的。

那年夏天，這位大哥哥夜裏發病，第二天早上便死了。是善堂施捨的那種四塊板，薄薄塗了一層黑色染汁，不是油漆，又窄又小的薄棺材裝了他。由挑水的老王和亡人的一位朋友，一根匾擔抬出城外埋葬。人們都說，他是死於瘟疫。

人生頂慘苦者，是茅廁裏吊死的異鄉人。

一天上午，這件事傳遍開了。小朝街安徽會館大門院外，圍牆西頭，臨街搭了一處茅廁，木板上開有六個缸口，是給人蹲著拉屎的地方。那天，我瞞著大人，也趕去看了熱鬧，自縊者還未自樑上解下，未敢至近跟前，我但看到背影。心中只覺萬般悽苦，要不是異鄉人，要不是絕望到了極點，怎會選在這裏來自盡？此後，孩子們都不敢在此方便。只看到茅廁外草堆上，喇叭花開得好美。

店舖門前平日掛了四塊招牌，無非標明有些甚麼貨色發賣。逢到過年，除夕黃昏前，這兒，招牌取下來，另掛上了四根**風燭**。風燭是以一丈多長，直徑三公分許，成螺旋狀的鐵條，澆上約一公分厚的紅蠟，倒懸著，從底往上燃燒。不管風雪怎樣大，也吹不熄。招牌鐵架伸向街上，即使西北風緊，也不怕會燒了屋簷。風燭之絕跡，少說也是八十年了。近午夜，一般人家早把年貨辦齊了，但窮家小戶每有這時候還趕買點甚麼的。我家還一直敞開店門，爲鄰近主顧服務。遠近鞭炮聲起，風燭燃盡，也還得開兩扇門盡量等待。有送財神的來，就打發紅包。萬一竟有小主顧來賒點甚麼，祖父、父親都有過吩咐，人家這時才上門買東西，必是萬分無奈，定要客氣接待，送他敬神的，待客的，老小吃用的貨品，而且說明這不用掛帳。

主顧，總特別跟我要好。來買東西時，見到我，就向祖父、父親、店裏先生們誇讚不已。路上遇見，就問我：「你爺爺又跟你買了些甚麼上海來的玩具呀？你訂了媳婦沒有？你媽是不是又生了弟弟？你的太好疼你啊？到不到我們家來玩？」人家總是遠遠就喊：「朱家小老板」，或是直呼我的姓名。

漢口商業的發展，長江輪船運輸的進貨，上海廠商直接運銷的作爲，還有國際貿易和銀行業務的拓展，使祖父在上海「坐號」的職業不再有必要。最後那兩三年，每去上海駐留，時期都比以前短暫。祖父但去上海，在家裏都是件大事。店裏先生們會引起議論，說：「太爹又要走了。」母親爲了表示孝心，必定親自下廚炸肉丸子作路菜。其實祖父坐輪船官艙，伙食很好，並無帶路菜的必要。

祖父那時也就是好排場。五十多歲，圓圓臉，蓄著黑鬍子，挺胸拔肚。抽著上海出名的那種捲煙，用木盒子裝的，比普通香煙要長要粗，顏色、香味、與雪茄同，但不似雪茄煙那麼粗。緞子背心裏，掛錶墜著金鍊子。五月初二兵變，大朝街南段我家首遭搶劫，即與祖父富家翁形象、名聲有關。

其時，武昌城還是很淳樸的，少有社會新聞發生。卻不道發生了朱堯臣十分駭人的案子。說起張彪，湖北人都熟知，他是辛亥革命時清軍在江漢地區的最高軍事長官，第八鎮統制。鎮，等於現在陸軍的師。其時，清廷建新式陸軍，全國設三十六鎮。朱堯臣是張彪的義子，留學法國，畫得一手的工筆畫。

他家居楊泗堂街。前院上十間房，都租給人家住。自己住後進，把原本東西向的平房，拆改為南北向的半西式，窗大些，天花板高些，光線明亮，空氣暢通。這種局悋，顯然是朱堯臣新派設計，他的寡母扭不過他的意思。

朱堯臣微胖，白白淨淨。本是街坊鄰里間所稱說的一位人物。他娶有兩房妻子，有一位身軀高大。同居一屋，很為和好。生有一女，像她祖母一樣，容貌佳美，眼神清秀。年齡跟我相若。朱家後牆跟前面苗家後牆相接。朱家跟苗家的後門外，共同出入的，有一條五丈長僅容單人行的甬道。

苗家是位鄉紳，只老夫妻倆和一個大閨女。黑色大門整日緊閉，出入人客不多。大閨女身材高䠷，早已許字人家。夏天在後門乘涼，先是與朱堯臣的兩房妻子來往。叒從妻引，朱堯臣跟苗家閨女有了關係，她比那兩位美，而且青春年少。男方就要迎娶了，苗家父母一點也未察覺到女兒的蹊蹺。

其實，既為兩情相悅的和姦，又為兩房妻子所樂意，朱堯臣大可學前人的三妻四妾。他偏偏不此之圖，半夜闖入苗家，把苗女裝在麻布口袋裏。苗家即以搶匪報警。天剛亮，在黃土坡，把朱堯臣跟苗女雙雙捕到。鄰居們憤怒極了，責苗家父母養女失教，把大糞潑在他家大門上。全武漢人群情激奮。第三天，朱堯臣被處極刑。

武昌保安門外接續三年的大火，也是童年奇特的識見。

保安門外正街，街兩旁都是商店，城門這頭，篾貨店最多，二十多家，籮筐、籃簍、筲箕、篩子，擠得滿店鋪的，最易著火。這三次大火災通是半夜發生。

曾祖母內侄祝爺爺，是在保安門外開篾貨店的。家住店後。接續幾年，三次大火，店跟家都燒光了。後來索性只做木板屋子。

大火災後，教會廣施財力援助，收了好多教徒。祝爺爺全家人都是基督教徒，屬聖公會。叔叔、姑姑們，都讀了教會的大、中學。

聖公會教堂，高處亭閣鐘聲很好聽。鏗鏘優美，低沈雄厚，與江漢關報時鐘聲不相上下，尤以晚禱爲最。牧師韋洋人，美國人，高個，喜著黑色聖袍。武昌城裏城外，「吃洋教」的人並不是太多。

每逢過年，高叔叔必扛我在肩頭，擠在街頭上，到司門口看花燈。不管母親怎麼阻止他，高叔叔還是喜歡帶了我到大街上遊蕩。他曾經送給我一個「沖臼」的花燈，我喜歡極了，連著玩了兩個正月。他太是喜歡我，結婚才幾天，硬要帶我睡在新牀上，要拿我取早生貴子的吉兆。

這年秋天，家裏請了客，爲我「做十歲」。我穿著棗紅團花緞子的棉袍，接受長上的賀喜，把我弄成一個小大人，越發不能跑跑跳跳了。而童年黃金時代就此逝去。

第五節　孝子金孫跪滿堂

外婆家大屋子賣給了周福堂家，搬到廣里堤街。母親、姨媽帶了我們幾個外孫回娘家，我們做孩子的自是十分高興，他們大人則不勝今昔之感。

女兒歸寧，湖北俗話說「吃臭肉」。彷彿是說隨時盼望她回來，爲她留著的肉食，都擱臭了。做外孫的，更被暱稱爲「外外」。我們可眞是「外甥王」啦，慶弟調皮，有時欺負舅舅，舅舅如果被欺負得哭了，反而受外婆責備。當然，他也了然要好好做一個舅舅。

外婆家住此，我們頂喜歡觀察那一帶居民的日常生活情況。要是描述起來，就和法國巴爾扎克「人間喜劇」一樣。母親帶著成寶還在睡，我總是起得早的一個。細太仕廚房生爐子，我看那煤煙霧氣繚繞，飄升高牆之外，常常起一番幻想。牆上有人跑馬嗎？這是因爲大人們常說「牆頭上跑馬——險乎其險」這句俏皮話的緣故。外公的靈魂會不會出現於這間光線幽暗的堂屋？他是那麼的關心我。

外婆家再從廣里堤搬到蕭家巷，離我家更近了。

小時，我跟蓮姐很要好，她只大我三個月，兩個小糾糾辮，花格子的小襖，一副聰明懂事的神氣。那時，我雖不懂得愛，但卻懂得愛她的美好容貌，活潑而寧靜的小姑娘。童年伴侶中，還沒有第二位小姑娘比她美麗。我喜歡跟她一起，向她獻慇懃，只要跟她一起，就覺得精神安泰。蓮姐當然也喜歡這兩個弟弟，而且已經感覺到我跟慶弟有些不同之處。幼時，直到後來少年時代，我們姐弟三人，從沒有吵過架。這可是多少人的童年所不曾有過的溫馨回味。

大房，伯曾祖母過生，母親必帶了我們弟兄去拜生。參加這家庭酒宴的沒外人，小孩比大人還多。大太就是喜歡熱鬧，有時她未出廳堂來，我們就到她房裏，圍繞著他說笑。

大太身軀高大，講話聲音宏亮，加之她是一家之主，大房二房攏總來說，她輩分最高。在生日這天，只聽見她打哈哈。有一次，母親跟大太對坐談家務，不知怎麼話題一提起，說到當年大房、二房分家的不公平。母親指著我說：「這是朱家第五代的子孫。老奶奶如果還在，一定也看不下去，二房這樣受委屈。只因大太提起，我這個做侄孫媳婦的才敢講。小時候我爹總對我說，婦人家以從順爲正，但是像你老婆婆、少婆婆太老實，就教後輩人吃虧啊。爲人正直第一。容忍、退讓、吃虧是有限度的。唉，大房、二房這幾十年前的家務事，如今還有甚麼可說的呢？只要大太心裏明白，也就夠了。」

大太聽了，未免尷尬，打了一陣哈哈就掩蓋過去了。後來，母親氣忿的講給外婆聽：「前天去大房拜生，我可是打了大太一槓子啊。」外婆不以爲然。訓了母親一頓，說事情早已過去多少年。如今你大房、二房井水不犯河水，現在何必再提說這些？

只因大房幾位爺爺、奶奶，還有韓家姑奶奶，他們在大太跟前只能唯唯諾諾，而幾位叔叔都還未婚，不像母親是侄孫媳婦的身份，而且一直保持尊敬長輩的態度與語氣，用的旁敲側擊的說法，談說起這種二十多年悶在心底的憤懣。大太何嘗沒有歉疚之意，給侄孫媳婦這麼一搶白，打了陣哈哈，她老人家反而舒暢。

不平則鳴。母親當時是一股衝勁，明知喜慶場合，不當如此。這多少有些頂撞，萬一鬧得不歡而散呢？也是抓住了機會，是大太先提起。外婆之不以爲然，乃是年歲老大了，世事經驗折騰，懂得**人生實際，徒逞口舌之快，於事無補**。

在大房，我們孩子們嬉玩，總在三處地方：花廳，天井，正廳。總是玩得十分盡興，而屢屢要冒出可驚異的事件：「成章又跌破頭啦。」

直到我上學，七、八歲之前，我總是那麼容易跌交。別的孩子失腳跌交，必然是兩手撐地，頭部翹起，僅僅手腳擦傷。我呢，總是頭部著著實實的埋在地面上，跌得頭破血流。越是跟隨母親走人家，拜生啦，吃喜酒啦，跟小朋友們玩得高興，越是會這樣。總弄得主人家不好意思。只因我這慣性出了名，加之母親的賢德也出了名，她從不因此責罵我，卻也小乖呀、肉呀的疼愛，又不抱怨這個，抱怨那個，而我也少有因此嚎啕大哭。我們母子對這事的態度，眞是「認了」。

可怪，這常常埋頭跌交的經驗，居然不曾使自己行動有所改進。誰不說「上當學乖」？這又與我兩三歲時初學走路的經驗有關。母親嘗感歎說：「你這孩子呀，初學走路時眞教人擔心，你還沒學會走，就要跑，不管跌倒不跌倒。」

老話說：「從小看大」，是一點不錯的。上面這兩件小事，跟壽堂這一生的爲人，笨拙而又倔強的性格傾向，極相髣髴。事實上，我在剛進入少年的人生階段，就深深了然「吃虧買乖」的世故，但我是個硬骨頭，不願使自己世故。**我甘心樂意的要做一個本色人，我要直率**。儘管依這性子下去，老是跌得頭破血流。莽撞麼。

大太沒有怎樣病苦纏綿就逝去了。喪事辦得十分風光，只差沒「搖獨龍」。正廳有神龕，又要作法事，掛道士們用的一些神像畫軸，作爲孝堂，可掛親友送的輓聯，祭幛。大太靈柩，安放在後廳。

和尙、道士，豈僅袈裟、道袍、經文之不同，其禮神拜佛的儀式、音樂、念經的程序、體態、腔調也有大大差異。但由於跟民間習俗相融合、混淆，有些喪葬禮俗，難得分出究竟是道教的，還是佛教的？但絕然不可以依從時俗誤見，說是儒教的。但說它是中國人的，那準沒錯。讀書人，稍稍明點理道，就曉得只有儒家，儒學，而並無儒敎。士大夫從不把孔夫子認爲是教主。「三教合一」，乃世俗謬誤之說。如十殿閻王、奈河橋、望鄉台、孟婆店等說法，目蓮救母，還有八仙過海的逍遙，西王母仙桃宴的神話傳說，都在喪葬禮俗中，有所呈現。

最有印象的，是念血盆經。按，血盆經，佛經名。又名女人血盆經。此經「大藏經錄」不載，僞經也。這話應這樣說，並非僞經，乃爲民俗經典，是民間信仰的經書。

習俗，認爲婦人月經以及產褥期的血污，最不潔，褻瀆神明。

親屬穿孝服念經時，從孝堂直到天井，跪滿了一地，大大小小足有七、八十人，引得左鄰右舍來看熱鬧，好羨慕：「朱老太婆好福氣啊。」還裝了一盆豬血做象徵，讓每人喝碗血水。

出殯前三更時，孝子孝孫在靈前「吃衣飯」，祈求得高壽的亡靈福佑子孫衣食福祿無缺。

吃了衣飯，還有好些禮俗儀式，才到黎明，我一直未睡。大門這幾夜一直是敞開著的。下半夜，我驚醒了，跟叔叔們悄悄溜出門，看到大門外廣里堤街的夜景：電燈昏黃，街兩頭寂無一人，連個鬼影子也沒有。那時孩子們都有好可怕的想法，以爲夜深陰暗處必有鬼。大人們日夜都忌說「鬼」字，叫「齷齪」。大門外有幾樣「熱抬」送葬的物事，已先靠牆豎立著了：紙紮高一丈多，面目可怖的鬼王偶像，也即是「周禮、夏官司馬」的方相氏，是古代儺禮的開路神，逐疫，喪葬也用之，後世俗稱為鬼王。第二樣，銘旌亭，紅綢白字，寫的亡靈名位，生卒年月日，孝子的名。第三樣，兩根長一丈六尺的龍頭木。第四樣，靈罩架，是覆蓋在靈柩上的。其餘的牌面、旗傘、儀仗等，得等扛夫、執事等人集合時，才各別自己帶來。

「冷抬」、「熱抬」，是江漢間說法。送葬無鼓樂、儀仗，都謂「冷抬」。或雖有樂隊，但只三幾人鼓吹，也仍不見其熱鬧，還是稱「冷抬」。江漢習俗，說亡者本身或其子孫是作官的，熱抬出大喪，可「搖獨龍」，即一根裝飾有龍頭的圓木置靈罩架正中，龍頭伸出靈前兩三尺，槓夫（通常至少十六人，二十四人，三十二人抬）慢慢碎步的齊同行進，那龍頭就上下左右顫動不已。若非官宦人家，搖獨龍必引社會非議。

大太直系卑親屬，只有孫兒孫女，要有重孫，穿孝衫，繫上紅頭袱子，孝鞋後跟露出大塊紅布，才風光，會博得看熱鬧的讚美：「好福氣呀。」這事就落在我身上，不知是誰讓我騎在他身上，打迎頭旛，走在所有執紼者先頭，讓人遠遠就能望見。是由裔孫引導亡魂安然歸去的意思。按禮俗，非直系不得為之，那就剝奪了直系尊親的福澤，也即是說，我曾祖母既然還健在，這樣做，會損傷到她老人家頭上。推想，當時大房提出這項要求，曾祖母、祖父、父母不會拒絕，而且也不會提出條件。條件必是大房主動提出：大太既逝，將來分家，除了二位爺爺三股分，還要分一股給我。後來，並未履行。這也是家族的一個話柄。

喪事之後，大房自此衰微下來。

姨媽家住山後雙柏廟街，十分僻靜，地方上有甚麼變亂，皆少波及。逢年過節，一定前往拜賀。姨爹早逝，姨媽是老實人，帶著蓮姐、慶弟，依傍著姚爺爺、姚奶奶，還有姚二叔、姚三叔過活。

韓百萬爲姑爺爺之父，可能是辛亥革命前夕過世的。因爲從我有記憶時起，就未見過這位長輩。也少有人提起他，他的影子卻強固的落在新姨太身上。

新姨太是漢口班子上的紅姑娘。武漢特指班子，是指頭等娼妓。往這兒尋樂，要花大把銀子，而且有些娼門規矩，不是一見面就可做愛的。姑娘身份高貴，無一不年輕貌美，風姿綽約。韓百萬不知花了多少銀子，討回來這位新姨太。她一到韓家就做了長輩，等於是姑奶奶的婆母，我的三位叔叔得尊她爲「姨奶奶」。從我五、六歲到二十歲，每年給姑奶奶拜年，在廳堂上見到她，那應是她二十三、四歲到四十歲年紀。她總是那麼年輕，漂亮，臉面甜甜的，舉止穩重，半絲兒也無煙花女神貌。大年下，她只是梳洗得整整潔潔，既無特別穿戴，也不搽胭脂抹粉。眼神清亮，雖是居孀，卻一點看不出寡婦像。你只覺得她是一位好可親近的婦人。臉面和手上皮膚光潤細嫩，眞可吹彈得破。

韓家姑奶奶並不算矮，而她比姑奶奶要稍高。她十分安於這個家庭生活，無人不讚美她，從未聽說過有甚麼閒話。偶而在平常日子裏，我闖了去，遇到了新姨太，她也總是滿臉笑容迎人。

就一般女性而言，她這般年紀，容貌，是再也難守寡的。況且，用不著她守寡。她太應尋求第二度婚姻，享受其美好人生。她偏不這樣。

保安門內正街高家幾位爺爺與我祖父、外公爲少小同學。通家之好，一直延續到後兩代。高老太爺知縣、知府做了好多任，他一不貪，二不苛。銀子、元寶卻滾滾而來。二十幾年宦海生涯，退休下來，吸鴉片煙，享清福。回到武昌城，但對兩樁事有興趣：買房子，娶小。他抱定

「城裏人不買鄉下的田，鄉裏人不買街上的房」這種主張，很想買盡大朝街的房子。昔年只有衰敗之家方賣房子，還有「股子行」從中捉弄剝削。高老太爺心存厚道，**他寧願自己多花冤枉錢，從不把虧給人家吃**，定要超過股子行的居間關係，直接跟賣方交涉。買這些住宅、鋪面，爲的甚麼呢？爲子孫置產。他在每張房契上，都蓋下「不典不賣」的印字，且在江夏縣備了案。

高老太爺娶姨太太，幾乎是武昌城人人熟知的新聞，平均不到兩年，他就要娶一位進來。好人家的小姐，班子裏的姑娘，他但看到動心的，就定要千方百計追求，不惜錢財，娶進門來。姨太多了，家務糾紛時起。第八位新姨太的捲逃，氣苦之餘，三天不舒服，撒手人間。論高老太爺的人品、才氣，都比「韓百萬」高，稀有的風流人物，不知他怎未遇到韓府上新姨太那樣的好女性。皇天不負苦心人，卻總算八中得一。

八位姨太之一的王太，安徽太平人，是好人家女兒，在高老太爺夫婦均已去世，家業衰敗，另七位走的走，散的散。獨她守著不走。幾位爺爺都沒做事，因爲從小過的公子哥兒生活。有的吃喝嫖賭，「惡敗」。有的玩鳥、聽戲，坐吃山空，「善敗」。都只活了三、四十歲壽命。惟獨大爺爺的獨子，一人讀書務正，深知禮義，他遍邀親朋飲宴，拜祭祖先，扶王太爲高老太爺的繼室，自己過繼爲她的孫子，這位孫子就是我所稱的桂蓀叔。

高太與桂蓀叔，這祖孫情義，好教當時與後世人美讚無已。

第六節　關鋪子

民國十年五月初二武昌兵變後未久，父親經營的乾泰恒雜貨店倒閉。索債的人一大早便來了。坐在廳堂上，雖無人惡言相罵，但給我們全家老幼的壓力，直像天塌下來一樣。父親一清早就起來，說是出外想法子。其實是把我拖在一起，全武昌城，僻靜街巷亂走，直到傍晚才回家。把曾祖母、母親急得要死，生怕父親想不開，拉著我去跳江，或者遠走他方。

這種局面，拖了大半個月，憂愁籠罩了整個屋子。

關鋪子，賣房子，苦兮兮的。這一次無人背後議論，說是富塌，只爲我弟兄幾個惋惜。

祖父躲到鄉下去，偶而夜間才回家。他不願再受窘。畢竟乾泰恒的老板是父親。父親只有躲債之一法。母親跟我弟兄們躲不脫，惟有挺住，對人家說盡好話。所幸要債的，還有少數人是當年外公的病家，當時外公也應用部份中藥、西藥的成藥，母親未嫁時，多由她發藥。人們受過這位醫生的恩惠，也連帶的尊敬二小姐，如今雖然已是五個兒子的母親，人家稱呼還改不了口，屢屢有人起立爲禮，說：「二小姐，眞對不起，是老板逼著我來。你家千萬不要發愁。有這麼幾個大兒子，還怕不發旺麼？做生意總有賺有蝕，只要不是富塌，人家不會怪你們乾泰恒的。」且向另外要債的，代我們說情：「我看大家回去吃飯罷。我們怎好意思爲難二小姐，那就太對不起我們武昌城的好醫生楊韻嵐先生，大家說對不對？」

大家果然都離坐起立，向母親點頭爲禮，魚貫而出。母親滿泡眼淚進房來，我們弟兄伙只好圍著她哭。

第三章　餓飯的日子

第一節　楊泗堂、校廠湖

關舖子、賣房屋之後，祖父與父親分家。祖父、林姨帶了小叔小姑，遷住保安門外竹子廠街。團團富家翁的祖父，侷處於此，我有說不出的難過。

父子分家，據說是不多見的事。也是父親不事生產，有了林姨，逼使祖父不得不如此。我們母子一點也不怨祖父。

雙親帶了我們弟兄，侍奉著曾祖母，遷到楊泗堂街，租了李長武的兩間房。

李長武，襄陽人，五十歲左右，蓄了鬍鬚，當了幾任釐金分局長退隱，買下這棟三進的大宅第，並將前一進改造，建爲樓房，外牆塗抹的水泥，牆頭上端，裝飾了山水人物的彩繪。知道他家根柢的，都說這是暴發戶。

我弟兄伙，稱房東夫婦爲李爺爺、李奶奶。李奶奶湖南人，是李爺爺年輕時的風塵知己，恩客、姘居等關係，不一而足。跟上李爺爺的前後，掏出平生積蓄，幫他弄到釐金局的差事。既爲玩笑人出身，她無生育。領養了一個兒子。由於生活富裕，驕縱任性，風流自賞。嫌媳婦無姿色，年輕夫妻不相得。媳婦常年住漢陽娘家，偶而才回來，住不上三兩天，便悄悄的走了。李奶奶一天到晚，呼喚、叫罵、嘮叨、議論，滿屋子只有她的聲音。對兒子媳婦這般光景，卻少有聽她評論甚麼。

大家都看在眼裏，同屋游家大女兒倒是跟這位李大少爺很相配。他倆，彼此的觀感似也很不錯。但這邊已定了親，那邊是有妻子的人，而岳方是大家，雖婚事不諧，也無法可想。其時，我才十一歲，已清楚看出，這李大叔穿吃搖擺，鎮日在外，總是深夜才歸。有時接連兩三天也不見人影。他沒有朋友來往，他不太與人講話，高興時才對你笑笑。但他也不是桀傲不馴。他是白面書生，心情不好。在漢口，過一種紙醉金迷的生活。李爺爺無管束他的權力，只偶而聽見李奶奶說李大叔幾句，那準是他伸手要錢的時候。

李奶奶但希望能抱孫子。說只要有了小孩，這小倆口準能和好。

李奶奶有位年輕時的姊妹，也嫁了人，但環境不太好，每從漢陽來，總要住上一陣子。也是四十好幾了，看不出一點當年也曾出賣風流的影子。大家背地議論，都說她跟姐丈有一手。人們還感歎的說：又非親姊妹，管他腥的？臭的？甜的？香的？反正，這不是一戶正經人家。

李長武夫婦總想能有親生的兒女才稱心。民國四年，河南災荒，農民多賣兒賣女，以求活路。李爺爺買了十八、九歲的菊姨，收了房，後來生下一女一男。

我們住李家時，菊姨二十四、五歲，她女兒六、七歲，兒子三歲。李奶奶定下的規矩，要兩小孩稱她爲媽，而對自己親生的娘，只准叫菊姨。把菊姨當下人看待，呼之來，遣之去，菊姨不敢有一絲抱怨。李奶奶一天總要罵菊姨小賤人、白虎星（女性無陰毛，俗以爲主下賤，不吉利而有白虎星之譏。）、敗家精、狐狸精多少次。還有更惡毒、下流、骯髒的話，他都罵得出口。更不讓李爺爺與菊姨親近，但有發現，她會拿起棍子連兩個人一起打，而怒罵十天半月的。兩小孩無知，也認定菊姨下賤，是應該給罵給打，也學了他們的「媽」，打罵自己的親娘。總之，李奶奶對菊姨，完全是一種變態心理的發洩。李奶奶原也經過貧苦、卑微的生活，怎地這樣毫無同情心呢？主要乃緣嫉妒。

那時，李奶奶患著嚴重的眼疾，沒有得到正式眼科醫生療治，也是其時只有內科、外科醫生，而眼科、牙科、以及心臟科、泌尿科的醫生不多。她用偏方，講補養，求神拜佛又有何用？她脾氣焦躁，成天到晚罵菊姨，還有不引得血壓高的？終於雙目失明。她更罵得厲害，說是菊姨害的，要不是菊姨惹她生氣、發火，就不會燒壞眼睛了。

於是，只要那兩小不在跟前，凡是李奶奶罵菊姨，人們無不都以手指李奶奶，斥責她將來不得好死，死了要下十八層地獄。李爺爺呢，不敢做手勢，只望著菊姨笑，好似說著情話：「心肝，她眼睛已瞎了，上天在懲罰她。我夫妻子女四人的日子還長，何必在意她。」大家看到，菊姨不斷流著淚。

只瞞著那瞎眼的狠婦人，還有被她哄騙、籠絡、收買的兩個小兒女，所有前前後後的房客，大家心照不宣，只要菊姨上樓去做事，拿東西哪，曬台上晾衣服哪，李爺爺便悄悄也溜上樓去，和他的甜心幽會。但是他倆不敢久耽擱，只怕萬一被發覺，給堵絕了這條路。而且打打罵罵會鬧翻了天。有兩次，在後院，李爺爺、菊姨先後從樓上下來，恰給我碰見，我看見這牛郎織女，男的滿臉喜悅，滿眼的央求神情，手指著自己嘴唇，又搖著，意思是叫我莫出聲，也莫要喊他。菊姨紅透了臉，低著頭，百分不好意思，躲進廚房，忙她的家務去。

民國十二年，父親仍無出外謀事或做小本生意的打算，家境更形窮困，由楊泗堂街搬到校廠湖街。

我家租了間大房，曾祖母牀對著南窗，我們母子則擠在房後角，光線好暗的。分家後，留給父親手頭一點不多的現款早已用光，只有典當、變賣衣物過日子。記得有一天，把木衣櫃賣了，得來的錢，也不過糊口四、五天而已。好點的衣服早進了當鋪。只有清出些小孩穿的衣服，送到保安門外十字街晉泰當鋪去當。那兒，流當品可賣給鄉下人，所以才收當。

記得有一次，母親給我兩個大銅板，是四十文錢，拎了籃子去小朝街墩子湖畔菜園，買了小半籃竹葉菜回來，經過瓦窯巷，看到人家所頂去的雜貨舖，生意冷落，想到讓曾祖母跟我們受苦，內心好悽然。慈祥的這位聾子太，倒是從未聽她老人家有甚麼抱怨。後來，還是母親去央求，送曾祖母去祖父那兒，免得她跟我們一起挨餓。

偶而，母親用小泥爐燒木炭，在房裏燉了一次神仙肉，說是外公傳下來的美食。還有洋芋燒肉、洋葱炒牛肉絲，一家人吃來，直覺味美無窮。母親起早睡晚，洗洗縫縫，廚房忙進忙出，已是夠累的了。夜晚還要一針一針的小心繡花繡朵，是從勸業場陳家接下來的活計。小孩的鞋帽，大人的拖鞋等件，綢緞上繡出花朵，三五天交一批活，得來一點微薄的工資，買兩升米，或是買幾個火燒吃。送活、接活，皆由我去。每看見人家店裏，滿碗香噴噴的白米飯，大魚大肉，心酸口饞。

三弟成潤的堅毅，在貧困生活裏，更見其發揚。

偶而有點錢，早上買了幾個發米粑粑過早。定量分配，每人一個。要按我們弟兄當時的食量，一人吃四個，方才夠飽。妹子成瑛還在授乳期，母親更得吃五、六個才是，但母親總推說她肚子不餓。弟兄四個都是同時吃粑粑，成潤總是小口小口慢慢的吃，大家都早吃完了，他還有大半個，引得四弟饞念不已，成潤就強忍飢火燃燒，分一半給他。

隔壁右首，樓上樓下，只住了一家姓胡的，外縣人。主人是位中學校長，有五個男孩，老大比我大四、五歲，他們就讀中學、小學不等。我家的貧苦與他家富足安樂，少年人都可安心向上學習，適成強烈對比。胡校長知道我朱、楊兩家情形，偶而遇見我，總是極和靄的打招呼。我常跟他們玩在一起。那時，父親如果肯放下身段做事，其實也可謀得初中低年級教員職務，珠算、算術、國文，並非不可以教。訓育工作更不成問題，最低也可作職員。不知是一種甚麼樣的心理阻擋他畏縮不前。外公知交周之瀚、王巽安皆爲湖北學界知名人士。其時周爲省立第一師範校長，王爲省立第二中學校長。由外婆出面，推荐父親任小學教職員，更是輕易之事。

住在這處光線良好的大房間裏，無奈常常是灶冷鍋清，有一頓、沒一餐。父親有時發煩，便指著我說：「大不了，父子倆吃糧當兵去。」那時候的北洋軍隊，常有老兵打著旗，在街上招兵。也在開拔，或去糧臺領運麵粉時拉伕，本是當作運輸隊使用，遇到戰場上需要，就變成新兵補充上去了。父親手腕下的癱瘓，我太瘦小，人家才不要哪。

之後，搬到朱堯臣家。房東與房客六家，獨我家，十天有八天總在餓飯。

大朝街南段聖公會左側，有條寬兩丈多的巷子，路南住有幾家小戶人家。我家自朱堯臣家搬到這邊來，佔了一間向南的房，房裏已經沒甚麼傢俱。房東衣衫陳舊，日了過得不怎麼好，但卻不似我家父母兄弟六人，常常挨餓。

從民國十一年到十四年，住在上述四處，親友幾乎絕跡不來，只外婆、姨媽、舅舅、蓮姐、慶弟還有來往。來一次，總是憂心重重，與母親相別時，少有不飲淚吞聲。洪家三舅，老遠從漢口過江來，騎了自行車到楊泗堂我家來探望，也有勸慰、鼓勵母親的意思，無非是說「兒大一發」。

弟兄伙出生未久，父親就拿我們的生辰八字，去黃鶴樓找算命先生批算。黃鶴樓有三多：算命先生，照相館，茶樓。算命先生，有甚麼知機子、張鐵口、大不同的，足有二十好幾位。各家都有印就的批算八字的紙箋，批、讚、論斷和警戒話頭都有，並加旁點和連圈，統塡寫在紙箋上。爲了多得比較分析，父親不止找一位算命先生批算。長年累月，這批算的紙箋，積累有六、七十張。黃鶴樓的算命先生潤格很高，最低的約爲斗米價錢。如果認爲這八字命好，或是來人並不貧窮——話要這樣說，窮人不會跑老遠路，上黃鶴樓算命，那都是父親當乾泰恒老板時，志得意滿，去辦的事。

第二節　外婆遠葬外南湖

外公去世十年，但還有好多友好仍然保持著密切關係。有事情，都是外婆出面。居然承租來了湖北官錢局所有的房產，大朝街中段一號一棟大房子。讓自己作房東，把房子分租出去，得來的租錢，是應付官錢局租錢的六、七倍。

這棟大房子，從前是租給人家開客棧的。五個廳堂，八個大房間，好幾個小房間，兩個天井，一個大院。還有連鍋灶的大廚房。前後進都有閣樓。

權太公在這兒開雜貨店，沒多久便歇業了。

外婆家初搬到這大屋子裏，是好熱鬧的。周家姑奶奶一家住後房。另外，還有幾家房客。我們幾個大外孫，最喜歡在後面大院玩耍。牆角種鳳仙花，是我平生首次的植物栽培活動。

外婆的內侄，弟兄倆，一人在省城住師範學校，潛心向學。一人讀法政學堂，生活浪漫，把家裏賣穀子的辛苦錢都花光了。跟煙花女熱戀，討小。外婆為了不讓他太胡作非為，只好也撥出一個房間讓他倆暫住。鄉下有錢的青年人、中年人，凡屬男性，進入都市生活，每每都經不起這方面的誘惑。

胡家，獨立家屋的樓房，位置在保安門外，鐵路和河堤之間的板橋街。這樓房白牆黑瓦，方方的、高高的。主人家必有所仗恃，怎不怕在郊野遭盜匪夜襲？

這胡府，就是清末做過長江水師管帶的主人，為外公友好，其時正任江漢地區某處的厘金局長。我曾隨外婆來過，主人夫婦還有下人，都對待我們極熱和。民國十二年春，有那麼幾天，天氣特別好，外婆說，要再去胡家一次，為父親謀差事。還逗連弟說，要買保安門外的桂花糯米糖給他吃。這天，連弟一個勁的巴望著哩。胡家留外婆住了一天，也就是要好好招待的意思。飲宴，打麻將，吸水煙，閒聊天。

晴天霹靂，次日下午，胡家把外婆抬送回來。說是，牌桌上突然中風，倒地不起。一得到這訊息，父母便帶了我們趕到外婆家去。母親萬分悲痛，認為外婆特為我們一家子發愁，一直情緒不好，她那有心情走人家，打麻將，尋消遣？

這件事，給胡府上是很大的震撼。關於爲父親謀差事，也就沒有再由他人去提說。胡府也許還不曾知曉外婆有此意圖。

我奉派去姨媽家報信。先跟蓮姐兩人坐一輛人力車趕回外婆家。姨媽即刻清檢衣物，帶了慶弟隨後趕到。外婆遺體停前廳，仰臥著，兩手各執一根柳條，柳條上串連著十個小芝麻餅，緊貼著她小腿。習俗傳說，是讓亡魂在陰間趕狗用的。大殮時，這兩串芝麻餅並未隨著入棺，而是分給我們這一群外孫們吃，好像外婆在生時親手遞給我們一樣，說是可仗亡靈庇護，不受甚麼驚嚇。實在是好惡心的習俗，後來沒多久，便不再有了。

外婆葬在外南湖南邊的墳山。送葬，是坐船去的。

七七期滿，還舉行了出殃的習俗。如清、沈復「浮生六記」所記妻陳芸之逝，出殃那夜，他獨守靈堂，期與亡靈相晤，悲戚而恐怖。這天夜裏，外婆家老幼和所有房客都避居他處，第二天大亮才回來。

舅舅在這個家庭的地位，從此更受到權太公夫妻倆的排斥，不再讓他上學。先是讓他跟洪家四舅學做扣子，以蚌殼做原料，用手搖機器琢壓，一壓一個，未用電力，每壓一下，要用大氣力。後來又去學織洋襪子。那時武昌城街上，臨街開設的，用機器織棉線襪子的小工廠很多。舅舅也沒做多久，是不是他欠伶俐，不討人喜歡呢？

權太公每餐飯都要慢慢的獨酌。我去了，必被留下來共食。進餐時，幾乎沒有一次，權太公不數落舅舅的，說他這不好，那不好。又誇我吃飯多有禮貌，只揀醃菜吃，不像他，儘揀肉吃。

當時，我還不知「吃飯大似皇帝」的諺語，中國社會的世俗道理，不可在進餐時訓斥人。我為舅舅抱屈。幸而老太一直很庇護他。舅舅不斷在姨媽和母親面前訴苦，兩個姐姐總是好言撫慰。

第三節　湖北模範小學

湖北省立第一師範附屬小學的學生，穿黑制服，打黃綁腿，走在街上精神抖擻，像軍人一樣，好教我們小孩子羡慕。我既已讀過五處私塾，民國十二年，插班考試，進了湖北省立模範小學二年級。只讀了幾天，老師認爲我程度太好，給升跳到三年級。

當時，中小學教學有採道爾頓制者，讓兒童自由活動的學習，教師但立於輔導地位。模範小學高年級，有部份的在試驗這種新教學法。

其時，武昌城有四所完全小學最出名：居首位者爲模範，次爲湖北省立第一師範附屬小學，第三是武昌高等師範學校附屬小學，再就是在曇華林的文華小學，教會辦的，以首倡中國童子軍出名，學生服式特別顯得少年朝氣、活潑，有精神。

模範小學校舍建築是圓環式的，教室和辦公室圍繞著禮堂、操場與花園、假山。可能是校長和部份教職員喜歡藍色，房舍漆成天藍色，學生穿的獵裝式布制服，也是藍色。禮堂牆壁有幅大獅子的壁畫，假山上有醒獅亭，取的中國是睡獅猛醒的命意。

模範小學不斷發展，隔街東邊設有東院，操場和十幾間教室，東西向，地基高，光線、空氣都比校本部好。但學生們都喜歡到校本部去走走看看。

隔壁的勤級，級任是位年輕女老師，全校獨有她這一班，實行一種特別管理，教室地板光亮亮，學生一律要把鞋子脫在教室外。不知學校怎麽容許她這麽別具一格的，因此而有的好幾個問題，不知她怎樣處理？窮學生的襪子，穿得又髒又破。脫了鞋，會冒出腳臭。進出教室，尤其是跑去操場集合，學生們擁擠在一堆，短時間裏怎能順序穿鞋、脫鞋？春寒、冬寒時腳冷。我想，可能這位老師的潔癖未能長久保持。因爲學校無有適應這措施的相關設備。

上圖畫課，用鉛筆畫一片樹葉，記得那是下午的一堂課，老師在黑板上示範，大家好開心。教室外樹蔭一片綠。自此之後，如果有人叫我畫點甚麽？我只會畫這麽一片樹葉。試問，全中國可有這樣笨的小學生？有，他就是獨一無二的朱成章。說來眞是慘苦極了，誰家孩子沒有他的圖畫世界呢。而我卻偏偏爲貧窮所扼殺。自然，也上過好多次圖畫課。我的蠟筆山水畫，還被選出，張示在教室牆壁上。

那時，家居校廠湖街，每天上學，要出水陸街東頭。

同學們人人活蹦亂跳，我就是跳不起來。人人都有家庭生活可以講說，我卻老惦記著，我三個弟弟都在家裏挨餓。上課時，我常常肚子裏只吞口水。我學校的見聞，也難以有興趣講給家人聽。因爲一家人常餓得愁眉苦臉，惟母親強打精神，在趕繡花針的活。

升到三年級，是樸級，沒想到**這個樸字，像化學定性分析一樣，籠罩了我這一生**。做人、做事、治學、寫文章、講話，惟知這個樸字，雖因此而吃虧，要不開，也不願有所更改。

我們用的是單人課桌椅，對著黑板，擺了六行，每行八張。最左的一行，前面通爲女生，最末一個坐位，是級長的。女生頂矮的坐前面，是律師蘇尙文的女兒，打著小雙辮。

男同學中特當首先提說的，是湯訓惠。訓惠，黃梅人，與我同年。我倆同是班上功課好、品行優的學生，得老師同學看重。那兩年級長選舉，不是他，便是我。當級長的，肩上懸一白布帶，有如軍隊連排長那種值星帶似的。讀高中後，訓惠用其兄卜生文憑考入空軍官校二期，抗戰之初任中隊長，於衡陽上空殉國。

世交高府，高桂蓀叔嬸早認為模範小學好，要小名叫林子、菊子的兩弟兄，交我引導，插班來入學。頭幾天，我等著他們來家一同上學，對學校環境、設施，老師教學，同學情態，感到十分滿意，高叔、高嬸對我誇讚不已。

遠足洪山，中年級、高年級學生參加。笛鼓樂隊為前導，打著校旗。沿途路人圍觀，引得未在學孩子們的羨慕。行進間，唱著「清明時節雨紛紛」的歌曲。之後，作文課就出了寫遊記的題目，並沒有限在課堂繳卷，回家琢磨著寫。父親一時高興，為我潤色，這篇作文選為佳品，老師紅筆加圈，懸示教室，我不免愧然。後來，我對兒孫課業，只作指導、提示，絕不為一絲一毫的代筆。

國文課，有一學期剛開課未久，就有油印的補充教材發給每位同學，使童稚之心好生感激。一者為老師這份愛心所感動。二者對學校行政效率佩服的了不得。我們常到校本部各辦公室門前觀察過，工作人員不多，又無啥設備，班級這麼多，油印的補充教材，字體工整，寫得不大不小，印刷的紙張大小都有考究。也就是說，不浪費，不草率，這與行政管理以及學校當局重視兒童教育心理的一番存心，大有關係。

當時，模範小學四年級就有英文課，先讀「英字切音」。再讀「英語模範讀本」第一冊。才讀到第三課，男生便先把說出讓女生臉紅的單字搶著念會了。這可一點也不是老師教的，而是男生中的一種流行。現在想來，覺得未免急功好利一點。應該先把國語課學好，才合道理。當時，模範小學的國語教學，已有注音符號的學習，只是未能做到有如目前臺灣國民學校國語教學的踏實，一年級就打好基礎，把四聲的分辨已弄得很清楚了。

父親有一部石印本的繡像「三國演義」，字小，印得密密麻麻。評註字尤其小，但這一部份特教人品味讚賞。三國演義最吸引人，故事情節發展，使讀者關心的，是諸葛亮的活動，他死去之後，竟然令人難以卒讀。由於作者有意調排，令讀者同情的是蜀漢這一邊。後來姜維苦撐殘局，讀來就無甚意趣了。讀此書，有好多人名、地名的用字，十分冷僻古奧，當時既未查字典，後來又屢有重讀，也未記住其音讀，如荀彧之彧。

讀「小說世界」雜誌，開始接觸新文學作品，也在這時期，遇到第一篇作品，寫鄉下人進漢口租界，蹲坐在匯豐銀行大廈門前的階沿上，兩三分的茫昧。

不知何故，五年級轉學，考進一師附小，跟模範的朝氣勃勃，又是一番景象。教室外四周走廊極寬，樑棟粗大，階前置大盆的花。我還沒定做制服，由於拿不出買教科書的錢，只上學兩三天便不告而別，從此離開了學校。

家裏常在餓飯。母親頭夜忍著滿眶眼淚說：「你沒有法子再上學了。」

壽堂失學，是民國十三年的事，直到我六十歲，子女也早在大學畢業了。這四十多年，每逢看到小學生過路，總不免一陣心情激動，淚如湧泉。二弟比我更悽苦，他連兩年的私塾教育也沒受到，從未進過學校大門。

第四節　沈淪邊緣

住楊泗堂街李家時，父親熱中買馬票賭博。

漢口有三個跑馬場，皆佔地很廣。比武昌的閱馬廠都要大十好幾倍，一周約四、五公里。華商跑馬場在王家墩飛機場東南。萬國跑馬場在老襄河之東。西商跑馬場在日本公園之南。春秋賽馬季節，每匹馬都賣彩券。天高馬遠，騎師著各色彩衣，愈馳愈近，那爭先恐後的變動，確是賞心怡目的樂事。如果買了彩券玩玩而贏錢，就更有情趣。

看賽馬的人少有不買馬票玩玩。因爲花錢不多，輸掉了不會有大損失。贏呢，則有意外驚喜。但如沈淪其中成爲賭徒，這就不得了了。父親很不幸，成爲這方面的賭博者。他每季都買了一本皮面精裝的小册子，載著三個跑馬場的種種規格，每匹馬、騎師的號數、馬名、騎師姓名、體重、歷次及預定比賽等等資料，予以仔細研究、分析，認定這次必是五號馬可得頭彩，而多買五號彩券，又另買三號、七號的彩券。以爲若五號有失，三號、七號或有希望。

起先，買馬票是盡自己所有的錢。後來，是借來的錢。再後來，是命我去姨媽家，誑稱母親要走人家，借姨媽首飾的珠花戴，借來了送去典當，拿當的錢買馬票。

每次賽馬，父親打起全副精神準備，興沖沖的充滿希望。每次皆認定準贏無疑。但是十九皆輸得一乾二淨。偶有小贏，不過意思意思而已。反不如有些來玩的人，他隨便找個號頭買了，竟會爆出了冷門的大獎——就是買這匹馬的人極少，分獎金的人，得的金額便多，反之，雖中了彩，而分得的獎金極微。

我曾跟父親去看過幾次賽馬。關於三個賽馬場的掌故，騎師與各號馬的性格，上次賽馬某匹馬競賽過程突然發生的變化，騎師舞弊，故意的快或慢，鞍具上加了點甚麼物件（騎師都愛馬，而且馬場嚴格限制，一點也不可有損傷到馬）使馬不舒服，這些情形父親講說起來，眉飛色舞，如數家珍。

三個跑馬場遠離市區，在鐵路之西，是漢口的郊野。晴明日子，常見老鷹在高空飛翔，悠然盤旋，它似乎也在欣賞跑馬場上萬頭攢動。父親是絕無此心情的，患得患失，他所受的精神壓力，無人能知。他樂觀的說，贏了就同我在場裏吃西餐，然後坐馬車到江漢關過江回家，結果每次都是一場空，拖著疲憊的身子回去。自己埋怨不已，怎樣還姨媽的東西呢？姨媽責備兩句倒沒有甚麼？姚奶奶追問起來，教姨媽受不了。而且，必然的屢屢舊事重提，連死去的外婆也要遭受議論：「你姆媽硬是想要親上加親，好哪，現在朱家敗下來了，我看你們母女怎麼得了啊。不是我說你，少奶奶呀，你就是太死心眼。」

有一年多時間，受父命，常去當鋪、荒貨店、古玩舖跑。他不好意思挾了包袱出門，怕人家笑他。也不願與荒貨店打交道。囑咐我務要這樣、那樣辦，可是這些商人都是冷酷無情，他不會寬待你。我回家後往往交不了差。

送進當舖的都是衣服。高櫃台內的伙計，先經過一番檢視，發現太破舊、過時的樣式，任怎樣求情，他也不會收。曾有老遠跑去，又跑回，原件帶回的事。也有這家拒收，而那家收了的事。至於想多當點錢，那是絕辦不到的。他同意收當的東西，說妥了要當的價錢，櫃台先生便高聲的念：「破——藍布大褂一件，黑緞女襖一件，白洋布褲褂一套，二兩三錢。」講起來，眞是極不公平，當舖要站穩自己立場，那寫當票的，首先一筆是這個破字，硬派定你的衣服是破的。這樣，贖當時你衣服破了，他不負責任。況且，當票上也印明，如遇水火災、蟲傷、鼠咬、以及擱置久了發霉而損壞，他是不賠償的。

當票上寫的字龍飛鳳舞，不管有多少件衣物，它寫下來，總是一筆從頭到底糾結混攪不清的一串字，再高明寫草字的書法家也休想認得出。這種典當業的專門字體，是一年半載也學不來的。常當當的人，只好在每張當票背面註明所當的是些甚麼東西。至於當了多少錢，何年何月何日收當，那是用普通字寫的，好讓持有者認識，到贖取時連本帶利，應該是多少錢。

我們的當票，很少有整筆的錢，那是狐皮袍子之類方可。每次當的，總有零錢。我餓得忍不住，總要落一兩個銅板，買個窩窩或其他的食品吃。我不忍心多落錢，但每次都有這樣做。落一個大銅板，父親計算不出。落多了，就會露出馬腳。父親數說一頓，也就罷了。

只有一些小東西，給送到小古玩舖賣。我落了錢，父親無憑無據可查，這種惡劣的習性，幸而只止於那時期。否則，我這人就墮落下去了。

有次，在家裏偷了錢。父親打我，我避到外婆家，老太知道了，不問情由，反狠狠責備父親，說父親冤枉我。

人窮思古債。父親要我去保安門外十字街一家窰貨行老板要債，又無憑無據，反受到人家白眼，引起一番譏笑，好沒意思的退了出來。

到紗局做童工去罷，經人介紹，進去了半天。那紡紗間，機器聲震耳欲聾，空氣、光線都不太好。只經過了半天，便離開了。

又去批了些報紙，在漢口的漢正街，走著叫賣。總以爲這是下賤行業，就是叫不出口來：「白話報，白話報。」不像現在，大學生、公務員、家庭主婦，一大早，騎了自行車或摩托車，按家送報，怡然自得，旣賺錢，又是極好的晨間戶外活動。

餓飯生活中夢寐以求者，水陸街東頭麵舖隔壁那賣饅頭的，還有切得飛薄的滷豬頭肉，能飽食此二者，即爲人生至樂。

孫中山先生逝世北京，震撼了全國人心。哀傷、悼念，持續了一個多月。漢口、漢陽如何悼念，我不知道。武昌追悼大會是在首義公園的戲院內舉行。那正是我家挨餓的時候，會場太小，許多人都擠不進去。第二天，父親帶我去，從首義公園一進門，便掛滿了團體和個人的輓聯。父親爲我講說一些輓聯上的句子，沒有一付輓聯所陳說的，不教人感慨萬分。所有來悼念孫先生的，都懷著無限哀思，拭著眼淚。回家路上，父親說起這幾天他在蘭陵街講演堂看報所得知的一些消息：北京政府本是嫉妒，甚是惱怒孫先生，如今也天良發現，都眞心誠意的，爲全國人民的哀傷所感動。北京城孫先生的喪祭、出殯，轟動海內外，是**元明清三朝帝王逝世，刻意安排的國喪場面，再也比不了的**。青年學生們的熱情，尤其教人肅然起敬。

第四章 學徒弟

第一節 赤膊闖天下

日前與五十年的老友劉寄生憶談往事。

民國十五年，他只背了一個小包袱，跟位年長的人離開湖南江華故鄉，去外面闖世界。有條洗腳毛巾未帶，他母親巴巴的趕出門來，遞給他。慈親依依不捨的神情，至今猶縈迴腦際。就這樣，他從了軍，得貴人扶助，並未遭遇太大磨折，進入黃埔六期，開始了這一生顛簸壯闊的生涯。寄生長我三、四歲，活力極充沛的朋友。

難道還有比壽堂更苦的嗎？離開家，進入社會，我是只穿了一條短褲叉，打著赤膊走的呀。說著，我禁不住嗚咽淚流。

一家七口，陷於絕境。找個小生意做罷，為何不學高祖母那樣？只要父親肯放下身段來做，向親友告貸本錢，並非難事。這比起當年高祖母從金口逃難來武昌城，舉目無親，不知要好到那裏去了。而我們有四弟兄可供驅使。但三十四、五歲的父親，本是青年有為的年紀，他只覺得太丟面子，說甚麼也不會走這一條道路。

母親生妹妹成瑛時，曾嘗試著去人家做奶媽。只幾天就仍然回來了。家裏離不開她，成瑛也要吃奶。父親堅持不允。給勸業場陳家商店做小孩帽、鞋的繡花活，百分辛苦，收入十分微薄。二弟成寶，嘗試著拎一個籃子賣炒蠶豆，就是不能像別的孩子們，浪蕩街頭，自由自在。朱家子孫這般落魄嗎？二弟也只這麼幹了一天，再也繼續不起來。

住在聖公會側巷的北屋，好一個理想的書房，幾扇窗子開向天井，戶外無車馬之喧，只可惜是餓飯的日子。母親去找了祖父。我不知母親與祖父談論要讓我學徒弟的事，這兩位老人家的心情如何？難道不會想起當年祖父向外公為父親提親的事，七、八年前我為祖父紅人的事……。其時，祖父境遇大非昔比，早自竹子廠街遷到保安門外正街路來，與北頭祝爺爺的篾貨店，相隔六、七家。再過去幾家，就是福音堂，門口還有個綠色郵筒。這是南鄉人自保安門入城必經之道，也是鄉下人認路的準點。

祖父也在新住處開了篾貨店。門面很寬，另一半是竹器作坊，鎮日只見他老板、夥計、徒弟，忙著破竹子、劈竹子、掰竹子。把兩丈多長的大竹子分解成青的竹皮、篾片、粗的、細的竹心，以供編製各種竹器、篾器之用。例如竹桌、竹牀、篾簍、網籃所需要的材料，皆各有規格。破、劈、掰的工具，以及其工作過程所發生的聲音，清脆動人。這家竹坊老板夫婦、夥計、徒弟，都是外縣鄉下人，生活、語言、舉止，土氣粗俗。

可以想見的，祖父偈處於此，十分委屈，百般無奈。為何不再開雜貨店呢？事不過三，已無此勇氣了。開頂小的雜貨店，犯不著。開大的，一人照顧不來。難道為那三歲大的小兒子漢老開店嗎？開這篾貨店，自必是仿自祝爺爺。祝爺爺父子開了十好幾年篾貨店，只在進貨時忙一陣，平時一人守著就可以了，不用多煩心。生意不好不壞。貨品消耗率低，只怕長久潮濕與乾燥，致器物生黴、破裂、生蟲與色澤陳舊。要是不擱置半年，這些問題不會發生。對莊稼漢說，箴器是生產上必需用具，一年總得更新補充一次，不怕沒生意上門來。

以開大雜貨店，上海坐號，又做了一年多寓公來說，祖父每天坐在這箴貨堆裏，等著鄉下人來照顧，東揀西挑，好不容易做成一宗生意，才在腰裏掏出藏得熱和和的錢鈔，利潤好微薄。遇到雨天，可能就做不上甚麼生意。還有，祖父這店的箴貨，稀稀朗朗，不像祝爺爺以及近鄰幾家老箴貨店之拍拍滿滿，顧客的選擇必然不願走到你這貨品不多的店。祖父人落瘦多了，只那八字鬍還如舊。

祖父箴貨店正對面，是馬福源麻線行。憑著街坊關係，祖父跟他們說走，讓我到這家麻線行學徒弟。

大朝街乾泰恒雜貨舖的小老板，如今落得在保安門外學徒弟，這說起來，太沒有面子了。父親的想法如此。母親私下跟我說，這事務必瞞了父親，也不可跟兩個大弟弟講，怕他們說溜了嘴。那幾天，天氣熱，父親和我們三個弟兄，都是打赤膊睡覺。不管如何勞累，母親總是起身很早。這天，她一夜都未睡好。又不能叮嚀我甚麼話，會驚醒了父親，只以眼神示意，我爬了起來不敢穿上衣，裝著要上廁所的樣子，輕悄悄走出家門。打著赤膊，瘦骨嶙嶙，只穿了一條半長的單褲叉，渾身上下甚麼也沒有帶。虛歲十四，實足年齡才十二歲九個月，這麼一個男孩子，在民國十四年陰曆六月初一清晨，離開家門，經過安徽會館門前，懷著忐忑不安的心情往前走，只怕父親出來抓了我回去。走完小朝街，一路上都沒有來往的人。沿城牆一條斜坡，就出了保安門。

既出城，才安了心。父親絕想不到，我會往這方向走。等到一個多鐘頭之後，父親方會查問，這時，我已經到了祖父處，就不怕被抓回家。

時間太早，祖父那裏還沒開門，我只好在靠近城牆壕溝的後街，保安門至中和門之間，來回慢慢的走。幸而沒碰見好管閒事的人上前盤問。

我這副樣子，到了祖父跟前，心裏好難過，強忍著眼淚說明，是偷著出來的。林姨不免譏諷說：「少奶奶呀，眞是，怎麼讓成章打個赤膊來學徒弟，也不圖個吉利。」

祖父沒吭聲，可想見他心中的難過。叫我到曾祖母房裏去。曾祖母知道了這些事，只是心疼不已。等到九點鐘，街上十分熱鬧了，林姨去附近估衣舖給我買了套短褲褂，穿了起來，沒有得到任何人的祝福，祖父引領我跨過大街，進入這家麻線行做學徒。

從此，人家叫我朱倌。可以想見的，這時，家裏父親必跟母親吵，說我母子這樣做，太丟他的人。櫃台內有個高凳子，我坐在那裏看街，看祖父店內的情形，心裏不斷的想著家。果然，二弟（他那時才八歲）挾了捲起來的大中堂，走進店來說：「爹要你回去賣畫。」父親定是跟在一塊，躲在近處，他不敢現身祖父面前。

這幅大中堂畫，工筆繪畫的一頭鹿，取祿位高陞之意，畫的頂端還蓋了一個方印，似宮庭中流出，是當著古董來看待的。確有些年代了，畫面跟裝裱都泛出陳舊的黃色。配合著這中堂，是四幅條屏，楊守敬的書法。楊守敬的字，只我記得清楚。鹿這幅中堂，則我家親友都留有深刻印象。執筆寫述到此的前天說起，妻就記得很清楚。祖父很風雅，有兩個大木箱，裝滿字畫，不時掉換著廳堂張掛。

當時，林姨發見了這情形，跑過街來，把二弟拉過去。祖父在他面前數落父親一頓，老人家究竟也不忍心罵二孫子，只怒氣沖沖的說：「叫你爹來。」總算沒有把二弟挾著的中堂畫奪取下來。依著林姨意思，那是要奪下來才快意的。

這天，我吃了第一頓飽飯。桌上頭是老板，兩橫頭是少老板，胡先生，李師傅，我和徐倌坐下頭。我倆一邊扒飯，一面得眼覷著上頭的人，飯碗將空時，趕快立起身來，雙手向前，搶著跟他們添飯。那年頭，人們平時吃飯，每頓都是兩三碗。李師傅客氣，不要我添，我看他雖是燒飯、挑水大師傅的身份，但年紀比少老板、胡先生大多了，跟老板差不多，是四十歲左右。他飯量最大，雖執意不要我添，我仍然硬要搶著爲他添兩次飯，都盛得滿滿的。

老板大大讚美我，說：「朱倌這伢，到底是讀過書的，知書達禮。我看這樣罷，今天你添飯，算是對李師傅的見面禮。他一向不習慣人家給他添飯，以後你就免了。」意思是李師傅是粗下人，用不著我們徒弟伢太禮敬。不過，我私下忖思，李師傅比父親年歲大，人很敦厚，我應該處處尊敬他，方爲合理。

老板又溫和、帶笑意的說：「朱倌，你今天第一天才來，不要慌，慢慢吃。店裏有些規矩，徐倌就要出師了，他會告訴你。」又望著胡先生，語帶雙關的說：「胡先生性子急，他是有名的紅蘿蔔。你只要不犯錯，他不會打人的。罵你幾句，沒關係的。」看著胡先生不太友好的瞪著我，我只好站起身，趕緊應：「是」。徐倌好意，拉我坐下來，繼續吃飯。

我斷斷續續的吃下了兩碗飯，每一口飯，我都難忘記我的父母，三個弟弟，一個可愛的小妹妹，他們都還在挨餓。連著兩天的四頓飯，都是如此難以遣去愁苦心懷。

老板還當著大家的面吩咐我，晚上店裏事忙完了，可以過街去，看看祖父和曾祖母。吩咐完了後，還拍拍我的肩，嘆口氣，說：「好人家的孩子。」胡先生悶悶的，覺得老板未免太寵重我。他名正和，眼神總是帶點邪氣，既不正派，也不和靄。

民國十九年，在武漢開始了職業寫作，曾有三四萬字的敘述，寫過一篇「馬福源的徒弟」，未發表。那時，離學徒弟的歲月，才四、五年，許多事物的記憶，不像如今這樣，但只記得大體。這篇文章應已不存在世間了。

第二節　櫃台內外

武昌保安門外十字街，做苧麻生意的，有三家麻線行，上十家麻線舖。

行和舖的區別是：行做的大宗買賣，也兼做零星生意。從蒲圻、嘉魚、簰洲麻客運來的麻，整船收購下來，再打成一大綑一大綑，轉售給漢口的洋行。這種大宗生意，一年才有幾次。貨架上也有點粗細麻線零星發賣，那是應景應景的。麻繩、麻線漁網等麻製物品，就不俱備了。麻線舖是小的店家，不與麻客來往，只收購人家搓好的麻線，或者自己也打絞麻繩，還有一切麻製的物品，貨架上堆得滿滿的，也零星的賣麻。整天，上麻線舖的主顧多，麻線行則顯得清靜。

馬福源麻線行，是弟兄四人的合夥經營。他家為回教徒，老大五十歲左右，在警察局偵緝隊做事，身個高，整年戴頂黑禮帽，臉色冷冷的，似乎壞人見了他就得膽寒。他有個讀女子師範的大女兒。只因當年女孩子念中等以上學校的還不太多，故引人注意。他的兒子就在麻線行管帳，臉面削瘦，還沒結婚，好嫖，與胡先生常一道上下。店裏人都稱老大爲大老爺。

老二、老三、老四、老五是麻線行生意的合夥人。

老二，稱二老板，專做牛肉生意。每天天剛亮，便從中和門外象鼻街、千家街的屠牛場，批發牛肉，走十字街，自保安門進城。他常常走到了，城門還未開。進城之後，把牛肉分送到幾家教門館，然後留下上好貨色，送到青龍巷名滿武漢的謙記牛肉館。跟謙記老板對飲一番才分手。午後，才馱了一布口袋的銅板，醉悠悠的回到麻線行來，照料這邊店務。

老三，稱三老爺，他是當了旅長退隱下來的。當時，他跟安徽督軍姜登選，以及還有些大軍頭兒，時有書信來往，因爲交我送郵局寄遞，所以知曉。

我頭天進店，見到的老板，就是這位三老爺。

三老爺對我外公的行醫、我朱祥泰、大房萬泰的事他很清楚。常指著對面，很有情分的說：「你爺爺瘦多了，我曉得，小時候，你爺爺多麼疼你。」他眼神威嚴，馬家上下以及全店裏的人都怕他。一大群侄兒們，在這位三爹前皆畏畏縮縮。他怕我當徒弟伢有自卑感，總在提醒我不同於別的徒弟伢。我能寫能算，這是別的徒弟三年滿師也還學不到的能耐。再說，我這位朱倌相貌清秀，舉止大方，有禮節，言談不粗俗，別人都還以爲是這家麻線行的小老板。總之，三老爺不僅在全店自己人之前不斷誇我，也在他人面前誇我，而且指指點點說：「你看，對面那位太爹，就是他爺爺，人家以前是在上海坐號的。他的外公楊韻嵐，是我們武昌有名的好醫生。」三老爺有四位子女，長子馬顯超，大我三歲，就學於在兩湖書院的中醫學校。他有些傲氣，是張萬泰家的待婚女婿。張萬泰是武昌城最大的米店，也爲回教徒。

四老板、五老板都身軀高大，他倆上午賣牛雜水，下午則將賣不完的牛肚、牛肝，再加牛肉合鍋滷煮，四、五點鐘時發賣。夏天，擔上案子裏，擱一個加蓋的大瓷罐，盛的是燒牛脯，嗜者皆讚其味美。**他倆樸質、勤儉，是江漢口語所說的本色人**。平時不大到麻線行來。

六老板是張萬泰老一輩的女婿，氣宇軒昂，在漢口經商，不大過武昌這邊來。逢年節，才來向他母親、兄嫂們請安。

馬福源麻線行金字招牌，看得出是請書法家寫的，具挺拔清秀之美，跟這條街上別家粗俗的招牌大不相同。鋪面比對過祖父的店要略窄，但因有樓，顯得高敞。下河起麻時，這兒麻隻成堆，一層層的往上累積，常常堆起了上萬斤的麻，教人一看，這可是生意興隆的氣象。三老爺、二老板來了，總看了這麻堆帶來的財富，而笑吟吟的。二老板益法勤於帶了牛肉來，犒賞大家，大沙銚子燉蘿蔔牛肉湯，香味滿溢全店。

我坐在櫃台內當街的角落，二老板交給我一點銅錢和銅板，放擱小柳條簸子裏，是打發乞丐用的。錢將要用完時，便向他領取，並不記帳。一開抽屜，發現一本木刻的「說岳」，無事時，便一面看著店，一面瞄著書。說岳的閱讀裏，漸漸把家人挨餓的愁苦置諸腦後。

我雖然不算矮，但發育不良，十四歲只有人家十二歲的體魄，無怪初初半個月，二老板、三老爺總殷殷相問：「還好吧？做得下去麼？」唉，天天有飽飯吃，隔不三幾日，總有大銚子的牛肉蘿蔔湯讓你盡量喝，還有甚麼幹不了的。我過街去看過兩次曾祖母、祖父。祖父見我氣色好多了，聽我報告店中情形，一面點頭，一面也長長吁氣。曾祖母只囑咐我不要貪涼。並告訴我，母親前幾天抱著小妹妹來，隔著街看我，我正在忙。小妹連聲叫大哥，母親聽著難過，揩著眼淚，回城去了。母親一雙小腳，又是抱著小妹，來回這一趟，夠辛苦。祖父早已不像從前那樣熱和，林姨的臉色和冷諷熱嘲，就是表示：少奶奶，你少來。林姨生怕祖父一時心軟，周濟了父親。

第一次，河裏起麻到店。十幾個碼頭伕，自新橋下的河面麻船上，挑麻到店裏。他每人挑六隻麻，卸在店門口，便走開了。李師傅管堆集，胡先生計數，徐倌和我，一隻隻的往麻堆裏遞送。麻堆摞到一人多高，我就無力往上丟了，胡先生說出好刻薄的話責罵我，而且恨恨的瞪著我。我臉都氣白了，本想拂袖而去，繼而想到若因此而離職，傳出去未免不好聽。於是，仍然繼續工作，但卻挺直了腰板，對他不答理。三老爺正在櫃台內監督，他看清楚了這一切，即走出櫃台，好言勸胡先生說：「朱倌還小，胡先生，不要難為他。」有點代我向他求情的意思，三老爺是很少這樣對待胡先生的。他總嘲謔的叫「紅蘿蔔」，極少稱胡先生。然後，他逕自吩咐我：「朱倌，你專在後面遞，徐倌力氣大，讓他往上丟。」

徐倌是店裏最先和我建立感情的人，待我如弟，處處關心、維護。特為我緩頰的說：「是嘍，三老爺，我原本就是要這樣做。是朱倌搶著也要往上丟，他就是怕胡先生罵人。」說著，裂嘴向胡先生一笑，有表示胡先生口不擇言的意思。

自此，我對胡先生敬鬼神而遠之，不讓他抓我的錯處。內心也有種打算：你打我沒關係，你如出言侮辱，我就跟你翻臉。**我朱成章是拜過孔聖人的，士可殺，不可辱**。想必，一種凜然之氣，漸漸泛上了這個少年人的顏面。我察覺到，我這種並不表現在言語上的態度，發生了抗拒和嚇阻的作用，胡先生對我，每有下流、刻毒的話要說出口，居然給嚥下去了。

夏夜，九、十點鐘後，天氣還熱，人們洗了澡，仍然無法入睡。十字街上，到處都起了唱花鼓戲的聲音。最普遍的一齣戲，是「蔡明鳳辭店」，聽熟了那個調子，如今還能唱起頭的幾句：

蔡明也鳳喲，站大街呀，思前啦想吓後喲，

悔不喂該也，挑哇白米呀，來到呀揚吓州喲……

本是三三四言的句子，但是唱起來感歎吁嗟，激情動人，粗俗的、鄉土的腔調，很能發抒這些店家、作坊員工長日辛勞、寂寞鬱悶的心緒。

這年過年，大師傅也回鄉下去了，只我跟徐倌倆守著店，雖然有豐盛的酒食可享用，卻失去了與家人團聚之樂。

十五年夏天，我得到一點錢，自己去長街上買布料，白底細藍線條，是種比漂白洋布要美觀的料子，布面有若湖縐似的輕浮柔軟，我拿回去，請母親爲我縫製一套小褲褂。那是我有生以來，首次用自己的錢，爲自己買衣物，興奮無比。雖然那時家中餓飯情形稍有好轉，但並非每天三餐無缺。我竟然未有先以奉上雙親，也不知買點甚麼給弟弟、妹妹吃。學徒弟的一年多時期裏，雖然無固定的工錢每月可領得，但平均兩個月，二老板總會拿點錢給我，還囑咐我，除了添點自己用的東西，應該買點東西孝敬曾祖母、祖母、祖父和雙親。

那時，家已從聖公會側巷，搬到大朝街南段南頭末端的文昌閣。本是供的文昌帝君，無甚香火，也無住持，不知是否高府的家廟。先是高家四爺爺一家三口住這裏，很幽靜，一間大廳作爲學塾，收有二十幾個學生。大廳外院落相當寬，孩子們可以嬉玩。四奶奶出自書香門第，幼讀詩書，端莊多禮，能幫同教導年幼學生。叔叔比我大三、四歲，儀表非凡，是去漢口錢莊學生意去了。叔叔空下的房，就由我家來接住。四爺爺年老多病，學塾就由父親幫他教。

小妹妹成瑛，母親只愁養不活，由高家姑奶奶、高家姑媽（高叔叔的姐姐）介紹，送給對面游家夫妻。成瑛其時三歲多，聰明可愛，對我們四個哥哥都親熱極了。那對夫妻，男的三十多歲，似在偵緝隊作事，與流氓爲伍，日子過得不錯。女的二十七、八，生得細皮白肉，端莊賢慧，一直無生育。成瑛一過去，受到百般疼愛。後來，傳出了他夫妻的一種特別行爲，丈夫半夜常把妻子脫得赤條條的來打一頓。由於男的身份特異，而且這是人家夫妻間的事，女的並未哭喊救命。次日他夫妻情況如常。大家只有私下議論，無人肯去過問這種反常的家庭生活。這使母親懊悔無已，成瑛在這種人家長大，將來會變成甚麼樣子？正要考慮如何啓齒把成瑛要回來，由於他們太是疼愛給孩子吃這吃那的，弄得腸胃難消化，幾個月，便得病夭折，那游姨媽哭得死去活來。母親自也傷感，但心下反而安泰，不必憂愁這惟一女兒的未來命運。

第三節　祖父冷清下世

祖父開篋貨店之前，還曾搬過一次家，由竹子廠南頭搬到中段，是在朱家磚瓦行隔壁那條東西向小巷的北頭，路東。朱家磚瓦行，是家族中的特稱，跟堂兄成源爲近枝，他兩家房屋相連。其時磚瓦行朱家，只伯母跟堂姐在，磚瓦生意在半歇業狀態，生活很富泰。

祖父這新居，仍然是租的房子，屋子地基高，顯得空氣陽光特別好，無天井，房間小。我去過幾次，看見祖父生活委屈，曾祖母不能如伯曾祖母那般風光，心中好難受。所好者，不像我們餓飯。

我學徒弟未久，祖父篾貨店便結束了。表面原因，是生意清淡和祖父精力衰退。他跟父親失和，引起了精神的鬱悶。自從關了舖子，父親不曾去看過祖父。過年時也不去拜年，母親再三勸說，父親執意不從。只是我時常去看祖父。曾祖母去了祖父那邊，母親總惦念，林姨粗聲粗氣，大手大腳，會給老人家氣受，而漢老兄妹兩個小孫兒，不像我們弟兄之能討得曾祖母歡心。母親總在不是餓飯的日子，還有力氣走路，巴巴的去看望曾祖母，為老人家梳洗侍候一番。也向祖父請安。

祖父跟林姨生活間起了裂痕，且日漸加深。恨未聽師姐、我外婆的勸說，受了委屈，難向人言說，悶苦之至。

祖父搬到馬路堤街未久，鬱鬱終日，便在家去世。開弔時，大房的爺爺、叔叔們，韓家姑奶奶，祝爺爺、高叔叔皆來了。都為亡人掉淚。父親這才肯來。

麻線行給了我兩天喪假。寒冬雨天，八個槓夫抬了黑棺材，父親，我和二弟，漢老，好像還有祝爺爺、高叔叔，不多的幾個親人，沒有吹吹打打，也沒有習俗上的放鞭炮，送葬行列冷冷清清，送到梅家山附近安葬。雖然我經過了餓飯日子的煎熬，但我怎麼也沒想到，團團富家翁的祖父，會是這樣離了老娘親，兒孫一大群，又有小兒小女，淒楚無限的走了。

祖父葬後才幾天，林姨便吵著要改嫁。我得到消息趕去了，居然跳起雙腳罵她，且引了「好馬不配二鞍，好女不嫁二夫」的諺語，義正詞嚴。林姨並不答辯，也不哭泣。反正她的決心下定。她要嫁給一家估衣店老板，也是外縣鄉下人，三十多歲，把漢老兄妹倆也帶了過去。而有些財物細軟，她早已先偷偷運去了。

不知是誰出的主意，還是那年頭，夫死未久改嫁者一種心理上的不安，林姨坐小轎，先到中和門外一座小廟拜了祖父靈位，燒了錢紙，換新衣，才抬到這家去。

林姨現今如還在世，已逾百齡。我對自己當時少年無知，人生首次應用諺語，激烈責罵她，感到十分歉意。她是我長輩，我何嘗知道世務？二十三歲之後，曾有十年長時期，從事中國婦女問題研究，才了然林姨之値得同情，知道問題並不簡單，漢老兄妹皆比我小，是我小叔、小姑，但恨我父子無能力，讓他們在繼父那裏橫受了委屈。

第四節　加入國民黨

飽暖思淫慾，這話頭一點不假。

我才吃了幾天飽飯呢？父母兄弟都還在餓飯，居然起了對異性的懷慕。我才有多大呢？一個半大的毛孩子。「飲食男女，人之大欲存焉」，是「禮記」上的話頭，中國人的印象，卻認為這也是孔夫子的思想論斷。我是否太早熟了？要是就「紅樓夢」小說人物而論，賈寶玉不也正是十三、四歲。記得十一歲那年，我有近乎夢遺的一次經驗。學徒弟這兩年，慕少艾的情思強烈，反而不曾有甚麼性衝動和夢遺。

這種慕少艾的情思，似並無「性的感知」色彩。因為並未達到朝思暮想，輾轉反側，神魂顚倒的地步，只是伊人出現，兩心相吸引而已。

先是有位念一女中的學生。武漢人都熟知，湖北一女中在武昌城長湖之東，洪井街北頭。在紫陽橋上，恰好可看到這學校大門。山前，大朝街、文昌門、望山門、保安門內外這一帶的一女中學生，來上學，多必經過紫陽橋。早上，黃昏前，這些女孩子上學、放學，構成了長湖湖畔最美的風光。紫陽橋西，路南，臨著武昌城最大的墩子湖，一直用爲陸軍醫院的丁棧，就在這附近。那年頭，北洋軍隊士兵蠻不講理。若是傷兵，更是天王老子也都怕他三分。但有一件事很稀奇。這陸軍醫院傷兵老爺對一女中學生，卻總是特有善意的看待，不作興有粗話或下流動作表現。推想不外乎這幾種原因：

一、紫陽橋畔，山光水色使人心淨化。

二、初長成的少女，具純淨之美，教人只有湧現善意。

三、老總們孤身飄泊在外，時有家室之思，太是把這些孩子們看成了自己弟妹子侄，他不自覺的充滿了伯叔的父性。

其後，過了民國十五年，是革命軍時代，軍民關係親切，遠非北洋軍隊時代可比，紫陽橋畔，傷兵老爺們對一女中學生的看待，更顯現得百分之百的善意。這是自己對江漢鄉土事物，好些早年深刻感受之一。

這位一女中的學生，是回教徒，姓張，不知其名。

她應該大我一兩歲。今天寫述這段事，我對她好有一番感激之情，是她每天的深情注視，在我置身卑微生活裏，提拔起激奮的意念。爲了便於敘述，就叫她瑪麗罷。

瑪麗身高，臉長，大眼睛。她早晨上學，下午放學，都是坐固定的一輛人力車來往。起先，我倒並未留意，是她發現了我這個少年人。每天她上學時刻，老遠，她的眼光便向左凝視，一直看望在我身上，目不轉睛。車子行徑麻線行門口，我似乎看出她心思中，有話要向我說。她難道看不出我是個徒弟伢？瑪麗上學經過時，大半情形是我店中諸般早間雜務已料理完畢，一人正坐在櫃臺內無所事事，坐櫃臺內，難道是小老板？不會，一個少年人，好端端的怎不上學讀書？況且，我的穿著不像。有時，她來得早一些，我們三人正在忙哩，她仍然目不轉睛，獨獨對我凝視。我也必然就我所在的位置，裝著不在意的樣子，目送她過去。她並未轉過臉面。因此，這種脈脈相視的情態，毫不爲第三者所察覺。屈子曰：「滿堂兮美人，獨與余兮目成。」街上熙熙攘攘，人們大清早，忙於尋生活，誰有閒情留心於此？

瑪麗放學，通常是下午五點左右。難道眞個心有靈犀一點通，我多半會站在櫃台外，迎她歸來。她仍然是側身斜坐車上，眼光向右凝視，一直看望著我，深情注視，目不轉睛。有時我似乎看出，她臉有笑意。

我裝出不在意的樣子，說閒話，向店裏的人打聽。因爲她每天坐車來去，多少也教人覺得好可注意。而我那配對人家一位千金小姐作非分之想，況她比我大。她已與武昌美術專科學校學生馬某定婚。馬某是住在城內的，也爲回教徒。後來，我曾見過，他背著畫板，拿著三腳架，好氣派的，這一對正是郎才女貌。

瑪麗這樣對我脈脈相視，足有大半年之久，若說是自己胡思亂想，怎地每天都如此凝視我。更奇怪的，這種情形竟無人察覺。

馬福源麻線行，這一整條街，一家挨一家都是商店。右邊斜對面，店不開了，搬來一戶住家人家，整日關著大門。看他們衣著，似乎是從漢口遷過來的。那時，雨天人們出街，都穿那種笨重的油鞋。獨他家得風氣之先，穿起上海最新出品，如黑漆發亮的塑膠雨鞋，十分輕便、時髦。

他們一家人出來，男女老幼都有，獨叫我傾心的，是膚色潔白的大小姐，她每出門，只要給我看到，心情總有受顛倒之感。不像瑪麗，人家只偶然一瞥之間看到了我。妙齡少女都有此經驗，她身上閃亮著青春之美，不論走到那裏總是吸引四周人的眼光。閉月羞花，沈魚落雁的典故，正是因此而得。

民國十五年春，店裏櫃台外空出兩坪地位，給老板們的外甥哈孝德做石印生意。孝德爲獨子，二十一、二歲，剛結婚。身材中等，臉面有破相。言行舉止不太敦厚。當時的石印機，一個簡單的鐵架子，上擱大石版，每印一次，須以圓筒上一次墨，擱上用紙，滾壓而過。滾壓時須加力使石版滑溜轉動。是半機械半手工的工作，比之鉛印過程，要緩慢多了，也辛勞多了。哈孝德愛體面，他夏天不是穿白洋布短褂褲，便是寶藍色夏布短褂褲，而且妻子爲他漿熨得平平整整。做起工來，當時他不曉得備下舊衣擋髒，也不著工作服，更討厭用圍裙，便只好打赤膊。

哈孝德有位同行馬春泉，城內一家大印刷廠的工人，二十五、六歲，也爲回教徒。他是保安門外新橋西邊板廠街馬鴨蛋行的老四。

壽堂此後**人生動向的改變，馬春泉是個關鍵人物**。他身個高大，性情篤厚，熱心助人。他來了，如哈孝德正在忙活，便來幫忙。他熟練、力大，比孝德做得輕便。閒時，便跟我倆聊天。他在城內的印刷廠，是做的學校生意，爲第一師範、醫科大學、武昌高等師範印教材、表格，也爲學校社團印文件。他跟第一師範的學生活動份子，來往密切，而被吸收參加了國民黨。這樣，爲黨印刷秘密文件，就便當多了。馬春泉跟一般同處卑微生活的小人物不一樣，內心彷彿燃有盞燈，他只想把這種光明照耀每一個人。

因哈孝德介紹，馬春泉認識了我。他跟我只說了一次話，便認定我是「一朵鮮花揷在牛糞上」，爲我學徒弟的生涯抱屈。三幾天，他總有繞了路，特意到馬福源麻線行來看我們。總帶點雜書或小册子來，逐漸的引我們關心國事。他很少叫我朱倌，而是連名帶姓的喊。

二老板、三老爺跟馬春泉的父親相熟，是清眞寺齋戒期中的同道，對於這執子侄禮甚恭的後輩，甚爲熱絡，尤其喜歡馬春泉的人品，總囑咐外甥哈孝德要跟馬大哥學。

哈孝德的石印鋪，不能獨門獨戶來作，生意難得開展。有時他是出外拉生意，馬春泉到來，就有與我單獨相處的機會。胡先生已離去，店裏沒有看我不順眼的人。他爲我講辛亥革命，講孫中山先生，講帝國主義，講去年上海的五卅慘案，講黃埔軍官學校，而後表明他是國民黨員。並切切告誡我，這些話要絕對保密，洩露了會給軍警抓去坐牢，乃至殺頭的。但，這是中國希望之所繫，勇敢的青少年人是不會怕的。只是平白無故的輕易犧牲，不值得。他要介紹我入黨，並囑咐我考慮幾天再決定，不必急。

他拿來一本「三民主義淺說」小册子給我看。封面上印的青天白日，是我第一次看到國民黨的黨徽。利用深夜時間看完這本書。思想頓時開朗，把自己貧窮生活的打破，寄希望於三民主義的實踐。三民主義的新中國但得實現，個人的困苦必隨之消除。我迫不及待的等候馬春泉到來，我決定加入國民黨，無懼殺頭的危險。

說起來，我還正是「革命黨脫胎」哩。幼小時候，我太是少年老成，不像別的孩子活潑，跳跳蹦蹦的。儘管這樣，長上看了我，和看了蓮姐、慶弟他們一樣，把民國起初那幾年所出生的孩子，不問男女，都打趣的說做「革命黨脫胎」。而不說做「投胎」。江漢地區的老年人，對於張之洞時代直到民國成立，革命黨人的犧牲奮鬥，看得太多了，留下刻骨銘心傷慟感，而流傳下這句話來。民國十年之後，這句話才不再流行。很可注意的乃是，湖南、廣東、浙江、安徽、北京、四川還有其他各地方，不也同樣有黨人以及不少同路人流血犧牲，爲何沒有這句諺語流傳？而獨出在三楚中心的江漢？馬春泉大我十歲，他算不了「革命黨脫胎」。

他拿了入黨申請書給我塡。那年頭，塡人事表格必具二寸半身相片的辦法，還沒有實行。我既未參加小組會議，未見到黨裏的第二個人，也未領黨證。但只深深體認，我朱成章今天是另有身份的一個人。

「三民主義淺說」跟另外的小册子，我藏到秘密的地方。那時，我既沒有箱子，店中也沒有櫥櫃供我應用。但要有人搜尋，是極易尋到的。

老板們馬鶴齡老先生、李師傅、徐倌，再也想不到，我這個好乖好乖的少年人，會有此危險行徑。其時，少老板繼胡先生之後也離開了。由一位六十多歲，鬢髮俱白的馬老先生來接替管帳的事。馬老先生動作遲鈍，有些事就由我來幫助。到了這年夏天，李師傅也離開了。他留下廚房的事，也通統由我接替。我想，老板們必有種打算，如今生意差些，這樣用人，要減少店裏大半開支。記得當時我拿手的一道菜，是蝦子籽氽豆腐湯。我成爲一個能幹的徒弟伢，記帳、寫發票，招呼門市小生意，做飯菜、打雜。

大變動的時代，漸漸行步而來。

第五節　武昌圍城

民國十五年七月九日，國民革命軍在廣州誓師北伐，當時共編爲八軍，即何應欽、譚延闓、朱培德、李濟琛、李福林、程潛、李宗仁、唐生智各部隊，出兵以來，勢如破竹。十一日，第八軍、第七軍先後入長沙。八月初，黔軍彭漢章就第九軍軍長職。八日，蔣總司令至衡州，準備自正面出擊岳州，右翼入江西，使東南五省聯軍總司令孫傳芳爲之心驚。十日國民政府任王天培爲第十軍軍長，方本仁爲江西宣慰使兼第十一軍軍長。十二日蔣進駐長沙，前敵各軍長齊集，決定進攻方略。

國家革命形勢所趨，八月十三日四川劉湘、賴心輝、劉文輝、劉成勛通電反對吳佩孚，出兵北伐，策應革命軍在湖南的攻勢。十八日，革命軍對吳佩孚總攻擊，次日佔領平江。二十二日，革命軍克岳陽、羊樓司、通城等地，武漢震動。二十五日，吳佩孚率劉玉春等部援軍抵漢口，即赴咸寧。南北兩軍在汀泗橋血戰。革命軍戰力旺盛，吳佩孚雖手刃旅團營長九人，未能挽回頹勢。自二十七日至三十日，四天日夜苦戰，汀泗橋的爭奪，三度易手。三十一日，吳佩孚部隊還在武昌南二十里的紙坊，趕築防禦工事，而革命軍卻像從天而降，已迫進武昌城下。當時，以及事後若干年，民間並北軍官兵的傳說，都指出，革命軍的主力還未到達陣前，它的先遣部隊每每突然降臨，使北軍措手不及，而致潰敗不可收拾。

七月初，長江大水，江西贛水、饒河、撫河也都水漲成災。安徽亦然。武昌鮎魚套巡司河水漫河岸之上。我每天早上出街採買，走新橋，水已淹過橋面一尺多，橋上搭著跳板走。不過，水的漲勢緩慢，竹子廠街只有小部份靠河低窪地區才進水。這年大水，也策應革命軍似的。新橋橋上走跳板，約半個多月，大水漸漸退去。

汀泗橋血戰還未結束，北軍傷兵，凡是能夠走動的，在八月三十日那兩天，就已經三三兩兩的，自白沙洲、金沙洲大堤上，絡繹不絕，疲憊不堪，歪歪跛跛的，奔向武昌城來。後勤業務，竟不能運輸傷兵，而聽任他行步艱難的往後方走，這是最影響民心士氣的。可以想見的是，後勤業務其所以不能運輸傷兵者，乃因戰線不穩固，北軍潰退太快。到後來，不僅退下來的是傷兵，也有被打垮了的部隊，散兵游勇，快步行走，搶進武昌城。

九月一日那天早上，天氣陰陰的，保安門外商店都關了門。軍民都很緊張，謠言滿天飛。麻線行只剩下馬老先生和我兩人。三老爺全家老小，早逃往鄉下去了，只留三老爺一人和一位窮親戚家的婦人幫他燒飯的，看守這棟大宅子。三老爺還授與馬老先生和我一項任務，讓馬老先生看舖子，我一趟又一趟的，一次挑四隻麻，挑到他家裏去放置。店裏早就沒甚麼存貨了。挑到第三趟，已是十點鐘。三老爺看看情勢不對，才叫我趕快回店裏去，把大門緊緊關了，用桌子、板凳堵門，鎖上後門，跟馬老先生進城，各自回家。

我急急往麻線行趕，路上不再見到北軍，可能是革命軍的尖兵已越過武泰閘之線。全城老百姓們慌慌忙忙在逃命，有的是進城的，有的是出城的。趕到麻線行，趁馬老先生在帳房裏收拾東西的當兒，我在後院挖了一個洞穴，放下去一個罈子，把「三民主義淺說」及其他幾本小册擱進罈裏，用土掩埋。我捨不得焚毀它，弄得渾身發汗。這才匆匆收檢我的包袱，扶了馬老先生，離開了麻線行。

遠遠看見保安門，城門還開著縫，剛好容一個人擠進去。要是只我一個人，幾個大步子就跑過去了。可是，馬老先生就是走不快，越急他越舉步維艱。依馬老先牛的步度，還得走十好幾步，才能到得城門口，那一縫門突地閉上了，而且聽到用重大木頭轟隆轟隆頂門的聲音。十幾個年輕力壯的漢子，硬逼著退了下來，他們一看見我倆一老一小，可憐兮兮，就忙著招呼，大聲喊叫：「喂！趕快改走望山門去。」我們抬起頭，往城頭上望，則見垛堞內已堆滿麻袋沙包，架了兩挺重機關槍。有位軍官好心的直對我倆向西方連連揮手，好似說：已看見革命軍攻過來，就要開火了，你倆一老一小的，趕快走遠些。馬老先生一邊喘著氣，一邊還忍不住連聲讚嘆：「誰說北軍裏沒好人，這位軍官大概是個連長罷？」

我們只好往望山門外走，幸而並未聽見槍聲。大家都有信心，不怕革命軍突地冒了出來，革命軍絕不會射殺老百姓。也許這就是吳佩孚最精銳的武衛軍罷。他們之中果然也有好心人，只向我們這些逃難的人群，好作急的不斷揮手，意思是：快走哪，就要開火了。

好不容易看見望山門城樓，卻有人跑過來招呼，一傳十，十傳百，說：「望山門早關城門了。趕快些走，去文昌門。」

我們剛走到繅絲局附近，事情起了變化。北軍早在繅絲局前，大路上挖了戰壕，也架上重機關槍，有一連人在這裏防守。北軍倒還客氣，有個官長說：「文昌門未關，但現在只有在這駐防的軍隊才能出入。請你們先到這繅絲局過一夜再說。善堂的人已經在裏面爲你們燒開水、煮稀飯了。」他說著，果然有善堂的人過來領路，並且說明，文昌門跟平湖門是北軍重要陣地，絕對不准老百姓出入，這兩個城門隨時在關，也隨時在開。

善堂管事的人，跟我們這一群五、六百難民中一位三十多歲的男性，像紳士，又像老板，交談了幾句，就把他拉出來，找到一條長板凳，兩人都站在板凳上。那善堂管事先向大家拱手：「你家們辛苦了。同船過渡，五百年修。我們早跟守這個城門的營長交涉過好多次，他也很體恤我們，一直帶我去看團長，又到旅長那裏去。旅長代我們打電話請示師長，師長也作不了主。這位是省立一中的王老師，他是住城裏三道街的。我們只好請王老師出頭爲大家辦事。」

大家喘息才定，都點頭稱好。

王老師向大家深深一鞠躬說：「各位父老，各位鄉親，現在情形很緊急。我只說，我是義不容辭。本應請長輩們來領頭。但是善堂管事先生說，這不是太平時候，兵慌馬亂的，不好難爲老人家。我還要請兩位男士兩位女士幫忙，才好分頭爲大家辦事。不多說了，你家們各位有甚麼指教，請儘量吩咐我。善堂管事先生，他的家就在文昌門外，爲了跟大家辦事，他這兩天也跟大家擠在這裏受罪，太教我們過意不去了。」

這一群難民中，老人婦孺爲多，壯丁較少。王老師果然找出了兩男兩女做幫手，跟善堂管事商議一下，即刻分配大家住的地方。善堂管事一再表示歉意，是昨天半夜接到北軍通知，要這麼辦，連舖地板的稻草都來不及去找，也是無法去找，也來不及找掃把來清掃一番。大家心想：這還用你說？

經過兩個鐘頭的忙亂，大家都在地板上各自佔好了自己睡的地方，多半是舖被單或毯子。天氣還不太涼，而且誰有力氣背了被褥逃難？善堂管事很周到，把文昌門一家碗店的大碗、小碗、粗碗、細碗，還有善堂準備救荒的那種黑陶粗鉢碗，擱在十個大籮筐裏，叫大家領碗，還不斷提醒：「小心啊，你家，打破不得呀，打破一個就少了一個。」這時，不知從那裏來，又有續到的難民一兩百人。下午三點多鐘，有人傳出消息說：革命軍已把整個武昌城團團圍住了。

大家捧著很稠的稀飯吃，以蠶豆佐餐，都是一早上到現在，滴水未沾。這一頓稀飯，吃得甘美無比。大家再也顧不得地板上的骯髒，躺下去就沈沈入睡。

突然，槍聲響起來了，嚇得有的孩子哭了，婦人尖叫，也有人嚇白了臉。又有人喊：「不要怕，這裏最安全，不要說話，大家躺下來。不要站在那裏，不要走動，免得流彈傷人。」果然，大家靜了下來，繅絲局的前面、後面都有機關槍吼叫。又聽見南邊、東邊有砲聲，那是保安門、中和門、通湘門、賓陽門的方向。更遠的砲聲，則準是忠孝門。老百姓雖無軍事常識，但憑著武昌城的地勢，連我這個少年人，也這樣判斷，革命軍定然從東南來進攻，而洪山上如果架上大砲，武昌全城都在射程內。

入夜，大家都緊張得睡不著。有人已能分辨出革命軍和北軍你來我往的大砲聲。黎明前，槍炮聲最劇烈。有人說出了軍語，這叫拂曉攻擊。誰不祈禱，但願革命軍已經攻進城了。武昌城太堅固，革命軍雖以敢死隊爬雲梯，勇猛攀登城牆，而在機關槍及手榴彈防守下，慘重犧牲，終被擊退。

第二天、第三天都是這樣。黃昏時分，零星槍響，深夜革命軍猛烈攻擊，槍炮聲不斷，打到天色大亮，就平靜了。老婦人們喃喃念佛，說：「遭業呀，昨夜又不知死了多少年輕人。」北軍傷亡並不大，犧牲的通是攻城的革命軍。革命軍不忍心以重砲攻武昌城內，只要射擊兩個鐘頭，武昌城準定天下大亂，還怕北軍不投降，但是革命軍以人民爲重，不肯這樣做。

五、六天之後，漢陽、漢口分為革命軍攻佔。吳佩孚逃往信陽而去。留下劉玉春、陳嘉謨率領一萬多兵力，死守武昌城待援。又過了幾天，革命軍向北推進，與由河南來的樊鍾秀部佔領了武勝關，迫得吳佩孚退到鄭州。

我們困在繅絲局半個多月。糧食已經不繼，只有清湯寡水的稀飯吃，蠶豆沒有了，稀飯裏僅有點鹽。小孩子有拉痢的。老年人有病倒的。王老師他們幾個管事的人，早已累、餓得又黑又瘦，大家看了都於心不忍。

有人傳出消息。說城裏面比我們這裏更糟。已經有人餓死。加上害病死的人，還有北軍的陣亡官兵。城裏頭棺木、四塊板都被搜羅空了。有的屍體只好用蘆蓆一捲，被單一包，丟放在長湖堤和武昌路的洞洞裏。蛇山上早都聞到屍臭了。軍隊也缺糧，只是劉玉春、陳嘉謨堅決的定要固守，不肯投降。武昌、漢口的商會，紅十字會，還有漢口慈善會，因為電話線一直未斷，他們向兩軍請求，准放難民到漢口去，先渡江到漢陽。平湖門曾開城放人，擠死了不少人。

白天無戰事。我曾冒險走到平湖門江岸去看。江面上靜靜的，只漢陽鸚鵡洲那一帶，有帆船緊緊靠岸行進。龜山頭下無船隻，怕武昌北軍砲擊。漢口江面也是無船隻，只有外國兵艦整天整夜升著火，緊貼著租界江岸，隨時準備捨武漢而去。

我曾到一處姓查的熟人家。他家在紗局當工頭，生活勉強過得去。由於儉省過日子，居然還有未吃完的麵粉。那天下午，他們烤了半硬的圓餅吃，每人限吃一個，我也得到了。頗有感受「大特敬」的心情。其時，文昌門外除了頂有錢的人家，也許還藏著糧食，全體市民都在半飢餓狀態。

民國十五年九月二十日，我們脫離了繅絲局的難民生涯。執事人員很周到。善堂管事跟王老師，頭天上午便一塊到各個廠房裏一一報告，說還有好幾天存糧，明天可以把粥煮稠一點，讓大家吃飽一點，才好走路，從北軍陣地，經過望山門，到達革命軍那邊。說早跟兩軍說妥了，兩方面都將協助老百姓逃離這被圍困的苦日子。他們又到老人、婦女、小孩多的舖位前，還對有病的人，說已經派好年輕力壯的人，曾在沿路照料。實在病重不能行走，也不願移動的，下午就搬到善堂去，那裏留了糧食，有人侍候，還發了點零用錢。這繅絲局，明天大家一走就關閉起來了。

當天一大早，所有的人都把不多的物品整理好了。領粥時，好些老爹爹、老奶奶不肯多吃。他們十分體恤年輕人，說有些年輕的媽媽，牽著大的、抱著小的，又要餵奶，應該特別吃飽些，所有執事的男人，太忙碌，要出力，也應該吃飽才是。他們異口同聲說：「我們這些老的，腸子早餓細了。吃飽了反而走不動路。」老人家們又多禮，對善堂和王老師他們，不斷的千恩萬謝，衆口一辭，說出湖北人凡處此情境必說的一句老話：「**做好事有好事在**，你家。」

王老師在最前頭開路，打一面紅十字的大白旗，舉得高高的，讓遠處也可看見。他後面跟著幾個辦事人，是換班打旗以及跟全行列連絡的。引導著這一千多難民。後尾，是病人、老弱、婦女，這裏又有人打出漢口慈善會的黃旗幟。然後，是文昌門外一些商店、住戶要往外逃的人群，這之中，也雜有北軍軍官的眷屬以及城內買通守城門北軍而混出的老百姓，必然也有北軍便衣偵察，擔任特別任務的信使在內，三、四千人而不止。最後是善堂的執事，和救護人員，打了兩面「武昌商會」、「漢口商會」的大白旗。

頭天晚上，兩軍都很守信，一聲槍響也沒有。是二十天來從未有過的安靜。大家一覺醒來，反而覺得好奇怪。

一出繅絲局，人像從夢中醒來：怎麼？我們這麼多人，會在此骯髒、腥臭沖天的難民區裏，住了二十天哪。

北軍，守機關槍的兵，仍在碉堡裏，端著步槍的兵，都站出來揮手送我們離去，個個臉上泛出苦笑。老百姓都意會得出：我們這一走，這裏就純是北軍了，說不定革命軍今夜就會用大砲轟擊。

我想起九月一日那天要進城的情形，現在卻要走回頭路，離開武昌城。不知家裏怎麼樣了？爲了我，父親定跟母親吵得厲害。

爲了安全，王老師要大家盡量靠河邊走。巡司河臨枯水季，河坡地露出很多，足以掩蔽這一大群人。看看就要到望山門，可看到敵樓上北軍正在張望。我們前面紅十字大白旗剛剛通過望山門，城門樓上的機關槍突然響了起來，大家趕緊伏身地面，然後儘量向右邊往下挪動，沿著河坡走，不讓頭部高過地平線。幸而無人受傷，機關槍只響了這麼一陣，似乎是不好意思再響了。北軍怎好眞的遷怒老百姓呢？

脫離了危險地帶，大家好不歡欣鼓舞，就要見到我們朝思夢想的革命軍了。革命軍也眞大膽，保安門這邊，它只在十字街和竹子廠街上，用沙包、木板做了防禦工事，工事前有拒馬、鐵絲網甚麼的。卻沒有挖戰壕，想是便於隨時出擊。

千辛萬苦，好不容易，接近到革命軍前線。

紅十字會大白旗立定在那兒。我們看到革命軍了，他們都比北軍矮了一點，綠軍服，短褲，頸項上繫著青紅白色的犧牲帶。最引人注目的，是他們軍帽上青天白日的帽徽。人都晒得好黑。他們約有二十多個人，沒有帶槍，只是胸前繫著子彈帶，外掛兩枚手榴彈。我們看到了牆壁上張貼的紙標語：「打倒吳佩孚」，「打倒帝國主義」。

這些革命軍都是廣東人，說一口生硬的普通話。他們對人親熱、謙和多禮極了。是北軍再也比不了的。他們有個界限，不能搶前一步來迎接我們。大家都懂得，這界限處，必然就是革命軍這邊的火線，而是受到北軍火力監視的。

果不其然，有位在我們後邊走的婦人，跌了一交，包袱落地，滾下河去，她想去撿，但她一手牽著一個四、五歲的孩子，而前後都是老弱婦女，人人都自顧不暇，她遲疑了一下，那包袱掉下河水裏，順流而去。那婦人禁不住失聲大叫。忽有一個革命軍，不顧他同伴的攔阻，飛奔而出，直追著那個包袱而去。大家都看獃了。我心裏有種預感，只怕還會出事。小河有一處向西邊彎曲，那裏離革命軍的界限，總有三百公尺罷，東邊竹子廠街這兒是人家擱竹子的院子，無房舍掩蔽，軍語上說的「暴露」地帶，那個革命軍已看出了自身的危險，他低低伏下身子，準備好了勁力，突然躍身而起，仍然採著低姿勢，向前狂奔。這可給城牆上北軍看見了，好惱火！一陣排槍打過來，河面上直冒水花。那革命軍早已跳下了水，居然給他搶到了包袱。難民們都伏在地上不敢動彈。他搶到包袱，面向城牆的北軍，挺直了身子，身上水淋淋的，他向上張開兩臂，表示自己未帶槍，轉身回頭大步子的急走。北軍似乎了然是怎麼回事，有點不好意思，停止了射擊。

那婦人感激得直哭，掏出懷裏的手帕，毫不覺得有甚麼難爲情，好像對待自己親兄弟似的，爲那革命軍揩臉面上、衣服上的水淋淋。那能揩得乾？不過表示一番由衷的謝意而已。望山門上北軍機關槍掃射，這小河革命軍拚死爲老百姓搶包袱，強烈的對照，是我們這三、四千人的親身經歷。當天，事情便傳開了。

人們全都到了武泰閘下，避開北軍的射擊，過了便橋，取道白沙洲，渡大江，到漢陽鸚鵡洲，然後分投漢陽、漢口的親友。漢陽、漢口都有收容難民的地方，執事者再三的提醒大家，乾飯、饅頭、包子、花捲都有的是，但是大家是挨過餓的人，頭兩頓，還是吃稀飯好些，千萬別狼呑虎嚥吃乾的，那會撐破腸胃的哪。

我跟馬老先生都回頭走，到竹子廠南頭三老爺家。三老爺眞不愧爲軍人，他家東北面，爲二、三十家房屋所阻隔，正是三面受敵之處。如果中和門、保安門的北軍用平射砲射擊過來，他家豈不正是一個焦點？白牆高出了所有人家，又方方正正的，目標特顯。這時，他家駐紮了革命軍的營部，這一營人正是包圍保安門、中和門的第一線部隊。他們是第四軍。當時軍隊不作興保密，他營部軍旗就插在大門口。

這位鄧營長約三十歲，穿的軍服很考究。營附才二十四、五，青春煥發，英氣勃勃的。大家都把他看做是一位黃埔學生。他倆在廳堂上搭了兩個行軍牀，就利用八仙桌治事。另外的，則擠在花廳。少有傳令兵、勤務兵出入。

營部是第一線指揮所，此時看來，極平靜、安全。但是，戰鬥隨時會發生。三老爺讓馬老先生稍爲休息，吃了一碗牛肉麵，拿出兩件衣服，又給了點錢，找人連絡上教門的熟人，護送他到白沙洲，過江去漢陽，再轉漢口親戚家。而把我留下來。

二十天來，馬老先生給我的無比累贅和沈重壓力，這才卸去。

三老爺跟這位營長、營附很談得來。那時，連部似乎沒有電話機，只營部以上才有。營長跟團長通電話報告軍情，也不避諱三老爺。是他倆要求三老爺要這樣。說：「我們沒有秘密。況且，我們說廣東話，你聽不懂。」有時，他們連長或是連上傳令兵來。「我們說話，你撞見了，也不必急著避開。你是這裏的主人，又是前輩。我們的長官，多是你保定同學。你跟所有老百姓一樣，是站在我們革命軍這一邊的。這裏，街巷、地勢、民情，你比我們熟悉。我這個營，作戰、指揮，還正要隨時多向你請教。」

話雖這樣說，三老爺焉有不知趣之理。凡是人家打電話，開會，傳達命令，總還是儘量不站攏。他又有個打算，已經跟這兩位部隊長相處久了，也認識了所有的連長，萬一守城的北軍攻出來，革命軍一時擋不住而退走。他就不好再守住這屋子了，他決定跟革命軍同進退，他切切囑咐我，要作這樣準備。三老爺也把這決定告訴了營長、營附。他倆勸他不必如此。他說非這樣做不可，因爲北軍會逼他以蒐集有關革命軍的情報資料，還會勒索財物。北軍被圍久了，心情惡劣，說不定還會發生甚麼想不到的暴亂行動。儘管北軍中長官，也多半是保定同學。

十字街，絕大部分在兩軍眞空地帶，店鋪都緊閉門戶，沒人敢躲在屋裏。因爲夜間必有戰鬥，而白天隨時會有子彈射過來，教人摸不清方向，究竟是那方面射過來的。不過，二十多天的情形，還有大家都知曉的戰況，吳佩孚已遠至鄭州，革命軍另分兵攻取江西，武昌城北軍等待外援的希望，一絲也無有了。絕對可以認定的是，白天裏不會有戰鬥發生。於是，膽子大的，也有跟革命軍混熟了的，不多的幾個人，總在午時前後，提了籃子，賣香煙、花生、包子甚麼的，在火線上跟士兵們打交道。這也即是說，革命軍這邊，軍民物資都不缺乏。

三老爺的親戚，夫婦兩人住在這裏管燒飯的事。他們每天做一鍋滷牛肉、滷牛肚、牛筋的，自己吃。也送點營長他們，他們坦然受之。因爲他們常把得到的犒勞品分送給我們。大半的滷味，都拿到外邊去賣，一會功夫就賣完了。革命軍公平交易，既不還價，也不爭多論少，這跟北軍與人民相處，動不動就打人罵人，大不一樣。

他們的口味也有些特別，好吃甜。有天下午，營附下了一鍋甜掛麵吃，甚麼佐料也沒有，但只大量的加白糖。後此的這七十多年，也跟不少的廣東同學、同事、朋友相處，甜粥自然吃過，但卻從來沒有再吃過這麼純然的甜麵。

有天下午，既無戰鬥，也未聽見槍聲。人們傳來消息，營附陣亡，他是到火線上巡視，城牆上打來一槍，命中要害。記得，我就曾到他們十字街上的工事後，看過一次。這位營附定是在全營火線上走動，必有幾處地形地物暴露。好可愛的青年軍官，就這麼輕易的，拿著皮馬鞭出門，一去不復返。

約摸十天後，第四軍調走，由第八軍接防。第八軍全爲湖南人，身個較第四軍爲高，官兵服式，跟第四軍不同，沒有佩帶紅藍白三色犧牲帶，軍官佩帶的領章很大。也可見那時軍隊派系有別，致服式難齊一。

武昌城內，人民餓死者時有所聞，北軍存糧、彈藥，漸將告盡。病死、陣亡的軍民，不能運出城外埋葬。民心百分之二百都傾慕革命軍。北軍官兵全失戰志。商會、紅十字會、漢口慈善會，還有武漢的士紳領袖，不斷的向北軍要求開城，把全部人民都放出城來。

十月九日下午，革命軍有大部隊移動，都集中在中和門外預備位置。次日黎明前，關了四十天的中和門打開了，革命軍一湧而進。後來史書記載，說是北軍團長吳對庭裏應外合。跟著，北軍都脫下軍衣，棄械而逃，保安門也開了城門。

有一件不幸的事。馬家的外甥哈孝德，那兩天他捉摸到這種情況，先潛回自己的家，中和門正街路南。到了革命軍的先頭部隊正在從人家屋後，側面的進入城門，城牆上北軍還未完全撤離，哈孝德起了發橫財的心，脫下黑夾襖，只穿著一身白短掛褲，越過街心，飛奔而前，想到對面張瑪麗那幾家富戶，偷竊財物。他這猝然的行動，驚嚇了北軍，一槍打過來，頓時給打死在張家門前。

三老爺早已知道麻線行以及鄰近商舖，全被北軍焚毀。他們是爲了掃清射界才這樣做，顧不得老百姓損失何如。三老爺家已陸續有人回來。商販都湧向武昌城。三老爺叫我趕快回家。我走過十字街，在破瓦殘垣裏，想找尋埋藏地下的「三民主義淺說」那一韈書，再也找不出方向了。

我急急走進保安門，是十月十日上午九時許，還遇上一隊約七、八百徒手的北軍們，統只穿了軍隊的粗白布襯衣、襯褲，被革命軍押著出城。我想，他們定是脫了軍服，棄了槍械想脫走，而被逮的。

進保安門直前，過關帝廟，右首大朝街南段底，便是文昌閣我家。門大開，一地都是紙張、雜物，顯然這裏駐紮過北軍，很可能也是營部，因爲連部必然在敵樓上，或城牆的掩蔽部裏。我接到革命軍散發的大張青天白日黨旗，約五十公分寬，弄來了漿糊，立即牢牢貼在大門上。隨即去外婆家。

外婆家告訴我兩件大事。文昌閣駐兵，我家都避到全善堂作難民，我曾祖母受不了折騰，沒幾天，就去世了。她老人家總算好福氣，睡進了早十年便停放在全善堂那付上好的壽木。若再遲十天，這壽木便會被北軍取去。其次是，我母親懷了孕，臨盆期正在這兩天。

我趕到全善堂，所有難民都早走空了。趕回文昌閣的家，母親正在著急。父親和二弟出城找我，兩人通沒回來，也不知我怎麼樣了。好一會工夫，父親、二弟憂心忡忡回來，發現我竟然在家，驚喜之極。可是，這個家，已經空無所有了。幸而還有點錢，去買了俗名叫「火鐮」的燒餅吃，一人吃了兩個。

沒兩天，也沒找收生婆，母親就在這屋子裏，坐馬桶上，生下了一個男嬰，卻淹死在馬桶裏。我想，這可能並非疏忽或錯誤，而是母親有意要這樣。是我用籃子裝了這個可憐小弟弟的屍體，一個人，心情悽惻，出保安門，在鐵道東邊荒地上挖坑，埋葬了他。

高桂蓀嬸知道了這事，不知多麼難過。馬上買了一刀豬肉送來。革命軍光復了武昌城，四十天的災難過去，武漢三鎮人人都歡欣鼓舞，可是我們這個家，還在挨餓。

走過了通湘門外，到武昌城東南角梅家山附近，一段鐵道靠近城牆。天哪！這正是一個多月前，革命軍攻擊武昌城傷亡最慘重的地帶。

武昌城四十天攻防戰，兩軍膠著的狀態，超過東征的惠州之役，以及前不久的汀泗橋大戰，同時期南昌城的幾進幾出。

十一月已是初冬了，經歷了一個月風吹日晒雨淋，通湘門外最激烈的戰鬥地區，仍隱隱的瀰漫著陣陣屍臭。就在十月十日開城的當天起，漢口紅十字會人員，打了大白旗，帶著大量消毒藥水，種種工具齊備，分了好幾組人員，在四處城門之外，清掃戰場，就近挖了大坑，將所有屍體、殘骸，一古腦丟進坑中，一層一層以土、石雜草，灌木掩覆之。這工作，教他們萬分悲憫、萬分痛苦、萬分感慨，也萬分尊敬的激動不已，人人累苦得當天食難下咽。

民國十九年，武昌亞新地學社刊印了一張武漢三鎮地圖，在武昌賓陽門外以南約三百公尺，鐵道以西，有白骨塔。我想，很可能是那些不怕死的革命軍的遺骸。未死者，不少的人，都高陞了，可還有人來此悲慘地帶憑弔憑弔？

二十四年冬，在河北大名，壽堂寫長篇小說「女人」，曾有刻意描寫這戰線的殘剩後景。當時，先函漢口慈善會，請惠賜資料，承他們慨然寄給我兩張十二寸襯了硬底紙的大照片，萬人坑建爲大墓完工，紅十字會主事人員掌著大白旗，欣慰的立在墓前。照片太大了，致難攜帶而失散。漢口慈善會此公益團體如仍存在，或許還留有此珍貴的歷史文獻。**壯烈的時代！悲慘的歷史！**

第五章　革命小同志

第一節　新世界光輝美好

從廣州這個革命策源地激起的熱潮，兩年來不知轉變了多少中國人的人生。它比之辛亥革命，影響層面，要大得多了。壽堂逐漸成爲活躍份子，有似長江既出三峽，波瀾壯闊，江山萬里，使我激情無盡的新局勢，滔滔巨流，迎面而來。

好個光輝美好的新世界，展開在全中國人面前。

閱馬廠前的省議會，那座紅樓屋，乃清末西式建築，爲清廷敷衍國人，虛假立憲的象徵，是當時的湖北諮議局。十五年前，辛亥革命，武昌首義，革命黨人發號施令的軍政府，就設在此。當年，那一個多月對清軍的戰鬥苦撐，全中國最忙碌、最緊張的中心點，就在這紅樓屋裏。

不好像是歷史重演麼？十五年之後的雙十節，革命軍活捉了北軍的劉玉春、陳嘉謨，這座紅屋又成爲武漢地區最忙碌、最緊張的中心點，中國國民黨湖北省黨部設在這裏。我是開城第二天到這裏來的。在議場的過道上，那兒，通到東西兩頭的大辦公室，人來人往，忙極了。少年人，則只我朱成章一個，我是來此尋找馬春泉同志。

其時，同志是軍民大衆的口頭禪。凡是遇到革命軍，不論官、兵，也不管他官位好高，喊他一聲同志，他必笑臉相答。不像對北軍，你必得尊稱官長，而叫士兵爲老總，背地裏一律叫丘八。報紙上有說，人家稱蔣總司令，蔣總司令稱所有將帥士兵，皆不必別有特稱，上下一體叫同志。

朱成章小同志進了省黨部，並無人阻擋，第一次自然未找到馬春泉。他那時也在找我。馬福源麻線行既片瓦無存，三老爺他們也無意重開舖面，我這徒弟伢心早飛了。

革命軍日報、革命軍畫報成爲普遍讀物。街上接到每一張傳單，必把它從頭看到尾。革命軍的宣傳，於勢力所及之處，十分吸引人心，尤使青少年人如醉如癡。

黃埔學生更爲大衆偶像。青年軍官，長期的行軍作戰，穿的卡其布軍服，不知其初是綠色的還是黃色的，這時已成灰色了。這件衣定是無有洗換的，背上汗水乾後的鹽跡，竟像是繪成了地圖一樣。武漢既全部光復，這兒物資充裕，軍需補給大增，軍官衣背上的地圖繪畫就少見了。膠底帆布鞋的普遍風行，也是革命軍帶來的。前幾年，只在商務印書館、中華書局這等大書店櫥窗內，陳列著學校運動器材，附帶的有球鞋，才是膠底帆布製的，一般人還是穿布底鞋。

再就是黨義書册。凡是走在時代前端的人，都要儘量找這類書册來閱讀，且廣事推介。其在人們思想上造成的影響、震撼，波瀾壯闊，正如其時不斷有群衆集會一樣，吸引了各階層的人。

那時候沒有擴大器，也沒有收音機廣播，我曾先後在閱馬廠、公共體育場，參加兩次群衆大會。臺上滿是人，臺下更是擠得滿場皆是人，嘈雜鬧嚷，誰知那臺上人握拳高呼的是講的甚麼。人民所仰望的，是革命軍的蔣總司令，其清瘦堅毅的面貌，予國人以有力印象。江漢地區最出風頭的，是英氣勃發的總政治部主任鄧演達。

三十年後，文筆超絕的周君亮兄，在臺北所寫的小品文，歷史懷舊，很有兩三篇記述到，其時武漢革命高潮，群衆集會的種種切切。

有件事，好教武漢老百姓覺得有點不尋常。鄧演達有時須當面向蔣總司令述職，他有專乘飛機去南昌，又轉到廣州，然後回武漢。很有兩次，給我看到：他從南湖兵營入武昌城，自己駕駛三輪摩托車，左邊車斗裏，坐的孫夫人宋慶齡，前後並無隨從護衛。不像北洋軍隊，一個團長出巡，前後都簇擁著背盒子砲的衛士。至於前清之官威十足，那是更不必說了。他倆乃極重要的大人物，這樣輕車急駛，卜卜的經過大朝街北段，進入路西的湖上園。湖上園開放，祖父曾帶我入內遊覽，隔湖與勸業場的樓臺相對。其時，這兒是俄國顧問鮑羅廷官邸。

在群衆大會上，我發現了近兩年在自己生活裏引起重大影響的兩個人。其一是，群衆大會上，一女中學生隊伍中的張瑪麗。不久就聽說她結婚了，我從此不再見到這位美嬌顏。其二、繅絲局的王老師，原來他是革命黨人。見到我，他好欣慰，抱住了我，在耳旁說悄悄話：「沒想到你是我們的小同志。在繅絲局，我看來看去，總覺得你不是尋常的徒弟伢，總算我眼力不差。」

終於，有天在街上，不期而遇碰到馬春泉。他定要來我家看看我，拜見我雙親。馬上安排了我的工作。

革命軍所及之處，不到兩天，大人小孩都會唱這首歌：

打倒列強，打倒列強，

除軍閥，除軍閥，

國民革命成功，國民革命成功，

齊歡唱，齊歡唱。

這首歌，很快的風行全國。軍民遊行時，當作進行曲來唱。民國十八、九年之後，才少聽人唱，也是時代歌曲漸漸多了。民國六十年時際，在臺灣，幼稚園孩子們唱的一首兒歌，也流行得很普遍：

兩隻老虎，兩隻老虎，

跑得快，跑得快，

一隻沒有耳朵，一隻沒有尾巴，

眞奇怪，眞奇怪。

頗有人恍然，這是法國兒歌，曲調也全然一樣，卻爲北伐前後全中國人所齊唱。豈不教法國人笑死。當時朝野中法國留學生不少，學西洋音樂的也很多，怎無人指出哩。

第二節　商民協會

馬春泉保薦我在武昌市商民協會任交通。其時，各地皆另有商會，本爲謀商界的團體利益，或擔任同業紛爭的仲裁，又爲商界代表與外界接觸。在北洋軍閥時代，更幾乎有其經常性的一項任務，應付來往軍隊，爲他們籌款，給開拔費。你不拿出錢，他就不開拔，天天要糧草，滋擾不休。甲軍剛走，乙軍接著來。革命軍時代，此擾民惡習才被消除。我曾送公文到商會，商會在蘭陵街，房舍寬敞，寧靜無事，不像新成立的商民協會，好忙好亂。

革命軍一來，把整個社會，好像一大缸醬似的，從底攪亂。依「黨義」的話說，這叫喚醒民衆，發動民衆，組訓民衆，共同爲革命奮鬥。農工商學兵，除了軍隊本是組織嚴密的團體之外，其餘各界都得分別納入農民協會、工會、商民協會、學生聯合會，還有婦女協會和童子團。這些團體都由各級黨部策動。幾乎每隔三、五天，就有大遊行和群衆大會，貼標語，散傳單，喊口號。若說是大夥兒起鬨，而形成了革命高潮，一點不算諷刺。

武昌市商民協會設在佑新巷，是兩湖書院東邊的側院，不久，中央軍事政治學校的女生隊就在這兒，也就是黃埔六期謝冰瑩的「女兵日記」所記述的。商民協會則遷往旁處去了。

商民協會似爲商會的重複，顯著的差別是，商會多與大商號來往，商民協會注重到所有做生意的人。前者有財勢，後者人衆多。好些挑擔子上街，做荒貨生意的，都加入了商民協會。

協會中心人物張卓群，黃岡人。女子師範畢業的妻子，也在一起。劉敦銓，黃安人。朱有瀓，江陵人。他三人，同爲湖北省立第一師範同學，也爲人社的份子。因爲有次在公共體育場的群衆大會，看到他們打出的白布大橫旗，標明這兩個大字：「人社」，至今對我印象猶深。類似人社這樣的名，以後很少見，它不似後述的孤帆社、語絲社、浪花社，一看即知是文學團體，分明是政治性的團體，國民黨在武漢秘密活動時代的外圍組織。當時還有好些其他團體，林林總總的，也各高舉出標幟，但不及人社教我好生注意。那時期，「人權」這個詞兒也有，但不像今天這樣常被稱說。顯然，人社之人，與「人權」不相關聯。

他三位還加上馬春泉，是黨部派出，推動商民協會的負責同志。看他們對事務上的處理，權力上的掌握，張卓群偏重於商民協會，劉敦銓是黨部領導者。還有兩位工作人員，以這麼有限人力辦理商民協會的新興社團活動。商界行業種類繁多，無怪乎既忙且亂了。

張卓群年約三十一、二，他不僅對我們冷冷的，對他那位有兩分畏縮性情的妻子，也不怎麼熱絡。日常辦事情，獨斷專行，同志們不願意爭吵，遇事皆讓他獨行其是。對於我，他一點同志情分也沒有，只把我看作雜役工。倒是他妻子，有時問問我家庭情況。

照說，劉敦銓應該對我好。傲然自尊，是他給所有人的第一印象。看樣子，他出身鄉紳家庭。服飾鮮明，生活享受。他的書法不錯，辦公桌前，寫起字來，好耍弄那幾分瀟灑的筆致。跟我的關係，只限於呼來遣去。好多的差遣，我獨記得一樁。有位年輕女同志，亭亭玉立，梳著當時時興的高髮髻，十分打扮，下午時分來訪問，應是接洽公事的。公誼中夾有私情，劉敦銓盛意接待，請她到樓上自己房中細談。喊了我，拿一個大菜碗，出巷口，到對面買牛肉鍋貼。對面這地方，房屋拆毀了，約兩百多坪的空地，賣鍋貼的回教徒，夫婦倆，他家牛肉鍋貼餃子，味道鮮美。這女同志是我小學同學的姐姐。

幸而有兩個人特別照顧我這小同志，不用說，馬春泉等於是監護人，他處處指引、扶助，並不時順便到我家，向雙親誇美我的勤奮上進、乖好，讓老人家歡喜，也教弟弟們高興。

另一位是朱有瀓，大我十歲，有如長兄之於幼弟。在有些事情上，張卓群、劉敦銓佔盡便宜，有瀓吃虧，不免兩分委屈，難受不已。馬春泉看在眼裏，總當面嘲謔性的勸說：「大朱，不怕再受欺負了，有小朱來跟你作件。」有瀓也確實把委屈向我訴說。朱姓為江陵大家，有字輩的，多與我有些關係。是朱有威嗎？也許不是。十二年我讀模範小學時，高年級的女生，漂亮、有丰儀，在學校名氣大。

有瀓的熱誠、厚愛，使我感到人生溫暖。有時我送公文回來晚了，他不肯叫我去廚房吃剩下的醃菜、冷飯，總是掏出兩三百文錢，要我去王府井街，四官殿菜市那兒吃碗熱麵。他怕我吃冷飯壞了肚子。若張卓群、劉敦銓這兩位領導份子，那是從不過問你飢寒與否的。

第三節 碼頭工會

武昌城克復未久，中央軍事政治學校已在兩湖書院籌備完竣，擴大招生，全國四面八方青年男女爭相前來，超過了前此侷處廣州一隅，黃埔軍校艱難締造之始。國民革命軍總司令部學兵團在南湖建立，武漢遍處張貼招收十八歲以上青年入營的布告。當時軍中士兵文盲絕多，雖執行識字教育甚力，弟兄們認爲衝鋒打仗不怕，鐵槓子木馬也不難學，就怕的一大要他認兩個字。文盲，有好些事的學習滯礙難行，不能當砲兵。軍隊要謀求好的士官階層，乃有學兵制度。

我當時多麼想進入這學兵團，但當時我才十五歲，身高也不夠格。小朝街張家的兒子進了學兵團，星期天出營，淺灰色軍服，斜背著草綠膠雨衣，好神氣啊，跟兩湖書院出來的黃埔學生差不多哩。這學兵團團長係張治中，後來編爲黃埔六期學籍。

但憑武漢群衆張狂大氣勢，民國十六年一月四日，收回了漢口英租界。

一月三日下午二時，中央軍事政治學校宣傳隊在漢口江漢關講演，民衆圍聽者千餘人，英水兵與義勇隊登陸，與民衆發生衝突。英水兵用刺刀向人群中亂刺，衆怒難遏，以手無寸鐵，乃投以亂石，民衆傷五人，英兵亦傷四、五人。入晚，民衆愈聚愈多，紛紛擁入英租界，形勢緊張。四日，漢口英租界英水兵撤退，由中國軍警維持秩序。

收回漢口英租界，是我親身經歷的事。當時所有參與者，武漢三鎮人士集合在漢口江漢關大道，足有十幾萬人，人人悲憤，都懷有個人安危不可或測的心情，不知今天自己是否會遭到不幸？卻無有一人對此行動遲疑、猶豫，趑趄不前，我這少年人更不例外。

那天，大夥兒分乘輪渡，紛搭大木船、小划子，從武昌各個碼頭，到漢口江漢關。自王家巷碼頭以北，到江漢關前，這兩里地帶，寬闊的沿江馬路，擁擠了從武昌來的，漢陽來的，還有漢口各地方來的群衆。農、工、商、學、婦女各界都有。軍警未正面參加，怕的一冒出頭，就跟英國水兵、印度巡捕起衝突。他們只在兩旁維持秩序，並且位置在最後頭，爲群衆後盾。醫藥、救護人員必然也夾雜在一道。

再也想不到的稀奇事。我這個革命小同志，竟然是打頭陣的。還未行動前，早已見到租界沿線，對江漢關這邊，設置有拒馬、鐵絲網等阻礙物，但未見沙包防禦工事，也未見嚴重戒備的英軍與印度巡捕。可是，我們這邊，卻是聲勢浩大，驚天動地，齊奔而前。最前頭的，是打先鋒的武昌白沙洲碼頭工人，亂鬨鬨，四百多人，人人扛著那近兩丈長鈎取木排的大鐵叉，林林總總，較之一營槍上上了刺刀的軍隊，尤見威勢逼人。

這四百多人，硬有衝鋒陷陣的氣概，要是英軍、印度巡捕動武，不管是開槍，還是消防水管噴射，這一群革命英雄們得到的命令是，不顧一切的往前衝去。我是跟在他們後面，手無寸鐵，心想今天可能要流血了。既參加了這個群衆行動，只因後面人群愈集愈多，你無法後退，惟有一個勁向前。而這以後，都是徒手群衆，手中但執旗幟或是「打倒英帝國主義」，「廢除不平等條約」，「收回租界」，「國民革命成功」，「北伐勝利萬歲」這一類的紙標語。隊伍兩旁有穿深藍短衣的工人糾察隊，人人或執童子軍棍，或打著指揮旗，誰也看得出，他們並無攻擊意圖，只是遊行中維持秩序，擔任連絡工作。

但是，如果情態變化，起了衝突，這工人糾察隊是帶有盒子炮的，勢必跟執大鐵叉的碼頭工人一樣，投入戰鬥。工人糾察隊是由湖北總工會派遣出來的，他們向來少年氣盛。在漢口，平時他們少有不受外國水兵和巡捕欺負，今天仗著人多勢衆，一下子鼓噪、爆發起來，且先跟英國人算了帳再說。臨出發時受囑咐，印度巡捕也是被壓迫者，不要跟他們爲難，但找那趾高氣昂的西洋人，那就英、美、德、法，國別難分了。

一剎那的緊張，印度巡捕閃開了，中國人都跟他友善的招手，西洋人卻一個也不見，是避往兵艦上呢？還是躲在屋裏頭去了？群衆只是按既定路線遊行，搖旗吶喊，高呼口號。並沒人走出隊伍，向那英國的捕房、辦公處所、公司以及他們的住所去打攪，這些處所都緊緊關閉了門窗。凡是中國人所在的房屋，則都大開門窗，表示熱烈呼應與支援的意思。我們遊行，通過了好幾條大街，再回轉向江漢關。一路上只聽人傳說：「英租界給我們收回了。」群衆未經過江岸大道，定是怕引起江面上外國兵艦的誤會與干涉，而只路西一邊才有房舍，都爲人廈或花園洋房，裏面的英國人並不多。

這樁事，大大震撼世界。列強紛紛增兵中國。革命軍的敵人吳佩孚、孫傳芳、以及北京政府，紛紛表態，嚴厲譴責當時列強行動之非是。

二月七日，又有一次群衆集會，我們由武昌徐家棚渡江到漢口江岸。這是壽堂首次在武漢下游最近的地帶，回望武漢三鎭雄壯形勝。這次去江岸集會，是爲紀念「二七慘案」。民國十二年二月七日，漢口軍隊因干涉京漢鐵路罷工，與工人衝突，開槍擊斃工人多名，並將工人領袖斬首示衆。各鐵路工人群謀響應罷工，北京學生也舉行示威遊行。

十六年，我成爲CY的一份子。CY是中國共產主義青年團英文的簡稱，CP則是中國共產黨的簡稱，是當時江漢地區青年人所熟知的事。

在武漢的國民政府，特別強調聯俄、容共、農工三大政策。其結果是，披著國民黨外衣，作共產黨的活動，先是有寧漢分裂，而後武漢的國民政府過於偏激，繼上海清共之後，武漢也有清共行動。這些翻雲覆雨的歷史，專書記載甚多。在這種局面下，我這個初出茅廬的少年人，不過是踐踏在泥河爛漿裏的一小粒泥土而已，沒想到憂患餘生，七十多年之後，還能寫述這一段經過——**多少中華好兒女，民族精英，在這種翻翻覆覆的政治風暴裏，葬送了他美好的一生**。

明月橋，濱菱湖，當武昌花堤中段之東，奉直會館西北，有一處坐北朝南的大宅第，並未住人家，爲武昌碼頭工會所在處。非租來，乃是徵用的，一者我一直有這感覺，二者我常來這裏，從未遇見房東來過。

工會主持者是特派員劉西元，四川涪淩人，當時二十六、七歲，身高約一七二公分，膚白，體微胖。性格開朗，輕鬆幽默，活潑熱情。他站在人群裏，總高人一等，但並非太高的長人，不是老遷就衆人而駝了肩背；就是衆人皆矮我獨高，有傲視群生之態。劉西元是CP份子，而擔著CY支部書記。工會的事，他但居督導與提調的身份。會務自有那些由工頭以及精幹的青年工人選出的幹部，分任驅使。工頭（江漢口語稱頭腦）多半年歲大，深於世故，他不需參加勞動，自有屬於他這一「幫口」的工人來孝敬。從前他們不免居於剝削者的地位，使工人不堪負擔。革命軍來了，工人們地位升高，只有人家仰他鼻息的，工頭們莫不大爲收斂。有的工會主持者視工頭爲工賊，歸於「打倒」之列。劉西元不採取這種激烈作爲，他所領導的碼頭工會，融融樂樂，大家工作都順順當當。這樣，他就不像當時一些革命同志之緊張忙碌不堪。

西元跟我們幾個少年CY同志相處，始終是大哥哥的情分，他的教導和吩咐，我們無不百分聽從。在民國十六年春季，我有固定收入的工作，是中國國民黨武昌市黨部第二區黨部交通，但卻有一半時間會跑到碼頭工會這邊來，執行純義務性的工作。

幾個跟從西元的少年人，只記得黃傑、雷逸生兩個。他倆和我同年。黃傑父親是紗局工頭，獨子，在家脾氣好「彪」的（江漢口語，表音字。也許就要用這個字，謂驕寵、任性）。但在外面，則律己有禮，跟任何人都相處良好。他是湖北省立第五小學六年級的學生。雷逸生父親是貴州人，在武漢當公務員而做了湖北女婿。逸生兄妹二人，是湖北省立第七小學六年級學生。逸生在學校裏很活躍，是領導份子，有一小群同學跟他極要好，鎭日高朋滿座，都是來找他的。切磋功課的少，閒聊時候爲多。也是其時武漢社會生活，好像一大鍋煮沸了的粥湯，到處都是噗哧噗哧的。從小學高年級、中學、大學，師生們皆爲革命大浪潮中的弄潮者，幾乎不到十天就有一次集會遊行，無不耗時大半天，功課都全般的擱置了。

通過黃傑、雷逸生，五小、七小高年級男女學生的優秀份子，大都給吸收到CY裏來。老師管不著，家長不知情。當時共黨有種褒己而貶人的說法，稱國民黨爲小學，CY爲中學，CP爲大學，乃使一些青少年人自我陶醉非常。

那時在文昌門外的紗局，有個童子團的組織，把職工子女，小學中年級、低年級的，並一部分童工吸收進來。團長陳武雄，定準是CY。他才十三歲，人小鬼大，硬是威風凜凜的，挺胸拔肚，目光發狠，正是後來共黨所誇示的紅小鬼。他那裏眞懂得甚麼道理，徒知顯示其「革命權力的霸道」。

西元在碼頭工會廳堂，掛了四幅條屏，寫的少年先鋒歌，也就是CY的團歌，其歌詞與曲調，極是吸引青少年人的心志。首段歌詞是：

走上前去呵，曙光在前，
同志們奮鬥。
用我們的刺刀和槍砲，
開自己的路，
勇敢！上前穩著脚步，
要高舉著少年旗幟，
我們是工人和農人的少年先鋒隊，
我們是工人和農人的少年先鋒隊。

第二段歌詞，起首是「通紅的火爐，烤乾了我們的血汗」，下面的句子記不起了。反正是充份顯露無產階級意識，煽動性極強。

當時，革命新人物，還少有如劉西元這樣做的。可見他心向革命志業的懇摯之情。

平湖門外南邊江岸，有一處突出的磯頭，由磯頭上岸，越過馬路，便進入水神廟。廟內有戲台，面對空場。一次在場上舉行群衆集會，參加者大都爲碼頭工人，我竟然受邀，登台講演。試想，憑我那時的學識，能講些甚麼。既無人教導，也未打腹稿，更未寫講演稿或要點，只是即興式的說說而已。平生破題兒第一遭，也眞是大膽得很。

大朝街中段滌新洗衣店，是武昌城爲時最早的一家。沈老板夫婦勤儉刻苦起家。生意發達了，請有幫工，沈老板年歲也大了，但他仍然要自己下手洗。他的名聲很好，中央軍事政治學校開辦後，找他包洗學生的衣服，且在校內洗晒。用水、用電，晒晾場地，得到很大利便。衣服的接送，也省去校內校外往返，出入門禁不便。我曾被找去爲臨時工，幫了幾天工，在小竹牌上寫號碼，繫在每件衣服上，以便識辨。

星期天，蘭陵街到長街、司門口，來來往往最多的人群是軍校學生。他們左胸口袋，佩有跟口袋相等大小的黑邊符號，寫著姓名以及所屬單位。深灰色軍服上，斜肩掛著摺好的墨綠薄膠皮雨衣。痲線草鞋，黑布襪，年紀都當二十歲左右。想必是學校的嚴格規定，同學相逢，必須注目舉手致敬禮，他們一路走過去，就這麼不斷敬禮。少數的女生，十之一二，有小腳放大的跡象，她鞋子裏塞有棉花，行路時雖也雄糾糾，氣昂昂，卻總有點兒扭揑。

前已提到，軍校女生隊所在處，是商民協會讓出的房子。鶯鶯燕燕，雖並不搽胭脂打粉，但畢竟絕大多數皆爲待字閨中的大小姐，出身中上家庭爲多。可以這樣說罷，皆屬今之秋瑾。既已戎裝執槍，勇往邁進，則其英豪勇壯，自較先烈秋瑾爲過之。於是，女生隊這座紅樓，成爲武漢三鎭最繫人心之處。上自黨國要人、軍政首長，下至青年學生、販夫走卒，誰不想進入其中，看看問問，聞聞嗅嗅，這是指男性而言。即使是女性，也莫不心嚮往之，要想親近親近這些時代尖端的女傑們。壽堂由於具備三種條件，乃時有去女生隊，出出進進。

一、我只是個大男孩，跟這些大姐姐們，絲毫不用避嫌疑。也就是說，彼此都不會有面赤心跳的情態。

二、這兒每個房間、道路、院落，我都十分熟悉。

三、因爲擔任武昌市黨部第二區黨部交通以及CY及CP的任務，常有來女生隊的必要。

那時候，一個男性青少年，能這麼出進女生隊，不知教多少人羨慕，我卻人在福中不知福，只知快快當當的執行任務而已，半點綺麗情懷也沒有。很可能是，她們都穿著軍服，雄糾糾，氣昂昂，那女生隊的陽剛之氣，革命熱情，把我這少年人唬住了。

第四節　國民黨同志們

民國十六年一月至三月，壽堂擔任中國國民黨武昌市黨部第二區黨部交通的工作。這時，黨的活動早已公開，交通員只是傳送公文，並無秘密時期那項主要任務，組織連繫以及運輸槍彈等事。

區黨部設在省立五小內。操場南邊有排房間，是單身教職員宿舍。有三間房，中間小廳，右首我用，左首區黨部主任委員鄔聘三用。他是一師早期學生，黃安人，二十八、九歲，藉區黨部爲進身之階，很想謀一公職。我看到他接觸的人，工作上的關心，有這種強烈傾向。對我還和善，但不會有如朱有瀲那樣特別關切。人生緣份就有這樣怪。次年他以CP身份被捕，給槍斃了。

姚筱珊，武昌人，是五小的教務主任，遇見任何人，總是堆出滿臉的笑。教育家風範，留在全校師生的好印象裏。他是所屬區分部常委，常到區黨部辦公室來。

還有位區分部常委陳雨蒼，是西醫。家住王府口，我時有送公文到他那裏去。他從沒有表露過，也無別人指出，他是參與辛亥革命武昌首義新軍中的衛生隊長。民五十五年在臺北，讀「湖北文獻」才知道的。八月十九新軍與清軍交戰，次晨大局粗定，是他帶領人員去紫陽橋畔，收運了數百具革命黨人的遺體。

住在斗級營西頭的中醫師楊樹千，三十二、三歲，顯然他開業的情形十分良好，住屋比左鄰右舍都要高大。廳堂滿掛病家贈奉的金匾。我送公文去，有兩次在廳堂遇見他。一次，他妻子兒女環繞，他讚美我能幹，這位區分部常委同志，我跟他會見不止一次，既承看重，怎麼不關心的問問我：「小同志，你其實是應該好好上學的？少年人就在外闖世界，未免早了些。」

還有位區分部常委李耀庭，鄂北人，似爲小學教員，又似乎是失業，正在候差。夫妻同住斗級營一家旅館。斗級營這條街，十之八九都爲旅館。這些旅館有的每天結賬，有的住包月。李耀庭是包月的。他夫妻倆用個小炭火爐，就在房間燒飯。我好幾次去了，都碰到他們以粥代飯。不過粥煮得還稠。過了三個月，他情況突然變好，穿了華服，尤其是妻子變了另外一位女性，年輕貌美剪髮的，他的糟糠之妻給甩到那裏去了呢？境況才稍稍轉好，就這般變臉，革命同志若通通如此薄倖，就太可怕了。

每隔一兩天，必定要去的地方，是武昌市黨部，在山後牙厘局街。主任委員張獻三，鄂北人，精力旺盛，他提示工作，接聽電話，聲音好大。革命同志們進進出出，這兒總是好忙好忙。

學聯，是學生聯合會的簡稱。全國學聯和湖北省學聯，都在武昌大朝街中段，似也爲沒收的反革命人家大宅第。這兒更顯得忙，與乎青年人之熱情充沛。出任職務的人，大部分爲大學生，小部分爲中學生。在這兒，握有革命的權力與霸道，多被ＣＹ、ＣＰ所吸收，他們再也定不下心回學校去念書了。還有革命與戀愛，在這裏不斷演出喜劇，大家有目共睹，而延續著不爲人知，非屬少數的悲劇。當時，廣州、上海、武漢，正有太多的文藝作家，不斷的中篇、短篇小說的急就章，描寫著層出不窮「革命與戀愛」的故事。其時在北京的沈從文、老舍、凌淑華、謝冰心，則以非屬革命浪潮所及的地帶，筆觸就有所不及。

湖北省立圖書館設在武昌蘭陵街，我在這裏研讀了「中山叢書」。是自己平生首次在圖書館看書。我來了三次，都是看這部書。三民主義，建國方略，孫文學說，民權初步，以及講詞、函電，都有收入。由於學養有限，又心浮氣躁，讀此書不過獲得些概念而已。

這時，常讀到中共的機關刊物「嚮導」和「中國青年」。國民黨的刊物應也看到。而國家主義者的「醒獅」也看得到。這些期刊，對我當時的思想，必然都起有相當影響。

大量貪讀新文學作品。開口奶是蔣光赤的「少年飄泊者」，書信體的小說，寫一個學徒出身的青年，對店東小姐的愛，後來投身黃埔軍校，是以北伐前社會爲時代背景。也許開頭讀的是創造社作家們的書。但印象中，總記得是蔣光赤此書爲我開路。他「鴨綠江畔」，「哀中國」詩集，也十分引起當時我們這批讀者群的激情。

從前的講演堂在蘭陵街，有幾位講員。有位張先生，是武漢名書法家張裕釗的後人，他專說「東周列國志」，吸引了許多固定的聽衆。革命軍來了之後，這兒名稱變更爲民衆教育館，而實質未變。

民衆教育館工作人員跟講演堂的講員大不相同。講員們都帶勁得很，他們的講演有新內容，具煽動性。革命軍的政工人員，也屢有在此登台講演。

顯眞樓是武漢最有名的照相館，照相術初傳到中國未久，它便設立在武昌黃鶴樓。佔地甚廣，窗櫥、櫃台、攝影棚都設在高層。中層、底層則在店鋪後部，後部還要走十幾二十幾層階級。也就是說，顯眞樓從前門到後門，要經過幽暗、曲折的道路，上上下下的。我當交通員期間，常有取道於此。武漢中上人家，少有不在顯眞樓照張全家福的。

十六年冬，開辦了黨務幹部學校，簡稱「黨幹」，與中央軍事政治學校在兩湖書院的開辦同一時期。「黨幹」第一期學生熊東皋，來接任區黨部主委，他是松滋人，二十一、二歲，聰明俊秀，我跟他頗覺投緣。松滋在長江以南，與江陵隔江相對。東皋說話口音比荊州話更輕。

黨務幹部學校設在平湖門內原省立二中的校地，我去過好幾次。次年，「黨幹」便停辦了。直到抗戰初期，黨幹同學成爲湖北黨政機關的中堅，很有幾位與我交情不錯。這個學校，當時必也揭示一番理想，用於「以黨治國」，軍政、訓政、憲政時期的進展，參與實際的政治生活，歲月蹉跎，春花秋月，人事也就這般凋謝了，消逝了。

第五節　共產黨典型

十六年四月到六月間，劉西元出任武昌保安門外，CP白沙洲支部書記，我也隨著到了白沙洲。白沙洲距城約十里，隔大江與漢陽鸚鵡洲斜向相對。白沙洲在大堤外，造紙廠、楊家墩、唐家墩以南，人家集居成巷，家屋外空地，是木材、待修木船的聚集所，下臨大江。這兒並無水碼頭，地面遼闊曠野，是我這個生長在城市的少年人，前所未經歷過的。

白沙洲幾全住的湖南人，做木材生意，扛運木材的碼頭工人，也有少數從事別種行業的。還有旅居武漢的湖南人士。

我當了CP白沙洲支部的交通，每月並無固定收入，無錢拿回家，人也少回家。

先是住祁陽會館。白沙洲的碼頭工會設在這兒。主事者，鄭耀庭，武昌人，CP份子，工人出身，他恂恂儒者，謙和多禮，正像武昌城有教養的士紳。

我在祁陽會館住了約一個月，感到特別的，是每天的那頓早飯。一位湖南婦人所做，硬米飯，加了紅辣椒的烹魚。吃得很開胃，又經飽。起初，一大早吃一頓正餐，我不太習慣。一向，都只是吃早點而已。據說，湖南人大多是早晨吃乾飯的。

祁陽會館往南，有永安會館。永安指的永州，今零陵。永安會館房舍很新，才落成五、六年的樣子，款式與祁陽會館大不相同，洋灰水泥建築，外牆一門當中出入，有類住家。樓前看江景，樓後則越過大堤，東望武昌南郊平野，金沙洲、新益洲、南湖大兵營盡收眼底。

劉西元帶了我，住在樓上後一半最南邊的房間。女同志蕭柱、文佩芬合住緊隔壁一間。

西元跟耀庭的工作是相互配合的。西元似仍爲碼頭工會特派員。他倆工作的進展，一定是很快的。必有其特殊任務在，跟一般支部不同。否則，就不會每天讓我往返四十里的傳送公文了。老邁之年回想，這段日子倒是很有意義的，它鍛鍊了我的腳力。天天北望武昌城形勢，一步步的向它走近。武昌城的少年們罕有過這樣的經驗。後來說給青知道，青好心疼，擁我於懷說：「可惜，你那時，心中還沒有我。如果，彎到朱家巷來看我，更要把你累壞了。」

我通常是吃早飯後，帶著信件自永安會館北行，經祁陽會館，或也有信件交換，北行，自保安門或望山門入城，翻過蛇山，到胭脂山，通過山丘上的巷道，進入嘯樓巷，到CP省委機關部。這裏，住宿的，辦公的，都是男男女女的青年CP份子，人人神采飛揚，精力充沛。同志相見，熱情洋溢。中共領導階層人士屢屢在此遇到，還交談幾句。我每天來此一次，必受到一番歡樂的感染。

在金沙洲與新鎰洲之間，有一處田莊，莊前有穀場。這兒，是農民協會特派員李大我所在地，他，四川人，瘦瘦黑黑的。經常穿的藍布中山服。是農民運動講習所畢業的，這個所的所長爲毛澤東。在李大我這裏，我看到他農民運動講習所的課本。他是CP份子無疑。

農民運動講習所先是在廣州，這時也遷到武昌來，設在水陸街，當時兩湖地區農民運動如火如荼，打土豪，分田地，時有所聞。李所在的田莊，即是這樣運動的結果。

武漢政府發行的國庫券，大量吸收了民間現金，而發行的準備金不足，由於財用支出浩大，一定也還有那方面有預謀的盜挪，造成了社會經濟的虧損與恐慌。事後三、五年，大家提到這國庫券的事，莫不搖頭嘆息斥責不已。跟軍閥們濫發軍用票一樣，害人不淺。

眞是公而忘私呀，每天入城，都未有就近回家看看，也沒有帶錢回去。家裏自然放心不下，有天母親出城走到祁陽會館來找我，晴朗天氣，那能遇到我。總算遇到鄭耀庭。鄭告訴她，我在這裏很好，只是太忙了。母親看到鄭的爲人，算是安了一大半心。那時母親三十七歲，年歲雖還正當精壯，可是，餓飯、窮苦，無希望日子的折磨，體力比常人衰弱得多。一雙小腳，虧她來回獨走這二十多里路的。

蕭柱，湖南醴陵人，二十一、二歲，圓臉、大眼，剪的短髮，活潑、熱情，大方、坦率，有類男性。那時際，我還不知道「湘女多情」之諺。後來，聽說到這句諺語，我立即就強烈感到，蕭柱不就是這諺語的例證。她是這地區婦女協會的負責人，常帶了文佩芬作家庭訪問。看樣子，對於「清官難斷家務事」的瑣細，以及家政，育兒知識的灌輸，是並不在行的。我們總以爲她和劉西元是極相配的一對，他倆也很談得來，後來果否如衆人希望，就不可知了。

我私心妄想，以爲自己可跟文佩芬談戀愛。他大我一歲，長沙人。齊額長髮，總著的白衣黑裙，隨在蕭柱之後，跟出跟進。我一直記得她家住長沙議會街三號。直到民七十九年八月二十日，午睡未成眠，因而想起文佩芬，仍然清清楚楚記得她家的地址。她算得是我第一個戀愛的對象，以前也有兩三位私心傾慕的少女，卻從無交往。不像跟文佩芬，住兩隔壁房間，同吃飯，一塊工作，玩耍，足有三、四個月。直到有次看到一位從南京來的金陵大學學生來訪，他倆手挽手出進，才自慚形穢，再也無此妄想了。

比化裝演講更進一步，我們在祁陽會館戲台上，蕭柱演媒婆，我跟文佩芬分演書僮和丫鬟。演出效果很不錯，事後白沙洲人士一逢到我就大爲讚美，且打趣我：「你跟那丫鬟可是一對金童玉女啊，她平時對你不錯罷。」有個大辮子的女孩汪海波，倒眞是和我好相配的，我曾特別去她家。至今還記得，她迎我在大門口，脈脈含情，眉眼生春的讚許我：「你演書僮好可愛啊，下次要再演戲，記得找我參加。」男孩子那能經得起？難怪那一陣子情思洶湧，雖另有女孩瞟著我，而我絕不一顧。她比文佩芬漂亮，跟蕭柱一樣活潑熱情，卻具有蕭柱再也不會有的媚力。

當漢口的工人糾察隊，幫著店員把店東綑綁著，加以侮辱、處罰的風聲，傳遍武漢，白沙洲的情勢也有一度緊張。一個月夜，我跟著人家，上江邊十好幾隻木船上檢查。拿著大手電筒照來照去，我們並非持槍的軍警，只是帶著碼頭工人。如果眞遇到有敵意的人一躍而起，把我這少年推向江裏，我體力不夠對抗，又不會游水，必死無疑。當時不知是誰要指派我參與的？我自己當然也太少年孟浪。

五、六月間，有天下午，到都府堤省立第一小學，參加CY活動份子大會。禮堂上，男男女女穿白色或米色的長衫、學生裝、女褂，約兩三千之衆。人人都現得青春活躍。教我大感驚異的乃是，怎麼？武昌城所有英俊、清秀、漂亮的青年男女，都集合在這裏了。跟我年齡相若的青少年人，只十之一二。還是二十左右者爲多。我遇見很多熟人，彼此惑受相同：「哦！你也是呀。」我最留下不可磨滅印象的是，私塾最後沈老師的獨子也是CY份子，我們已有好幾年不見了。他大我七、八歲，品貌俱佳，丰儀出衆。

其時從江浙和北方，常有革命同志逃亡到武漢來，說是受到迫害。他們都被接待在中國濟難會。會址設在武昌水陸街一所大宅第。這宅第，自也是強行徵用的。人們說，這濟難會是國際性組織，相互頗有支援，可掩護救助國際間政治上遭迫害者的行動。

在武漢的國民政府，爲中共份子所把持，工農、學生、婦女運動，造成許多過激的行爲。有的大員去到了南京。五月十七日，夏斗寅部攻武漢，迫近紙坊。中央軍事政治學校學生爲主，組成了中央軍第一師，還加上葉挺部隊緊急抵抗，迫夏軍退卻，方使武漢轉危爲安。謝冰瑩前線生活的「女兵日記」，得主編孫伏園看重，連續發表於漢口中央日報，而有名於世。恰好，其時林語堂正在武漢，他逐日立即英譯，刊之武漢的英文報紙，造成新文壇從未有過的轟動。

五、六月間，在武漢看到一本煽動性極大的小册子，郭沫若著「我被蔣介石強姦了。」大意是說，他的革命意願、行動受到壓制與拗扭，故以被強姦喻之。這與抗戰之初，郭氏自日本歸國在武漢寫「謁蔣委員長記」所用「目擊而道存」（出莊子、田子方篇：「目擊而道存矣，亦不可以容聲矣。」）的頌美形容，可以兩相映照。

北伐初期，南昌一役最爲激烈，幾度失而後得。蔣總司令抵達後，爲適應軍事需要，成立總政治部南昌分部，以總政治部副主任郭沫若主其事。

這時，「打倒蔣介石」的口號，在武漢已經公然提出，與南京國民政府對抗的形勢，早已形成。也就是中國現代史上所稱的「寧漢分裂」。

平津部份報紙有種訛傳，說漢口有婦女裸體遊行，以顯示其現代，前衛、革命的形象。其實，完全是莫須有的事，也無此必要。

茅盾小說「蝕」，又分稱「幻滅」、「動搖」、「追求」三部曲，在民十八年前後，是極流行的書，少有青年不讀的，我可能讀過三遍。「蝕」有部份內容，描寫了民十六年上半年，武漢革命高潮的種種切切。我讀後，內心屢起異議：噫，在我的感受裏，事情不是他所描寫的那樣。還有江漢社會老百姓的心態，爲茅盾筆觸所不及。他究竟是過客，只走馬看花的看到些表象。

第六章　當學兵

第一節　考第一進學兵營

中共、左傾份子，還有些不明就裏的人，動輒稱民國十六年上半年武漢的國民政府時代爲「大革命時期」，矛盾小說「動搖、幻滅、追求」的命名，就含有這樣的意象。按歷史進程說，應以「北伐時期」，敘說國民革命軍民十五年七月九日誓師北伐，至十七年十二月二十九日東北易幟，這兩年五個月的史事，方爲平實。儘管如此，壽堂難於免俗，仍稱民國十六年爲大革命時期。

陶希聖「三十年代文藝瑣談」「北伐的社會影響」條：「北伐是國民革命偉大莊嚴的戰役。在這一革命戰役之中，中國社會發生了重大急劇的變動。民族的覺醒，個人的覺醒與社會的覺醒，三者皆發展到最高潮。中國社會發生了重大急劇的變動，而且這重大急劇的社會變動，震撼每一知識份子尤其知識青年的心弦，並關涉甚至決定他們每一個人的生活與事業。」陶氏這段話甚持平，一點未誇張，可視爲歷史論綱，稍加述說，即可擴充爲一篇論文，他可舉出許多當時目睹的事例。

早期的中共份子朱其華，民二十年前後，寫過「一九二七年底回憶」，「中國資本主義的發展」兩書。他寫出，他的女友洪明達，浙江杭州人，讀書門第，廣有田畝，毫無盤剝佃戶情事。當國民革命軍底定東南，革命潮浪之於青年，還有中年人，心性上的重大影響，竟如鼎沸。她惑於「私有財產爲罪惡」的謬說，竟將家中田契、房契、租約、借據一火而焚。事發，父親忿極，逼她自殺。母不忍，打發她秘密逃走。此爲民十五年冬的事。洪明達一到武漢，即被共黨吸收，進了中央軍校武漢分校。當時共黨高級會議，洪明達屢有列席，是惟一可與惲代英相辯論的人。惲且有時辭塞。這樣出現於生活的典型人物，卻不曾爲左翼作家的小說所描寫過。其華「回憶錄」稿本不存於世。其「一九二七年底回憶」。此書民二十二年在上海出版，二十五年我在河北，曾購閱之。書早絕版，不道八十三年春，臺北，於任卓宣遺書中得重讀此孤本。提到洪明達了，卻未述及「回憶錄」所記的上列事項。

這兒，略說說惲代英。其時他三十三歲。共黨中堅份子，爲黃埔武漢分校政治總教官。樸質，勤懇，刻苦，力學，事母極孝。是一位好教師，說服力很強，又富行政幹才。他兼任了好些有收入的工作。所得薪俸，除了留下家庭生活費用外，絕大部份的錢財，都捐獻給共黨。共黨同志以及社會群衆皆稱譽他爲革命聖人，就如同前此，人們美讚朱執信爲革命聖人一樣。

十六年五月間，夏斗寅部迫近武昌時，中共屢受第三國際指使，發動其黨員、團員從軍，乃有國民革命軍第二十軍（軍長賀龍）學兵營與第十一軍二十四師（師長葉挺）學兵營的建立。

六月下旬，我響應這項號召，沒有跟任何人商量，瞞著家裏，到武昌紗局投考第二十軍的學兵營，定是組織上的安排。但當時並無人引導。參加考試的五百多人，人品很雜，有武昌中山大學（武漢大學前身）、中華大學的學生、中學生，工會、農民協會、黨務工作人員，大少爺，找出路的革命青年，以湖北人爲多，四川、湖南、江浙人次之，北方人也不是完全沒有。百分之九十九通在二十歲左右，像我才十六虛歲的少年，好像沒有。只有一堂筆試，試題「我爲甚麼來當學兵？」很可能是全部投考的，都被錄取了。發榜時，好教我詫異，朱成章名列第一，民國八十年夏，在武漢，與闊別半世紀的二弟重逢，說起當年，他還清清楚楚記得這一張大榜，那榜首朱成章三個大字。實在百思不得其解。所有投考者學識都比我好。試卷上我寫了四五百字，最後一句話是「要使中國走向非資本主義的道路」。要麼，是因我年紀最小。可是，入營時尋尋常常，白沙洲支部既無人送我，營連排長，乃至班長，從來也未有人公開或是私自對我誇說獎勉過。

我是穿著藍布中山服來入營的。並未有發給軍服、襯衣、鞋襪，也沒發軍毯，只發了符號，寫上姓名好識辨。編了隊，由老兵當班長。營長姓劉，營附年紀輕輕的，是黃埔學生。倉庫外，有相當大的空地，是操場，也是餐廳，蹲著圍了菜盆吃軍隊裏粒粒毫不粘黏的硬飯。起初三幾天，很有些人難以下咽，後來三操兩講的勞累，肚子餓，又無零食可買，也就習慣了。那時，革命軍部隊的飲食用具，通是各人隨身佩帶著一個搪瓷大把杯或飯碗，就餐用的圓菜盆是鑌鐵製成，六人共食。紗局外的街道寬，有時就在街道上出操。

大家是受了共黨組織發動來投軍的，縱使這學兵營毫無物質條件，居然還都興致勃勃。其時政局情勢惡劣，黨、團以及工會、農會、學聯、婦女協會等等，都各有自顧不暇的情況，竟沒有來慰勞我們的。

定是二弟即刻報訊，母親知道了，特來看我，我正在出操，只講了幾句話。入學兵營未超過一星期，既未放過假，也未發過一文零用錢，便匆匆開拔。

學兵營的開拔倒是好簡單，幾個背了槍的班長和徒手的學兵，到鮎魚套、文昌門碼頭，一下子就「封」了幾條運貨的木船來。甚麼手續也沒有，船家只怕當兵的動武，乖乖的就給徵用了。當天，入夜未久，我們船隊離武昌，順流而下。我跟十幾個伙伴，是對坐在划子上，船舷高出水面才二十公分，可見超過了載重的安全限度。要是有大輪船駛過，掀起一陣浪來，江水很易捲入船艙，而致沈沒。漢口航行上海的中外商輪，通是入夜起航。沒有遭難，也眞是僥倖。就這樣離開故鄉，幾分興奮，也有幾分傷感。

母親又來紗局看我，甚麼都沒有了，只看到牆上那張榜還沒有撕掉。人們說，學兵營前晚開拔，開拔到那裏去？誰知道。營裏也沒人吩咐，給你們家裏寫封信。或許還誥戒，開拔到那裏是不能說的。

朱有瀓的三弟有澍，長得白白胖胖的，一直是大少爺，毫無我貧窮、餓飯的生活背景，比我長兩歲，他進了十一師學兵營。此後，在武漢，頗有遇到一些長我三、四歲的朋友，說起當年曾爲此一參軍行動，通給捲合而去。

第二節　黃石港、九江、涂家埠

第一站到了黃石港。我這一班人住在老百姓家。天氣晴明，這家只一位中年婦人出面接待，陪她在屋後廳堂聊天。男丁定是逃避了，怕軍隊拉伕。他家所在地方，位置很高，下臨浩浩長江，江流靜靜，清風徐來。一直是在大都會生活的我，在此環境，只覺處處清新可美。

黃石港小鐵路二十二公里，漢冶萍公司運煤鐵專用的。小火車頭的汽笛聲，另有番韻味。後此一個多月，閩贛山區行軍作戰，長日寂寂，心念裏，以及潛在的聽覺裏，常有浮念起這小火車頭的汽笛聲。只因山區前行，越走越遠離了都會生活。

黃石港住了兩三天，也不知是部隊集結，或是還要等候甚麽。相關連的政局變化，眞是早晚市價不同，而爲我們小兵所不知悉。看不到報紙，彼時中國的廣播事業還有待開始。

我們到了九江。我這一連住在市街上一家商店的棧房樓上。也是兩三天光景，傳出了消息，說是要等張發奎的部隊。又傳說軍政要人在廬山舉行會議，其時正當小暑節令，廬山好避暑，人們可以冷靜思考問題，不像山下世界，熱得人昏頭脹腦。

坐南潯鐵路火車到了涂家埠。這時間，是七月十五日前後。住了有一個星期，很顯然是有所等待。

二十軍有兩個師本來是參加北伐的，從河南前線調回武漢。它有個教導隊，從軍服上的汗漬、灰土層層，可看出是很經過一番行軍、戰鬥的歷練。這教導隊，再加上武昌來的農民運動講習所，連同我們學兵營，三部份合編爲二十軍的教導團，通成爲學生。團長侯鏡如，河南人，黃埔一期。我屬第六隊。隊長是個二十五、六歲的貴州人。

在涂家埠，有一處可看見鐵路鐵橋的廣場，全團人便在這裏會操。

我很少想家，也未想到要寫封信回去，免父母掛念，太是少年豪氣高上雲霄。倒是，一個月前，我在武昌横街頭西服店，付下一串銅元定金，定製了一套學生裝，那定單一直放在胸前口袋裏，這定金是白白丟了。

沒有換過襯衣，似也少有洗過澡。這雜有不少武漢中山大學、中華大學學生仔的隊伍，夏天不知怎麼過的。一群人必然汗臭十分。

第三節　南昌暴動

民國十六年七月二十九日，我們進入南昌。

教導團駐南昌城的營房，這營房並不大。八月一日上午一時，突然聽到陣陣密集的槍聲，大家一驚而起，部隊集合在房舍外空地，我嚇得全身發抖。人們傳說是蔣介石的軍隊打過來了。受了郭沫若「我被蔣介石強姦了」那一本小册子的影響，我心中好惱恨：朱某人在教導團的生活，剛剛有待起步，就受到這般迫害，眞是太不幸了。

我們學兵營、農民運動講習所編來的，都爲徒手部隊，敵軍要是包圍過來，咱們怎辦呢？連排長叫我們安靜，說另有部隊在前面作戰。

經過一小時，槍聲稀了下來。我們被帶出營，在野地裏時而前進，時而仆伏掩蔽。忽然傳說，我們勝利了。有好幾盞馬燈給點亮，照著我們前進。到了一處軍營中的槍械庫，每人取得一枝嶄新的廣東造步槍，還帶有上了皮套子的刺刀。有少數人好強，背取了兩枝。

有了槍，子彈也來了。本來，步兵，一般的是每人二十排子彈，每排五顆。我們卻帶了四十排，好沈重。

天一亮，營房比起初駐進時大有不同。這才知道，夜裏並無敵軍進攻我們，而是我們出其不意，繳了友軍第三軍朱培德部的械。

朱德是第九軍的副軍長，他帶了兩個連的部隊參加進來，被任為第九軍軍長。

南昌暴動的突然夜襲，是中共居心叵測行動之開始。嚴格的說，中山艦事件，湘鄂打土豪、分田地之層出不窮，是更早的。但不及南昌暴動之震撼中外。此後，成為一種傳統，對朋友，對敵人，對自己同志，是這樣。中共六十年的歷史，就是不斷鬥爭、傾軋而居心叵測的歷史，可怕極了，殘酷悲慘極了。

南昌城各機關、銀行也受到掠奪、勒索。經過兩天，還未能恢復常態。

軍隊如此的突變，民國以來，乃至歷代兵事上，也不算是太稀罕。「兵者，凶器也」，它原具出人不意變化多端的特質，其不擇手段追求戰果，也原是不可以常理論之。孫子、鬼谷子說得好多，龐涓謀害孫臏，是古代這種居心叵測的史例之一。三國時代更多得述說不盡。但沒有超過中共的，連俄共也有所不及。總有人就這方面纂述一部公平、客觀的大歷史書的。求其史實百分之百的眞實不遺漏，則司馬遷、司馬光復生，也難以做到。何以這樣說？這得寫一長篇論文，才能剖析得清楚。

當時，中共為了要拉攏張發奎，並謀掩飾自己，一手安排，成立了中國國民黨革命委員會，由譚平山、鄧演達、宋慶齡、林祖涵、郭沫若、賀龍、葉挺、吳玉章、惲代英、高語罕等二十四人組成，而以張發奎為主席。但是，張發奎並未到來，且有受汪精衛、孫科、朱培德要求，向南昌進攻的趨勢。只是張發奎部行動遲遲，舉棋未定，搖擺不已，政治上多種因素，終於改走贛江水程，回廣東去了。

八月四日，我們向撫州前進，一路平靜。在撫州，略有住留。不斷的，有武漢中央軍事政治學校的學生來投奔。也有極少部份的人，心生畏懼，逃回了武漢，像後來的文友譚飈風便是。離開撫州時，是月夜行軍。

後來聽母親說，學兵營離開武昌之後，母親還在到處打聽我的下落。到了武漢國民政府也清共，且捕殺共黨份子。馬春泉特來家裏把信，說我們已去江西。特別關照，不可再四處打聽，免起麻煩。

撫州、宜黃、廣昌、石城，這一路上，是立秋、處暑之間，我們走近閩贛邊境的武夷山脈地帶。午前的酷熱，每有人中暑，行步間倒斃稻田，官長不讓我們走單行的隊伍受打攪，仍然揮手要我們向前趕路。路上很少遇到農人，怕軍隊拉伕。隊伍後面，就是有不少民伕，挑著輜重，另有槍兵押著的挑擔，沈甸甸，那是一箱箱的現洋。

我們都把洗臉毛巾，邊行走邊浸泡在道旁水溝裏，再把水淋淋的毛巾覆在頭上，像阿拉伯人似的。把軍帽擱在毛巾上，讓水淌頭臉頸項，略祛暑熱。可是，大毒太陽下，不要五分鐘，這濕毛巾早給晒得乾燥燥的了，就再反覆浸泡之。

有件小事，可證這一伙具有革命狂熱的隊伍中，其領導階層並不重視民間疾苦。離開南昌之後，直到經瑞金進入福建長汀，多半時間皆走小路，繞行田畝間。為取捷徑，隊伍不走田坎，而取斜角，把田中作物踐踏腳底。軍隊既通過之後，農民來巡視田畝，豈有不跳腳大罵的。領導階層的人士走在大部隊之後，預備隊後衛之前，他們每天也跟蹤走此斜角道路，怎麼能完全無動於衷？但有人切切注意，這錯失是極易改正的。

江西人有種走長路的用具，竹筒裝炒豆豉，我們每人也都有了一個。又發了米袋，一人帶了三、四升米。醬大頭菜切成片，擱在衣服上面的小口袋裏。宿營吃飯時，以之佐餐，味美極了。這時正是小芋頭盛收季節，炊事兵居然也做了芋頭燒雞肉，教大家吃得呱口咂嘴不已。美味的還是鮮肥的魚。人家池塘養的年魚，這時也都養到半大，價錢不貴，一路上都常吃到。

跟一般軍隊行軍、作戰情形不同者，我們這支通過贛、閩、粵邊區，奔向潮汕的大隊伍，另有番特別的色彩繽紛。行軍途中，或前或後，革命委員會的人們走在一起，形形色色，男女都有。這一夥，不會少於五、六百人。他們有人受優待，躺坐籐椅上，讓伕子抬著走。有位年長的，不知是否徐特立？好幾次看到惲代英。光頭，苦行僧似的，他總是徒步行走，近視眼鏡掉了一個腳架，就用棉線索子拴在耳朵上。有位青年女子，穿的玉色竹布褲褂，特別現得神彩飛揚，性格開朗，任何人看到她，都只覺眼睛一亮，灑脫之美，而並非性感。她可能就是朱其華「回憶錄」稿本中所記述的前衛女性洪明達。

軍長賀龍，大家都知道他一把菜刀，當土匪在湘西起家的事。他長得胖胖都都，滿舒舒服服的。一路上，打前站「號房子」的，到處都看準了寬大家屋，粉筆寫上「軍部大餐間」，原來這一路上青山綠水，他倒是高級享受。朱其華那時是他的軍政治部宣傳科長，想必總有邀同共餐。而革命委員會袞袞諸公，也必爲座上客。

李立三「政治保衛局」的告示，也出現在行軍途中，一些家屋牆上。起先不知這是幹甚麼的。後來才知它是專門抓反革命的。一路上，要地主、富豪、大商家、地方政府拿出錢來。由他以各種罪名，加在人家頭上來勒索。還有，防衛有敵人滲透，監視不穩份子。他究竟秘密的殺了多少人，我這小兵是不知道的。

軍部執法隊威風凜凜，又是大刀，又是盒子砲的，打了一面大白旗迎風招展，那大白旗上，寫了些嚇阻軍民的法條：

臨陣脫逃者殺

搶劫財物者殺

強姦婦女者殺

造謠惑衆者殺

刺探軍情者殺

離間軍民者殺

高抬物價者殺

反革命者殺

而且，就抓了倒楣的小兵和老百姓，不經審問，當場槍斃。弄得士兵和老百姓一遇到這打大白旗的過來，莫不避得遠遠的。敵情緊迫，軍臨戰陣，如此大張刑殺，威嚇小兵和老百姓，不知是出於誰的主意。後此，二、三十年戰亂生活裏，也絕少見這般標榜作秀。還有，你卻誰也不知道，那政治保衛局的人員，究竟是誰？他似乎無時無刻，都在你身邊。

團長侯鏡如的相貌，如今依稀還在我記憶中。長途行軍，獨一無二的，他老喜歡戴頂大斗笠，如撐著一把傘似的。革命委員會的一些先生們，也少有這樣戴大的斗笠。

我一直興致高。南昌臨出發，隊長、排長、班長都一再囑咐，行進中不可落伍、掉隊，不可因爲走不動，而拉長了距離。好在一直是常行軍，日行平均六、七十里路，走一小時，就有十分鐘休息。有人腳上起了疱，痛苦不堪。想不到我一直腳力很健，草鞋穿在腳上，越走越輕快。當時很有這種感受，長途行軍鍛鍊了我的腳力，迄今近九十歲，猶然行步輕健，乃緣自己每日朝夕好快步走路的關係。我們每人身上都帶著一雙備用的草鞋。發下了一件綠油布雨衣，夜間就把它當毯子蓋。

就因爲興致高，行進途中總是我首先唱出「少年先鋒隊」的歌，總認爲那第一段歌詞，正是爲我們現在的行軍作戰而唱。有時，我唱著這首唱不厭的歌，恰巧經過了團長、團附跟前，他倆總指指點點，誇讚我了不起。

撫州、宜黃、廣昌、石城這一路上，也曾發生過幾次小戰鬥，都只限於前衛部隊的接觸，槍聲響了一陣，即復歸沈寂。我們教導團是預備隊中的預備隊，雖有了槍彈，卻從未進行過戰鬥教練，更無有學習實彈射擊——也是打不得槍的苦。這一支軍隊，還夾雜了許多非兵員在內，前有不可知的敵人，後有追兵，指揮官和參謀團的人員，多少有些驚弓之鳥的心情。

在石城附近，走進了一個高山古樸社會，客家人的生活區。他們穿的衣服好寬大，面容也似乎呈現高古的形貌。村外雖無險隘，但上下只有一條通道。語言勉強可以相通。他們曉得現在是民國時代，但卻不太了解國民革命軍北伐後的大變動，他們無懼於我們這枝共產黨所領導的軍隊，只是傻傻的笑著說：「好些年沒看到軍隊來我們這裏了。」不知政治保衛局有否侵擾他們？那次，不知是一種甚麼特別任務的派遣，僅是我們一排人闖到了這裏。大隊人馬並未到來。

第四節　瑞金、會昌、潮州之戰

據半粟所著「中山出世後六十年中國大事記」，十六年八月二十一日「賀龍、葉挺之共產黨軍，由江西竄福建汀州。」依這時期推算，我們應是八月十三在瑞金，打了半天仗，然後前進會昌，打了一天激烈的仗，再回到瑞金，而至長汀。

瑞金之戰，聽到槍砲聲，離我們很近。我們預備隊掩護在隱僻位置，待機而動，大家都很緊張。情勢上，我們只能硬著頭皮往前闖，後退是絕境。但是，往前闖，處處都會遭遇敵人。半天的膠著、苦鬥，我們打勝了。

到會昌，情勢更緊張。主力部隊已全部投入戰場，而戰鬥仍然僵持。受傷下來的官兵，看到我們還是枝生力軍，正待機出動，他們都疲憊十分的說：「現在只看你們哪，同志們，好好打一仗。」約是上午十點鐘，我們這枝預備隊的預備隊兩營人，學兵營和農民運動講習所這兩部份不曾上過戰場的人。在走上火線之前，我們集合在一個瞭望很開闊的樹林中，由朱德來講話，是鼓勵士氣的意思。其時，敵人子彈已射擊到鄰近，嗖嗖的在上空飛過。

隊長打了手勢，班長便叫我們取低姿勢，兩手端槍，慢慢跑步前進。已經看見對山的敵人了，他們穿草黃軍衣，我們便散開，俯身臥倒，各就射擊位置，班長大叫：「八百，快放！」我懵懵懂懂的打出了平生的第一槍，喲！後挫力好大。忙不迭的打掉了頭排子彈，硝煙瀰漫，槍聲密集不絕。打出三、四排子彈，槍管有些發熱，心神才穩定，眞正的勇敢無懼。我總算沒有如兵諺所說：「初上戰場眼哭腫，又羞又恨又懵懂。」

當時，敵我兩方似乎並無重機關槍。否則，我們這一部份便傷亡慘重了。左右部隊吹起了驚心動魄的衝鋒號，大家喊殺，我們槍上上了刺刀，挺著胸，便往正前方直衝，爭先恐後，一波接一波的躍進，便把部隊的建制都衝亂了。竟然並無一個軍官在一起。敵人先還迎擊幾槍，後見我們衝殺勇猛，便撤退了。

我們佔領了一個南北長形的山丘，朝西面對著山下河川口集結的敵人，還看見他們的軍旗。原來他們是新編第一師錢大鈞的部隊。那軍旗是師部特務連的。後來，民十九年春，在武昌南湖兵營，與貴州遵義曹金輪相識，他是黃埔四期，那時正擔任這個師的特務連連長。他們第一線的部隊已全線潰退。師長錢大鈞堅持不退，但已無兵力可用了，是曹金輪這一連強擁著師長才安全撤退的。金輪後來成爲我最要好的朋友，說這段經過，眞是好奇特。而上年夏，在山東烟台，就跟他見過。當時，我們繼續射擊。從早上到此，大家還沒有進食。已是下午四點多鐘。晚上也沒飯可吃。人疲累極了，都酣然大睡，似也沒人擔任夜間的放哨與警戒。

天一亮，人便醒過來，才發現前後左右都是死屍，敵我兩方的都有。槍都沒有了，子彈袋也被取走。膽子大的老兵，便在死者身上翻檢財物，還笑著向我們新兵說：「大家都來檢財喜呀。這沒有甚麼不對。他人都已經死了。我要是陣亡了，人家還不是在我身上搜。」

從昨天下午四點多鐘，到今天早上，不再聽見槍聲，顯然敵人已經遠去。

零零亂亂的部隊，無人指揮，下山去，一路上發現敵人的屍體，身體浮腫，呲牙裂嘴，似已死去兩三天的樣子。還沒走到跟前，便聞到強烈的屍臭。人體屍臭眞難聞。後來，我乃確立一個論斷，**如果你不曾在戰場上聞到過人體屍臭，那你怎能誇說人生閱驗豐富？**

進入了會昌城，各人方回歸到自己所屬的連隊。經歷了昨天的戰鬥，官兵們都在鬼門關前打了個來回，彼此自然產生了死生與共的情誼，大伙都親切極了。

從會昌回到瑞金才發有零用錢。城裏有些商店未開業，但是零食攤、賣日用品的小舖，莫不生意鼎盛。大家都愛買黃豆燉雞湯汁吃。有兩天下雨，天氣轉涼，我裏著油布雨衣睡，居然未感冒。過度的寒暑而未致疾，只好說是少年氣盛了。長征生活，當兵的如害了病，既無野戰醫院收容，就只有跟在隊伍後面拖，結果必然是莫知所終。正是孟子千古所浩歎的：「轉乎溝壑（梁惠王下篇）」。壽堂這條小命能活到現在，借佛家話來說，眞不知是幾世修來的。

到了長汀，住在城內。這汀州府城，是自離撫州後所遇到的第一個大地方，街道寬闊，物產豐盛，我們在這裏停留了一個多禮拜。

一次群衆大會，台上郭沫若講話，大家都竊竊私語，他不是詩人嗎？怎麼並不風度翩翩？那時，青少年心理總以爲詩人、作家，必得是青春漂亮人物。

部隊有改稱爲中國工農紅軍的趨勢，大家都繫上紅領帶了。

我們集體的加入了中國共產黨，是惲代英來擔任監誓人。

我這個少年兵，竟也擔任了一次午夜後的哨兵。定是排長、班長認定，這是在府城裏，無敵情顧慮，也不會有野獸襲擊，才讓我磨練。這兩小時値勤，我多少有些緊張，反正子彈已裝在槍膛內，遇有事故，我會鳴槍。班長不放心，每隔半小時就來查哨一次，陪我講幾句話才走。那夜月色昏昏，眼前幢幢黑影，極易引人錯覺。如眞有人來襲，我這小孩那能應付得了。

同隊的同學，姓名已忘，四川人，二十二、三歲，身個中等，瘦瘦的。他老愛把軍服袖子挽到胳膊上。始終精力充沛。長征途中，午間大休息，以及宿營，地上剛把毯子舖好，他就從包袱內取出日記本來，蹲著在膝蓋上猛寫。印象最深的一次，是在長汀城。有趣的是，並沒有人挨身過去，看他到底寫些甚麼。這位朋友，是我生平首次所見最愛寫日記的人。他定是大學生來投軍的。臉面充分顯露一種克制、耐性、信心、和愛的表情，但凡跟我相處，他總十分友善。

教導團擴編爲教導師，師長周逸群，他跟侯鏡如一樣，也是黃埔一期。民十四年二月第一次東征時，中共有青年軍人聯合會的組織，以吸收黃埔學生爲對象，李之龍、周逸群、段子中、張其雄、韋義光等爲主要份子。黃埔軍校官生爲謀對抗，乃有孫文主義學會的組織，以國民黨黨員爲限，有陳誠、繆斌、張靜愚、賀衷寒、潘佑強等主要份子。

當時，把瑞金當作了後方，我們有一排人自長汀走來路回瑞金去取槍，一人多背了一枝槍回來。瑞金、長汀間，隔著武夷山脈的尾端，最高點是古城，地屬長汀，俯覽群峰皆低，是閩贛交通要道，其時並不通車，只有挑夫來往。在瑞金境，大路上，有好幾處看見我軍落伍者的死於非命，都是肛門被戳通而死。有人說是被野獸所害，但沒有被掙扎撕咬的痕跡，大家疑心是遭當地人民所害的成份爲多。

順汀江而達上杭。上杭街道、商舖，多爲洋灰建築，不像汀城之古色古香。離開南昌，都走的山野古道，重復接觸現代生活環境，大家都好欣喜。

離開上杭，順汀江進入廣東境。傷兵乘木船而下。他們是在瑞金、會昌之戰受傷的。在船上較爲安逸，頓頓有雞湯吃，他們好多人健康都恢復得很快。見了我們隊伍走近，有說有笑。這一帶地區，民風強悍，老百姓頗有私藏武器者，若是對我們懷有敵意，這些並無部隊保護的傷兵船，是毫無防衛能力的。

一進入廣東境，官兵皆興奮異常。大家有個天眞想法，以爲回到廣東，有了海口，可得俄國接應，好好建設革命基地，即可開展共產黨北伐的道路。這一路上，經過大小幾次戰鬥，有勝無敗，益發加強了信心。

一到大埔，頓覺這地面跟福建山區風光大異，這本是人們從任何山區走出來的觀感。地方上農民協會的武裝會員，就是被稱爲農軍的，整隊出現，或爲我軍前鋒引導，或爲側衛，或爲輜重運輸，或爲革命委員會與政治保衛局那批人員的貼身護衛，他們熟悉地方情形，尤其是語言毫無隔閡。不像我們一遇到廣東人，彼此不能交談，甚麼事都抓瞎，沒法子。這些農軍跟一般地方民團、保衛團不同的是，它毫不無精打采，也非老弱殘兵，抱桿槍混飯吃的；它乃是經過共黨農民運動專家彭湃的發動、組織、訓練而成，年輕力壯，鬥爭性極強。他們穿著深藍色制服，戴灰色呢帽，一遇形勢不利，換了便衣，轉入地下，就更神出鬼沒，讓敵人不勝其防。其銳利氣概，跟春夏間武漢工人糾察隊，正是無獨有偶。

大埔西南行，即到有名的三河壩，是汀江、大溪水、梅河的交匯，山川壯闊，自此以下爲韓江。愈往南行，愈見風光明暢。偶而看到來往大埔、潮州、汕頭的電船，顯見這一帶地區富庶，現代化開發甚早。

我們沿著韓江西岸堤上行軍，前面有先頭部隊打仗，已無敵情顧慮，況又有農軍掩護，一路賞心悅目，整隊高歌，進入潮安。敵人不明我軍虛實，後退集結梅縣一帶，也許企圖以陸、海軍聯合，迫我於汕頭決戰。

潮州城的湘子橋，韓愈祭鱷魚的傳說，廣東的白米、海魚、香蕉、椰子、楊桃，廣東人民的活潑明敏，教我們應接不暇。

駐進了黃埔軍校潮州分校的校舍，房屋器具都很完整，原來駐在的部隊嗎？軍校學生嗎？軍師的訓練班隊？三者必居其一，是在倉皇中撤出的。大家有種天眞想法。我們八一軍事學校，要代替黃埔而興了。那時，我毫無甚麼雄心壯志，只想著兩年後，能當個小排長便好。

才住了兩天，我們這一部份坐火車到了汕頭。看到汕頭市上，已有共產黨機關公開了的招牌。夜裏，見到公安局審訊抓來的反革命份子，無非勒索錢財。我這少年兵居然被派到海濱碼頭放哨。但有人抓了我推進海去，我才手無搏雞之力呀。

汕頭的任務才兩天，即回潮州。這天一早，就聽說敵軍來襲。部隊出城北行，因爲這幾天在潮州、汕頭應接不暇的形勢，大家都起有將要失敗的預感。

聽到槍聲不久，便與敵軍大部隊遭遇，隨即散開作戰。我左邊鄰兵當場陣亡，隊長命令我取下他手中的槍，他身體還是軟軟的，創口噴了我一褲子的血。把槍交給了隊長，我伏下身子，繼續射擊。相持一小時許，敵軍左右翼援軍撲上來，我軍勢孤，隊長下令撤退，但並未有掩護撤退的部署，而是全線往南面逃跑。伙夫辛辛苦苦做好的白米飯，既送不到每人口裏，那好心的伙夫又捨不得丟，人們但得機會，便撈他一碗，邊吃邊走。

敵人可能在戰場上有鹵獲，未窮追。兵敗如山倒，形勢已成，又無指揮官來挺住，一個勁往南急走。過一河溝，水深五尺，有一個二十五、六的老兵站身水中，攙扶大家爭先恐後搶著涉水而過。

我們連夜沿鐵路而行，次早到了汕頭。汕頭成爲兩軍眞空地區，賴商團維持秩序。不知是怎樣接洽，我們這一群失去鬥志的散兵被他們繳了械，安置在一個會館裏，並爲我們一一買了便衣，每人發一元現大洋，另買最近期的船票，送我們去上海。商團自是得了大便宜。

有一部份人去了海陸豐。這裏，附帶說說朱其華跟洪明達的遭遇。

他們似乎是經汕頭，後退到海陸豐去的，一直有追兵在後。我軍傷亡很大，都不會說廣東話，得不到老百姓掩護。其華跟洪明達只好裝做夫婦，夜間投宿農家，能獲同情，受到接納。既然同宿一處，便眞的結爲夫妻了，反而慶幸這變亂給予他倆的幸福。第二天，繼續摸索前進，仍然遇到追兵。晚上，仍投宿農家。第三天，明達在追兵迫近的亂軍之中，中彈身亡。她的父母，再也想不到志高意大的獨生女如此下場。朱其華百萬字的回憶錄應不存於世，西子姑娘洪明達的悲劇，教我難忘，有幸得述入壽堂雜憶。

第七章 廣東歸來

第一節 深秋肅殺

十六年十月初，約是三十餘人，穿了各色的夾衣，受汕頭商團照顧，登上一艘太古公司的海輪開往上海。啓航前，看到師長周逸群，扮爲士紳又像商人模樣，也上了船，往官艙內。大家無形中保持一種默契，並無人打攪他，向他要點盤纏甚麼的。少數人身上還有錢，就在統艙裏買個鋪位。我們窮乏的便擠在船面上，看海上風光。

伙伴中，有兩位湖北人，願意幫助我，到了上海，把身上手錶、鋼筆賣了，湊錢買船票回漢口。我則一直牢記著。父母告訴我的，當年祖父在上海坐號，他常住的棧房，所在街道的門牌號數，我找到那裏，說是朱壽臣的孫子，定可得到援手。還有上海市商會，祖父跟他們辦事人很熟。既到上海，我們三人找到了市商會，沒得到甚麼結果。再找到了那棧房，也是一樣。人家一見我們落魄光景，無不起有排拒心理。

因爲罷工，以及長江下游有軍事行動，上海、漢口間的航運大半陷於停頓。有人指點，可到浦東找貨輪。結果，找到一條「泛湖」貨船，屬於三北輪船公司，是直航漢口的，沿途各埠都不停靠，可是我們三人只有買兩張船票的錢。兩位伙伴就陪著我，挨到黃昏，船上還在上貨，混上船去，讓我先藏身廁所。一會兒，船便起錨開動了。兩張船票搭三個人，央求了一陣，船上人看我們是學生模樣，不是浪蕩江湖的青少年，並不太爲難我們。

三個人有一牀軍毯，就在機器房火艙上，緊靠著船艙門，背部可感到暖氣，右邊是船前部，恰好有艙壁擋了風，頭頂是船的上一層，也可防雨寒。又是正前方，敞向船的欄桿，左邊可直看到船尾。幸而咱三人是剛從火線上下來的青少年，經過戰鬥鍛鍊的體魄，還可頂住這長江上深秋涼寒的天氣。

船過南京，說起龍潭戰役。孫傳芳強渡長江，國民政府危而後安。

船上一天供應兩頓白米飯，大籮筐盛著，任憑盡量吃。三個人每頓合吃一塊紅腐乳。想起潮州戰敗，亂軍流亡的那幾天，現在是身在天堂。只要船到漢口便好。一大早船便到了。

深秋蕭瑟的武漢，加上我們的心境，感到滿眼灰墣墣的。跟去時盛夏光景大不一樣。下船登岸，市街上一走，只覺我們這兩個多月的經歷，像一場夢幻。又那裏能說是夢幻，乃百分之百的眞實，這眞實是很大的挫折。而南北各地，清共後的刑殺，氣氛特地逼迫年輕人。

隨他倆分別找到了在漢口的親戚，落腳處是無問題了。三人共吃午飯，送我到江漢關而別。兒時，算命瞎子常說我這一生多遇貴人扶助，這兩位戰場伙伴不正是貴人。否則，我這個少年人，身上只剩得幾角錢，到了黃浦灘上又怎麼辦呢？

這條「泛湖」貨船的船名，倒是好別致。此後幾年，浪蕩江湖，京滬武漢間，常有乘大輪船，卻不再遇見如此詩意命名的船。

第二節　蛇山夕照

在「泛湖」輪上，就聽說上海、南京、武漢都在清共，捕殺了不少青年男女。人們並且感歎的說，這些青年人並非怎麼眞正窮兇惡極，他只是被迷惑了，給人牽了鼻子走。再說，要不是有聯俄、容共、農工三大政策之始，怎會這樣波及全國？可有人估計過，北伐時期到「九一八」事變五年，給他戴頂紅帽子，送上刑場，還有秘密處死的，有多少青年男女死於非命？眞是中國社會一場浩劫。謀定而後動，堅持此三大政策，正是國人所愛重的孫中山先生。大家很能體諒孫先生，在政治形勢上，他不能不如此決策。只「西山會議派」老成持重的份子，已有警覺和預見，反對聯俄容共。

「西山會議派」，為民國史上一段值得國人重視的公案。這「派」字，乃是中國共產黨所硬派上的一個字。

中山先生主張聯俄容共，其初，頗引起黨內一些持重份子的疑慮，屢上諍言。這些資深同志，原是先生極看重的君子們，孫先生常和他們坐而論道，也閒聊天的談笑風生——吳稚暉、鄒魯、林森、謝持、戴季陶、葉楚傖、邵元沖、傅汝霖、茅祖權、張繼、覃振、石瑛、石青陽等。後此歷史顯示，他們的疑慮，皆不幸而言中。當時，孫先生執意不從。

孫先生既逝，國共間裂痕已現。例如中山艦事件、廖仲凱被刺、黃埔學生之分裂——中國青年軍人聯合會與孫文主義學會等等，這諸位憂心忡忡的同志們，乃於民十四年十一月廿三日，在北京、西山碧雲寺孫先生靈前，舉行了聲勢震驚中外的中國國民黨第一屆四中全會，張起反共大旗。從這年十月直到次年一、二月，五個月長時期，在北京公開活動。由於皆爲飽學之士，識見超絕，且詩書禮數，恂恂如也，一絲也未受到北洋政府的干涉。其時，正當國民革命軍，廣州、七月九日誓師北伐之前。

這正是中國現代史上，民初政壇秘辛。

聲勢奪人的共產黨，自然是鳴鼓而攻之。說吳稚暉、鄒魯等人昏庸老朽，乃是國民黨的「老右派」，是時代發展的絆腳石。壽堂記得好清楚，民十六年春夏，赤化的武漢，給詆毀得體無完膚的，就是這可卑鄙的西山會議派。只差沒罵他們是國民黨的叛徒，是漢奸，是賣國賊。

我從漢陽門碼頭上岸，並未急急回家。第一，不知家搬到那裏去了。我判定，早已不住保安門內的文昌閣。踽踽獨行，上了蛇山。其時，蛇山涵洞武昌路正在施工，要把它攔腰鬬開，使蛇山形貌爲之破壞，工程進行甚慢，山上弄得土堆突兀的。向蛇山之陽展望，剛好正是自己過去生活路徑的回顧，除了這三個月當兵的生活之外，劉西元他們怎樣了？馬春泉怎樣了？家裏情形怎樣了？我不告而別，投入了這種不知是仰著還是仆著的生活。有迷信的老婆婆們，常會道說既悲憫又可怕的話：不要看那些當兵的，一隊隊人雄糾糾、氣昂昂，在閻王爺眼裏，他可都是無頭的鬼。

蛇山之陽的瞭望，不免幾分悵惘情懷。我轉過背來，向長江下游望去，先看漢口沿岸，各國商輪群集，大廈聳立。我已經有過一次海行經驗。收過視線，看蛇山山麓，近近的看到牙厘局街。再過去，有條南北向的直街，直街兩邊人家稀稀落落，土丘被切開，暴露出大片大片的橫斷面，令人十分注目。這一條路徑，是近幾年裏，我每年過年拜年，必要通過的地方，向東拐彎，有條僻靜的朱家巷。

姨媽家就住在朱家巷。家裏有姚奶奶、二叔、二嬸、三叔、姨媽、慶弟，這六個人，只在我意念裏浮現一下，我思想的定著點，是蓮姐。自從我成爲革命小同志以來，並未怎麼想到過她。姨父去世早，我只從他跟父親、舅舅三人合照的相片上看到他的形貌。姨媽居孀，性情倔，在這家庭，處在受冷漠的地位。

蓮姐民國元年六月初三出生，大我三個多月。兒時，外婆有意讓我倆親上加親。十一歲，我家關舖子，姚奶奶就不免抱怨姨媽：「好哪，要把姑娘留給姨侄，你看現在朱家已經敗了。」我學徒弟，武昌關城，蓮姐住在大冶鄉下她三孃孃家，有兩三年未見面了。她是否已定親。二姑媽——被俗稱作「二爹」，由於二姑爹一直官場很得意，他倆也關切這內侄女的婚事。還有叔祖父元昶，稱爲三爺爺的女兒，劉家姑媽，跟蓮姐更十分要好。二姑媽生三子：世璋、世璁、世璜，一女世瑜，老大小我倆八歲，世瑜爲老么，就小十好幾了。蓮姐去二姑媽漢口的家，劉家姑媽武昌八卦井的家，一住就是半月。劉家姑媽當然也關切蓮姐的婚事。

我眞太不務實。獨坐蛇山，身無長物，不知今晚是否有家可歸，竟然起了初戀的情思。雖然兒時常在外婆家與蓮姐一起，近兩三年卻並未見到，女大十八變——但那時我並不顧及到這點，我直想到她還是跟以前一樣。她應當是我的情人，我這麼固執己念的思想。

在蛇山上看武漢三鎭，江流浩蕩，人烟稠密，我的故鄉好美麗，好親切，跟這三個月在江西、福建、廣東異地的風光大不一樣。只是我這個窮小子，如今在這兒卻毫無立足之地，何去何從？前途茫然。

我一直固執著這份單面的初戀，我是愛定她了。

太陽偏西，身上感涼意，才下了蛇山。走到外婆家，問了家裏情形。家裏再次住到大朝街聖公會側巷，那小戶人家的北屋。

我走進北屋，三弟成潤首先看到了我。可憐，他患痢疾，無錢醫治，正坐在馬桶上。他喊了起來：「姆媽，大哥回來了。」母親還以爲他眼睛花了，瞎說呢。掉過頭來，果然看到了我，又黑又瘦，人長高了些。

不兩天，三弟死去。母親傷心的說，她前幾天夢見了兩條魚，就應在我弟兄倆身上。三弟在我們弟兄五人中，性格最堅毅，他才活了八歲。

母親當時接被服廠的活，一天賺點微薄工資。被服廠是專供應士兵軍服的製作，質料粗，做工馬虎，江漢地區，有「哄亡人」之譏，意謂跟那些壽衣一樣。發給廠外的活，都是機器不能作的，鎖扣眼、縫扣子。唯獨這兩項小活，必須手工做得牢靠方可。

那時的武昌，除了南湖、凱字營、左旗、右旗、兩湖書院，都住滿軍隊，其他會館、廟宇以及大棟房屋而有空房間，莫不爲軍隊所佔住。我家就從附近軍隊的伙伕手裏，買回大兵吃剩的飯菜充飢。大雜燴裏的青椒、茄子，倒是好可口。想想，士兵的伙食，不過一兩樣菜，油水不多，竟飽食其剩殘，好苦，也好丟臉。這條街上，前後左右的人家，正都是我家開乾泰恒雜貨店時的老鄰居，老主顧。

潮州作戰，鄰兵陣亡，噴了我一褲子的血，從外褲一直浸透到內褲。這內褲上的血蹟，是這兩個多月出死入生的紀念，就是捨不得丟它。母親聽我說起當時情景，也只好由我。在家裏穿了大半個月，一次換洗，才被強著丟掉了，父母兄弟們未明講，好嫌惡這血褲的凶煞氣。

韓家姑奶奶家，三位叔叔都比我大。他家一直還是豪富未衰，就把過時的夾衣、棉衣送給我弟兄。都是綢緞質料，做工細緻，只是式樣已過時五、六年了，袖管都小得巴在手臂上，像民初婦女的服式，在家裏做事倒很麻利，走在街上，就太不受看了。佛要金裝，人要衣裝，而這一身綢緞，卻直教人丟臉，在人面前就是抬不起頭。後來，自己一再勸解自己，你既不偷，又不搶，也不找人借錢，有甚麼不好意思？再一想：我是才從戰場下來，衝鋒陷陣的勇士，人生直前，何用畏縮？

第三節　受耍弄的戰鬥英雄

馬春泉一見到我，好親熱，特爲我父母欣慰，日夜懸念的大兒子回來了。

春泉其時已失業，武漢高潮期既過，印刷業就蕭條多了。其他被總工會、店員工會、農民協會、學聯所攪弄了的工商業，創傷才漸漸平復。武昌圍城以來，這一年時光，武漢三鎮的人，誰都感到政局、社會生活、國庫券所給予經濟上的惡劣影響，這種種切切，正好似一場惡夢。

四弟成達那時才六歲，他一再跟我說閱馬廠「發妖風」的事。那時武漢不斷有公開刑殺共黨份子的場面。漢口是從警備司令部坐人力車拉出來，在鐵道西邊槍斃，暴屍大半天，讓群衆都看夠了，把消息傳開了，達到殺一儆百的示衆目的，方才收屍。武昌刑場，則多半在閱馬廠。三個月前的閱馬廠，是武漢群衆大集會的地方，幾乎每隔五、六天，這兒必有一次大爆滿，給革命同志留下好熱情奮發，可歌可泣的激動場面。如今，群衆大會不時興了，好不容易召集一次甚麼紀念會，到會者能把閱馬廠站滿三分之一的空間，也就算不錯了。如今這兒只是刑場，犯人被槍斃倒地，看熱鬧的人爲辟凶煞之氣，就一鬨而散，孩子們嚇得拔腳便跑，直嚷：「發妖風哪。」

馬春泉接待我到他家，馬大嫂十分歡迎。他夫妻倆，這一年裏常常掛念我，惟恐我作戰犧牲了，愧對我雙親。春泉的一兒一女，也喜歡我這個小朱叔叔。回教人家是極忌諱豬字，春泉老喊我小朱，不就像是在喊小豬。

他家住在武昌望山門外興隆街，正房是二老跟么兒老六住居。廳後房，新婚的老五夫婦居住。春泉爲老四，住最後一間房。二老以賣鴨蛋起家，因有馬鴨蛋的綽號。

頭次到他家，爲了拜禮老人家，我走的大門，以後，十回有八回皆走後門。那池塘東邊，是錢文彬的家，他年歲跟春泉相若，性情卻要精明好多，說話嗓門特大。文彬也是共黨同志，而且是武昌縣農委，所以春泉給我引見。情形很特別的是，他倆不知犯了甚麼錯，這時都處於留黨察看的狀態。後來方弄清楚，並未犯錯失，而是黨內部鬥爭的結果，是可以任意派人不是的。

由於與校長唐一禾的姻親關係，文彬就讀武昌美術專科學校。美專初創，基金不充裕，校舍位置在蘭陵街臨街的屋子。那時我才十二、三歲，每經過美專門前，總衷心爲它抱屈，若說是個半日學校，擠在這等地方，那還罷了。那時，各科補習喜用「半日」專名，謂非能全天上學也，跟現在之稱「夜校」，有相同的社會背景。堂堂美術專科學校，豈可侷處於此？就跟我之奇怪文彬怎會住這種學校一樣。文彬是個極安於世俗小市民生活的人，一無書卷氣，二無藝術家那份浮狂。看過他留在家裏的幾幅西洋畫作品，筆致笨笨的。當時，畫西洋畫，學習期間相當耗費，也許因為這種限制，他的興致不高。

保得這條小命回來，我只想慢慢找機會，能謀得一份工作，安分守己，奉養雙親。不想做共產黨，讓母親擔心受怕。沒想到，脫離了組織的遊移份子，一下子就給他們逮住了。

在街上碰到了阮亞生。他原是在漢口冠生園食品店當店員，不滿意於這種無前途的職業，而為共黨吸收，成為省委的交通。武漢政府清共之後，他仍跟共黨關係不斷。他家與馬春泉同住一條街上，熟知我在白沙洲支部的事，也聽春泉說我從軍去了江西，新近從廣東回來。

不問三七二十一，阮亞生把我拉到金沙洲支部去，大家恭維我是戰鬥英雄。支部書記葉豪章，黃陂人。家裏在長街上開估衣店，他原是小學教師，現在失業就住在店裏。這支部的同志是：阮亞生，還有住在大朝街中段的盧鐵生、銅生弟兄倆，鐵生十八歲，銅生十六歲。弟兄倆的姐姐梅芳，正是花一般年華，待字閨中。她在金沙洲小學教書。這小學只一個大教室，一二三四年級學生皆有，一位教師，一位校工。這位年輕女教師溫柔可人。葉豪章只想利用支部書記的關係，假公濟私把她弄到手。其實，他未婚滿可正式向盧府提親，或是直接追求戀愛。他也許是心裏太急了，誰也看得出：他是餓虎撲羊似的，而這位盧小姐又羞答答的，越發教他猴急。當時，大家都熟知，共黨領導份子，自中央而下，頗有人這樣搞男女關係的。還有亞生的堂弟阮其超，才十二歲，未被吸收。他人小鬼大，好機伶，樂意受這些大哥哥們差遣，且能極其保密，一點也不吐露給家裏知道。後來加上了我。還有住在廣里堤街的雷逸生，是這年春天我入CY後，在明月橋碼頭工會相識的。

金沙洲支部多半都在阮亞生獨睡的一間大房裏開會，這房間在後院，很隱蔽。有時也在支部的機關金沙洲小學開會，讓女老師在課堂上課來掩護。或是學生都下課的黃昏，大夥裝作來聚餐的，一邊作菜，一邊吃牛肉燒蘿蔔，香味四溢，來開會。馬春泉和錢文彬都知道這些事，但他倆不能參加活動。

在街上遇到尹昌衡，湖南長沙人。他是武漢中山大學學生從軍，入學兵營的。兩個多月的大太陽，都沒把他曬黑。長征途中，但逢碰到，總必打招呼，說幾句話。親切接待我，先在東廠口吃飯，然後到他宿舍長談。一下子又遇到三、四位，是昌衡介紹的，也是潮州戰敗，學兵營裏回到武漢來的大學生。經過這一番浪蕩，他們通收了心，只等能早些恢復上課。其時，中山大學因時局動盪，處於半停課狀態，只有外地學生們住校如常，惟管理鬆懈，共黨的秘密組織活動，在校內還能如前幾個月一樣存在。

是十一月十一、二那幾天，唐生智的部隊已退往岳州，李宗仁的西征軍還未到來，武漢三鎮只靠警察維持秩序。

共黨就在中山大學裏決定劫獄計劃。凡是從廣東打仗回來的，住在中山大學的人通被網羅，而金沙洲支部則只選拔出我這個少年，理由是，我是戰鬥英雄。支部書記以及其他同志，都年長於我，竟不在選拔之列。眞是太不在道理了。晚上七點多鐘，我們一夥三十多人，衝進了武昌縣政府的監獄，一槍也未打，居然把全監的人放出來了。囚徒們還慢條斯理，夾著他的被褥，趿著鞋子，走出縣政府大門。街上人車來來往往，由於路燈不亮，沒有人覺得這兒發生了事故。

十一月十六日，西征軍既入武漢，軍事統治漸嚴，中山大學成爲偵緝隊注意的目標。但有三幾位戴黑帽子的人，進學校裏半天，準能抓出一兩個人走。特徵是穿藍布罩袍的男生，不是湖南人，即為四川人，抓進去後，若是他在武漢當地沒有殷實人家的親友保他，十之八九會送上刑場。這樣，自然引起學校當局的注意，不能不採取兩種措施：一、壓制共黨在學校內的活動。二。保護學生安全。除非重大案件，不讓軍警逕入學校內佈線、埋伏，直接逮捕人犯。

尹昌衡借了三本小說給我看。他家在漢口開大商店，能有充裕的錢買閒書。三本書中，有一本：「紡輪的故事」，德國作品的翻譯，書印得很考究，正是當時周作人、魯迅弟兄倆在北京、上海所倡導的，行間寬疎，書裝訂後，不切頁。

這時，我家又搬到楊泗堂街李長武家。並非租居，而是他家空房間多，怕軍隊佔駐。讓我們來看房子。本只是住他家廳堂對面一間房，六扇門上半部通為玻璃窗，家裏窮得做窗幃的布也沒有，廳堂二樓望下來，可以一覽無餘。李家後進還空有間大房間，擺下兩張雙人牀，空間還綽綽有餘。母親便帶了我睡在這裏。

好幾個夜間，我在此關了房門寫情書，是給蓮姐的，道盡相思之苦。不敢付郵寄出，怕她的奶奶、三叔沒收了，而且會禁止我們來往。總是在第二天，若遇到晴明的日子，把信摅到荷包裏。到她們家，盤桓好一陣子，有的是機會，但就是沒勇氣拿出來遞給她。她即使不願接納我的情愛，也不會罵我，但我就是無此膽量。三叔有時在家，對我冷漠。姚奶奶喜歡聽人講故事，我就把長征途中所見到的外地風光，加以渲染，並杜撰出遇虎豹的危險，逗她的趣而得到歡迎。

情書遞不出。回家途中，在蛇山上，回顧那土丘的橫斷面，怕的到了家給母親看見了，不好意思。懊惱之餘，只好把這未遞出的情書，撕個碎爛。過兩三天，就又熬油亮來寫。還以為母親絕不會知道的，因為她臨睡前有好多事要作。現在想來，母親必會在我睡熟之後，搜到這情書的。定是她無限憐憫兒子這份私情，不忍心點破。後來，我跟蓮姐訂婚、結婚之後，母親也從未提到過這件事。可憐，我連續寫了五封信，而五次去了都碰到她，始終鼓不起勇氣遞出情書。

有一時期，她二姑爹接姚奶奶和三叔到上海去玩，蓮姐就住姚奶奶房。那次我去了，姨媽留我住一晚，蓮姐讓出姚奶奶房，我睡的是蓮姐用過的被子。晚間，朱家巷好靜的，家裏人又少，好像二叔二嬸也遷出去了。我仍然是一個沒有勇氣——戰場衝鋒的無畏，這裏卻用不上。英雄難過美人關，又一解也。

蓮姐到外婆家，或是跟姨媽一塊，姨媽在外婆家打牌，蓮姐就一人走到我家來。有次我正好出門迎上她，她口口聲聲是來看我父母的，但誰也可看出是看我的。她穿的棉旗袍，粉紅色印有大紅花朵又襯著綠葉的洋布面。那時流行寬腰身，寬袖，袖長剛過腕，長也剛過膝。梳的長辮，遠遠就見她輕盈健步而來。

十二月十一日，廣州共黨暴動，是清共後各地共黨的全面行動之一，爲的是奪取政權，製造騷亂。金沙洲支部也有行動呼應，但卻是笨得到了極點的作爲。他們決定要放火燒金沙洲小學，而把這任務的執行，交給我一人去辦，貞視朱某如芻狗。我吐露給馬春泉知道。春泉極不滿，說支部書記葉豪章爲啥不領頭去幹？阮亞生、盧鐵生都比你大，爲啥不派他倆幫忙？若說少年後生不會讓人注意，那麼盧銅生、雷逸生都跟你同年歲呀，而雷逸生比你高，盧銅生比你胖。哦！只因爲朱成章是戰鬥英雄呀，你已參加過一次劫獄的死亡任務，而這次居然又讓你一人去幹，太不公平，太欺負人了。你朱成章家裏沒飯吃，他們有無周濟一文錢哪。

春泉激於義憤，說：「好，我爲你把風。」

於是，天才入夜，我倆進入了金沙洲小學。春泉掩護我，我把浸了煤油的棉花和報紙捲，點燃了小學課堂一扇門角，便一同走回他家去。還未到他家，就聽見街上人說，金沙洲小學失火，大家趕著去撲滅了，大約才燒壞了半扇門。我在春泉家停留了半個多鐘頭，馬大嫂給我一碗醃菜，上面以碗覆蓋，雙手捧著，作爲一種掩護，進城回家。第二天，馬春泉告訴我，公安局認爲錢文彬是共黨份子，涉嫌縱火，把他抓走了。

錢文彬進了公安局，有否受酷刑，不得而知，他反水做了偵緝隊員。有說，共黨份子被抓反水，必須要破案抓人進去，將功贖罪。文彬明知這次放火，準是金沙洲支部的人們幹的。可是，兔子不吃窩邊草，他一個也沒有動，眞君子也。

倒是同爲襄陽人，王德謙夫婦的遭遇，似比朱其華、洪明達這對苦命鴛鴦來得更悽慘。德謙，二十八、九歲，其人性行一如其名。他是武昌外語專修學校畢業。妻子林淑珍，女師畢業，美慧溫婉，已有三月身孕。他們住在糧道街的客棧。這半年生活，被折騰得顚顚倒倒的。已經進行好了，開春後，德謙去第一中學教英文，他妻子去省立一小當級任老師。這是湖北出名的中、小學。同事大半都爲他倆的要好同學。同學家裏孩子們都大了，老太太只盼著林淑珍在一條街上的仁濟醫院生產後，回家做月子，要爲這母子服務。**天下的老奶奶們，最樂意聽的，就是嬰兒的啼哭聲。**

德謙夫妻常到金沙洲支部來，但他們又好像不是屬於這個支部組織的份子。他們大夥常喜歡聽我講說江西、福建、廣東的這段生活。葉豪章必連聲稱贊：英雄出少年。但德謙夫妻並不附和這稱贊。德謙只默默的望著我發獃，林淑珍卻像是我姐姐似的，兩眼閃著淚光，無限悲憫的歎息，說：「朱成章呀！眞虧你，你十五足歲還不到呀」。有次，她甚至情不自禁，突然跑過來，將我擁在懷裏，低下頭，臉挨著臉，兩人都流了淚，弄得我挺不好意思。葉豪章就趁機說：「朱成章，快喊大姐。」德謙用眼示意，歡迎我這樣做，我就親熱的仰望她的臉，說：「大姐，你不要哭嘍。」同在一起的盧梅芳眼圈也紅了，從袖籠裏掏出一條白手絹擦眼淚，但是她腋下還夾著紅紗手絹，彷彿是作裝飾用的。冷不防葉豪章突地伸手過去，一下子就奪過來，往自己鼻前嗅嗅，馬上遞到我手，有點命令式的：「跟你大姐擦眼淚。」

盧梅芳受了驚，要變臉；林淑珍鬆開我，面現尷尬，還是好人德謙解圍，掏出自己的大手帕給她，一手拉我，一手攙她，說：「我們三個人先進城去罷。」

德謙在路上，自己走中間。三人一路上，起初都未說甚麼，顯然都想的是豪章的醜劇。過了新橋，德謙才開口說話：「葉豪章不是好東西。不過也虧他，淑珍有了你這麼個好兄弟。那麼你喊我甚麼才好？姐夫麼。」

我不假思索的喊：「王大哥。」

德謙好樂的，把我跟林淑珍向他懷中一摟。他不要我回家去，硬拉著去三佛閣那家北方館，吃牛肉鍋貼。

有幾天未看到王德謙夫婦了。他們的厚道，親切，教我時有懷念。忽聽他倆被抓進去，第三天，雙雙給槍斃了，那腹中的小生命竟未能引起執法者的憐惜。

葉豪章以過生日請吃壽麵掩護，在他家店裏開會。他的房間好大。我們都吃過以後，再讓店裏員工在櫃台內猜拳行令同樂。店員們並不知曉自己給利用了。聽葉豪章講說，他接受重要任務要到上海去。上級本派了一位女同志爲交通，伴著他裝夫婦，乘日本船走，這樣才安全。但他嫌那女同志是四川人，四川人的青年男女，如今在長江下游一帶，極令暗探們注意，總以爲十之八九，是共黨份子。他把話頭轉到盧梅芳頭上說：「盧同志，我們很熟，又都是湖北人。我老早就想定了，要請你走這趟。船票已經買好，三天後動身。你跟家裏無妨說，是同學們組織旅行團去上海，明天我會請那位四川女同志到你家去說。頂多十天，便送你回武漢來。小姐，你一文錢不花，去上海玩玩，還不好？」

然後，他神情嚴重的提醒我們，不能多討論，怕引起店裏員工的懷疑。他塞給我們每人手上一個大橘子，命令似的說：「我店裏，你們以後少來，這裏太惹人眼目。我一從上海回來，便會跟你們連絡的。現在請你姊弟三人留下來，仔細商量。」他硬把梅芳、鐵生、銅生三人留下了。

葉豪章之假公濟私，誰也看得出來。不過，那時已有極小部份的女同志，淌了一次渾水之後，居然樂此不疲。常藉掩護上級同志爲名，過著豪華浪漫的旅途生活。那時，人們沒有身份證，隨時可改名換姓。盧梅芳逃脫了這番擺佈沒有？不得而知，後來我也從未再見過這卑劣小人葉豪章。

第四節　另一路好漢

抱著懷舊的心情，有天下午，我走到武泰閘去。睹物思人，想著曾祖母、祖父在世的日子。想著馬福源學徒弟，原是要走當店員的道路，不想由於馬春泉的出現，使自己生活有如許變化。

而現在，又停留在三岔路口了。

王學舜和三個朋友，他們顯然是遊了武泰閘大堤轉回頭，四人一路說笑而來。我卻是踽踽獨行的，意態落寞。他四人都在二十左右，眼光好尖，彼此發現了，學舜搶先一步過來，緊握我的手說：「你也回家哪。我這些時常有想起你。我天天都在城裏城外走動，心想怎麼沒遇見你朱成章呢？我們教導團的人，我很碰見好幾位了。」

我倒並未懷想到他，怎麼會想念我的？原因簡單，我是全團稀有的戰鬥少年兵，甚至是僅有的一個。

學舜跟我不同隊，那次還是在江西境內，打前站到了宿營地的一處市鎮上。我倆同時看準一處房子，他搶先一步，就用粉筆號上了，因而起爭執，但並未吵嘴，就這樣兩人相識。

學舜讓那三位先走了，到我家拜見我父母和弟弟們。母親以新炒的糯米米泡這小食接待學舜，讓我倆在後面大房間暢述離情。關於我回到武昌以後的情形，他問得最詳細，我一一據實以告，絲毫也不顧忌。學舜聽到他們派我去劫獄、放火，大爲憤慨。又細問，他們給了錢我沒有，我說一文錢也沒有得呀。同志們從未想到錢的事。學舜說，他們當書記當軍委的，可是都領得上級發下的經費。學舜大大搖頭，不以爲然。拍桌子的說：「他們難道一點也不提醒你，這兩樁事，要被抓到，也是要槍斃的呀。」之後，母親很誇說學舜篤實，有禮貌，跟馬春泉是同一路數的人，欣慰於我有這樣長兄似的朋友。

學舜住在黃鶴樓下南邊的送子菴巷。同住的都是單身漢，好幾位三十多歲。在我眼光裏，三十多歲的應稱之爲大叔方合理。學舜的朋友通通歡迎我，而且異口同聲說，早就知道我了。

鄧通大哥是他們這一伙的頭頭，河南嵩縣人，從小放羊出身。可是，現在他斯斯文文，細皮白肉，說起話來咬文嚼字。衣飾考究，說他是紳士、官員都像，自也是闊人派頭。但只一樁，無驕氣，不奢狂，不僅對這些朋友，你兄我弟的親切，在大街上，坐人力車也是好客氣多禮。他乘人力車，從不講價，坐上便走。

鄧大哥說，當爲我跟學舜的會見慶賀，上黃鶴樓去喝一杯。

鄧大哥定要我坐主位，而且定要我先點菜。我點了燒青魚，又說還得要再點一個我最喜歡吃的菜，而且補充說：「你不必管我們這五個大哥，我們是甚麼菜都能吃，甚麼東辣西酸、南甜北鹹的口味，都不計較。」學舜也勸：「朱成章，你是主客，不用推了。」

又問我能不能飲一小盅酒，飲甚麼酒，我答：一小盅南酒。南酒，是漢陽鄉下出產的一種麥酒，清冽無色如汾酒，味微苦，烈性只及汾酒的三分之一。鄧大哥拍拍我的肩，說：「我這個河南侉子，到了你們湖北，也喜歡吃南酒，它苦得有意思。」

這半天交往，我心中忽起疑問：鄧大哥究竟是何許人？是共黨同志嗎？不像，他一點也未說這方面的事。闊人？紳士？官員？那有這樣凡事替人設想的。

我們離黃鶴樓，南邊下去，是捷徑，要近多了。但鄧大哥說，這捷徑，階級太陡，大家今天酒喝多了，還是走北面路寬坦，安全些。再說，多走幾步路，也有助消化。

到了送子菴巷，鄧大哥不要我進去，囑咐學舜送我回家。另有兩包東西，那是臨出望江樓時老板交給他的，透著雞鴨魚肉和大肉包子的香味，要送給我父母和弟弟們吃的，他改天再專誠來我家拜望。他換了嚴肅的口氣說：「我跟學舜像親兄弟一樣，你是他的戰鬥伙伴，更也當是我的戰鬥伙伴。你不准推辭，推辭就是見外，看不起我鄧大哥了。」

走過花堤街口，學舜又加買一簍橘子硬要我拎著。我更是推辭不得。一路上，學舜告訴我，鄧大哥是誰了。原來他是嵩山裏的綠林英雄，手下嘍囉有一千多人。但他並不隨便打家劫寨，他只對貪官、惡霸，還有北洋軍隊下手，一年才幹一兩次。主要的是，他們自己也種地，並運銷山中特產到湖北、陝西、河南各地發賣。西安、襄陽、漢口、鄭州、洛陽還開有大舖子。但這開大舖子的秘密，他的部下少有人知道。

他這次停留武昌，是要接受收編，他當旅長是無問題，今天同座的，有兩人可能是參謀長和政治部主任，還有個年輕的，是他貼身侍衛。他們四人都能騎快馬，不用韁繩兩隻手同時打槍，百發百中。

學舜問我怕不怕？我說：一點也不怕。自從武昌圍城以來，這一年時光的種種切切，我自己不是也受烈火熬鍊嗎。我的疑問終於得到解答。並且擔保說，這情形，我不會吐露給父母知道。我倆到家，學舜跟我雙親說了幾句話，茶也不肯喝，便走。他托詞天太晚了。這些時，武漢三鎮不太安靜，這是指說軍警常有拘捕共黨份子。

第三天一大早，全家人正在吃湯飯。我則是吃的豬油炒飯，還加紅棗。原因是，三個月長征生涯下來，腳力雖十分健壯，十隻腳趾都是向外揸開的，但是手指、大腿上，卻生出了疥瘡，有的出膿泡，去找藍心齋大夫治療，給了藥膏塗抹。母親說，膿皰瘡太耗體力，非吃豬油紅棗飯不可。蓮姐知道了，就帶了棉籽油來。本是她三姑爹從大冶鄉下帶來孝敬姚奶奶，姚奶奶嫌這油太濃稠，又帶一種味道，香不香，臭不臭而有點生澀，只吃了一次就擱下，預備丟棄。但是鄉下人都說生疥瘡的，吃這棉籽油炒飯，大有藥補不如食補的功效。有一天，姚奶奶問起：「成章怎麼這久不來了，我好喜歡聽這伢講故事。」姨媽便回說，他生瘡，怕傳染。姚奶奶好熱忱的：「喲，你們母女不曉得呀，生疥瘡的人吃棉籽油炒飯最好，明天讓蓮姑坐車子把這罈油都送去，還加買三斤紅棗。」姚奶奶掏出一元錢，要姨媽辦這件事。蓮姐後來說，這可是破天荒囉。

那天，學舜來了說，他是一回到武漢，疥瘡便發了，他姑媽給他找家庭醫生，也是塗我這種藥膏，後來打了一針六〇六清血針，又吃了兩劑中藥內瀉，半個月便全斷根了。學舜要帶我過江找那位醫生，母親堅謝，說了藍心齋大夫跟我們楊家、朱家的關係，而且解釋說，我十六歲未滿，體內熱毒不厚。

學舜說，他也想吃碗紅棗豬油炒飯。其實是藉此跟我在後房裏談話。他說，就在我初次見到鄧大哥的前天半夜，他的部下兩人專程來報訊，馮玉祥的軍隊要搶著收編他這支武力爲騎兵師，只等他到鄭州去接頭；要是不答應，他包圍在汝洲、伊陽、宜陽的步兵三個團，砲兵一個營、騎兵一個團就要打進山裏來。人家是看準了他這支武力份子很純粹，幹部騎射技術好，又擁有多量的輕武器，有六百多匹純種蒙古馬。又聽說，鄧大哥到了武漢，要投向第一集團軍。馮玉祥最不放心的就是這一點，他不怕閻錫山第三集團軍和李宗仁的第四集團軍壯大，只怕蔣總司令兼領的第一集團軍壯大。尤其是，鄧大哥這支武力，是在他第二集團軍的地盤河南省境內。又說，鄧大哥早就說過，馮玉祥頂怕豫西出問題。樊鍾秀的部隊也在這地區，樊跟馮玉祥的關係一直不良好。

鄧大哥他們四人，昨天才破曉，就過了江去趕車。軍事時期，京漢路行車不正常，總是軍車優先放行。鄧大哥六人都換了軍服，四人充作校級軍官，腰間佩帶左輪手槍，兩人爲護兵，都帶了盒子砲，他們有第二集團軍高級司令部的護照。這樣子，沿路都通行無阻，得到許多利便。即使有一小段路火車不銜接，要起旱路，他們也有法子找到快馬，跑起來不比火車要慢。他六人旣不怕軍隊阻擋，也不用顧慮有黑道上的人會來下槍。

這以後，不再有鄧大哥消息。我但遇到河南朋友，總必多方打聽，也少人知道嵩山一帶有這麼一位奇人高士。

倒是二十六年十二月十六日，擔任騎兵第四師政訓處長時，駐軍河南涉縣，跟副官長楊泰昌中校兩人帶了四個槍兵，六匹馬，竟日行走山谷，前往林縣蘆家寨山村。三夜皆投宿民家，圍爐夜談。泰昌，吉林人，少年投身軍伍，東北草莽英雄故事知道得很多。他說起綠林中有好些君子人，我因提說到鄧通大哥。他說，在北平曾見過，鄧通就是跟那些大塊吃肉、大口喝酒的朋友們不同，但是騎馬打槍，帶兵打仗的本事，卻是少有哥兒們比得上。鄧通參加了東北義勇軍，先本是打日本，後來不知怎麼到了黑龍江，而且帶著人馬出沒於國境線上最北的漠河。由於俄國大鼻子常有越境來偷挖漠河金礦，中俄間軍民糾紛時起，仇殺、偷襲，時有所聞，總是中國人吃虧的多。他的紅軍、土匪、奸民，每每三位一體欺負中國人。鄧通有次只帶了十幾個人，去觀音山金廠訪友，遭到一百多俄國人的馬隊突擊而犧牲。他的部隊，總算沒散掉，由副手率領，輾轉到了熱河。

鄧通大哥是壽堂平生少有遇到的傳奇人物，一面之緣，而記憶清晰，才有這番寫述。

金沙洲支部無形中解散了。由於王學舜的詰問，鄧大哥這份殷勤，馬春泉不滿意他們這樣要弄我這個少年人，還有自己朝夕思考，對家庭的責任，我只想遠離共黨組織。但是沒法子，中山大學雖然迭次抓去了四川、湖南籍貫的學生，抓進去了就很少出來，而殘存的份子仍然藏匿著在，他們總會找到我。

四、五月間，長江下游各地清黨，有不少共黨份子和左派人士逃到武漢來，有一部份被接待到武昌水陸街的濟難會。那時濟難會的執事人是楊文華，二十六、七歲。有次我送公文去，他一眼見到，便留下我談了一個多鐘頭，跟馬春泉、朱有瀲、王學舜、鄧通大哥一樣，跟我很投緣。沒想到這年冬天，在共黨組織的一次集會裏，又碰到了他。會散，他堅邀我到他家吃晚飯。我們吃五菜一湯，他母親不停的夾魚夾肉給我飯碗內，母子盛情極可感激。文華說我是從廣東作戰回來的，楊伯母更湧現出疼愛眼神。見我要走，堅要喝杯熱茶，並要文華送我一程。

文華說，我這樣少年人在外闖世界，實在太不相宜。他已經跟楊伯母父換了意見，要全力贊助我念書，供我大學畢業。我內心好驚異：幸運會這樣輕易降臨？

果然，幸運不會輕易來到。三天後，天剛入夜，我從閱馬廠走進西廠山大街，要去長街，遇到幾個槍兵，押解著被綁了手的楊文華，自他住的巷子走下坡來。他穿鐵灰色芝麻呢長袍，衣上盡是泥土、骯髒，頭髮凌亂，臉面上有掌摑的血跡，顯然遭了酷刑。他半閉了眼，被推推拉拉的走。我和街上群衆一樣，趕快避開一條路來，而絕不敢去他家打聽。他家廣有錢財，有勢力的親戚不少，多方營救，並未救了他的命。他的誠摯德意，那被綑綁而去的形象，永留我心，中華民族的好兒女，就這樣橫遭屠殺。

水陸街西頭有處人家，門口牆上貼了張白圖畫紙，幾筆粗線條的描繪，海濤上斜馳著一隻帆船，畫面上角三個藝術字：「孤帆社」。這標貼十分惹眼，街上來來去去，我不知看到多少次。心想，這準是個文藝社團，或者文藝刊物。有天，終於闖進門去拜訪。只年輕夫妻二人，正是「文藝青年」典型，直率、風趣、熱情、活潑。是租的一間房，迎向房門的，五格籐書架，放滿了上海新出版的文藝書籍，詩、散文、小說、戲劇，創作比翻譯多。書的封面，以紅色、橘紅色爲多。出版者多爲泰東、北新、現代。書册皆是兩公分左右的厚度。到了青少年手裏，兩三小時即能看完。書本都很新。男主人姓李。後來我總猜想到，他可是李健吾？不久之後，李健吾曾有兩部長篇小說：「心病」，開明書店版，「一個兵士和他的老婆」，岐山書店版。民二十五年前後，他還有好些西洋文學的翻譯。當時，男女主人都有意慷慨借幾本小說，讓我拿回家看，看完了再來掉換，足夠看半年的。我卻沒有接納人家好意。私下忖思，我怎好像在尹昌衡那裏一樣，借了「紡輪的故事」三本書，就據爲己有。也許我看到這一架子新文藝書册，與他夫妻倆的生活情境，有不可分離的關係，君子不奪人所好，不忍剝奪人家。

定是由於自己常在性命交關的秘密行動之中，我沒有再去孤帆社，它那門前的別致張貼紙，也不再見了。

學舜的親友、同鄉，也就成爲我的朋友，很有好幾位。如今我記得尤傳熙其人。他跟學舜年歲相若，性格完全相反，也許因爲沒有職業，又未結婚，所以才顯得浮浮蕩蕩。他的妹妹留學俄國，人們凡說起尤傳熙來，總會提到這一點。

王一黎，是中央軍事政治學校的學生，是否共黨同志，不知道；但爲左傾份子，是無疑的。因此，他未去南京完成學業，獨自個住在撫院街的蘄春學社，學社爲名，其實是客棧，不過不同於一般客棧的，它是專爲蘄春人而設的。蘄春人到了這裏，只覺一片鄉音悅耳。若是手中盤纏用盡，還可賒房飯錢，照住不誤，等家鄉寄錢來。一黎對人熱忱，硬留我在他這裏吃過兩餐客飯。跟他一度交往，此後不曾再遇見過他。

蘄春學社的名，値得作一番歷史考證，必然與辛亥革命之前，那許多革命組織的名色有關。如群治學社、振武學社、文學社等，外表看來是青年人合群勵學的組合，實則這只是一種掩護而已。正如黨人其時以裝潢漂亮的食品罐頭，內盛炸藥一樣。

二弟才十歲，去紗局爲童工，做最起碼的工作，檢「腳紗」，把紡紗剩除下的油垢、疙瘩紗棉線頭挑撿出來。是日工，冬天天未亮，就得出門上工。每天由我送他，因爲楊泗堂整條街這時並無人行走。我送他，走出楊泗堂街，進入文昌門正街，會同到另有上工的人我才轉回來。

我竟然利用這段黎明前，送二弟上工的來往途程，做了一件幾乎送掉小命的事。我偷偷的，取得罈子裏的桴炭，摝在棉衣口袋裏，在自家大門外的牆上寫「蘇維埃萬歲」。又在水陸街也寫了相類的標語，每個字約十五公分大。剛寫完，適逢一個警察陪著兩個武裝士兵，他們帶有大的手電筒，一路巡查而來。竟未照射到這反動標語上，只因水陸街有四、五丈寬，隔不多遠便有路燈照明，人家捨不得多用手電筒，要留在最需要用的時候才用它。我趕緊躲進以前濟難會大門外的角落裏，那大門是自外牆的平行線後縮了八尺。人家手電筒居然未向這黑影裏照射。否則，我那能脫逃，豈不小命休矣。

還有，剛過陰曆年不久，共黨同志上十人，利用吃春酒的形式，齊集我家，煮一大鍋豆絲，就在空闊的後房開會。都是學生模樣的人，只偶而來聚會了這一次，總算沒引起房東李長武一家人的疑心。他們反倒說：「哦！你們家朱成章的朋友，眞不少哪，到底是出外見過世面了。」

好幾次，我在黃鶴樓附近碰到了錢文彬。他的模樣兒、衣著，都並無改變，臉色有點蠟黃，羊皮袍子外罩一件褪色藍布大衫。顯然，他是四下走動，明查暗訪。一遇到我，走攏來了便高喝：「小朱，你在胡攪些甚麼？」他這麼一叫喝，我臉早紅了。及至走到跟前，或許略有愧慚的心理，跟我們不是一條道上的朋友，不多交談，便各自走開。那時，他只要稍加盤問，我的一些秘密便會全部暴露無餘。不但那時候，少年的我，臉皮薄，沒有僞裝的本事。就是現在，八十多了，我還是無法子掩蔽自己，天生就不是個搞政治鬥爭的人。也可以說，太不是一個陰性的人。

第五節　亡命姚湖鄉

武昌大金龍巷姚家的獨子，十七歲，因係共黨份子被槍決了。這件事，很引起一番震撼。他家世不錯，花了錢財，多方關說，也有商家願爲舖保，而仍然不免。使得凡是有青少年子弟的人家，莫不憂心忡忡。涉及共黨關係的事，孩子們都緊緊瞞了家裏，誰無三朋四友，又怎能斷定他的朋友是那一道上的？

朱有澂不是跨黨份子，這一年時光，他在武漢還安穩。他的弟弟有澍，是老三，十八歲，春天從江陵到武漢來，原本打算升學，也給中共發動黨員、團員從軍運動所號召，進入了十一軍的教導隊當學生，參加了南昌暴動而至潮汕失敗，回到武漢。

爲了安老人的心，有澂把這位老弟送回了江陵。他自己，則準備去上海兵工廠工作。他在學校本是學化學的。

春日晴朗下午，有澂特意從漢口過江來，拿棉袍送給我，並帶給我一點零用錢。他明天動身走，希望能在上海爲我找到工作，要我安心等好消息。我自己很清楚，以我的出身、年齡、學識和能力，除了跟隨他當個學徒，我能擔任甚麼呢？而有澂的意思，很想能爲我找到較好的差事。他爲人小心謹愼，特別囑咐我，既然已經從這個大風浪裏脫身而出，就不可再惹些蝨子身上抓。他也很關心馬春泉。次日，我跟春泉一道到漢口送有澂上船。

天氣漸暖，母親把有澂的棉袍改爲夾衣。這天，才穿上身，走出大門幾步，碰到錢文彬迎面而來。他說，是特來把訊的，有個罷工的案子牽涉到我，馬上就要來抓人了，叫我趕快逃。我答說，最近我並沒有參加甚麼秘密活動，更毫無牽到甚麼罷工的事呀。但人家是一番好意，只好折回，把事情稟告給雙親知道。

其時，馬春泉在漢口的橋口，傍漢水的碼頭他大哥蛋行裏幫忙。我曾經去那裏玩過一次。沿漢水下來的載客、載貨的各種木船很多，多半是暫泊於此；俟探詢行情、接洽事務定奪，再前行到靠近市區的碼頭卸貨，人客則就在這裏上岸走了。

當時，我們這群人早成驚弓之鳥，錢文彬的消息，寧可信其有，不可信其無。我的打算和父母的考慮，不謀而合。決定先到橋口馬春泉那裏住兩天，再坐小火輪到簰洲，過江到漢陽縣屬的姚湖鄉老外婆家躲避。母親把買米下鍋的錢給了我，清了幾件換洗的衣衫，在錢文彬通知不到半小時後，我已經走到了文昌門外。人急智生，一開始逃亡，我就已經考慮好要走的路線。平湖門輪渡是去漢陽的；漢陽門兩處輪渡，分去漢口王家巷和江漢關，這三處爲重要關卡，耳目衆多，必須繞開它才是。此所以，我在文昌門搭上了沔陽划子。過江到漢陽，在晴川閣以上的小碼頭，就下了船，穿城而出，沿襄河上走，再過河到橋口。抵達春泉那兒，正趕上他們店裏吃晚飯。我詭稱是來漢陽看親戚，順道來看他的。反正，他大哥只在市中心區的蛋行，少到橋口這行裏來，管事先生對東家的親兄弟，不能不另眼相待。

飯罷，春泉帶我沿襄河散步，問我是否出了事？我據實以告。他的判斷與我相同，認爲錢文彬不是瞎唬嚇人，他確實是番好意。若是黑心、邀功，去年冬天他被抓進去之初，早就把我倆牽連進去了。但求自保，管他人死活呢？錢文彬不失爲君子，儘管他言行上似乎有欠上流。決定在春泉這裏住兩三天，再作道理。

橋口是漢口的工業區，次日春泉陪我街上漫步。他要不落痕跡的，爲我籌路費，代買船票，並把我安穩的送上船，一點也不要引起蛋行人們的疑心。第三天，我們進入市中心，下午兩點鐘，正遇上警備司令部的行刑隊，押解共黨份子上十人，前往鐵路外查家墩的野地去。

隊伍前面，是吹著衝鋒號的號兵，開道的一班武裝兵，殺氣騰騰，然後是武裝兵每四人簇擁著一輛人力車，車上坐的人五花大綁，背上插著白紙標子寫的是：「共黨謀反人犯某某某一名處死刑」，姓名以下的字，都用血紅筆畫了杠杠。車隊後，是監刑軍官和押隊的武裝兵。看熱鬧的人緊隨在隊伍兩邊，尤其是隊伍後面，愈集愈多，滿街都是人。人們無有不異口同聲的感嘆：「啊，都是好聰明俊秀的漂亮人物。這跟殺土匪不同，每一個人相貌都不兇惡嗎。」又議論說：「這些年輕人眞是視死如歸。你看，只有一個人不吭聲，其餘的九個哪，不是喊共產黨萬歲，便是唱他們的國際歌。」由於去年春夏，共黨勢力籠罩了漢口，這兒的青少年人幾乎大半都會唱這麼煽動性極大的起首兩句：

起來，飢寒交迫的奴隸，

起來，全世界上的罪人！

我跟春泉站在路旁人群裏觀看，看得好清楚。這車隊上，有五個人正是今年在我家吃過春酒的同志。他們情緒激昂，眼神發花，只見人頭攢動，當然看不到我。我心上一陣刺痛，雙腳發軟，幾乎不能舉步。春泉一眼見我失神的樣子，抓緊了我的手，兩人身上都有發抖。我倆轉頭走向橋口，聽到路上人說：「共產黨怎麼殺不完，這裏天天都有槍斃人哪。」**自茲起始，悲愴情懷，充滿中心**。即令走入新市場，聽到音樂或戲劇的演唱，誰能不開心娛樂呢？但我只覺悲愴深沈。這種情懷，持續了三年之久。

漢口王家巷碼頭，有好些一兩百噸的小火輪，航行長江、襄河的一些小鎭集。我坐這種船，航行一夜，到簰洲，過江，經田畝間，走向姚湖鄉。

姚湖鄉的村莊，屋舍爲長形排列，一百多戶人家，都姓王。跟外婆同輩份的舅爺爺已不多了。我被接待在一位舅爺爺家。我誑稱要去新堤電報局工作，路上遭劫而流落。舅爺爺和舅舅們都沒細問——現在回想，當時他們必有幾分疑問，只是未便揭穿罷了。是在何地遭劫的？劫去了些甚麼財物？有多少人遭劫？官府地方總有處理的呀？還有，旣是去新堤工作，何用折轉到姚湖來？

兒時，每當秋收後，姚湖鄉的舅爺爺、舅舅們總有送大麥粉的炒麵到我家來。每年也總有一兩次來到外婆家。外婆跟綏紳舅也回姚湖去過。由於這些不斷的來往，姚湖鄉王府上，對我這小外孫，並不陌生。

有七、八家，排定了日期宴請我。他們雖非大地主，每家經濟情況並不太壞，過年時醃的烘魚臘肉還沒吃完，只是擱久了，捨不得享用，拌著腳醬吃，略有一點黴味。鄉下人捨不得吃醬油。自武漢買了整桶的腳醬，一吃就是大半年。腳醬，等於是黃豆、黑豆作醬油剩下的渣滓，只殘存著豆醬百分之三、四的鮮味。春天，蔞蒿梗炒臘肉，是道最美的菜，其葉也可吃。姚湖人家把蔞蒿嫩葉留給豬吃，不嫩的則合了蕎麥粉，做粑粑，人吃。蔞蒿葉的清香與蕎麥的粗糙，是肉食油膩腸胃極好的調劑。

跟我同輩份的老表塔生，也和他父親、叔叔一樣，在外邊念書。他家有樓上，但空著沒人住，樓上找來幾本閒書讀。

晴天裏，孩子們去放牛，我隨了他們一塊去玩。有種風氣，似乎大人小孩間，都有心照不宣的默契。十四、五歲的少年男女，會在此時際，找個坳凹地區談情愛，摟摟抱抱的，不會有越軌動作。但極少數的爲情火燃燒，那就以天爲帷幔，顧不得許多了。孩子們甚至爲我指證，有某位體態風流的少婦，我稱舅媽的，她在結婚前，就這麼跟她所愛的好合過了。別看這些放牛孩子，小的才七、八歲，大的十四歲，他們皆訂了婚，男男女女都是有主的。他們之間，有極嚴的規矩，如果發現那個亂搞男女關係，必定馬上向雙方父母告密，即予有效阻止。如果他不聽，就會被族長叫去教訓。人人都怕族長罵。因爲罵了之後，就是開祠堂，當族裏大衆面前，拜了祖先，拿棍子打，你親生的父母，爺爺奶奶，再心疼，再庇護，也不敢說半個不字。族長的公平、威嚴，使全族人百分尊敬。

清明，祠堂祭祖，我本是外姓人，但爲王家的小外孫，舅爺爺、舅舅們都樂意接待我。

少年人不知體念到人家的艱難。我住的這家，舅爺爺、舅奶奶、舅舅、舅媽，他們定必爲我另有些安排和張羅，當時我都沒有好好感謝。

還被帶到鄰村去。人家說起外婆和我母親，對我極親熱。我內心好愧慚。我是亡命姚湖鄉，誑了這些親人哪。

怕要被拆穿，豈不難堪。那天，天氣漸煖，我穿著舅舅借給我的，一件八成新的棉襖，一大早，不辭而別，過江到了簰洲。把棉襖賣了做路費，徒步走到金口，飽餐一頓，沿大堤向武昌城走。一路上少有遇到人車。有一處道路荒涼，老鷹在高空盤旋，我只心生戒懼，而仍然向前挺進。倒是漸近武昌城時，卻有些兒惶惑。我怎能直接回家去？

回家去，馬春泉家是必經之路。到他家，天將入夜了。正好春泉在家，留我歇腳，吃晚飯，又端起他家惟一的一個黃瓷敞口的大飯碗，也又聞到他家小兄妹厚棉褲上的尿騷。春泉告訴我，我走了之後，家裏並未發生甚麼事情。錢文彬也未再到過我家。春泉回到武昌，仍然賦閒，常有在街上遇到過錢文彬，也交談過幾句，但並未提到過我。

事後舅爺爺他們想起我這些時的行徑，會判斷我必是因爲甚麼事故避風頭到鄉下來的，但突然的不辭而別，又沒留下一封信，總有兩三天教人家心上不安，惟恐我遭到甚麼意外，眞是少年孟浪。

第八章　少年飄泊者

第一節　下河南

從姚湖鄉回武昌城，家已經搬到文昌門內營防口，住的姨媽家的房屋。這麼一棟高大房屋，若完全空下來，怕軍隊佔住，我們是來看房子的。

王學舜自己改了官名叫柏高。去了鄭州。來信說，他有位長輩出任陸軍九十三師參謀長，援引了黃鶴樓、送子菴下的一部份朋友去共事。要我也去，我一心盼望著去河南，不作他想。

經常來往的是馬春泉、黃傑和雷逸生。共黨組織都遭破壞，沒有人找我。我不太出門，一直沒碰到過錢文彬，我去馬春泉家，總有經過錢家門前。錢文彬既是有差事的人，少有在家門口閒蕩；只是在武昌城，以閒蕩形式掩護其偵緝隊的任務，他好像是特意的避免不戴黑帽子。

晴明下午，我偶在房間裏看糊在壁上的舊報紙，心思想到蓮姐。心有靈犀一點通，每每在此時際，她飄然而至，說是看姨媽的。其實，誰也知道，她主要的爲了要看我。她一來，就跟母親說個沒完。吃了晚飯方走。除非是陪她去外婆家，我倆少有單獨共處。

學舜托了到漢口出差的陳副官，先兩天到我家通知，去他家聚齊。第三大下午到了陳家。他弟弟是洋車伕，他本人顯然也是下層社會混混兒出身。弟兄倆奉養娘親，日有肉食。很親切接待我，可看出學舜在他們司令部裏，地位、人緣都不壞。

憑著一張司令部的護照，我倆不買車票，就坐上了平漢路的普通班車，離開漢口。

火車出了武勝關，河南的風土、人物、氣候、食品、語言，跟長江流域，迥然不同。黃土撲面，把我這個少年人拉向古樸老舊的社會生活。要更改食米飯的習慣，來吃麵食，是突然性的改變，腸胃和心理感受上，一時都不太容易適應。

信陽、駐馬店，是平漢路的大站，也是最保有河南特色的地方。此後，我在平漢路上來往，何止百次，每經過這兩處，總爲它所吸引，但總只在車上觀看，並未下車來。中原地帶歷年災荒頻頻，以及前不久革命軍與奉軍交戰的痕跡，這一路上，隨處可見。

在西平下車，這是我第一處踏上河南的地土。車站附近的飯攤，只有炒雞蛋、炒綠豆芽供應。陳副官沒再陪我。現在想起，他很可能帶了貨，在漯河發賣。漯河即郾城，漯河名氣大，人都只稱說漯河。在西平候車，看到西邊平野的棗樹，走過去，棗樹花芬香襲人。

學舜住表親家，那是鄭州城外商埠的住宅區，平房磚屋，清潔寧靜，住的多是鐵路局和郵電中級職員。在鄭州半個多月，很是體味了馮玉祥勢力下的地方生活。

學舜出任陸軍九十三師師部上尉書記。我被引見師長，不兩天，就接到中尉書記的委令。

師長石斗川，跟湖北人較知名的軍頭辛亥革命黨人湖北第一師師長石星川是弟兄倆。這個師屬四十一軍，軍長鮑剛；更上級，是第四軍團總指揮方振武。他們本與馮玉祥有關係，甩開了馮的第二集團軍，而從屬於國民革命軍總司令兼領的第一集團軍。鮑剛兼九十一師師長，駐商邱，那正是朝向山東，北伐軍的前線位置。

三、四月間，蔣總司令自徐州來，在鄭州火車上與馮玉祥會見，決定作戰方略，也安排了些軍務。九十三師那時沒甚麼部隊，也不知是給別人拉跑了，還是作戰傷亡、失散了？石師長晉見，得到指示：只要有人，兵站可補給支援——現地招募麼？緩不濟急，而鄭州一帶是馮的範圍，不容別人在此招兵買馬。辦法之一，石師長決定收編散在嵩山的樊鍾秀舊部。

我們上十個人，組爲九十三師先遣司令部，由參謀處長率領，南下新鄭，給招待在縣府別院，住了三天。與樊部有過接洽，而後，騎上地方派遣的驢子，進駐密縣。

在密縣商會暫住。受到縣長、各機關首長和地方士紳的歡宴。我們並無一個槍兵護衛。密縣不當衝要，無軍隊駐紮，只有相等於軍隊的民團。當時，這是每縣都有的，受河南民團總司令的指揮，是馮擴展武力，強化地區控制的作法，表面上也兼受各當地縣長節制。人家還總以爲我們後續部隊就要到達，支應局忙著準備糧草。

有位馮堯山副官，年過三十，本是上尉，偏要戴少校符號，自稱交際副官。

已經有十天了。收編的部隊先是騎兵團名義，約莫二十來人，帶著並沒有調教好的馬匹，駐在街南頭的廟裏。

收編樊鍾秀舊部的事，一直隱密進行。時間既然這麼遷延，自然引起地方上懷疑。況且，馮的妒嫉，很可能當我們自鄭州出發，已受到暗中監視。而就在半年前，嵩山裏的樊部曾打劫過密縣。那騎兵團的馬，分明有幾匹是農民耕田、拖車用的。偏偏我們一直無部隊來，那怕一排人哩。

參謀處長李大哥去鄭州述職，他先離開。還有幾位，也溜不見了。等到我跟學舜、馮副官三人發覺事態有異，那天午間全城戒嚴，我們已無法走出大門。時機急迫，馮副官越牆南走，躲進隔壁裁縫店黃陂同鄉那裏。學舜拿出兩塊現洋，讓我藏在腳上的紅皮靴裏，準備應急。兩人嚇得趕緊往廁所裏躲，埋怨李大哥不已。

全付武裝，來勢洶洶，民團士兵一下子搜索到我倆。兩個兵夾一個，再加警戒的，四面搜索而集中來的，約一排兵力，把我倆押走，引得滿街人驚異。半月來，街上店舖都認識我們是先遣司令部的人，尤其我這個少年軍官。我聽到人們議論說，十八個土匪已先被綑綁，押進縣政府去了。我適才的恐懼，業已消失。人急智生，我冷靜思考，務必要到縣政府，不可聽任擺佈，押到殺氣騰騰的民團團部。經過鼓樓，我拚出全力，扭著不肯偏北走，硬要向東去，闖進了縣政府的大門。

縣長徐德銓，湖北恩施人，他是河南首屆縣長考試訓練所結業任職，分發密縣的。這批縣長，本省人佔絕大多數。徐縣長武昌高等師範(武漢大學前身)畢業。首次見面，就很投緣。他問我住的那個中學?我隨口答:高師附中。「哦，我們不僅同鄉，又是同學，且有師生關係囉。」有兩次席宴，縣長除與李大哥談公事，就是跟我和學舜談說，反而沒得馮交際副官插嘴機會。那民團蕭團長哩，也見過兩次，他始終顯露敵意，對我們怒目而視。

在十分緊張的情勢下進了縣政府，我吵著要見縣長。人家再也不容我掙扎，加上兩個兵，四人押一個，把我倆推進了右邊監獄的最裏間。牢禁子照規矩，要我脫去外衣，我照辦了。要脫皮靴，我不肯，爲了保全那兩塊現洋。他以爲我捨不得皮靴，很惱怒。這裏間，粗木柵一隔兩半，那陰暗無窗的更裏間，靠牆蹲坐著十八條漢子，五花大綁，動彈不得。一見我倆被推得跟蹌而進，就爭相破口大罵，指責司令部不知辦的甚麼事?怎麼讓人家民團繳了械?我倆那有可分辯的？牢禁子要懲罰我的倔強，拿一根棍，撈進裏間，準備撻打我。

這時，徐縣長帶著兩位隨員，出人不意的趕著搶步而來，連聲說：「兩位受驚了。」牢禁子摸不著頭腦，愕然的，由憎恨惱怒，轉變為十分尷尬的苦笑，頭上冒出冷汗，客氣的請我倆走出那死囚待決的牢房。縣長瞪他一眼，斥責說：「這像甚麼話？」隨即伸開兩手，一手緊牽一個，把我和學舜請出牢獄。經過大堂，直到二堂，他才放手。花廳裏，坐滿了蕭洪團長、宋一民承審員、公安局長、商會會長，和地方的首要士紳等人。由於縣長的摯厚情誼，我倆一下子**由階下囚，變為座上客，且被待為上賓**。

蕭團長毫不客氣，叱罵我倆。縣長看著大家說：「年輕人，初初出外做事，他兩位並沒過錯，怪罪應怪他們石師長。」大家也就沒得說的了。

一席盛宴，我倆那有胃口？餐後，人客既散，只剩下縣長、第三科蕭華亭科長和我倆四人。縣長告訴這件事的始末，得省裏指示，方如此辦理。要處置的，是樊部曾打劫過密縣的人；師部的人毫無干係。

當時，大局不太穩定，縣長他們家眷都不在任上，每人辦公室兼為寢室。縣長住花廳左首上房，對過，第一科科長，調訓開封。這樣，晚上，我倆就睡在他的鋼絲牀上。縣長還特意偕蕭科長過來，看視一番。我倆也許遭到軟禁了？處此境地，教人不能不如此想。由他罷，既然無法逃走。不僅縣城戒嚴，整個縣境人家都有了部署。

左思右想，下半夜才勉強入睡。突一睜眼，天已大亮。

陪同縣長吃罷早餐，蕭團長帶著兩個背了盒子砲的護兵前來，那樣子，很像是要來拘捕我們的。他向縣長報告，說十八名土匪業已處決，全城老百姓人心稱快。

縣長把蕭團長讓到他辦公室裏去，學舜知趣，拋個眼色，我倆就回到對過屋子裏。禁不住，不能不揣測：他倆的談話，必與我倆生死命運有關。過了一刻鐘，聽到蕭團長出來，縣長走過我們這邊，滿臉的笑，高聲說：「李書記官，朱書記官，來來，送送蕭團長。」

蕭團長跨一大步，緊拉我倆的手說：「兩位老弟，眞對不起，這是上面命令。」甚麼？要拉走我倆嗎？那護兵手握駁殼槍，分站花廳左右。縣長點著頭。我心想：完了。蕭團長卻突然鬆開手，拍拍我倆的肩，揚長的走了。

縣長請我倆到他房間去，拿出紅卷宗的電報給我們看。解釋說，他的本意不願殺這麼多人，但上級命令要這樣辦，老百姓又憤恨非常，只怪他們打劫密縣，太不容情，傷了好多條人命。縣長邊說邊歎息，還囑咐蕭科長，查問同善社料理得怎麼樣？如果有領屍的，要問明關係，不得爲難人家。

從這天起，每日三餐，我倆一直與縣長同桌共食，還有蕭科長、宋承審員。不知怎麼的？竟然沒提起，向師長或參謀長他們打電報請示的事。我倆只是再三求縣長，早些放我們出城，走九十里路，回鄭州去。縣長說：目前情勢，你倆一出城，就有危險。

三天後，馮副官自來投案。他聽說我倆被縣長待爲上賓，而他無法離開縣城。藏久了，怕連累人家。他一來，也接受了優待，被安置在大堂南邊的中山室裏，門鎖了，軟禁。我倆去看了他，即向縣長求情。

又過了三天，密縣城才恢復常態。有天，傳達來報縣長，說團部押馮副官去審問；一會，又說已送回，馮副官給打了軍棍。縣長說：「我去看看。」卻留下蕭科長，阻止我倆再去探望。再過幾日，正吃早餐，有人來報，團部把馮副官綁走了。縣長匆匆餐罷，正要穿外衣，戴草帽，又有人來報，馮副官已經給團部槍斃了。縣長一聽，頓腳，搖頭嘆息不已。

石師長那邊一直無消息到來。也許他們已離開鄭州了。

嵩山那邊樊部也沒有甚麼動靜。控制在各個要地的民團部隊也都撤開了。縣長仍不放心讓我倆走。儘管我倆早就再三表示，在這裏，心不能安；那怕一出城，就給逮著殺掉，也所甘願。縣長執意不肯。那篤實的蕭科長，謙遜的宋承審員，他倆也每每從旁苦勸不已。

一個月後，縣長好意栽培，委任學舜為縣政府第三科科員，我為第一科科員。隨時提調指點我倆，學習政事。我們這兩位科員，可比別的科員不同，仍然與縣長、科長、承審員，一日三餐，同桌用膳。

舊日縣衙三班六房的傳統，還大體可尋。我好幾次去見識田糧册子。執掌這業務，父傳子、子傳孫的縣吏，並未因民國政體而有改變。我也毫不忌諱，獨自個再去大牢，與那牢禁子互說當時彼此的心情。他自我解嘲的說：「你倆位官長未經綑綁，你又那般不聽話，我要是不打你一頓，那十八個大漢子發起狠來，怕不把你倆個白面書生撞死、壓死呀。」

郵局局長辦公室，商會會長家，各局長家，高等小學，還有幾位士紳家，我們也常有走動。為了推行政令，促進社會改革，跟幾方面的年輕人合作，參加了「孔雀東南飛」的話劇演出。還帶了人到廟裏搗毀神像。現在，我仍然無宗教信仰，但要我去搗毀任何神鬼的偶像，我是絕不會幹的。鄉下男人，蓄辮子的還很多。我這個少年官員，穿上藍布制服，在趕集的日子，帶了警察，居然在城門口，執大剪刀，剪人家三、四十歲男子漢的辮子，並未遭到反抗。我們的說辭與禮貌，使對方羞愧。蕭團長也態度轉變，愈來愈和氣，不止一次，他懇勸我參加第二集團軍總司令部政治部。

縣長以在職受訓辦法，督促我倆研讀有關地方行政的書本，學舜專重財經方面。我的興趣，仍然在文學，一邊看著新文藝書本，一邊勤讀古詩文辭。把最愛的詩文，抄了兩個本子。次年，熱中寫作，其引發，應在這抄讀工夫上。可惜的是，民十九年，職業寫作生涯，這兩册應當珍存的抄本，給同屋樓下那蕩婦借去不還。

初讀紅樓夢，竟然難耐其細緻的描寫。

十七年九月徐縣長調任，我跟學舜回了武漢。徐縣長並未回湖北。好幾個月以後，在武昌跟蕭科長見過幾次面，方知道我跟學舜兩條命，完全是縣長力保下來的。起先，那蕭團長認為我倆也應一齊處死，以平民憤。縣長不肯，幾經爭執，才答應殺學舜，說他年紀大些，又是上尉。但縣長還是一再遷延，不肯交人。等到馮副官一出，既是少校，又年長，又向來四外活動，還有，他的邪蕩損人，縣長已有耳聞，不幸他做了學舜的替死鬼。

當時，這個三等小縣的第一科，把秘書和民財教建的業務管了一大半，我的才學那夠當個科員？但居然在縣政府內外都很吃得開。極佩服宋承審員勤勞辛苦，仔細小心。常看他夜間熬油亮，研閱厚厚檔案，一筆筆的寫審判書。一天，傳達老衞瞅著別人都不在，捧來三十塊現大洋在我桌上，要我關說甚麼事，我一口拒絕。可想見的，他一定也得了人家不少的好處。

如果我在縣政府的工作一直做下去，過了年，那很可能要成爲密縣女婿。已經有人計議著要保媒了。但是，憑少年心性，自由戀愛，那可不行。

縣長要我擬辦十句二十句六言韻文的告示，以「照得×××」起首，「違者嚴懲不貸」爲結，還拿出他三弟在旁的地方行政機關擬的文稿我看，以爲激勵。我勉強擬辦了文稿，那必是白字連篇。縣長太是看重我，從未仔細詰問我的學經歷。這位救命恩人，似少在湖北做事，以後不再碰到我，若非他堅持仁德之一念，七十二年前我早冤死了。

母親爲我寄了一本「學生字典」來。買這本書必不簡單，是她爲人洗衣服、刺繡得來的辛苦錢。這辛苦錢，每天皆迫不及待的，要拿去買米炭。省下來買書，必經過再三的安排才能做到。

第二節　當年黃天蕩

河南回武昌後，學舜先去揚州。武昌城的初秋，寧靜、繁榮，到處熙熙攘攘，與去年入秋肅殺氣象大不相同。國民政府大力號召全國裁軍，好些軍頭因緊縮編制，自軍長降格爲師長。而軍事行動並不降低，晴明日子裏，武昌城常聞機關槍演練射擊的聲音，提醒人們這世界並不太平。

在武昌住了大半個月，乘輪船離漢口，到鎮江下船。當時鎮江並無碼頭，是由木船駁接下岸。爲了省錢，我跟一位同道旅客共住一家旅館的房間，次日一起搭小船過江，到瓜州古渡，然後，我一人前往三江營。

三江營當長江北岸，在江都（揚州）東境，西望長江上游，江流浩蕩，承接運河而形成的彎曲，江中洲湧，分隔大江水流爲四。三江營扼守著運河與長江交匯的岸邊，因爲無甚市面，不及上游十二圩（屬儀徵）與下游仙女廟（屬江都）出名，爲遠近人們所熟悉。只在鎭江、儀徵、揚州一帶，人們方確知三江營的方位。這一帶江面，正是昔年韓世忠，困金兀朮四太子的黃天蕩附近，兩軍血肉橫飛，金、宋朝野震驚，民間歷史傳說不少。

學舜在三江營公安局當局員，局長曹景周，黑龍江人，三十四、五歲。學舜稱他曹大叔。我來了也是任局員。曹大叔體格魁梧，軍人出身，一舉一動，皆有威儀，人情世故練達，對我倆有點不苟言笑，但照顧周到。他的服飾、用品，皆屬上等。

這是直屬江都縣公安局的一個分局。有趣的是，一個警察也未見到過。也許是，有那麼幾位，只駐在運河和長江臨岸的緊要所在，和我們一樣，也是穿的長棉袍。現在回想，也許有的警察，名册上列名而並無其人，給曹大叔吃了空缺也不一定。那年頭，一切軍、政事務未上軌道，做主官的人，凡在鞭長莫及的偏僻地處，只要不嚴重的爲惡多端，這等佔缺吃空的事，大家都是睜隻眼閉隻眼。

還有一位局員葛吟秋，安徽全椒縣人，風流才子自許，朝夕吟誦詩文，給這公安局添上幾分斯文氣氛。警佐王長壽，河北保定人，老兵油子，黑社會的經驗豐富，吃喝嫖賭，樣樣都來，他總嘗試著引導我三個跟他同流合污。

三江營只有一條街，商戶不多，都是住家。西頭最打眼的是郵局。公安局在街中心，門口並無警察守衛，白天敞著大門，夜晚便關上門睡大覺。由於我們都不著制服，曹大叔也只穿青呢學生服，戴土耳其帽，腰間帶著白朗寧手槍。他很少露面，每天吃了早點，處理交代了局務之後，便去黃紳士家，常常盤桓到夜深才歸。也就是說，全三江營街上，只有我，學舜、葛吟秋、王長壽四個外鄉人，整天在晃蕩晃蕩的。王長壽倒是在執行警察任務，在外邊跟人家有連繫，也詰問詰問陌生人，回來後，偶而還擦擦那三枝舊步槍。起先，王長壽不太看得起我們三個書生，有次因爲說起附近有人打劫，曹大叔準備帶了我倆，還有黃紳士家的阿土（很可能是寄名在公安局）四人去緝捕，而留王長壽、葛吟秋看守分局。王長壽不以爲然，說不如留他三位書生在家。曹大叔出人意外的嘿嘿大笑，說：「你倆不知我這公安局藏龍臥虎啊，不說我在黑龍江打過俄國大鼻子，也打過興安嶺深山中的狗熊，這兩位賢侄，也是在江西、福建、廣東打過仗的英雄。前幾個月，在河南，還與樊鍾秀、馮玉祥的部隊打過交道哪。」

自此，王長壽對我倆改容相待，且有意無意間代我倆宣揚。至於我倆究竟在那個部隊，曹大叔未明言，我倆也用不著細加表明。葛吟秋則一直看重我倆，用他全椒縣的鄉音，讀「玉梨魂」給我倆聽，越讀越起勁。

據眼線報告，那打劫的嫌疑犯是皖北人，已逃到海州去了，不在三江營轄區，用不著咱們緝捕。這兒雖爲集鎮，商業並不繁盛，也無有定期的市集，公安局鎮日無所事事。曹大叔在黃家吃喝、打牌，也做他的地方工作，公共關係。有甚麼事待處理，局裏人三步兩步，就趕到那裏去了。

我跟學舜，藉詞取信件、報紙，每天都到郵局走一趟。醉翁之意不在酒，學舜是要去看郵局局長的女兒。這小郵局，除信差外，並無局員，局長的家就在郵局後面。十七歲的漂亮大女兒，自自然然成爲局長助手。學舜只恨自己早結婚了。

南京逐日有份日報寄給曹大叔。東北老鄉辦的，對開，一張，編排得鬆鬆朗朗。曹大叔不太看它。他看的是上海申報、新聞報和南京中央日報。這份不起眼的報，其副刊，並無名家作品，詩、散文、小說，多以北方社會生活爲題材，對我頗具吸引力。兩年後我的寫作由此而受了潛在影響。每天黃昏時際，郵局取得此報，長江浩蕩當前，堤岸漫步，邊走邊看，展讀此報的光景，至今猶存記憶。郵局小姐可能因此對我留下了好印象，每天我跟學舜去，她總搶著把郵件遞給我，但我那時對蓮姐的愛正在滋長，對這位漂亮大姑娘，有點兒視而不見。葛吟秋打趣我，且有意撮合，學舜告訴他，我另有心上人。葛吟秋勇往直前的湊上去，人家嫌他酸氣，總藉故離開。學舜總找些題目跟局長聊個沒完。於是，這男女老少五人，天天在捉迷藏的作心靈遊戲。

在大江邊堤上散步，白日看見由揚州開赴上海的船，入夜，則常碰到自漢口開往上海的大輪船，多傍岸而行。船上常丟下不沈的蒲包在江面上，必有小舟接應撈取，自必是走私行爲，我們未去過問。這已是多年陋習，三江營有部份人靠此爲生。

因曹大叔調差，我跟學舜先行離職。民十八年陽曆元旦，離三江營到揚州，是經仙女廟前往。新年休假，小火輪停班，我們雇了兩輛雞公車，逆風而行，臉鼻凍得紅冷。入夜，才過萬福橋，進揚州城，住保和旅社。市街上道地的揚州館子，吃晚餐，見識到錫菜盤，下托以盆，盆中滿盛開水，以保持菜的熱度。大觀園沐浴，回到旅社已是午夜了。學舜留下來，另謀工作。揚州住了四天，我獨自回武漢。

第三節　菱湖詩意

三次離故鄉，到外面闖天下，以一個毫無憑藉的少年人，能闖出甚麼名堂？當學兵，當軍官，都幾乎送了小命。三江營很寧靜、很單純的日子，等於度了一次休假。只是一椿，無病呻吟，給人家寫信，要仿著玉梨魂的文體，其實是字義、文理都不通。

雖未闖出甚麼，但外面世界究竟海闊天空，一人吃飽，全省不餓，不是在家困居，過著愁苦無望的窮日子。每次從外面回來，經過長街，走上花堤，漸近家門，總有同一的感受：武昌城房屋陳舊，街道狹窄，人們生活安於瑣細，而我則超越其上。這種感受，三幾天後就一掃而空，復歸於武昌城的故我。

貧窮，又並未好好讀幾本書，對事物認識十分膚淺。學養豈止太差，硬是說不上，所以日記寫得低劣之至，遣詞造句，一派胡說。天天在鬧著苦痛、悲哀、愁悶，唉聲嘆氣，還有發狂，幻想，情緒不穩。

春泉思想中，起了陣陣文藝的漣漪。把他後門外那個小池塘，命名菱湖，而他也改了個菱舟的名。他大哥的長子鴻章，博文中學將要畢業，準備考郵政。鴻章喜好文藝，也取個好女性的名曼雲。曼雲跟菱舟這位四叔很投契。

還有他倆共同的朋友胡寄萍。寄萍本來另有父母按家譜起的名。他跟我們幾人玩在一起，臭味相投，也起了這個自認爲蠻有情境的新鮮名兒。他是漢陽人，家住城內，在漢口布店當店員，但是不安於那種整年整月守著舖子，獃望大街，侍候顧主的平淡生活。已結婚，但是不滿意於非屬時髦女性的妻子。

寄萍請了菱舟、曼雲，還有我這個朱依萍去他家吃飯，然後過漢水，到漢口法租界看電影。

這四個人，自以爲時代青年志氣豪，笑語歡騰，招搖過市。他好傾慕我這種少年飄泊者的行徑。

曼雲剛剛新婚，住在武昌讀書堂街全爲紅磚建築的中和里。乃獨子，父母把錢財都花在他身上。暑假期間，以十元錢買來鄭振鐸的「文學大綱」精裝四大本，在新房裏暢心暢意閱讀。平常人每次用一元錢買書，就被許爲好好學的。因爲其時平民每月的伙食費約爲四、五元，即天天有肉吃。我當時對上海的新出版物，如飢如渴的需求，那能如曼雲這樣恣意購買，曉得他吝惜這些新書，只在他處略加翻閱而已，從不起心向他借書。這跟去年冬天，在中山大學尹昌衡那裏，一下子就借走三冊新書，後來並未歸還的慷他人之慨，心態大不一樣。曼雲能擁有這些新書，彷彿識見高人一等，學問非比尋常，已是很夠格的「文學青年」，新婚燕爾，更覺人生情趣無限。馬春泉在這條路上，則只顯得貧乏而笨拙，但是他勤懇摸索而進，不欲後人的存心，誰也不敢菲薄他。

馬春泉雖因留黨察看，游離於共黨組織之外，而仍跟此道中人士保持關係。其時，春泉跟四川渠縣人賈佐、康健相熟。先是，賈佐、康健都以共黨份子，於清黨後被捕，判罪入獄。春泉常至獄中探望，並爲他倆奔走，多方面服務。賈佐人長得不高，眉目清秀，唇紅齒白，二十一、二歲，卻顯現爲十八歲的美少年，他不但服飾考究，洋服筆挺而且很重修飾，洗臉後且傅粉於面，用的是西洋化妝品。由於其人心性懇摯，眼神明亮，風度翩翩，並無花花公子的浮浪味。康健我未見過，只知道他跟賈佐爲密友，年歲稍長。

賈佐可以說是賈寶玉，處處留情。最傾心於他的江漢女友常心筠。心筠父親是挑籮筐在街上收荒貨的，家境不怎樣好。她身爲學生，在群衆集會中與賈佐相識。她才十八歲，十分標致，尤其兩眼水汪汪的。賈佐在獄中，別的女友都斷絕了來往，惟獨心筠常去探監，而屢次遇到春泉。春泉義不客辭，代賈佐處處照顧心筠。

賈佐是楊森在四川萬縣所辦軍事學校畢業的，朋友相當多，他輾轉找到邵力子出面關說，得以提前釋放。由於馬春泉介紹，我認識了賈佐，他特別賞識我當兵的這段經歷。

賈佐、常心筠熱情激發，不能自已。春泉竟爲設計，讓他倆來菱湖塘這六坪大的房間，歡欣好合。春泉夫妻倆帶了一對兒女，打地舖睡，而讓這對情人睡在牀上，心筠還帶了一個十一、二歲的妹妹，好誑對父母，說是姊妹倆睡在山前同學家。心筠怎地如此勇於委身於他，只因這美少年型的情郎，太是迷醉女孩子的心。如今想來，最主要的，乃因馬春泉、賈佐兩個都爲共產黨人，無視禮法、傳統，否則，怎能不考慮：兩對青年男女，分別在牀上牀下相擁而眠？非婚姻的男女關係，豈可視爲兒戲？

不久，賈佐就回四川了。心筠不好意思帶了妹子去看馬大嫂，卻到我家，來等著與馬大哥相見。因爲賈佐無信給她，賈佐要不要娶她呢？以後的發展怎樣？我很同情心筠的癡心，既不可瞎說，也不願加以臆斷。

第四節　上四川

民十八年三月半前後，應賈佐邀前赴萬縣。六月十一日離萬縣回武漢。

漢口上船，萍水相逢，與孝感劉人伯結爲朋友。他是中央軍事政治學校學生，去重慶。武漢地方法院書記官李濟寰來送行，濟寰也爲孝感人，敏於言談。幾句話，就使我對他起了好感。濟寰發現我帶了一册郁達夫的「沈淪」。

人伯勸我，最好把橘紅色封面紙撕掉，免得沿途軍警檢查，起誤會，認爲是共黨書籍。那時盛傳一個笑話，在四川的大兵誤認「馬氏文通」是馬克思的書，視持有者爲共黨份子，給抓了去。按，這册書是清朝馬建忠所著，乃我國第一部講文法的書。這笑話定爲杜撰，太糟塌人了。

一本嶄新的書，而且封面上還印有繪畫，我毫不猶豫照辦。船開之後，才半天工夫，就跟人伯無所不談了。他是受共黨中央派遣，去重慶參與四川省委工作的。

三月爲枯水期，一千噸的大船還不能進入川江。我們須在宜昌換小型的輪船。還有一層關係，四川這「天府之國」，近年「棒老二」鬧得太兇，生怕匪徒入川或是在船上行劫，規定入川旅客須覓得宜昌的舖保，才能購得船票。有的客棧就兼營這買賣。陌生人住他客棧三兩天，就能把你身份、爲人弄得清楚，至少也是八九不離十。我是特由賈佐安排，一下岸住定旅館，找到了當地熟人家，就不用我再煩心了。

在宜昌住了三、四天。一方面是辦入川的手續，一方面是等船的班期。枯水期，宜昌重慶間的輪船，多爲五、六百噸左右，客艙四層，馬力比航行其他江河的同等輪船要超過一倍。由其逆流而上，機器聲震動山谷，響應不絕可知。

中國人首次進入巫峽，沒有誰個不爲其雄奇險危，觸目驚心。前面山峰陡立，似無路可走，誰知船入其中，又另是一番世界。「山窮水盡疑無路，柳暗花明又一村」，山巒不斷的爲此層次變化，引人驚嘆。

灘流莫不萬分險惡，聲勢嚇人。是新灘，還是洩灘，記不起了。只記得有一處，還不算太險，船幾乎是傍著右邊山崖鼓輪而進，急流力大，船走不快，能不倒退就已經了不起了。我看見那崖石上，刻有二、三十條船名及其失事的年月日，令人觸目驚心。

絞灘給我以深刻印象。灘上游左岸有處平地，粗大的石柱上挽著灘繩，是粗篾編的繩，不止一處石柱，也不止一條灘繩，想是防備獨條灘繩有中斷之虞。灘上的浪濤，自右岸到左岸，滿溢江面，沸騰沖激，怒吼無已，長度達兩百公尺。過這個灘，全體乘客以及船上非屬水手職務的船員，都下岸來走過這險灘。看那五、六十個當地的灘伕，幫著船上類似絞鐵錨的辦法，蒸汽機不斷的喘著氣，船像害重病的人，走著慢步，一個多小時工夫方才過灘。

到萬縣，上岸與賈佐會見，他介紹了兩位朋友：鄧興亞，河南人，身個高，跟馬春泉相等，興亞有點兒婆婆媽媽，賈佐開玩笑的喊他「鄧大姐」。

周時傑，川東人，在萬縣縣政府工作，西裝革履，只以追逐時尙爲榮。他寫的一筆小楷，柔軟如女性手跡。賈佐就讓他裝作女性，與武昌模範監獄中的康健通信，逗得康健心慕不已。囚人生活就好過多了。時傑的信越寫越長，越纏綿，有時也忸怩作態，彷彿眞是位多情佳人。獄卒取笑康健，反引起他的得意。監獄都有這規定，書信來往必受檢查蓋章，才能收閱和寄發。典獄長知道了這件事，倒很體貼康健，特別邀了那專門查閱信件的管理人員，跟康健說：以後凡是這周小姐的來信，檢查後即予加封，不讓第二個人看到，而這位檢查人員絕對保守秘密，以免康健的私情甜美，騰笑衆口。康健自是感德極了。

賈佐邀我到萬縣，主要是辦報。其實，我一無文才，二無事務經驗。當時，萬縣有份萬州日報，對開一大張。我們辦的是四開一張，三日刊，名「蜀東新聞」，附在萬州日報印刷。我擔任編輯工作，取材大部份是剪取京滬武漢的報紙。第一版的專電出自杜撰，關於四川以外戰事的消息，我們幾個人就一份地圖，據幾份最近報上的記載，加以推斷。有兩次不幸言中。居然引得住在大飯店中的軍頭十分重視，因爲他們派有代表在京滬活動，觀望風色，找機會靠攏，謀漁人之利，川外局勢越亂，他們的希望越大。發稿之後，我親自去萬州日報印刷廠校對。沒有總編輯，也無主筆。無採訪部，也沒有記者。無廣告，也沒有發行。現在想來，眞是幼稚得可笑。誰是社長呢？應該爲賈佐。

關於辦報紙杜撰新聞的事，並非前無古人後無來者。辛亥革命前後，革命黨人在上海辦「民立報」，爲了鼓動風潮，造成時勢，有不少消息，跟我們在萬縣一樣，也皆都是集衆人所見而構成。明眼人稍加審察，即不難看出。雷嘯岑「憂患餘生之自述」，舉出了他民二十六年秋，在重慶辦「西南日報」的事例，也不乏杜撰新聞，而恰合當前情勢的發展。

只從一件事情上，可以想見我們太不夠格辦報。

報社位於新市區東部，新馬路的路北，一樓一底的屋子，樓下是石印鋪，有鴉片癮的老板是報社股東之一。樓上爲報社，主要是編輯部，竟然只有兩張大書桌，漿糊、剪刀、紅墨水、紙筆而已，還有兩個報架子罷。卻是一本地圖，一册字典、辭書也無有。門口掛有個木板招牌：「蜀東新聞社編緝部發行部」。出報前就掛上的，總有半個月罷。有天晚飯後，江邊散步歸來，月色依稀，我進門前，看這招牌，忽然對這「緝」字起了疑問，編輯的輯字怎能錯誤如此呢？現在更認定，把編輯部、發行部這樣標出，是多餘的。

有趣的是，國父當年也曾有過這麼一字的筆誤。

民八十六年十一月廿日，臺北，國父紀念館，參觀「國父史蹟展」——民十三年八月一日，國父讀當日廣州「民國日報」，就其短評「響影錄」、「少談主義」一文，甚不滿。以毛筆寸楷，八十餘字，就寫在這短評之上。首兩句：「編組與記者之無常識，一至於此，殊屬可嘆。」很顯然，這組字乃屬筆誤。非我等當年不知緝與輯字之別。引句標點，壽堂所加。固然，字典上說，編輯之事曰緝，緝通輯。

賈、鄧、周三人都比我大，書應比我讀得多。還有，這些時也有相好朋友來過，怎無人看出來呢？小商店家招牌寫了別字，無人深責他，若如目前臺北一些小吃店，硬要把羹寫成焿。報社居然把招牌上的常用字都寫錯了，堂而皇之錯了這麼久。豈不教萬縣人笑掉大牙。

新馬路要下三、四十級階石，方達江邊。我們這小樓就更屬位置在萬縣高處，展望遼闊。坐案寫讀，不用起身站立，即能看到隔江對岸的一棵樹，我遠遠的認定它是桃樹，也許是杏樹呢？花朵繽紛。我寫了平生的第一首白話詩詠桃花飛，發表在蜀東新聞上，平直敘說，毫無意趣，只是自認為好有情趣而已。

還寫了篇小品文的仿作「旅途中」，是散文寫作之始。

報社除了每三天出刊一次之外，一切都無定規。編輯和校對工作，我做得最多。無薪給，沒零花的錢。賈佐身材跟我差不多，就扯他的衣裳穿。還有我少年人一些浮浪行徑，引起賈佐的不滿，他給春泉通信，責我太虛榮，要遣我回武漢。幸而起了這樣的不愉快。否則，繼續留在萬縣，這樣胡塗、淺薄，恬不知恥的辦報，豈不會鬧出更大的笑話。

小樓生活一件小事，成為美的回憶。案頭上，每天有一碟新鮮的茉莉花朵，芬香滿室。另有兩位朋友，給我留下深刻印象。經過上坡道的巷子裏，在一處大宅第，拜望賈佐的劉慧美大姐，二十五、六歲，北京女師大畢業，家庭富有，她吸鴉片煙，近午時分，猶高臥未起。有位認家門的男性，朱雲，富家子，經常著洋服，著意結納我，送美術半身照片給我，尊我為兄，他大我三、四歲。在他看來，我十七、八歲便四方行走，又編蜀東新聞，是很了不起。

太白岩，中山公園，西山公園，高笋塘，西較場，是常遊息之處。也曾一登城西高處的天生城，是典型山砦，四面峭立如牆，西北一線可上，徑寬尺許，傳說劉備曾駐兵其上，又有天子城的俗名。後來讀史，方知四川的好些山砦，於宋元明清之際，曾盡了民間義師挺戰的任務，不少可歌可泣的史事。

廿九這天，蜀東新聞十四期校對畢，預定次日出版。這天傍晚，西山公園閒逛，夜深始歸、朋友們高談闊論，弄到兩點鐘才睡。書桌上洋蠟燭未吹熄，引起一場火，燒去了一張桌子，書籍幾本、稿件、報紙以及我的物件，直到凌晨五點，把火撲滅，幸未燒到房屋。

六月十一日，乘太古公司安慶輪離萬縣返武漢。川江水滿，順流而下，船行速，過了三峽便不怕觸礁了。安慶輪噸位二、七三三，一八八三年建造。是太古公司最先下水的客輪。

第五節　武漢、南京、上海

民十八年六月十三日，由萬縣回到武昌。

一個多月，在武昌，三朋四友的往返很密。江西教導團的同學在街上碰到了，還能相識。所有人皆比我家境要好。

雷逸生這一夥住廣里堤街的少年朋友。這是他外公家。逸生善辭令，好交遊。他父親經常不在家，母親對兒子的朋友接待親切。院子大，外公外婆二老對我們不好也不壞。大家都樂得去他家會合。

跟雷逸生、盧銅生、黃傑的交往，這時只是純友誼的，前此十六年秋冬的共黨組織關係已經消散了。

錢文彬不再幹偵緝隊。我想這也是他當時被捕獲得自新的條件。或許也是他內心的打算，並不想因此而升官發財。二老只他這個獨子，家中環境足夠他賦閒「吃種穀」的。感於他前此對我的照顧，而時有來往。

文彬引介其老表又兼同學陳夢麟。十六年的共黨份子，此時已擺脫關係。夢麟老家在武昌廣里堤，父親爲政界人物，經濟情形很不錯。以爲社交應酬都在漢口，所以在漢口仁靜里買了幢樓房。老奶奶嫌漢口太鬧，獨居武昌，讓夢麟武昌、漢口兩邊住。他漢口的家，生活優裕，經常開著留聲機聽京戲唱片，僕婦忙著殷懃接待，只因夢麟也爲獨子，剛剛進北京大學，這年是回武漢度第一個暑假。

兩次在夢麟家聽留聲機，兩次皆引我情懷悲愴不已。非爲自己生活貧困，前途無望，乃爲衆多革命青年刑場枉死而感傷。

常來往的，還是菱舟、曼雲叔侄倆。因賈佐責我虛榮，不滿意我，我在四川寫的日記，不知怎樣被曼雲取去，他用紫色墨水，就我原來的文句加以增寫或伸引，寫了些揶揄、諷刺的語句，好教人難堪。我並未質問他，久之，也就不以爲意了。

在萬縣時，學舜一再來信要我去南京，觀瞻六月一日的國父奉安典禮，認爲這是空前的大熱鬧，我未能前往，兩人鬧得很不愉快。學舜先是在上海，跟陸軍新編第三師劉珍年部駐京滬的代表王沖天一起，住租界的大飯店，日日過著吃西餐的生活。那時，國民政府初初定都南京，各方部隊換一個旗幟，編入革命軍序列者，比起北伐之初的八個軍，要多到好幾倍，師以上都各派有代表常駐京滬，專司對中央軍政方面連繫及請領餉械被服的事項，儘量要把公共關係做好。

王沖天跟曹景周是同輩份的人，他很看重學舜。既設辦事處於南京之後，學舜就成爲他的左右手，而爲我推薦工作。辦事處並專設處長，以輔佐代表承辦一些行政業務。

這年七月十七日，乘江華輪離漢口，十九日到南京。住城內棉鞋營陸軍新編第三師駐京辦事處裏，爲王學舜的食客。這街名很特別，人家並不多。辦事處是租用大戶人家的宅第，二樓，後臨秦淮河，離第一公園很近。學舜盛意款待，陪我各處走動遊覽，買給我一些應用物件。

南京城，爲舉行奉安典禮，自下關入城，出中山門，經陵園，至中山陵下，修了一條柏油大道，很平坦整潔。這時，城內正在拆花牌樓街，改建爲太平路。在花牌樓一家書店，舖著大白洋布桌單上，我選購一本「世界文學史綱」，日本木村毅著，朱應會譯，崑崙書店出版。這是我在南京買的第一本書。

與廣西人朱爲濟交朋友，他在青白報當記者。青白報跟後來的朝報同樣爲四開，編排得精密些，有類北平實報。我爲青白報副刊寫了篇「生活的血跡」，是以南昌暴動爲題材，以C城隱其地。那時節的新文學作品、散文、小說，每提及州縣地方，恒以英文字母標示之。

另一位小朋友白華國，河南人，才十四、五歲。是在西北軍，或是河南某部隊的幼年兵學校畢業的。挺胸拔肚，武勇剛強的性格，表現得極強烈。那時，師長劉珍年曾特自防地到南京來，拉緊跟上級的關係，不知他見到蔣總司令沒有？好像沒有。要有，辦事處的人必會宣揚出來。何應欽、邵力子是會見到的。王沖天就走的邵力子路線，邵力子介紹了傅式齋來，見劉師長後，即決定以縣長任用。新編第三師駐膠東半島，兼領了膠東十幾個縣的民政。白華國兩眼炯炯有神，企圖旺盛，語言簡切，動不動要指揮、命令別人家，正跟劉珍年是一個模子出來的。華國看我是浪漫派，兩人不大合得來。

七月二十三日夜車離南京，到上海。主要是見劉錫九，他是劉珍年胞弟，先曾爲其政治部主任，後來卸去了名義上的職務，實際上仍然遙領其事，搭配著王沖天這位代表，在京滬間活動。錫九陰柔，好雄辯，承他殷懃款待。

本是住旅館，卻被高峻峰接到法租界辣斐德路辣斐坊孫公館去住。這是國民軍第三軍頭兒孫岳的家。民國十四年，爲國民軍最盛時代，國民軍一軍、二軍、三軍分由馮玉祥、胡景翼、孫岳統率之。其時，孫岳本人一直還是留在北方。有時來上海，則在這裏過一下。爲了酬應的方便，自己住在大飯店。高俊峰與孫的關係很深。他等於是孫公館的主人，殷切接待川流不息的人客，自北方來的，或就要去北方的。有廚師做北方飯食，雞鴨魚肉，每餐一兩桌人客。平常過家，這是好耗費的。但在官場生活衡量，卻極經濟。

高峻峰，河北省人，其時三十六、七歲。很會安排自己的生活，待人接物，總顯得**沈靜寬**

和，**從容自在**。幾件小事，他給我這個後生小子，產生了無言而教的影響。每天早上梳洗，就便把手帕搓洗了。洋瓷浴缸熱水浴後，就把汗衫、襯褲洗了，再放點淺淺約兩寸的清水漂著，所以他身上的汗衫始終潔白如新。

孫岳的少君，可不知是老幾，其時年二十一、二。圓圓臉，中等身材，彬彬有禮，無闊大少脾性，正候船去法國留學。在我離上海回南京的頭天，晚飯後，他特請我們幾人，坐自家汽車往返，去光陸電影院看「月下情歌」。

這天，劉逸萍和我坐電車到泰東書局、北新書店買書，得到很大的滿足。這幾年上海出版的新文藝書本，莫不先睹爲快。今天能到他本店，看看它的門面與發賣的情況。還到了聯合書店、江南書店。之後，又到棋盤街，進入商務印書館、中華書局、世界書局觀光。中國人誰不是自幼至老，都要讀這幾家出版的書册。**初次到了近代中國的出版中心，誰能不激起一番感念之情**。

我買了些未名社與新月社的書。這兩家出版社，其出版物味道很不調和。那時際，我已有這樣了悟。讀書須求有所辨識，正要這樣顯配，排除一家之言才好。

劉逸萍也爲當年二十軍的同志。他很熟悉上海。那幾天，做我嚮導，各處行走，談得極投機。有汪三淚其人，好悲愴深沈的一位朋友。

七月二十八夜車離上海，次晨到南京。其時，京滬特快車上很有種氣氛。都城達官貴人，每星期六夜車離京，次晨到上海，紙醉金迷，燈紅酒綠，也進行著許多政治上的交易活動。

南京好些位新貴，上海歸客，每週一出席丁家橋中央黨部總理紀念週，外表上，人人精神奕奕，其實很有一部份人精力好疲憊。

我回到南京仍住棉鞋營，這時期的秦淮河，每當夕陽西下，就見畫舫悠然三五。初入夜，弦歌之聲四起。音調委婉纏綿，總引人一兩分情思低沈。偶而忽摻雜了革命軍帶到南京來的粵曲音樂，揚琴緊弦急奏，又另是一番輕揚高昂的意境。似乎秦淮河的風光，不太適應粵曲的樂章，不一會工夫，仍爲蘇灘樂曲所掩沒。河上吳儂軟語的弦歌之聲，每每中夜不息。破曉後的秦淮河，但見污水緩流，南京城人們的忙碌，都移向老虎灶這邊來了。

專程瞻禮中山陵。果然軒昂宏偉，樸素無華。立平台，展望南京城郊，氣象萬千。中山陵下，蒼翠綠湧，乃爲陵園。平屋別墅，幽靜、疏落的散處其間，毫無車馬之喧，只因政壇上的主人家皆在都城內忙碌。

南京是個亦城亦鄉的都會，六十一里的大城之內，舊日老市街因人口斗添許多，更見熙熙攘攘。新修中山路，自挹江門進入，有一半路程，兩旁皆爲田野。舊街巷，偶爾轉一個彎，就是茶園或者荒野。

由於觀瞻所繫，在那年代裏，南京城算得是中國社會上，都市中最少見宣傳標語的地區；有麼，只是將近鼓樓一座鋼架上的標語：「人生以服務爲目的」。

國民政府治下的南京城，確是好有新氣象。

中央陸軍軍官學校的設備、教學以及那幾年在校學生，體魄、儀容、學能、氣質、精神，皆是第一流的。全國的高中學生，要想考入軍校，可眞不容易。

中央衛生署示範式的實施預防注射。我平生首次接受霍亂、傷寒注射，便是在這年南京的街上。

上。秦淮河未加疏濬，是件遺憾的事。做起來要費大事，可想而知。但如果市政當局弄得秦淮河清瑩見底了，那豈非爲國民政府的新氣象，做了最好註腳。

陸軍新編第三師駐京辦事處，給新進人員的我和賈敬亭一項任務，押送由南京領得的一批深灰色士兵棉軍服到煙台去。是大批的軍需用品，有運單、提單，我們根本未看見實物，可能是由南京被服廠直接交運給京滬鐵路。八月十五夜，我倆上了這列運貨的火車，次夜抵上海。

到先施和永安公司買自來水筆，尤其是買了十幾本拍紙簿，是當做寫作的稿紙用的。那年頭，在上海也還沒有有格稿紙發賣。我比較喜歡永安公司的清新風格。也在書店買了些新書，一部份寄給蓮姐。

劉逸萍、汪三淚、高峻峰皆有會見，並承高的協助，即時接洽到招商局的新豐輪。火車北站提出棉軍服運件，即運到黃埔灘上船，船隨即就起錨行駛。

新豐爲客貨輪，我們倆坐的官艙。人隨貨行，似只我倆。吃飯時，飲點啤酒。賈敬亭是甘肅人，他講述馮玉祥的惡劣，西北各地的生活經驗。看著闊闊海洋，回想前年秋天汕頭上海的旅程，這可是風光大不一樣了。

第六節　煙台海濱學園

平生，近九十歲了，以這段生活最美，近似徐志摩的詩「海韻」。也有似英國雪萊「拿波里灣書懷」。

上海至煙台航程五百一十浬，比到青島（三九七浬），馬尾（四三二浬），基隆（四三五浬）要遠，也比到日本長崎（四六七哩）爲遠。新豐這條一千七百噸位的海輪，走了兩天兩夜，沿途都未停靠，時速十浬。它的船齡四十九歲（一八九一年建造）。到了煙台，無碼頭，船泊海灣，由木船來駁接客貨。海水清澈，好開眼界的，我首次見到海中漂浮許多水母。這天爲星期天，因爲押運的棉軍服須立即交件，所以到師部去找到了值日副官黃超中尉。

黃超，江西萍鄉人，黃埔五期。他看到我這麼年紀輕輕，來投效劉珍年部，而且也算小有來頭。終覺不如謀個正途出身的好，勸我怎不留在南京投考軍校？當時我已有浪漫文學青年的傾向，對軍營硬性生活無好感，不打算在軍官本科前途求發展。他的好意勸告，我頗有些嫌棄。假設我有此打算，實際問題，我無高中學歷，又如何應考。當時，弄張高中畢業文憑，無需作假，借用即可。因爲並無身份證可查證。

在煙台，跟黃超只這麼會見一次。不久，他就回到南方去了。沒想到，黃超跟我的友情，超過了半世紀以迄於今。少年時代老友，而今還能共同健在的，不過百之一二。

到煙台第一天，我跟賈敬亭住進寶安旅社，房間很好。晚餐又飲點啤酒，入夜頗感涼意。次日去海濱，在政訓處找到白華國。這裏，原爲俄國領事館（其時中俄絕交），佔地頗廣，圍牆門內爲庭院，還有四個網球場，二層樓的前屋，爲師政訓處佔用，三十人的辦公、會議、餐廳、寢室以及娛樂室，還綽綽有餘。後邊另有一幢二層樓的眷舍，給閒空著。

去拜訪煙台市公安局長王靜涵，師參謀長韓洞。他倆是劉珍年手下一文一武的領頭。好幾位同事都說，王原是北平私立今是中學校長，無怪他恂恂儒者風度，應該出任師部秘書長或教育局長才是，怎地幹上了有肅殺之氣的警察首長呢？至於這位參謀長，他的軍人味兒正跟劉珍年一模一樣。

賈敬亭是要幹軍事工作的，他去了軍官學校。

曹景周大叔任職煙台市公安局第三署署長。具有久經北地風霜，冷然強毅的長臉，一見到我，眞好像春天解凍的黑龍江似的，展開笑容，說早接學舜信，算計我這兩天該到了。定要我馬上搬到警察署裏，並特要市區洋服店爲我定做襯衣。去洋服店量身做襯衣，在我是空前之事。可見曹大叔生活考究，迄未變更。他也希望他的朋友生活得很考究。實際上，他只是要考究，而並非講排場，充闊老。

說到考究，煙台市區正是有一部份很考究的街道，在海關、郵局這一帶，再沿海岸向東延伸；而爲南邊、西邊的舊市區所包圍。舊市區，皆老式房舍，街道較窄，且有一部泥土或煤渣路面，到處都只見灰塵墣墣。騾馬拉的鐵輪大車，整年整月的顚動壓行，無休止的破壞著路面，造成泥路上深達十公分的車轍。這是中國社會視爲當然，幾千年未曾圖謀改進的事體之一。新市區街道寬闊平整，商店、房合都爲新式建築，不多的商店皆有長大的玻璃櫥窗，但生意似乎不太好。

新編陸軍第三師司令部在舊市區中心，這個師，是直魯軍蛻變出來。上年有牟平之戰，打敗了褚玉璞的軍隊，而投誠爲革命軍，比普通一個軍的人馬還要多兩倍。膠東十餘縣防區，也比那時期一個軍的駐地要大，民政、稅收都一把抓。在東山砲台後，海軍學校舊址，設有軍官學校。師而有軍官學校，實在是好罕見的。

此所以，市區幾家照相館櫥窗，都擺了高達一公尺劉珍年戎裝全身放大肖像，以示景仰、擁戴之忱。他已成爲膠東的頭號偉人。這是北洋軍閥社會風氣的遺留，照相館非如現在，但以影劇明星、新婚夫婦放大肖像來號召。而是隨官場情況而變。去年褚玉璞當道，就以褚玉璞的放大肖像來裝飾櫥窗。在北洋軍閥混戰，你來我往，勝敗不定的時期，照相館就得把他所有軍頭的肖像都準備齊全，挪動一下，只要花半分鐘工夫。沒有人說照相館不對，就是那些軍頭偉人當事者，也不會批評商人勢利。沒兩天，學舜隨王沖天到師部述職，也來煙台一趟，未留多久，他倆仍回南京。在曹大叔處，那天才入夜，他兩人在廳堂長談，我獨自歪在牀鋪上，憑著高處懸掛一盞電燈的光亮，看完一本磚頭厚的長篇小說。約是一個多小時，這樣半躺臥姿勢，一下也未挪動。如此沈醉其中，全神貫注的這般欣讀小說書册，乃是自己的罕有經驗。

九月一日，搬到政訓處住。不兩天便接到中尉訓育科員的委令。

政訓處長李素若，河北濮陽人。濮陽舊屬大名府，所以這些州縣的人都喜自稱籍貫大名。北平民國大學畢業，三十歲，曾爲共黨，這時係游離份子。上年，他在冀南領導農民組成的紅槍會，驅走了奉軍。素若眉濃，多鬍髭，勤於苦讀，背已微駝。大名府的口音很重。那一帶地區農民鄉土生活習慣，加上書生典型的氣質，比較起來，他跟劉珍年、韓洞、王沖天、曹景周迥然不同，也跟王靜涵大不一樣。樸質、爽朗，熱情充沛，律己甚嚴。**背負了群眾多樣的苦痛，致力革命行動，恨不得理想社會，立刻呈現眼前。**我總記得，緊接著的冬季，他給我留下的一個印象，寒夜著厚大衣，獨居冷氣襲人的大寢室，據案細讀那些硬性的厚書。那時，只在辦公室才升有爐火取暖。

其時，東北易幟，初初完成了國家表面上的統一，北洋軍閥統治態勢已告結束。北洋軍隊大都改編爲國民革命軍的序列。新編、暫編名目的部隊，不一而足。加上一個政訓處，就名正言順，成爲革命軍了。旅團以下部隊，並無需派下政工人員。由於李素若純書生式的領導，加上俄國領事館西臨海灘的幽美環境，在這兒，我們倒是過著有似學園一樣的生活。

其時，我寫作極勤，把在上海永安公司買的拍紙簿都用光了。稿已無存，但還留有目錄在。按說，除了劉永祥、白華國之外，當時政訓處全部同事，學養都比我高。不知何以，到煙台未久，朋友們就要我主編「膠東新聞」的一個週刊「狂濤」。膠東新聞，四開的日報，跟南京的青白報相等，但比春間在萬縣的蜀東新聞要高明得多，印刷尤精美。發刊詞「我們的表白」是我寫的。「棺材」一篇，甚得大夥喝采，以爲是夠水準的普羅作品，誰知我是取材於三弟成潤，前年痢疾夭折的實情。

書讀得多的，還是上海新出版的小說。煙台公安局圖書室，經常向上海郵購。新書剛見報上廣告三幾天，就郵寄到了。我是這圖書室借閱最勤的讀者。哲學、歷史、政治、經濟、社會學的書，也紛至沓來。當時，我信服素若兄的話，書讀不懂，多看幾遍，就自然懂了。抱著這樣決心，看些硬性的書，跟自己鬧了笑話。一本哲學厚書「史的一元論」，我把它當歷史書本來看，一篇長序讀過了，本文好難讀的，也是譯筆太生澀。像啃硬麵包一樣來啃這本厚書，終於啃不下去。倒是郭沫若所譯「雪萊詩選」，薄薄六十四開小本，揣口袋裏，令我百讀不厭。我在海邊沙灘散步，喜歡吟誦雪萊，尤其是「拿波里灣書懷」這一首，起首兩句現在還能記得：「日暖天晴，海波跳躍速而明」。其中有「怎麼我年紀輕輕，心兒便老成」，更是緊抓我當時心緒，原來我當時自認正害相思病。自南京、上海、煙台，我給蓮姐寫了好些信，又寄過幾本書，她不曾有過回信。這時，我去信詰問，卻接到慶弟回信說：「你信寫得太多了。」這話，好傷我的心。我也了然，她執筆不容易。而我的信到了她家，必然會引得姚奶奶、三叔他們議論譏諷。當然，我不再寫信給她。一種幻念卻丟它不開。坐辦公室裏，常在思想，那扇大門一開，會出現了她，向我走過來。自己一生中，曾浮起過許多綺念，但引我如此幻念不已的，只有對蓮姐一人，方才這般癡狂。

政訓處經常性的有三種會：讀書會，政治討論會，生活批評會。我幾乎屢屢受到生活浪漫的指摘，而被稱讚為革命性很強。大家衆口一詞，我不能不接受。其實，我只不過是，好自由自在，徜徉徜徉，何嘗有一點放浪形骸？無寧說，我是好循規蹈矩，一點也非「楚狂」。當時，辦公室都燒有煤塊的大鐵爐子，煙囪管長長的通過室內，好暖的，我卻有時在冷凍的寢室，獨自踱步，望著窗外的大海，細細反省。但是，我就是難以改變自己的率性而行。

旁人的工作情形我不清楚，但我做的事卻是不算少，難道是因特別受到看重嗎？有時忙起來幹到午夜，如狂濤周刊的編排、校對，而這並非政訓處本身額內工作。我曾擬過好幾個計劃。當時的學養，還難以完全體認到一件事體的目標、過程、方法、入手、關聯、條件，以及其限制。這皆是策定計劃時所要考量的。

花了半月時間，去各公私學校進行問卷調查，我看到學校的形形色色，也遇到教職員不同的嘴臉。

受派赴郵局檢查信件。不是後來情報機關那種不著痕跡的拆閱，而是大馬金刀的用剪刀剪開，看了加封，蓋上檢查戳記在信封背面。政訓處並未要我每天塡表報告，拆閱了多少信？有甚麼發現？一般人在這一段時期對時局尤其是膠東地區軍事、政治、經濟、社會有些甚麼反應？我每次去半天時間，郵局拿出兩籮信件來。那房間裏，有水汀熱氣管，溫度高，我匆匆檢查後，每利用這裏寫作。起先，對於緋紅色西式信封，分明是女孩子的情書，先睹爲快。後來就不這樣下作了，何必惹收信人的唾罵。

素若兄直接交付我一項任務，剪四種報，專蒐集國際新聞及其評論的資料。天津大公報，北平晨報，上海新聞報，南京中央日報。這幾家報的立場和風格各不一樣，其新聞取捨與對同一問題的看法，自也有其差異。圈閱、剪報，分類張貼整理。後來，根據這些資料，十九年二月，在武漢我寫了「一月來國際概況」，是寫作生涯中的首篇論文經營。更重要的影響，是這四種報紙的風格、精神、觀念之交互激盪，提引了我這個少年人，使得自己後此治學，能夠**清明自主，無所偏依**。這半年剪報工夫，不啻等於讀了兩年文學系、歷史系、新聞系和政治系。好生感謝素若兄，當年這樣訓練了我。

爲政訓處的士兵上國語課，每日晨間實施，由我擔任教師。其實，我讀音大有問題，北白、書輸、孫甥，分辨不清。

我既未學過速記術，寫起來並不快速，學養也比所有同事要差。不知何以有好幾次都派我擔任師長講話的紀錄。記得一次在軍官學校，兩次在司令部的庭院。他們全都站著，只我一人坐在小桌旁筆記之。整理後的紀錄，不知素若怎樣送上去的。一月三日那天，師長宣佈軍官訓練開始，下午三時講話，仍是我一人當紀錄，天漸漸飛下雪花，拿鉛筆的手都凍僵了。我冷得心中沒有了主。

劉師長接納了素若兄的建議，要使全師官兵脫胎換骨，先從師部軍官訓練做起。要緊的，是他倆率先躬行。課目分爲四部門：軍事訓練，政治訓練，體育訓練，樂劇訓練。一月四日是開始的第一天，上午六時三十分爲軍事訓練。一早，天下雪，洗臉手巾跟面盆凍結在一起，大家都慶幸，認爲今天可免去。結果，依然要去。雪下得更大。我們從政訓處跑步往軍醫學校去。既到，師長早站在那兒了。

政治訓練，多是政訓處同事上臺講些專題。體育訓練，大半是打球。樂劇訓練，唱歌、國樂演奏、排演話劇。這四門訓練，從早到晚，超過了八小時，加上來回路程兩小時，弄得大家都精疲力倦，天氣又冷。政訓處全體人員都爲單身漢，且都年輕，尚且如此感受。師部其他單位，或有人拖家帶眷，年紀又稍大，就不知怎樣叫苦了。

這軍官訓練，在三九天堅持進行了一個多月。拿政訓處說，大家已無餘力可執行工作了。倒是年前一個星期的兩次晨間會操，大家赴玉皇頂高處的集合，很有些活潑身心、聯絡情誼的意思。

劉師長對這訓練很認眞，二月七日舉行第一期考試。早晨在操場上，他不住的喊：「跟上去！竭力！竭力！竭力！」如今我還能記憶到他的懇切表情。接著爲政治講堂，師長用心監督，副師長、參謀長、第三旅長全都到了。次日爲星期六，政治訓練爲「自由演講」，我也被派上臺，這是自己對有識者講演之始。講前十句話，聲音顫抖，之後，才恢復常態。似乎並未使用講演大綱，頭晚準備不充足，近於即興式的發言，是說國際現勢的事。

九、十月間，一個晚上，月朦朦，海上無風浪，也非漲潮時刻，港裏漁船群集，靜靜的，除了我徘徊海岸，沒見第二人。內心裏，我突起一陣離奇的幻想，以爲這是要發生甚麼變亂的徵候。好像兒時站立自家門口，聽見笛聲低沈而幻想，要失火了罷？果然，下半夜保安門外一場大火。這次煙台海邊的幻想，幸而只是我個人心態，太胡思亂想罷了。

九月二十九，星期天，旅行到蓬萊，當天即返。只因這兒是吳佩孚故鄉，而且本師第二旅旅部就駐在吳家，這件事印象濃稠，一直在記憶裏。

憑大家的收入以及當時物價，我們的伙食本應當可吃得稍好一點，像是四菜一湯，六人共食，並不爲奢費。可是，由於素若刻苦勵行，我們的飯食完全士兵化。饅頭，大鍋熬白菜，冬天裏頓頓如此。迫得大家星期天非上酒樓不可。煙台漁產豐富。我有時獨自去後街廣東人開的小雜貨店裏，吃碗臘腸飯解饞。

二月十一日得到命令，全國軍隊的政訓處一律撤消。起初，素若兄並未就這事召集大家有所說明。軍官訓練仍然照樣進行。但是政訓處同事業已人心渙散，半數已換上便衣，出出進進，各人有各人的打算。按說，以劉珍年部隊之多，膠東地方之大，安排我們這三十多人，是毫無問題的事。不知何處傳來的消息，說是靳樹恒向劉珍年告密，政訓處多數爲共黨份子，要圖謀操縱部隊。人家不拘捕你，就算不錯了。至於說操縱部隊，當時並無此徵候。於是，我們要走的人，各人零星行動，多發一個月的薪餉，略有加給，我這個中尉，月薪二十五元，這次領得了總共六十元。

有人說，我如果願意進南京軍校，趁這機會可以保送入學。正跟半年前初來煙台，黃超勸我入軍校的好意一樣，我毫無此興趣。

告別煙台山。走到山腳下，碰到那個日本少女。我遇見她，不止一次了，只是注視她，而無勇氣作任何表示。這次，她拿起書包遮著嘴，起勁的笑我這個中國少年軍官。這女孩給我的印象，蕩漾腦中者，三、四個月。

第二天是二月二十二的早上，因爲新豐輪提前三小時入港，我忙得早飯也沒吃，便趕著上船，離開了煙台。關瑞、賀文林、朱伯楨，都搶著趕到船上來送行。

第九章 職業寫作

第一節 苦雨

六十元錢遣散費，如果不買衣，不買書，不坐房艙，至少還可剩下一半拿回家。一家人過苦日子，可勉強夠兩個月吃飯。

在煙台上新豐輪，我本是坐的統艙，關瑞、賀文林、朱伯楨來船上送行，把我引入房艙。房艙裏侯英傑、史泰安、劉曼西早在，都異口同聲勸我，四人同住房艙，不是很快樂嗎？何必孤零零的獨坐統艙？房艙票價是七元五角。他三人收入比我多，家境絕非我這般窮。

臨走前，買了件夾上衣。到了上海，學著朱伯楨的辦法，花去十七元，買一套咖啡色條紋的舊夾西裝，紅藍斜條的領帶，還有雙新皮鞋。又用去二元一角，買了「新術語辭典」、「新文藝描寫辭典」。

自上海回漢口，原本要坐統艙，也因朋友勸說而坐上房艙。六十元錢所剩無幾。

回到家，父母問我：「你現在帶了幾個錢回來？還剩下多少？」誰知我只剩下兩毛小洋哩。

當時家中雙親，二弟、四弟與還未滿周歲的小妹，大小五人。一天買兩升半碎米做兩頓飯吃。我一條褲子當了三角錢，二弟做紗廠童工得了兩元幾角。憑這麼一點錢，我回來後，六個人勉強吃十天飽飯。這大半年，家裏零零碎碎向人家借了十幾塊錢，月息爲本金的十分之一。我回來後，就有人來要債，別人心想，一個當中尉的大兒子，還能不帶幾十塊錢回嗎？在武漢，當時不管中央軍、湖南部隊、廣西部隊，中尉軍官每月的收入不會少於六十元，養家活口是不成問題的。誰知我才月得二十五元呢？

夸言救國、革命、建軍的劉珍年，部隊薪給這樣少，他必有個說法。人馬比中央核定的編制超過何止三、五倍，只好這樣打折。至於膠東十餘縣的財稅收入，又怎樣說法？地方志書，爲這位聚斂肥己的大軍頭，留下了春秋歷史的批判。以我不完全的了知，民國、山東「萊陽縣志」卷首「大事記」、卷末「兵革」，記十七年十二月至二十一年十二月，劉珍年之搜刮，並有這種褒貶：副師長何益三之暴戾，梁旅紀律獨好。又，民國、山東「牟平縣志」卷十通紀，也指斥劉珍年之搜刮。還有十八年四月俘褚玉璞，其親屬獻金五十萬而不釋，十一月某夜仍予秘殺之。十九年中原大戰，劉珍年按兵不動，蔣總司令異常惱恨。廿一年調浙江，劉立即被捕處死。由韓洞領其師，並未另調黃埔同學來呑併了劉的部隊。其偌大財產不知怎樣了？

母親每天都未能飽食，乳汁不夠，小妹餓得老是哭。四弟放學回來沒飯吃，躲到房角裏哭。一家人雖未責備我，但心裏總存在著難諒解自己的心情。

要是用一種極「現實」的眼光來衡量，自學徒弟起始，在外奔波了五年，幾乎一直無薪給。還只有煙台半年，才每月得這麼區區二十五元。伙食，理髮，洗澡，添置衣物，買書，零花，手頭稍一鬆，便光了。

這五年闖蕩，幾次的險危關頭，小命幾乎送掉，所爲何來？

春季苦雨，家仍住營房口姨媽家的屋子。現在不怕軍隊來佔用，上面正屋租給了很特別的人家余太婆。湖南人，住進來幾天才發覺的，余太婆帶著兩位青年女子，還有三位幼女，在水陸碼頭跑生意。說是她女兒的滿子，跟我同年，身體發育良好，膚色微黑，而具時代的健美。跟她們姘居的，是兩位上尉軍官，廣西人，這種臨時太太，對軍官們說，最經濟實惠，毫無約束，分合之間，一言而決。

余太婆、滿子母女，十分熱絡的跟母親接近，滿子喜歡抱了小妹過去玩。偏偏母親以為不可再生育了，把小妹的小名就叫做滿滿，這跟湖南人命名女孩為滿子，意思完全相同。滿子藉故送小妹回來，房裏碰到我，總必情意深深的望我一眼。在院子裏，我倆一天總要碰見幾次，她常是欲語還休的期待我招呼她。但我總按捺住自己，人家是有主的，何必惹麻煩？我們一家人都有共同默契，對她們絲毫不曾表示過輕視的意思，儘管心裏鄙薄人家。

窺測滿子對我那種祈求、期望、信託的眼神，每天早上，必定打一個照面。我總在院中這邊石版溝眼上漱口，而她在對面石版溝眼上傾倒洗臉水。她都無言的表示這番意願：郎君，你能救我於風塵之中麼？也因此可救你的家哩。你不會瞧不起我罷。梁紅玉幫助了韓世忠元帥，擊鼓助陣，大破金兀朮於黃天蕩。賣油郎獨占花魁，杜十娘怒沈百寶箱，玉堂春眷戀王公子，古今多少娼女從良的美談，況且我滿子還並未走到那一步哩。我還有私房錢，我學得刺繡、縫紉、烹飪的手藝，又有跑單幫，開任何商店的能耐。如果有我成為你家大媳婦，你的兩個兄弟也可好好讀書了，老二用不著再當童工哪。

滿子這些意願，有的部分常有意無意間向母親陳說。為了顯示其欲越拔的決心，她漸漸顯示自己，跟另一位同夥之不同，不濃粧艷抹，不賣弄風情，於詩書禮教的事，常就教於我父母。余太婆是不識字的。滿子的同夥比她年長，只想這麼混下去，找個終身依靠就算了。

果然，滿子換了素衣黑裙，像個高中學生似的去上學了。門口街上碰見，硬是對我展示笑容，逼得我不能不回以微笑。若非不久我去孝感鄉居，很可能會急轉而下的發展，有想不到的結果。對於蓮姐，自從在煙台得慶弟信說，我的信寫得太多了之後，因為傷心，已停頓了戀情的癡狂，我已虛無所有了。剛巧那兩位軍官因部隊開拔，離開武漢，也結束了這段露水情。

穿上惟一的這套上等料子的舊西服，走在街上，人家總還認為是闊大少哩。

老友馬菱舟，此時因共黨份子罪名，被關在高等法院看守所待審，卻准許探監。我和馬大嫂，他們的侄兒曼雲，還有胡寄萍，去看過兩次，只問問生活情形，不敢多談別的話，惟恐那裏藏著偵緝隊的人。對於他，這是生命上的震撼，他雖是把我引進革命陣營的人，年歲也比我大，但是，很顯然，他只是在武昌城出出進進而已，並未遭遇過我這五年的一些驚濤駭浪。他把被捕、入獄過程中種種切切，都寫記下來。後來我看到了。要是這兩年，我不是四方流浪，很可能會被菱舟牽連在一起。

這時期，我思想上有兩股巨流，相互激盪。除了少部份的中國詩詞研讀，我所廣泛閱覽的哲學、社會科學、歷史、文學讀物，百分之七十以上，都是思想左傾的書本，並非我特意覓求，而是上海出版界大量傾銷，以扇面幅射的形態，無遠弗屆。性質較純正者，硬是被逼縮到百分之三十的少數，若商務印書館的學術性書冊，就是不易打開市場。

有人傳述英國費邊社的故事說，知識份子青年時代定得是個左傾的過激派，中年後就漸漸趨於保守，而以蕭伯納為例。

左傾思想漫汗腦際，而由於傾心文學創作，已漸漸辨識到：**獨立自主的明辨，乃是創作生活最大的憑藉**，不容許讓任何一個政治上的宗派操縱了你。這種漸漸起來的辨識，其初始十分細微，但是，大風起於蘋末，它不似左傾讀物，是在自己讀書生活的啓蒙階段，囫圇呑棗，鬍子頭髮一把抓，經不起明淨的思考。既然已走上文學創作的路，那麼，很要緊的事，便是不能讓人家牽了鼻子走。

我在煙台買的夾襖還沒穿上身，給送進了當鋪。在上海三友實業社買的牀單也當了。父親成日苦著臉，引起我弟兄反感，他是絕不會出外想方設法的，要能夠這樣，他早放下身段做小生意，或者找工作了。他始終覺得，雜貨店老板的面子不能丟。聽說，去年他拿了二弟半月得來的工資四元錢，又去漢口跑馬場買了一次馬票，自然是輸光了。

蓮姐是更成熟，更美，更可愛了，雖然橫在心頭，我仍有兩絲傷感情懷。現在一家人都陷於飢餓，毫無希望的生活，那還有供養心上人的心境。雖然，街巷間來來往往遇到一些少女，人家總不會不看我一眼，必然引起一陣盪漾，而意惹情牽。在外婆家遇到蓮姐跟姨媽，姨媽在堂屋打麻將，細太忙出忙進接待我們，我就隨著蓮姐進入細太房裏談話，房門開著，也未掛門帘。蓮姐打趣我說：「當老爺了，甚麼時候娶太太呀？」

有天，姨媽來我家跟母親談家常，我家如此之窮，不能為姨媽撐腰。姚家本家、親戚，無人出來說句公道話。我這個不知天高地厚的窮小子，最近竟然又寫信給蓮姐，要她為我十字布枕頭上挑花。這信落在姚三叔手中，他總算未沒收，但譏諷的語言必所不免。姨媽的哭述中並未提到這一點。但她老姊妹間必然提說到了。母親一邊陪著姨媽哭，一邊強顏歡笑的勸姨媽，無非是說姨爹去世之後，你孤兒寡母的，苦熬了這麼多年，現在姊弟倆長大成人，已經是熬出頭，還愁甚麼呢？再說，你是長房長孫，老二老三要僭越，禮數上是說不過去。再說，你姚家三個妹子出嫁，你不顧自己是寡婦失業的，拿出了自己陪嫁的首飾給她們充門面，她們夫家如今環境都很好，原應加倍報償你才是。只因你人老實，不肯爭取。你無負姚家，只是姚家負你哪。

老姊妹收淚止哭，細細談說，不免同時把眼光投射到我身上，而無話可說。問題既歸結到我身上，這無言而顯明的意思是：成章哪，你東飄西蕩的闖了三年，還沒闖出個名堂，你但能謀得一個固定的工作，這親上加親的事就可定奪了。

母親留下姨媽在我家用飯，就先去廚下。姨媽也跟著走過去，經我身旁，悄悄的對我說，她帶來蓮姐口信，蓮姐很樂意爲我枕頭布上挑花。

這段時間裏，寫了一篇散文「家」，打算向漢口報紙投稿。

讀辛克萊小說「石炭王」，十分欣賞。

覺得故鄉變遷好大，市街形狀不如從前。高叔之逝好教我難過，他是親戚中惟一跟我又有朋友交情的長輩。在我學徒弟前後的那兩年，他混到軍隊裏，當了吳佩孚的衛兵，掛著盒子砲，在河南威風了一陣子，彎著京腔，嚇唬軍民。吳佩孚屬下的官兵，不敢不怕大帥的衛隊，就像昔日王公大臣怕太監一樣。

我去看高叔，是他最高興的事。他十分懊悔自己少小貪玩，誤了學業，成年後無一技之長。只希望我這個大侄兒能混得好，讓他也沾點光。誰知我獨善其身也不可能哩。

高叔叔身長逾一七〇，一向身子很壯，頭年夏季死於時疫。高府上因爲屋矮，無院，每個房間都陰暗，人口並不多，三位婦人都是青春年華就守寡，姑奶奶，姑媽，高嬸娘。兒時，這位最疼愛我的高叔叔，才活了三十一歲。

第二節　蓮姐示愛

劉人伯懇切邀請，三月下旬去孝感衛家店，在汪劉家村住了一個月，純粹鄉居生活。從孝感回來，時序已入夏，生活無著落，天天面臨斷炊苦況。

小妹滿滿正當周歲，一直是奶水不足的這麼養大。整年的飢餓苦痛，白天常有她的啼哭聲。不哭時，並非因吃飽了，而是哭累睡著了。她只這麼大，父母和我們這三個哥哥，既難以勸說她：「別哭哪，哭也仍然沒東西吃。」她那裏會聽得懂？也不能摀上她的嘴，更不忍心打她，強止她啼哭。母親摟抱著小妹，每每傷痛不已。

不似前兩三年政局動盪，武漢常有大軍過境，你來我往，營區駐紮不了，大戶家屋凡有空房皆被徵用。有的大戶即使並無空屋，也要勒令你騰挪出房間供他暫住。那時，我家被急急忙忙的，請搬來營防口姚奶奶的這棟老宅，來看房子。現在情況過去了，余太婆那家已搬走，屋子空下要另租正經人家。姚奶奶三番兩次促使姨媽來催我們搬家。我們怎能搬得走？一延再延，也說不出一個期限。姨媽臨來之前，在家裏受了姚奶奶、姚三叔無數冷言冷語，無非鄙薄我朱家的話，只有百之一二部份才吐露出來。有兩次，姨媽遠從山後朱家巷，到了營防口我家，人還沒坐下，便號啕大哭。我們何嘗不想不要讓姨媽為難，無奈是眞窮得連刮痧的一文銅錢也沒有了。那天正吃早飯，姚奶奶便來了，她要親自來催我們搬，也是要看房子當怎樣修繕。我正在寫「結局」，硬克制自己，當她跟父母說話之間，勉強寫了兩頁稿紙。這天氣候不好，颳著風沙。我只好避開這尷尬局面走出門去，讓母親硬挺著，強裝笑臉，陪侍這位令人生厭的長輩。

我不管自己一封信寄給蓮姐，會惹她多少麻煩。她一年總有幾次被八卦井的劉家姑媽和漢口童家二姑媽接去，一住大半個月。信去了，當時她本人收不到。落到姚三叔手裏，一生氣撕了，或是丟進字紙簍。給姨媽見到，會檢出來。要是姚二叔收到手，他不會這樣，他定交給姨媽，交給蓮姐，還會有悲悽表情說：「成章的信。」

有天，放晴，蓮姐來了。有那麼一段時間，凡遇好天氣的日子，她必會飄然而至。我就盡量不在這種日子裏外出。心有靈犀一點通，竟像上年我在煙台的幻念之實現，只要一想起，蓮姐會來罷？果然，她就來了。

姚奶奶第二次來的那天，沒多久，便走了。午間，蓮姐來，跟母親談家常。揪著機會，就跟我談話，關於我寫信給她的事。想起這四年對她的戀情，似只是種單戀，去年在煙台的心思憔悴。好煩惱，便走出門，獨自一人，又蕩到鮎魚套去。不逍回家來，蓮姐還未走。晚飯後，就留她在這裏過夜，讓她獨睡我的行軍牀，我跟父母、弟弟妹妹們七個人，擠在一房，好教我感慨不已。次晨，天又下雨，我想，可以再留她一天了。我先起來，靜心伏案寫「結局」。她睡得好安穩，枕頭上秀髮蓬鬆（那時，她還未剪去辮子），幽香襲人。弟弟們說話把她鬧醒，我說：「睡一下咧。」她答：「慢了人家來了，難看。」她卻依然再睡了一下。好快樂的一天，挨到晚上，她才走。出房門時問我：「成章，你幾時再到我們近跟前去？」我硬著心說：「我不去。你現在走。」臨別，她又跟母親說：「姨媽，明天奶奶來，你家說我是在家家那裏歇的。」依依難捨的，她已走了五、六步，我喊：「蓮姐姐。」她站著了。

「你」，我笑著，半天才說：「你把那東西拿來。」我指的是去孝感前，存在她那裏的日記。「那怎麼拿呢？」「好，你走罷。」我頭也不掉的回到屋裏。我怎麼這樣不通情理呢？應該送她。其實，我就是一直伴著她，走到司門口再坐車。或是抄小路，經百壽巷到閱馬廠，送到朱家巷附近，也未嘗不可。父母竟也沒有叫我送她一程。我當時之不伴送她，也許是不好意思。

蓮姐一去，頓覺空虛、淒涼之感來襲，無已，走出文昌門外磯頭散步，思潮翻騰無已。內心裏只不斷呼叫：「愛人啊，愛人啊。」

四月二十八收到蓮姐一封信。信末署名志君，明顯表示對我強烈的愛意。五月六日翻閱過去的日記，一一加上頁碼，發現蓮姐貼上的一張紙條，是陰曆二月十五寫的，說我沒把她當親姐看待，日記上凡記著關於她的事，都給塗抹了。信末是：「祝你不要望想心灰。志君。」望並非妄之誤。這句八個字用得極有深意。

兩情既經過了如此的溝通，我只等著她甚麼時候來，要當面說清楚了。我不要把她當親姐姐看待，我是一心一意的，定要我這惟一的表姊當上我的愛人。

關瑞給我介紹了一個在北平的新朋友，曹孝啟，是筆友。但不知何以當時彼此未交換過照片。想像中，他定是位文質彬彬的志誠君子。由於關瑞的推重，這位大哥誇贊我的才智，極懇切的要引導我、勸慰我勿自暴自棄，勿為目前艱困而沮喪。他的信總是四、五頁紙，毛筆書寫，每個字端端正正，一筆不苟，但卻不是那種公文書的楷書，而是筆端下帶有濃厚情感。

兩三個月裏，總來往了五、六次信。不記得這番友情怎麼未有向前發展？後來二十二年到北平，怎麼未探詢這位朋友？曹孝啟這位從未見過面的朋友，確乎是此生罕有的遇合。無獨有偶。後此，則有任教臺灣東海大學甚久的王天昌教授，其信札，也總是正楷書法。平生還未遇到第三人，如他倆這樣文質彬彬的君子。

特地乘輪船去了漢陽大嘴鄉，看訪岳四。他四十歲時，從長江輪船上退休，回鄉在大嘴碼頭臨江開了一家槽坊，生產漢陽的南酒，麥子釀造，不像汾酒那麼烈，清冽微苦。湖南下來的木船避風停靠大嘴，多喜歡飲他岳家的這種酒，名聲不脛而走。我託請他介紹當長江輪船茶房，以尋求文學寫作素材的事，他認爲是不可行的，未免太是浪漫的想頭。有一層意思他未明講，但神色與語言之間可以覺察出來——若果我引導你走上了這條道上，怎麼對得起你死去的爺爺。我被當做貴客接待。住留了幾日，晴明的初夏，搭上滿載貨物的大木船，揚帆順流而下，回到武漢。

筆墨生涯興致愈來愈高，偏偏朋友中並無同道，千山萬水我獨行。終於走上寫作的道路，而且持續至今。想起來，每每引爲極大的欣慰。自煙台嘗試期起始，回顧來路，這七十多年來，同時起步者大有人在。別人才學、經驗，寫作的憑藉，家庭、個人物質生活的條件，都勝過我多多。而今還仍然未丟下筆桿，勤筆如初，矢志不移，竟僅僅剩下，只區區壽堂一人。也是，寫作之事太寂寞清苦。煮字療飢，會餓死老婆孩子。尤其是，定要挺直腰桿，**不寫迎合性的文章，不寫爛筆頭的歪篇**。

其時，我只是浮雜的讀了些書，並沒在那一課目下有系統研讀，學力毫無，文筆太差勁。只是，生活經驗比諸同年齡的人要複雜，而貧窮環境所激起的感慨，加以戀情的引發，思想和感情，是有些「不同凡響」，加之，見聞超乎常人，不肯人云亦云，發爲文章，易得編輯人垂青。記得去孝感前，就曾向漢口湖北中山日報副刊寄過一篇短稿，由於家中未訂報，也未逐日買報看。後來方發覺，首篇投寄的文章早被採用了。

小妹白日因爲飢餓，很少不哭的時候。只是自己爲長兄，又對家庭有着負疚的心意，任她怎樣吵，我居然能定下心來，就在她身旁寫文章。後來並未餓飯，我寫文章時，如果自己的孩子在身旁吵，怎地那麼容易發脾氣呢？尤其是對於可愛的二女秋兒。蓮姐要是看到我這段記述，定然十分傷心，要責罵我的。豈只這一段，後來與她結婚，五十七年婚姻，但 提說家庭舊事，幾乎沒一件不教她傷心，我是太應受責備的。

現在文學創作有「意識流」的說法，謂意趣流變不定，思考的進行極度不合邏輯。五月三十一日寫「瞬間」，下筆原本要寫十七年河南密縣的牢獄之災，以爲沒意思，那就應該擱置下來，另行起頭來寫，卻又捨不得丟它。竟然隨著新湧起的意念，像匹沒籠頭的野馬，就這樣寫下去了。使這篇短文千變萬化，文章寫完，出乎下筆之初的意念。

「結局」的寫作，是在描寫我學徒弟的生活經驗，遣詞造句必隨時日而異，但大體上不會差離到那裏去。這篇自傳體的小說，約成兩三萬字，可視爲文學寫作第二步的磨練，第一步是上年在煙台的那些寫作。似乎沒有發表，也未列入我的著述目錄，只在這時期日記裏，不斷見有寫作進行的記載。

首先結識的兩位文友：李亞聲，陳曼引。

亞聲年近三十，襄陽一帶人。他是學合作經濟的。夫妻倆住在漢口存仁巷，房間很擠，用打汽爐子燒飯。只因他是我當學兵時，教導團的團政治指導員，還有，現在專寫經濟學的論文，賣稿爲生。我不但被留下晚餐，還擠在他這裏睡了一晚。不久就聽說，他夫妻同被捕殺。

曼引是橋口普濟醫院的男性護士，黃梅人，大我三兩歲，好熱情，精力充沛，寫小說、散文。他還有個同事筆名南亭，寫的文章好吸引人。曼引爲湖北中山日報副刊，另行編了一個文藝周刊，排成十六開的書頁式，每期有四面篇幅。我的文章給登載出來，特顯光彩。

讀辛克萊的小說「屠場」，受其普羅文學意識的煽動，好激情的。五月二十一日讀畢，盛讚其「力量的偉大」。竟把書中的講演辭，密密麻麻的抄了四千字在日記上。如此方式的讀書箚記，在壽堂一生可稱空前，好浪費筆墨。當時不這樣抄寫，激情難平復嗎。

葉靜這位女性，比我稍大，是很難忘記的一位同志。因爲我倆那種「同船過渡五百年修」的緣法，要超乎十六年春，在武昌白沙洲永安會館與蕭柱、文佩芬兩個多月的相處。我考學兵前，在武昌胭脂巷中共機關軍委那兒，碰到葉靜強著軍委答允她參加軍隊。後來我們教導團駐紮江西永修、涂家埠時，好幾次全團會操，看見她在團衛生隊出出進進，她當了護士。其後，南昌至潮汕行軍作戰，也遇過幾次，還有過交談。回到武漢，聽人提起她。這年五月十日接到她一封信，還看重我這個戰鬥伙伴，起了一些遐思。她的名兒與形貌之依稀，一直在印象中。她後來的婚姻生活，先甜後酸苦，晚年獨居美國。童世璋表弟深知其種種切切。

馬大嫂挽籃子賣蛋爲生。遇到可以接見的日子，雖大風雨也要帶點食物給菱舟。我卻不能夠如她一樣，爲的怕沾上關係。遇到了偵緝隊視爲嫌疑犯，而一併被抓去。菱舟也諒解到這一點，探監時，曾囑咐我少去看他。他的案子已定，所寫牢中日記，自案發被捕述起，居然能由馬大嫂帶了出來。菱舟努力爲文學的抒寫，一個字一個字的寫得相當工整，遣詞造句並無悲怨恨苦。

有天，我去看高家姑奶奶，內心好是悼念逝去的高叔叔。姑奶奶和高家姑媽堅留午餐。這兩位守孀的長輩，看著我弟兄幾個，總覺有「兒大一發」的無限希望。餐罷，飲茶，將辭行，對門游姨媽跑了過來，說：「喲，我在外面望了半天，你的說話，你的動作，跟你妹妹一模一樣，尤其你那個嘴。唉，我想起你妹妹，眼淚都來了。」妹妹成瑛送給游家爲養女，只幾個月便夭折了。說起來，是家族痛史之一。

綬紳舅舅偶然來過一次，人變得更瘦，而有幾分癡獃，也放蕩。要是外婆在世，他就不會這樣無家可歸。母親和姨媽這兩個姐姐雖是疼愛他，我們幾個外甥也都喜愛他，無奈我們難以爲助。到了後來，我們有能力可以奉養他時，這位舅舅早跟我們失去聯絡了。不知他飄流何方？跟青初婚的那幾年，夫妻倆時時在道說我們這位惟一的舅舅。

這期間，還發生了一件事。在街上行走，我被瘋狗咬了。惴惴不安者好幾日，幸未發生恐水症，自是那條狗並未眞瘋。

第三節　南湖兵營諸友

從孝感回家，開始與南湖兵營、還有孝感縣旅居省城諸位朋友們交往。

關瑞來信，要我去找黃超，他在教導第三師當中尉排長。只是所知其部隊的駐在地，說法不一。教導第三師師長錢大鈞，兼任中央軍校武漢分校主任，其時是第七期軍官學生在校，而武漢三鎭爲教導第三師防區。爲了找黃超，我幾乎但逢遇到教導第三師的官兵，就向前打聽。教導師分明是要加意編訓、裝備，使成爲全國陸軍表率。教導第一師、第二師成軍京畿，即任首都衛戍之責。教導第三師軍官的制服，恰是合於中央軍的標準服式。譬如袖口不可如東北軍之過於窄長，也不可如西北軍之寬鬆，總要利於動作，垂臂抬手之間，顯得輕便、活潑，精神，大方。

當時，教導第三師官兵服飾之整飭挺拔，可說是北伐軍自到武漢以來所僅見。據他們的指引，我到兩湖書院、鲇魚套、左旗營房、下新河第一紗廠，都未尋到黃超。最後終於在南湖營房找到他。他是第三連的中尉連附，營長祝夏年，黃埔一期。連長常孝德，四期。受到熱切接待，只要引介了連長和幾位排長，吃飯時添一雙筷子，吃大鍋菜。爲了不讓風砂泥土吹到飯菜裏，他們官兵都是在室內進餐，我這樣一個穿便衣的客人，夾在連排長這一圈用餐，就不顯突出了。

他們部隊每天三操兩講，訓練緊接。黃超隨部隊集合去了，我便在他房間裏獨自留著，看他所買的中外小說消遣。

由於黃超跟常孝德交情好，我也受到這位連長的禮遇。他倆禮拜天入城，來我家回拜。只是我家太窮，沒甚麼可以接待客人的。很去過南湖幾次，連上官兵也熟了，有次下午他們出外打野外，我也跟著去玩了一次。可能是第二次去時，我就去拜訪了第八連連長曹金輪，跟黃超一樣，是煙台舊識。

黃超、曹金輪、我，三個人的接識，有段奇怪的遭遇，也可說，是這個時代所賜。

曹金輪、黃超雖爲黃埔四期、五期同學，相識卻是起源於一次敵對的戰鬥。敵軍打敗了，黃超成爲俘虜，曹金輪爲勝方，是從俘虜中識得黃超，而成爲朋友。

我跟曹金輪也有這麼相同的遭遇。十六年八月參與會昌之戰，金輪是打敗了的一方，強擁著他的師長錢大鈞撤退。

又因黃超介紹而認識了他的好友黃志鴻，也是五期的，早當了連長。他這一連人單獨駐紮在洪山的寶通寺。志鴻居然比我還小，那他畢業黃埔時才只十六歲。有「小孩連長」的綽號。與曹金輪形影不離的袁勁，自然也成爲我的朋友。袁勁，湖南汝城人，金輪，貴州遵義人，他倆以同在黃埔四期同學而相識。

金輪體形較矮，熱情激發。袁勁長身玉立，沈默寡言。這對朋友處處都有些相反，而十分要好。我嘗說，金輪是賈寶玉加拿破崙再加托洛茨基這樣的一型人。金輪是因初戀遭挫折而進入黃埔。

金輪、袁勁工作一直都是在一起。民國十七年，他倆在安徽蚌埠、中央嫡系部隊的某一旅，同時當排長，另一位黃埔四期同學張世禎，跟他倆也有很好交情，則在旅部當參謀。旅長爲黃埔先期同學，對後期學弟十分愛護，但有機會無不盡量提拔。尤因旅長和世禎是入黃埔前文學校同學，對他三人更是特垂青眼。

袁勁一表人才，他在任何地方總特別顯眼，引人注意，旅長早對他有特別印象。旅長常邀世禎至家便餐，本有意將待嫁的姨妹王小鶯爲世禎介紹，偏生世禎木訥，又略有執拗，事不諧，也是旅長夫人不太中意世禎。旅長夫婦常聽世禎說起曹金輪、袁勁之「焦不離孟，孟不離焦」，共認這兩位年輕排長很有意思。爲了替妹子擇婿，旅長夫人要世楨幫忙，找到一個機會，跟這一對好朋友見面。

袁勁被看中了。旅長夫婦找了張世禎來，向袁勁提親。袁勁那時一點也不想結婚，也不像我當這年紀時春情蕩漾。我想，袁勁並非沒有蕩漾，只是如花似錦的前程擺在當面，他但望能先有事業，且候到二十五、六歲再成家不遲。但這是旅長的意思呀，怎好回絕。其時，黃埔同學都以能在中央嫡系部隊任職爲最佳選擇。

於是，袁勁和金輪、世禎，經過了深長的商議。由世禎去覆命。袁勁說，極感謝旅長和夫人關愛，只是自己太年輕，又無經濟基礎，無力成家。由於事先，已讓袁勁、曹金輪、王小鶯三人見過面，且有一番交談。於是，旅長要世禎問袁勁：是否看不中小鶯？袁勁趕快否認。旅長夫婦開了心，夫人說：「那好辦。我們做姐姐、姐夫的，爲妹子辦喜事，一切都不要妹夫煩心。結了婚是一家人，就跟我們住一起好了。」

這一來，三人無話可說。倒是袁勁提出了一個條件，不願住在旅長公館。旅長夫婦滿口答應，這樣也好。

婚事既定，旅長夫婦先宴請他三個朋友，讓世禎上坐，金輪一旁相陪，袁勁、小鶯則各挨他夫婦坐著。旅長說：「在外面，我是旅長，你三位都爲部屬。但在家裏，世禎是我老同學，金輪是黃埔學弟，勁夫是我連襟，長官部屬的稱呼，都應該免了，是不是？」小鶯對於這未婚夫十分滿意，一下子就親熱得像多年戀人似的，教局外的四人同感喜悅。

不僅旅長官邸一片喜氣，全旅官兵也都共同感染到喜事可賀。大家議論說，旅長夫婦這樣愛才呀，這一旅三個團，還有直屬部隊，除了兩位團長已婚，還有一位團長上校，更多的中校、少校、上尉都還未婚，偏偏看重了一個小排長。旅長跟排長之間，職務上至少隔了團長、營長、連長，不說還有副旅長、團附、營附、連附這些長官。階級呢，少將到少尉隔了五階。而袁勁的人品、才能、爲人，大家一致看好，沒有話說。

婚前，旅長夫人帶著妹子和準妹夫，忙出忙進，看房子，買傢俱，定首飾，縫新衣，大大小小的事，務要準備周全。爲了培養小倆口的感情，並讓他倆遊山玩水，上廟燒香的，盡量去外面流連。

婚禮倒也別致。旅長聽從世禎他三人建議，在婚禮正期下午舉行茶會，等於軍官團聚會似的，凡駐在蚌埠市內的，全旅准尉以上軍官，不值勤的都來參加。當晚，旅長夫婦和一對新人，宴請全旅少校以上軍官，是旅部伙伕做的酒席，不收任何人的禮，一切費用出自旅長公費和旅長夫人的私房錢，也不讓袁勁花錢。給了他一星期婚假，第二天一早，一對新人便坐上津浦路藍鋼皮特快車，去南京旅行。銷假那天，旅長發了加菜金，買了酒肉，在袁勁所屬的連，舉行全連官兵聚餐，團長、營長也來參加。這幾天裏，全旅喜氣洋洋，所有當排長的，都同感光榮。當時，黃埔學生下部隊就可當排長，也有先要經過見習官階段，但見習時期都很短。班長多由老兵升充。凡有排長出缺，由於黃埔學生太少，班長升任的機會很大。逢到作戰，人員傷亡大，頗有上等兵連陞三級，一下子他就當了排長。

所以，袁勁之成爲旅長連襟，以及旅長爲這項喜事的安排，給全旅官兵都產生了莫大的鼓舞，眞非始料所及。旅長很懂得統御術，在軍官團教育集合時，他特別找了袁勁的上級主官，連長、營長、團長，還加上張世楨、曹金輪、袁勁，要這三位主官不可因袁勁是自己連襟而有差別待遇，務要跟對所有排長一樣，嚴加督導，也交代袁勁，務要小心謹慎，奉行職務，比以前更要努力求學，愛護士卒，尊敬長官。

旅長夫人好疼這個妹夫，如果袁勁有幾天不到她家去，就派勤務兵來請他夫婦，或是親自來找。袁勁一星期才能有兩次外宿。於是，凡是外宿這天，索性就在旅長官邸吃晚飯，而成爲常例，多半世禎也就近受到邀請。

新婚還未滿月，袁勁邀了世禎、金輪，在星期天早上，三人去郊遊野餐。其實，是舉行緊急會議，袁勁哭喪著臉說：「大媒人哪，出問題了。」他說，當初議婚，他本就敏感的想到，本旅旅部有好幾位中校、少校都未婚，旅長怎不就近爲姨妹找對象？再說，營長、營附、連長、連附待婚者，也大有人在，怎麼會向排長中來找？全旅排長超過百人，又怎會選中我袁勁？而這衆排長中人品、才學超乎我的並非沒有，旅長經常在看部隊，他還有不一目了然的。哦，只因我與張世禎常來往，旅長夫婦從世禎口中知道了我，然後有意的在無形中察看，才選中了我。

旅長夫婦視我如親兄弟樣，我著實感到好幸運，也好感激。可是，慢慢感到姨姐對我過份親熱，心裏就不免疑懼。這種感覺我不敢對小鶯講，也不敢向你倆透露。有時我責備自己，但願自己是過分敏感。由於近半個月，從多方面事實，姨姐對我的語言、態度，極強烈的顯示，姨姐愛上了我。當然，我必須裝作是毫無感應。心想，這辦法或許可以阻絕她的癡情。

昨天，旅長到鳳陽、五河去看部隊，要後天才回。姨姐邀我夫婦去吃餃子，並說既然她姊妹兩個廣東佬也會包餃子了，要我這湖南人也學學包餃子玩。大男人既成了家，不是也應該學做點家務事？我心想，姨姐這話是有道理。於是，三個人包餃子，姨姐就特別注意教導我包餃子的手法。姨姐說，要喝點酒，光吃餃子不行，還要炒三個菜，硬說小鶯炒牛肉絲做得最好，差遣她到廚房去做菜。只留下我跟她兩人在廳堂包餃子，這本是很平常的事。

誰知姨姐忽然拉住我的手，說：「勁夫，難道你一點也不明白我的意思。」她眼圈一紅，滴下淚來。我既難否認，也難承認，不過，心上凜然一驚。我想，現在已到了攤牌的時候，我得趕快抽身而退。惟恐姨姐有進一步舉動，我不得不抽出手，站起身來，很平靜的說：「大姐，你不要激動，有話慢慢講。請揩乾眼淚，不但別人看見了不好意思，小鶯也會生疑心。」這末一句話很起作用，姨姐以爲我會接納她。居然向我媚笑說：「我早知道你是個多情人。」

姨姐藉詞拿裝餃子的瓷盤，到廚房去了一趟，穩定了小鶯。然後轉來，定要我坐下，兩人一心一意的包餃子。好像是談閒話，說家常。其實是道說她熱情如火的情話。說是姐夫事業心太重，成天到晚只記得他的部隊，回家來固然也跟妻子親熱親熱，但卻把大部分時間都花在看兵書、讀戰史的上頭去。豈僅臨睡前在書房，他起得早，常常天未亮，他就去了書房。自從三個月前，就對袁勁一見鍾情。後來，儘量以世禎爲媒介，製造機會與他們見面。她說，知道自己不應該如此，但是，就是克制不住。和小鶯這段姻緣，完全是她慫恿旅長，一手安排。從提親到結婚，這一個多月，常常見到袁勁，本以爲有這樣一個妹夫，做一個很關愛他的姨姐，也就夠了。但是按捺不住自己。並說，時常夢見自己變成小鶯，睡在身旁的是袁勁，夢中只叫勁夫。弄得有天旅長打趣我：「兄弟呀，你姨姐對你比對我、對小鶯還要好，她做夢都喊勁夫哩。」旅長這樣說，我內心益發不安，我怎能接納姨姐，做出對不起姐夫的事？再說，若鬧得外人知道，全旅官兵也容不得我袁勁這小子。

姨姐說，兄弟，我實在是身不由己，一看到你，想到你，我心就醉了。有天，我以爲我硬是瘋了，因爲到處都是你的影子包圍著我。你知道我並不是一個輕浮的人。你姐夫常笑我是老古板。當然，我也責備自己，這樣子，我怎麼對得起自己的妹子，但是我受不了啦。我今天非把這番話講明白不可。不管你是怎樣，瞧不起我、罵我也好。這幾天，我天天夜晚睡不著，想來想去，想了許多許多。

現在要向你講明的。只是兩層意思：這種情愛，只是你我兩人之間的秘密，不可洩漏給第三人知道，否則，就不得好死。第二、我這做姐姐的人，一定會萬分克制自己，只要像剛才拉拉你的手就夠了。我不會對你有進一步的舉動，即使你發起火來，我也必然要阻擋你。孔聖人所說發乎情，止乎禮。總之，只要你心裏有我，我心裏有你就是。你是君子人，我也是君子人。

好罷，我只要把這番話說完，我想你不會忘記。你要仔細想想，過幾天，找個機會，我要聽你的答覆。現在，我們包餃子罷。

世禎、金輪大爲詫異。三人反覆研究分析。事實既然如此，可證並非袁勁敏感。也非是姨姐神經不正常，或是輕佻浮蕩。不過這件事關係重大，憑著世禎跟旅長夫婦的友誼，應該以第三者的身份從旁觀察，看看姨姐究竟是怎樣的身不由己，她又眞能發乎情，止乎禮嗎？同時，這幾天裏，三個都要多加思考：袁勁怎樣才能跳出這感情氾濫的漩渦？

於是，世禎用了毫不著痕跡的方式，連著幾天讓袁勁在姨姐跟前來來往往的。有時是世禎跟他倆一起，有時還加上旅長，有時還有小鶯。有時是他三個朋友，加上旅長夫婦，還有小鶯。世禎一向就具有觀人於微的本領。經過了他這樣多方面的考察，確認姨姐之戀愛袁勁，已是迷情入

很難，很難。發乎情、止乎禮嗎？骨，神魂顛倒，身不由己。

三人幾度深長商議，作了五項決定：

一、請錢大鈞來個電報，說教導第三師下級幹部缺乏，指名調曹金輪去當連長。並要旅長這邊另選兩三人同曹金輪一起去教三師。蔣總司令曾有過指示，教導師是整軍建軍的首要，各嫡系部隊都要盡量支援。

二、袁勁藉辭跟旅長關係太親近，各級部隊長、同僚遇事都好意相讓，自覺這樣下去，會變成特權，有違青年人自力奮鬥之道；而恰好這時，金輪也得到錢大鈞來電，邀袁勁同去。

三、世禎則從旁打邊鼓，說動旅長同意這番調動。

四、袁勁同時要穩住姨姐，表示感激她的厚愛，定要做到「發乎情，止乎禮」，不可稍有踰越，免得毀了四個人，而鬧出了笑話，受到影響的則不止是這四個人。千萬不可讓姐夫、姨妹這倆人有絲毫的了知。

五、這樣，袁勁夫妻倆但能離開了姨姐夫妻，事情不就慢慢冷下去了麼。

事情發展，果如預期，金輪、袁勁到了教導第三師。世禎隨後到了武漢分校當隊長。那位好旅長一點也未受到傷害。七十多年之後的今天，壽堂雜憶裏，也未提起他的姓名。他已去世二十年了。而小鶯一直被蒙在鼓裏。更奇特的乃是，民七十五年前後，壽堂曾在臺灣師範大學的學術會議上，與這旅長的女兒，也即是小鶯的親侄女，有過一番遇合。她說起，自已母親已故去十多年了。

南湖軍營朋友，因黃超、曹金輪關係，還認識了班竹、馬良、鄭正、張濤、王璧光、毛龍隱、龔先方、劉積耀、戴劍歐、鄧振翰、龍彥超這一夥。

班竹，安徽合肥人，黃埔五期，任連長。剛結婚，老在倡說一個論調：試婚。

馬良，福建永定人，南人北相，黃埔五期。平常不太愛講話。

鄭正，貴州遵義人，黃埔五期。人黑黑，肺部不健康。

張濤，貴州綏陽人，黃埔五期。富男性健康美。

王璧光，貴州人，是曹金輪連上的特務長，頂會吃喝玩樂。

毛龍隱，四川營山人。他是袁勁連上的特務長，很豪情。

龔先方，湖南石門人。黃埔六期，是金輪那一連的排長。特別富於文學青年的氣質。

劉積耀，浙江象山人，黃埔六期，其時他當排長。最熱情，深具悲憫情懷的君子。幼年經歷的複雜，超乎常人。破落的世家子，小時沒受良好學校教育。因爲學徒弟，他讀書非從「人之初」開始，也非從教科書「人手足，山水田」開始，而是從商號的簡筆字、速寫字、合體字開始。如就全國各行各業的傳承上廣事蒐集，可達千字之數。青少年時代，我還記得一些。

他十五、六歲，身無分文的跑到上海。象山人都算「阿拉寧波」。寧波人，無論老少，在上海極易闖世界，會有那些先在此的同鄉，無條件援引你。積耀滿腦子的少年理想，在黃浦灘上一隻英商太古公司開往廣東的海輪。船出吳淞口，查票，人家發現了他，問他幹啥？他答：「我要到廣東革命去。」人家笑他小孩天眞，卻也大大感動。因爲，那時節不斷有各式各樣人，冒著被北洋軍閥捕殺的危險，坐外國船到廣東革命去。當時，全中國人遇到了這樣的志士，沒有不多方盡力來援助。可以這樣說，其時，每一個省區，都有一兩個或者三、四個中心地區，作爲接應、掩護革命志士前赴廣東的交通站，演出了許多可歌可泣的事蹟。

廣州下船，積耀滿以為會有革命黨來接他，沒有。他在街頭浮蕩了兩天兩晚。那時，他本有親哥哥在黃埔軍校當教官，他偏不去找，小小年紀，他定要獨立自主的闖天下。這正是阿拉性格。第三天，他碰上了打著旗幟招兵的。當時，行的募兵制。營連長以下到班長，乃至老兵，都可執行這一任務。多半情形，招募經費相當充裕，它使部隊充實了編制名額，或是一倍、兩倍的擴充。若是動亂時期，對不起，「拉伕」，說起來是拉壯丁為伕子擔任運輸，也就等於是補充兵。且說積耀觀察那招兵的好半晌，問：「你們真是革命軍嗎？」對方把自己胸前符號讓他細看：「你這小兄弟呀，革命軍還有假的？」

入伍後，他穿起不稱身的大軍服。把腰皮帶繫得緊緊的，挺胸豎脊，務要顯出精神。我認識他時，就是這般光景。

營長賞識他聰明俊秀，有志氣，以為連裏當小兵，委屈了他。調到營部，讓他多有讀書寫字的時間。從家信裏，他哥哥曉得他也來廣東，而找到他。軍營的鍛鍊，他長高了些。哥哥照顧，長官關切，還有他自己本身的條件，進入了黃埔六期。

積耀這位排長，跟我當時在教導第三師所認識的幾位排長，在帶兵的作風上，特別顯得不同。全排班長、士兵，跟他猶同弟兄一樣要好。他一點也不是那種騎在士兵頭上，要軍官威風的人。

戴劍歐，廣東人，長得高高的，有點南人北相。

鄧振翰，貴州人，白白的，圓圓臉。老喜歡和這一夥人，故意的說些粗野話，相互笑謔以為樂。

龍彥超，貴州人，大家都叫他「苗子」，而不以爲忤。可能是苗夷，或有苗夷血統。他的體格，就是比旁人現得壯實。戴、鄧、龍，都是當連長。

這一夥人，以曹金輪、袁勁爲中心，交誼好，都很上進。工作上不落人後，是團長、營長很心愛的部屬。

他們之中，無湖北人，而以我這個軍營外的湖北朋友爲安慰。

張宇亮，湖南長沙人，長我五歲，乃是南湖軍營以外的黃埔同學，五期，由黃超介紹而相識。宇亮一直跟從著李濟琛。其時，未服軍職，在武昌閒居。春夏之交，他穿著碧綠嗶嘰西裝上身，下著咖啡色馬褲，深黃色馬靴，這是當時相當流行的一種服式——不用問，十之八九，他是黃埔學生。前期學長，應屆畢業的，剛出校門的，尉官、校官都有。宇亮跟我一見面，就很投緣。他二弟單名膽，字劍仇，人如其名，英氣勃勃，黃埔六期，正任職軍中。在武昌只偶而見到。他倆的妹子靜仙，長我一歲，端莊、秀麗，大方、熱情，跟張伯母住在武昌兩湖書院西邊的圍牆巷。宇亮的么弟季武，小我兩歲，在上海，偶回武漢，因得結識。他四兄妹，除了劍仇眼睛大、臉龐方，宇亮、靜仙、季武三人臉面最酷似伯母。龔先方也跟他兄妹相熟，交情不錯。伯母喜歡青年人，我們去了，他弟兄三人雖不在家，也受到熱誠款待。我、黃超、龔先方三人，都在他家吃過不知多少次的湖南菜和雲南菜。伯母是雲南人。

黃超，還有旁人，都勸我入軍校。我總覺得軍事學校的嚴格管制，有礙我個性發展，卻從未想到我沒有學校出身，怎好找工作。殊不知這年頭進軍校是青年人最好的出路，不僅幹軍事工作，機會好，可以青雲直上。幹政治，也可因此而得憑藉。但是，我一直拒絕朋友們好意勸說。

孝感縣住在省城的朋友，通因劉人伯的關係而相識。青年人，一談即攏。我年紀小，由於人伯吹噓，這些朋友對我，都是長兄一般的看待，只恨無力幫助我，使能超拔貧困。

李濟寰跟萬家佛夫婦很好。家佛是他們孝感朋友中很突出的人物。原為中共湖南省委，被捕自新，易名正道，而成為武昌民衆教育館的講員，常在糧道街的一處講台，作通俗講演。他二十六、七歲，人品俊秀，學識宏富，精力充沛，又有周密準備，很能吸引聽衆。妻子黃德美，也是孝感人，這時正就讀女子職業學校。正道為講員，很可能是自新的條件之一。他夫妻把目前狀況視為過渡，準備著能有新生活的開始。

丁星喬夫婦，是孝感朋友中最年長的。星喬已三十歲，背微駝。丁大嫂也是正在職業學校就讀。當時女子就業不像如今臺灣這樣普遍。以當小學教員為第一，次為護士。為機關職員者不多，有「花瓶」之譏。只第一紗廠、裕華紗廠有年輕女工。紗局、布局是不用女工的。星喬當時失業，老家本可接濟，但他倆不好意思開口。夫婦倆都熱誠溫厚，視我如弟，十分關愛。

應該這樣說，自我學徒弟，初入社會以來，朋友們凡長於我者，莫不視我如弟。但非如星喬兄嫂這樣顯得特別懇切，過分疼愛。

第四節　暴風雨裏開始

生命中最不可或忘的一天，十九年六月三日。這天下午三時許，在武昌城兩湖書院，與蓮姐訂情。

這時際，紅軍在兩湖地區大肆騷動，有以農村的侵佔，包圍武漢、長沙的企圖。教導第三師駐南湖的部隊，大部份循粤漢路，調赴咸寧、蒲圻一帶防堵。臨出發的頭天，我到了南湖軍營。黃超新升連長未久，早上四點鐘，發現他的特務長逃走，他多麼希望我接任，黃志鴻、劉積耀極力勸說。以我當時謀職十分不易，家中窮迫情形說，太應該答允的。但我堅決辭謝。五點鐘，他們出發，我坐船到武泰閘入城回家。

赤身午覺甚酣。醒後，穿上衣在空房地舖上躺著休息，晴明光線下，瀏覽壁間糊的舊報紙。心情悠適，正想執筆寫點甚麼。蓮姐來了，讓她跟母親談了一會，便邀她去兩湖書院玩。既出門，母親叫我們回頭，要蓮姐還是帶著傘。那時，長江流域地區，都會上青年女性隨時都帶有晴雨兩用的花油紙傘。

這兩年，兩湖書院一直爲軍隊進駐，足可住三團人。最近，軍隊離開，裏面空蕩蕩的，也無人看管。書院坐北朝南，一進大門，便是近似大廳堂的過道，分沿東西兩邊，圓形的圍著湖面的走廊。湖的北面，是好幾座二層樓的教室、齋舍和行政中心。沒有人住，這些樓房，縱使大白天也陰森森的。

從我家去兩湖書院，三幾分鐘就走到。我倆在過道、走廊間，但有人進門即可望見的地方，站著談話。並未進入隱密的角落，我倆是戀情十分純潔的表姐弟，兩心相悅，一直並未這樣面對面表露過自己，彼此懷有十分尊敬對方的情懷。在這等敞亮地處，特有光明磊落之感。

按說，武昌城並非沒有情侶談話的好地方。黃鶴樓、抱冰堂這兩處茶座都相當幽靜，只是須得三、四十分鐘才得走到。只因近便，才到兩湖書院。

我急於要告訴她幾點。春天裏，把幾本日記擱存她這裏，並非有甚麼蓄意，以為她必閱讀，讓我心意表露無遺。不，我不會用此手段。我只是有種預感，以為此去孝感，或將陷身那裏。我這種視為極珍貴、親密的東西，惟有存放她這裏，方覺得安穩，可信託。

她夾貼在日記中的紙條，我取回日記時，當時並未一一檢查。我這個傻蛋，竟然一點也未想到有此必要。她這張紙條，我遲了兩個月才在無意間發現。這一個多月，幾次會見，我何以全無表示呢？其故在此。

最主要詰問的是，我倆是老表，不要進步到親姐弟，而是要進步到情姐弟。當時，我自然是再也說不出口「情姐弟」這三個字。我囁囁嚅嚅的只想要說：「我愛你。你愛我嗎？」鼓起最大勇氣，這話就是說不出口。天上烏雲突起，大雨將至，糟了，主要話頭還未說出來。機會放過了，又不知何時可以再見。她並沒有移步要走的意思。

人生初戀，對朝思暮想的人，要說這兩句話，僅僅七個字，誰知竟是這樣千萬般艱難。這「我」字已出口，而下面的字就是吐不出來。我猶豫十分，萬一她拒絕呢，教我跌落到失望深淵，說不定我眞激動得，會擁身往湖中一跳，弄得她張皇失措，說不定也會隨之跳湖。或者答覆得令我很窘：「我倆目前這樣不是很好嗎？一直是我的好兄弟。至於說愛字，以我倆環境來說，談何容易。且等到以後再說。你不要胡思亂想，我一點也沒有瞧不起你。媽和我，一直都認為你是個好有志氣、有出息的人。」或者說得好露骨：「我不是不喜歡你，但是我一直好怕。你家庭負累這般重，我又沒讀甚麼書，難為你分擔，我倆怎能結合？但憑感情用事，會害了大家。我們不要談這些罷。你看，我現在不是常常就來了麼。」或者含含糊糊的說：「我不曉得怎樣說才好。今天不能答覆你。我要好好想想。這不是一件簡單的事，那能立刻說定。」或者激動得只流淚，不知是羞怯，是吃驚，還是猶豫，「我……我……」拖延得就是說不出話。

還是她的柔情密意鼓勵了我。「我，我……」囁囁嚅嚅，支吾了五次，終於不管她怎樣答覆，而說出了這一字千斤重的兩句話：「我愛你。你愛我嗎？」

蓮姐無限深情，既不羞怯，也無遲疑，懇懇摯摯，看著我說：「我很愛你。」好出乎意料之外，我幾乎要跳起來，向全世界狂呼。這四個字給我萬分興奮，是我一生所得到最大的榮幸與快樂。人生奮鬥旅程八十八年矣，在人際關係上，我還從未得到過別人對我這樣至高的評價。

其實，蓮姐當時只要說個「愛」字，我就很滿足。或答：「愛你」，「我同樣愛你」，「我也一樣」，「我愛你」，萬萬沒想到，她並未稍經思考，立即這樣肯定答覆，而且強調的用這個「很」字。幾十年來，新文藝小說之描寫愛情，主人公們似還少見使用這個很字，怪不怪呢？自然，人家那是求愛場合不一樣，說出了愛字，立即有熱吻、擁抱乃至初夜行動都會緊接而來，熱潮呑沒一切。

蓮姐譜名玉珍，蓮姑是外婆家給起的乳名。志君是她爲了表示深厚的愛意，最近對我兩次信函專用的名，這兩個字定是經過好一番思索，可感。今天，「我很愛你」脫口而出，更可感。

這時，雷電陣雨突然來襲，兩湖書院沿湖走廊，屋頂雖然很寬大，只以風狂雨急，水點濺在我倆腳上。她是穿的白線襪，急雨落地，激起微末塵土，凝結爲許多細小的黑水點在她腳背上，教我好心疼。

既經過了這番訂情，兩人頓覺心有所屬，就無話不可說了。暴風雨似爲我倆情愛作證，消逝得很快。回到我家，天並未黑。母親留她住下，自然是讓她睡我牀鋪。弟弟們早已心裏有數，蓮姐將是他們大嫂，只是不敢取笑她，也不忍心打趣我而已。

自此起，日記中以S爲蓮姐代稱。爲何用S呢？從她戴的K字金戒指得來的靈感，也取KISS意。有趣的是，這樣重大的事，當天日記卻只寥寥幾筆，毫未明言。

就在那幾天，我寫了「暴風雨裏開始」的散文，以筆名流波，發表在湖北中山日報翠亭村副刊，約莫三千字左右，編者很欣賞，闢欄刊出。文經剪留，輯爲「故鄉集」第三。三十七年冬來臺灣未及攜出，浩劫大陸，業已無存。但那時期的原報，或許還能在那個圖書館找得到。如能就其全文與五十四年之後今天的上述字句，加以比照，應是很有意思的。八一一年春，修訂壽堂雜憶到此，因想起，何不函告在武漢的弟子楊萬娟爲我找找看。前幾年，她在武漢大學圖書館看到我的諺學論文，就抄了半年工夫。結果，找了幾處，未發現。隨即偕徐榮祥教授一塊，去北京送交「中國諺語集成」湖北卷的定稿，順便代我在北京尋覓此文，仍無所得。

四日早上跟蓮姐分別，下午三點又在外婆家見到。姨媽在堂屋打麻將。她還在細太房裏睡覺，很可能是世杰去告訴她，說我來了。世杰是權太公和細太的長子，小我倆七、八歲，跟外公同輩份，按湖北口語，我們應該尊稱他「小家公」，但是我們看著權太公娶細太，又看著世杰出生，硬是拖過他，推動過他的搖籃，正是江漢兒歌「顚倒歌」所笑謔的：「我在外婆家裏搖家公」。我們這幾個大外孫，從小叫他世杰叫慣了。世杰剛懂人事時起，就樂意於希望我和蓮姐能結合在一起。而且細太他們也必告訴過他，外婆在世時，極想要促成這親上加親的婚姻。只因我家關舖子，窮困不堪，情勢有了改變，要不，我倆很可能會讓外婆親眼得見，先訂了婚。

蓮姐總記得的一個悽苦事象，十歲那年，姚爺爺陡地叫了她過去說：「你姆媽啊，總想讓你嫁到朱家。現在好罷，朱家敗下來了。」姚爺爺長嘆一聲，不再多說。她十四、五歲，住在大冶鄉下焦家，三姑媽那裏，那正是我學徒弟的時際。所以她沒有經歷革命軍北伐武昌圍城這一段歲月，母親跟姨媽姊妹間再也不會提到我兩人的事。誰知十六年秋廣東打敗仗歸來，我一無所有的獨坐武昌蛇山，會有那般落魄者初戀的妄想，不問自己條件如何，而一直這麼緊追不捨呢。

蓮姐既被世杰喚醒，世杰便走開了，他總是盡量要給兩個大外外（外婆家長上對外孫的暱稱）以單獨相處的機會。蓮姐竟然不顧房門外堂屋裏有好些婦人，打牌的、看牌的，喊我：「來！」進了房內，她告訴我，就在昨天，她家僕人專程來找姨媽，說又有人為她提親。她問我怎麼辦？我說，我沒有辦法。要說麼，也簡單，不贊成，便反對。末了，我又緊緊看著她說：「你要是果然有了一個很好的姐夫哥，一定可以忘掉了我罷？」她聽了這話，沈默良久。然後痛心的說：「我只有死。」我卻說廢話：「唉！我們不該有昨天的會見。」她卻視為當然，她跟我同樣，對我發生愛情，也是好幾年了。

細太不讓我走，留下來共進晚餐。她忙得好有興頭，一直盤恒到晚上。再三留我，不要回去了。今夜就睡在這裏。細太給我擱了個臨時牀鋪，靠門窗的這邊。姨媽昨天便住在外婆家，細太何必定要留我擠在她房裏睡呢？自是有意讓這倆個大外外，可憐貧苦無告的戀愛，親近親近。除了兒時常有跟蓮姐同住外婆家，還是民國十二年春，外婆去世，我倆在外婆家住過。長大之後，這次兩心相印的同宿外婆家，乃為空前的一次。

這天，白日、夜間，我和蓮姐在這房內談話，沒人來打攪，有時細太或世杰偶然進房來取甚麼東西。房門當然一直是開著的——對了，我那牀舖便是借用這兩扇房門搭成的。雜木的門板，足有十公分厚，年深月久，色氣變得烏黑了，木質很硬。我一直就很喜歡睡硬板牀——藍印花布門帘自然也未放下，因爲窗子不夠大，日夜那大雙人牀部位，光線較陰暗，這正是情人們所欣賞的光線。

細太進房來，總是滿臉笑意，還問要不要吃點甚麼點心？還留蓮姐，說難得到外婆家來一次，明天再住一天。還有深意的說：「成章，你爲我留蓮姑，一定可以留下來。你們兩人恐怕好久沒有談心了。唉，還記得在廣里堤、蕭家巷的時候麼？好像還是昨天哩。如今你倆都做大人了，嘻嘻。」

「做大人」，一語雙關。我們已長大成人。也指青年人將婚配，更確定的是指青年人結髮成親。細太眼色中還有未說的話：可憐的兩個大外外，就在我這裏好好談談情罷。要是你倆的外婆還在，你兩家境遇都不會這般苦，她早安排你倆結婚了。這也是你們外公在世的願望。

老太、細太，房外堂屋打牌、看牌的人，還有這棟大屋子的幾家老房客，都是看著我倆長大的。由於我們這兩個老大，性格溫和、篤實，知書達禮，博得所有人們的好感。雖然如今成人了，在外婆家出出進進，大家在背後都有番議論：好一對金童玉女呀。假如武昌又鬧民國十年五月初二兵變，或是紅軍攻到洪山附近了，而就在我倆住在外婆家的這一天，剛好姨媽也正在這兒，街上動亂已極，說不定眞有人主張：來，只要買對紅蠟燭，在外婆家祖宗牌位前磕三個頭，讓成章跟蓮姑當夜成親，縱有亂兵打進屋裏來，也不怕呀。這是天賜良緣。

按，這種假如並非沒有實生活的背景。因爲，這幾天謠言滿天飛，說紅軍攻了這裏，佔了那裏。武昌城居然有了前所未有的怪現象，大白天，革命軍公然在大街上拉伕。紫陽橋上，二、三十個壯丁被兵士用繩子綑綁著往營區走。學生問：「這是那裏來的？」「街上拉來的。」兵士坦然回答。對於穿長衫的、穿西裝的壯男，以及學生，放心，兵士是不拉的——但是，也難說，有那老班長如果賭輸了。極通行的兵諺：「當官靠守，當兵靠賭。」他利令智昏，也可以用拉伕手段嚇唬有錢的人，向你敲詐、勒索財物——他們甚至派出小隊人，等在工廠門口，遇到放工，硬說是戒嚴，要檢查，然後挑選了體格強壯的，押起來，走！武漢輪渡，旅客下船，他堵在碼頭，也揀穿短裝的壯丁，拉伕。大煙館，賭博場，兵士們荷槍實彈進來，說是檢查，然後指指這個，指指那個，喝聲：「媽的，走！」甚至闖到公安局去，問明了在看守所羈押的人犯，凡屬可放也不可放的在押者，那更是任他揀挑，挑剩的仍然留押看守所，其餘的，都用繩子綁了走。街上連小孩子也知道，這是拉伕。因爲背槍的兵士們手中，還有拿著麻繩的。

街上人怕拉伕，茶館裏人都跑空了。公安局門口圍著一些婦女，要見她們的親人。警察綑著幾個人，說：「這是他們老總要的。他們是坐著局裏等的，我們也還不是沒有辦法。」

飛機過去了。人們爭先恐後的跑出來，大家在議論：怕要造反了。

造謠惑衆者，一律就地槍決。

全武漢老百姓都怕拉差。拉差者，比拉伕所包含的可怕性更廣更大。富有者恐慌他的財物，一般人恐怕他本人自身。眼所見，耳所聞，各樣形形色色的拉伕。

那天，我是帶著稿本在外婆家出出進進。人家早知我在從事寫作，一得暇，從稿本內抽出紙來就寫，無人以爲怪異。我倆談話，已近午夜，我說：「你先睡罷。我還要寫稿子。」平常，九、十點鐘我瞌睡就來了。這天很興奮。蓮姐答說：「今天只怕一夜也睡不著了。」她先放下蚊帳，入被睡下，我知道，她定是一直看著我，在燈下寫的模樣。寫到一點多，只聽到她的嘆息，自然是爲了我倆的愛，要想再恢復純然表姐弟的關係是不可能了。愛人呀，我只在心裏這樣叫了。我在紙上寫的是這天的日記，三千多字。已是六月五日上午兩點鐘，姨媽牌局早散，她進房來，看見我還未睡著，就挨在舖旁邊，訴說家庭苦況。說姚奶奶他們向蓮姐逼婚，語氣中暗示我，她定要把蓮姐留給我。卻又說萬一他們逼厲害了，我這孤兒寡婦的，難以抗拒呀。我卻滿口說「死」字，牛頭不對馬嘴的。

直到上午三點我還未入睡。勉強閉一下眼，五點便醒了。這也是壽堂一生，自幼到老，秉母親習性，一年四季，五點必醒。聽到她母女鼻息均勻，正酣睡得好。挨到天亮，我起身來，外出散步。

西諺：「愛情和燒火的煙，是再也隱瞞不了的。」何況母女間的了解。這兩天，我倆又這麼黏在一塊，蓮姐昨天睡在我家，今又同房各牀的睡在外婆家。姨媽似已察覺出我倆昨天訂情了。我出門去小朝街走了一圈回來，她母女剛起來，梳洗才罷，正準備吃早點。姨媽竟然問蓮姐：「去玩一下罷？」意思是，陪我出去走走，其實，我才剛回來。

既得此令，我倆就邀了世杰出門，往大朝街南頭走。世杰說，不要跟我倆去玩，便折回了。街上熟識的人，似有詫異我：「噫，這小子怎麼也有女子同他一路？」卻也恍然大悟：「哦，是他表姐蓮姑嗎。」

我倆出保安門，走十字街。我告訴她學徒弟的那些事。她好同情、憐憫，又欽敬我少年奮鬥精神。走到武泰閘，告訴她張之洞當年建此閘的功用。蓮姐知道這些，但並未見過。我倆特意彎到馬菱舟家，剛好馬大嫂在家。我倆在大嫂面前，表現得好親暱。蓮姐還說，也要去牢裏看菱舟。

然後，我們到鮎魚套車站。草地上，過一條溝，我扶她過來，我倆的手接觸了，緊握了兩次。我一點也不感到心跳。我問她：「你喜歡甚麼樣的生活？」答：「與你一樣的生活。」「我要是又當了共產黨，被捉去會槍斃的，你不怕？」「不怕，總之，我愛定了你，雖然我們還未結婚。」我們坐在大江邊，望江景，打同心結玩。又說些閒話，只是不想離開。那時的社會風氣，青年情侶只能緊挨著行走、同坐。至於挽手、搭肩、摟抱，在大庭廣衆之下，還不能爲社會所接受。我倆的情熱，只能內燃於心。那時，我還不好意思喊她「甜心」，只是喊喊「姐」而已，這須是有了吻、擁抱、撫慰之後，才能有的甜言蜜語。但我已經陶醉到極點。自從兩湖書院暴風雨之後，那幾天裏，走到街上，凡遇見青年女性，我連注視一下也老大不忍心，不願意，以爲這樣便是對蓮姐不忠實。

鮎魚套散步後，送她到外婆家，我獨自回家。下午，再到外婆家去。旁邊人多，我倆沒說甚麼話，只偶而凝眼相視，便交換了許多甜言密語。吃餃子時，我嫌堂屋人多，端到房裏，蓮姐也隨後進來。她是一點也不管有無外人笑話了。也是在外婆家，上上下下，老老幼幼，同情我倆，憐憫我倆，庇護我倆都來不及，誰會笑話這一對外外啊。飯罷，她母女回山後去。

三天甜情蜜意，神魂顛倒。失業，貧窮，我究能以甚麼條件來安置這份愛情？我焦念，憂苦，傷感，歉疚，惱恨交集。愛情至上主義者，以及戀人繾綣之際，自以爲愛情便是一切，何有條件之可言。其實，愛情確是有其一定最低條件的。

別了愛人的第二天，萬種相思，難以遣懷。有「熱戀期的情書」之集，這是後來想到的標題。只因自訂情後的情書，字字坦述相思，怎能讓他人拆閱。

九日，我首次乘粵漢鐵路火車，去賀勝橋看黃超。到處都是兵，等待著要突如其來的戰鬥。當晚到了賀勝橋，會見黃超，匆匆忙忙間，我居然寫了篇散文「短途」。黃超他們都希望我隨部隊前進，到湖南去，工作即可解決，但是如今有了愛人，怎捨得離開武漢？十一日，回武昌。

在我置身甜美戀情的這幾天，劉積耀出了事。

他們部隊是六月三日出發的。車在途中下大雨，他的手被車壓，負了傷。他想起環境種種，尤其他哥哥在隴海路作戰陣亡的刺激，他要跳車自殺。是排上小兄弟拉住了。敞的火車內積水不能排出，有六、七寸深。下了車，他跳到井裏，水淺了，沒死。七日那天，綳帶繫著負傷的手臂到我家來。朋友們要我護送他去南京。我到賀勝橋看黃超，主要爲這件事。二十日，我陪積耀乘建國輪東下。到了南京，住太平橋旅館，稍稍安頓了積耀，即刻寫下一封長的情書。我獨歸武漢，在江新輪上，船將到九江，就寢前給她寫信。回到家，有五天未在簿子上寫情書，感到日子好長好長的。

這本「熱戀期的情書」，最後的一封，寫在七月十一日。

自十六年冬起，我所使用的手帕，都是她供給的。白洋布或白府綢，二十五公分見方，四邊抽出紗線使爲毛縫，再按井形抽紗。這比市面上出售的白手帕雅致多了，費工多了，每方手帕都留有無限的情意。此事漸爲朋友所知，這種手帕就有一半贈給了他們。現在想來，這是很對不起蓮姐。

七月十一那天，我正躺在牀上胡思亂想。愛人信來了，父親收到手，先拆開看了，一聲也不吭。爲此我頗爲不快，也不好意思發作。

訂情的事，愛人最怕我不能守密。第二、三天，我按捺不住，就說給朋友聽了，讓朋友分享我的快樂。當然，我不會把細微末節和盤托出。其實，那三天裏，我倆的行跡，在家人、外婆家，鄰居街坊的眼中，早已看得好清楚。

朱依萍的愛人，在朋友間很爲出名。第一，我眞正是窮小子，居然擁有如此美麗的愛人。其次，朋友間（除了少小鄉里伴侶之外）以我最小，曹金輪二十三，黃超二十二，常孝德二十六，更是早當了連長。人品皆不錯。尤其是金輪最風流。他們都早具備結婚的條件，卻就是沒得我這樣的愛人。朱依萍眞個是祖上積德。

第五節　以文會友

論全中國文壇，自幼失學者，可能會有極少數的三幾人。武漢，則絕無而僅有我這個後生小子。

十七歲起，開始了文學青年的生涯。以文會友，乃在武漢，從民國十九年夏直到二十一年秋。這群天南地北的文友，緣聚武漢，的確非比尋常，跟同一時期文人學士之聚集上海、北平、南京者不盡相同。首先是，不受政治氣氛籠罩，而得自由自在，十分自主的操縱其文筆，要怎樣寫，便怎樣寫。長於壽堂幾歲的周君亮、羅敦偉、劉光炎、宋泰生，最有如此情境。

壽堂以質樸、勤勉，獲得這些位兄長們的愛重，引導。**我坦然、欣快的走上自由主義者思考與實踐的著述生涯**，儘管各人品性、閱歷、學養、文筆風格不盡相同，其通過大時代的考驗，則是一體共通的。

十九年六月十六日，首次從湖北中山日報領得稿費起，方免於餓飯，但仍常有無錢買米的時候。以前在四川萬縣爲自己編的蜀東新聞，豈僅無稿費，連基本薪給也無有，落得賈佐貶責我虛榮而離開。當時，我竟一點也未省思，這公平嗎？賈佐原是最漂亮的人物。隨後，爲南京青白報寫稿，也無稿費。十八年，主編煙台膠東新聞狂濤副刊，並寫稿，編輯費、稿費俱無。

寫得最多的是散文，除前已提到的篇章不說，還寫了：「車上」，「吻了一下」，「雙十節」，「霧」，「奮鬥」等多篇。

報導文學作品「兵災」，長篇，特爲宋泰生看重，於漢口新民報空谷副刊闢欄連載，行間並加直線，以示優越。編者推介，認爲可與張資平作品媲美。那時，張資平的小說最風行，爲茅盾作品所不及。巴金的起來，還稍稍有待。其時，我把革命軍北伐武昌圍城這段史實視爲兵災，乃隨武漢流俗說法，有乖春秋史筆之義，題目失當。「支部書記」，「紅軍學兵營」兩篇，第一剿共宣傳處（處長蔣堅忍）在漢口出版的「奮鬥報」，竟能不加刪改，也是闢欄橫行刊出，字裏行間，並未稱共黨、紅軍爲匪，虧他們有擔待。「三個敗兵」，「兵營雜記」。「水災」，記二十年長江大水在武漢所見，約十餘篇，達三萬字，有一半發表。

小品隨筆，但舉其題：「窮話隨筆」，「白雪雜記」，「船上隨筆」，「雨中隨筆」，「菱角隨筆」共寫了兩百多則。

小說篇名：「柏重」，「柏韋」，「田王鎮」，「洋小姐」，「兩種結局」，「俘虜」，「金老爺」，「長蛇」，「縣長大人」等等。

詩篇則有：「沈悶」，「流亡曲」，「碼頭上」，「前進呀、朋友啊」，「黃昏去已盡」，「在這個時代裏喲」，「流水的吟唱」，「啊！吻罷，我的愛人」。

文藝理論，電影評介篇名：「『旗聲』的時代問題」，「武漢文藝作家」，「沈從文印象記」，「論武俠小說及其他」，「從『野草閒花』說到『翼』」，「看了『馬賽革命』以後」。

婦女、青年，社會問題論述，也寫有多篇。

國際問題論述篇名：「汎論國際聯盟」，「世界失業問題的擴大」，「歐洲聯邦的意義」，「印度的反英運動」，「英帝國主義與埃及」，「英美帝國主義之角逐」，「倫敦海軍會議之前途」，「蘇俄的軍備擴張」，「菲律賓獨立問題」。當時，撰述國際問題作者，在武漢並不太多，我所寫者每篇五、六千字，不長也不短，頗爲湖北中山日報及武漢日報副刊所歡迎。其實，這方面所知極淺，不過參考一些專書，據近期剪報資料，略略有些自己的判斷、預測、申論而已。有那麼三、四個月，得到上海寄來，並不對外發售的國際問題分析專刊，每期約有三十面，不作空泛議論，但重事態報導，歷史檢討，統計數字比較，使我論文採證頗多有所資取，加強了論證力。頭年在煙台的剪報，實乃此方面論述的基礎，好心感李素若兄對我的訓練。

二十年六月間，看「新學生」而引起對於民間文學的興趣，即從所知，錄述：「賊」，「人死了」，「不吉利的事」，「關於小孩」四篇。並致函鍾敬文，未得覆信，否則，這方面的探究，就不會一開始，即頓住不前。

其時，文章都寫得毛糙，大多未留底稿。都在白日寫作。曾嘗試夜間工作，以精力不濟而罷。想吸煙助長靈感也不行。二十年夏，曾有一天寫三千字，流一報紙鼻血。只因專事寫作，產品比別人多，每有一天文章兩見同一報張的事，原來那公營的中山日報、武漢日報除各按日有副刊之外，還有等於是小副刊的園地叫「翠亨村」，「鸚鵡洲」，我就不能不多用筆名了。稿費平均一千字一元，每月所得並未超過五十元。

新民報爲民營，銷路不及中山和武漢，其副刊「空谷」，係宋泰生主編，篇幅不大，一天才容納六、七千字，取稿極嚴。作者皆把寫得滿意的文章先投空谷。還有在上海的謝冰瑩、褚問鵑，以及在河南的紅石，是泰生的特約撰稿人。後來成名的女作家封禾子，其處女作「青蛙的故事」，就是發表於空谷。

新創辦的「民聲日報」，還有一家民營報紙，共是五家報紙園地。另外，漢口還有好幾家小報，用稿很多，但我不願視自己所作爲雜俎，少有投稿去。

約十家期刊，偶而發表壽堂的論著。

當時，似還沒有文藝刊物。有，則是十九年春間，譚颶風主編並自己發行的「狂濤月刊」，我在圖書館裏看到其一、二期。寄了篇散文去，已採用，卻因印刷費無着，第三期未能出版。

狂濤月刊的外型現得很氣魄。王逸岑以情書連載而爲武漢青年男女所傾心，連載中「新月如妹面」一句最出名。他是武漢大學中文系四年級生，監利人。家中接濟不上，就靠賣文維持。十九年春假，他一人在校內佔用一間寢室（本可寬寬綽綽的放四張單人牀），邀我去共住了大半個月，過浪漫的大學生生活。來往甚密的，還有外文系的黃翼，湖南人，他是寫詩的。三人上東廠口街吃飯或買東西，竟然趿一雙木拖板出進校門，眞太不成體統。逸岑情趣多方，舞劍、下圍棋、吹蕭、彈鋼琴。

譚颸風，本名邦萃。取此筆名，是配合他所主持的狂濤月刊，顯然是打出了狂飆運動的旗幟，那兩期月刊的詩、散文、小說、翻譯、評論，都無狂飆的意味，只不過發刊辭略有點到而已。**作者的識見、才力與精神生活，如果達不到野性、高昂、張狂、落拓的情境，怎能寫出狂飆運動的作品**。很可能，他當時未聚集到有這樣創作傾向的作者群。颸風是文友中的長兄，三十一、二歲，爲文華中學英文教員，收入比一般中學教員爲多，月刊未能持續，使他經濟與精神兩感虧損。這時期，我成爲他的朋友。十六年武漢青年人的從軍熱潮，他也參加了南昌暴動，行軍到撫州，丟不下在武昌的妻兒，得當地教會庇護，從撫州逃回到武漢。

買文學書籍，精心結構的寫小說，是颸風最大的狂熱。從他那裏，我借閱到開明書店新出版的「柴霍甫短篇小說集」八册，趙景深譯。他教書、寫作夠忙。有三個孩子，雖有岳母、妻子料理家務，他也多少得爲孩子們分點時間。以致新書多未展讀，卻益惠了我。**我借書，從少到老，一直保持君子人的良好習慣**，不會弄髒，不摺頁，更不會劉備借荆州，也不至借得太久。所以他的書，只要我願借，他總是很放心的讓我包了走。

在我寫作、投稿進入高潮之際，忽然發現肺部有欠健康的徵候，瘦子而多用腦力，就是易得肺病。颸風邀我去他文華教員宿舍的小洋樓居住，藉以療養。二層樓，十分寧靜，住入的教員，每人獨住一房。文華校園，林木、草地皆修整有致。我這麼住了半個多月，每天外出曇華林街用餐。湖北的知識份子，少有沒住過曇華林省立一中的。我這個少年失學的窮小子，居然能在此貴族化的文華小樓中讀書、寫作，也算是罕有的際遇。後來，我從颶風又學了幾天英文。

因爲抨擊教會，颶風被解聘。就在候補街他自家大雜院住宅，辦起日知英文補習班來。

燕鳴軒，湖北鄖縣人，二十五、六，恂恂如也，謹厚君子人。供職漢口民衆教育館，寫教育、語文方面的論著。民教館還在慈善會的西邊，漢口人稱這一帶市面爲「高頭」，是依漢水出江處來看，總覺得老遠老遠。鳴軒來武昌不太容易，曾在豹頭堤街五十七號小樓上接待他晚餐。

馬鳴塵，廣東海豐人。二十七、八。跟鍾敬文爲中學同學。在省黨部當錄事，好屈居下位的，但文友並無人輕視他。他人長得高大。生活中受過好些挫折，沈默得厲害。寫散文、小說，顯現濃厚的鄉土社會背景。勤讀日文，從而翻譯。妻兒留故鄉未來。

謝楚明，湖北襄陽人，二十五、六歲。耳聾，人都說是得了風流病所致。落得在武漢日報當排字工人。舊文學有根柢，發表了幾篇文章，引起了武漢文壇老大哥沙家鼎的注意，跟上海的普羅文學相呼應，美讚他是工人作家。當時，純粹的工農份子而能寫文章，極爲罕見，大家明知他只是士大夫的沒落者。報社和排字房的領班，不能不對他另眼相待。他的才能，本可當編輯。他手邊經常有本厚拍紙薄，以備朋友來筆談。我那時就有個想法，那筆談所寫的字，稍加整理、註說，乃是極豐富的寫作資料，**巴爾扎克式**。由於耳聾，他寫起字來，比我們所有文友都來得快。

熊壽農，黃岡人，二十二、三。湖北黨務幹部學校畢業。那幾年，此校學生喧赫一時。壽農體態豐盈，面如滿月，架上羅克眼鏡，益顯丰采。他有個綺麗的筆名「冰薇」，彷彿是取義於女作家謝冰心、謝冰瑩、黃白薇的綜合。他在省黨部當幹事，比馬鳴塵至少高了兩級，薪水也多好多。思春情濃，漢口看電影，有膽量對鄰坐青年女性毛手毛腳。常向我們誇說豔遇，熟讀世界語。跟燕鳴軒一樣，又在中華大學選讀。他寫詩，光憑筆名，就迷住好多女讀者。毛筆書法，飄蕩秀美。

拉甯，本名余克劍。他這筆名，是取其音，而並無字義。甯分明是巴枯甯，列甯等，而拉字分明是無政府主義或俄國社會主義某大家名字的一個音。他曾作過礦工，跟周佛海有相當程度的關係。性情躁烈，十六歲時出天花，獨自住醫院，欠付醫藥費，遭岐視。一氣之下，自己抓破臉上創痕，致嘴角歪斜，兩眼現了兇相。**朋友們卻都忘記了他這張難看的臉，而只欣賞他是個好可愛的人。**文字很成熟，寄給空谷的文稿，屢得宋泰生激賞。跟他相處，有件事難忘。夏夜，漢口德潤里二樓屋頂，蹲坐紅瓦上乘涼，大談人生與文學。那時，卻沒留心到，他是黃埔五期畢業。關於他軍事工作的經歷，少聽他說過。

二十年春夏，又與以下幾位相熟。

胡景襄，是武漢分校特別黨部張則存介紹。景襄也在分校工作過，是搞文藝的。他主辦一個小型的文藝刊物，但記得封面插圖，繪的鋼鐵齒輪，表示大力推動時代。我的「武漢文藝作家」，評論了二十多位文友，就是發表在這刊物上的。無啥經濟支援，發不出稿費。他曾留學日本，與蔣光赤有過從。好吹口琴，從文昌門轉入豹頭堤街，初夏之夜，我倆並肩齊步走，他吹奏著進行曲，引得路東那家大院中的幾個大姑娘出門來，指指點點。也因為住在豹頭堤街上的青少年，獨壽堂朋友多，而且文文武武，人品不錯。街坊鄰居，莫不另眼相看。也許是郵差多嘴（由於我的信件多），還加之房東陳先生夫婦，他女孩以及房客們指說，不少鄰人曉得我就是寫文章的朱依萍。

康駒，湖南長沙人，文友中惟一比我年幼者。他還是高中學生，以家鄉鬧紅軍與水患，輟學來武漢。有一特徵，跟美國少年人一樣，臉上多雀斑。以寫十四行詩及長句多章的詩體出名。當時武漢知名詩人有十好幾位，多以白話自由詩為美，罕有如康駒者。辭句堆砌，略感生澀。傳說他詩稿初成，必抱著字典，把同義的典雅字換去通俗的字，而沖淡了詩的意境。他在武漢所發表的第一首長詩：「咖啡店的一夜」。

陶今也，湖南長沙人，跟壽堂同年，但長得高大。也是美專高年級生。一直過著公子哥兒的優裕生活。能寫能畫，又搞音樂、戲劇。性格灑脫，善於遊樂、享受。追女人是第一把手。

甯家慶，歐戰時期，留法工人。說是北伐時炸粵漢路鐵橋，致傷去了一條小腿。他寫詩，也寫散文。性子急躁，暴烈。跟黑社會打交道，又跟武漢警備司令部的偵緝隊長稱兄道弟。經常穿著高品質的整潔西服，儼然紳士，挾了拐杖在漢口市街上行走。警察、路人一見他過來，透著嫉惡如仇的眼光，莫不禮讓三分。如果遇到警察取締洋車伕違犯交通秩序，他必然趕上去，不問青紅皂白，先呵責警察一頓，脾氣來了，還要以拐杖打人。車伕感激，要請他坐車，他手一揮：「我還要巡察。」他並無職業。妻子為了想當教員，就進了在武昌的省立女子師範，每星期只星期六回家，次日下午即須返校。

他是個狂放不群的詩人，一頭濃密的細髮，少有的，左偏分頭的髮式。那時，青年男性髮式多是向後梳，或從中分。不搽髮油，以為太油頭粉臉，多半有點亂雞窩似的。少有如他之整潔，容貌光彩照人。有一時期，他把自己生日放大的小照，題上一首詩，裝上鏡框放置案台上，供文友們鑑賞，怪的是有一句：「性慾也不得解決。」甯大嫂把他無可奈何，有次甚至當我這小老弟面前，向丈夫抗議道：「有我在嗎，你為甚麼還要說這句話。」要不是因為他倆已有個小女兒，甯大嫂恐只好唱別賦了。廿一年我在南京寫的短篇小說「造炸彈的人」，就是以他為主人翁。

林適存，湖南湘鄉人，小壽堂三歲。其時，他還在軍校武漢分校八期二總隊砲科讀書。九一八事變後，軍校同學組宣傳隊，還有文藝社團今日社的活動，在黃鶴樓茶座，這麼相熟。溫文爾雅，一品人材的軍官學生。適存筆名南郭，重慶、香港的年代，寫作甚勤。

聶紺弩，名甚奇特。五十多年之後，看到大陸上資訊，方知他為湖北人。黃埔二期畢業。他在南京，經馬鳴塵介紹，與之通信。紺弩組「甚麼詩社」，這取名也顯然有嘲弄意味。看到過他附在南京某大報的詩刊。後此五十年，屢有聽到他的消息，卻從未見到過他本人。文壇往事，屢有評論者提說他。

幾位副刊主編，最先認識的是中山日報的王舫洲。才三十多歲，便病故。由魏紹徵接手，是去報社，跟紹徵見過兩次。跟他的交情，延續到後此的臺灣。立法委員魏鏞，是他的公子。

特有交情的，是新民報副刊主編宋泰生，武昌人，三十多歲。是從舊文學訓練出來的讀書人，**白話文很精鍊**。**舊詩詞甚佳**，只是少人跟他唱和。幾家大報的副刊和小副刊，都不刊載此類作品。泰生深度近視，臉色黃得像鴉片煙癮很深。其實，他只是香煙抽得多，又慣常遲睡晏起，生活懶散。三幾天才過江到漢口，上報社一次，一下午便把看稿、編輯、發稿的事辦好。不管校對的事。夏季，去廬山避暑，一下子就發了一個月的稿。為此，我們有幾個文友承他特邀，集中的先交幾篇文稿。家住武昌三道街路北，好幾進的老屋子。泰生已婚，生一子，妻氏早亡。他母親由於生活調養得宜，容顏青春永駐，不似泰生的老化得早。**事母甚孝**，好幾次去他家，總見他輕言細語，必恭必敬的應對。

那時期，女性寫作者還不見多，泰生的遺憾，沒能從此中得一紅粉知己，結爲連理。

陳西瀅爲武漢大學文學院長，聘沈從文爲教授，震憾性相當大。憑他寫作的才華，作品之暢銷，濃濃書卷氣的毛筆字，深度近視，白皙膚色，毫無湘西人的粗獷性情，無寧是**北京城幾年的文學生涯，陶冶出來的一位謙謙君子**。在講壇上，倒是蠻吸引人的。王逸岑這一夥調皮學生，則以爲沈是軍隊文書上士出身，多少有些瞧不起。故意找些古怪問題，想當衆難倒他，沈皆從容相答，且出諸輕鬆、幽默。一兩堂課下來，師生倒十分相得，而於文學寫作、名著閱讀、創作經驗，尤能出諸深刻的講論。我並未去旁聽。而是在武昌青年會樓上宿舍，好幾度拜訪，與他相識。人家睡得晚，我有時早上八、九點鐘去，他還未起牀。對我很熱心提引，有次曾即席爲我開一張書單，列出書名近三十種，可惜那單子未保存下來。有天黃昏，沈從文老遠到我家來，要我代抄他所編的講義，舉了好些詩文例句，所以這稿紙上幾有一半篇幅是空白的，也不過五、六千字。臨走，掏出一張五元大鈔爲酬。分明是周濟的意思，我也就坦然受之。第二天拿去，他當時校對，即發現幾處錯誤，好不愧煞人也。陪他去兩湖書院，看到馬廄裏的軍馬，指點我仔細觀察馬，以爲文學描寫的工夫。這是十九年秋的事。好幾次晴明下午，在武漢輪渡上遇見他。

十九年十一月間，熊壽農組織一個文藝社，馬鳴塵告訴我，已把我的名字寫進去了，但是並無甚麼活動，也許胎死腹中。十二月，王逸岑的發起，組無名社，欠缺財務支援，也無發表文章的園地可招納，同樣沒結果。次年四月，沙家鼎、陶滌亞的倡導，有了武漢文藝界籌備會的召開。這期間，譚颶風、馬鳴塵、熊壽農和我四個，先組織了浪花社，旣無社章，也未正式開會商討，只是碰在一塊，幾句話就說定。其具體行動是，得到宋泰生支持，在它空谷版面，每週騰出一天，闢爲「浪花週刊」，由我主編。四人共同供給稿件，成爲同仁性的期刊，合作得很愉快。

五月間，由文藝界籌備會的發展，成立了今日社，武漢從事寫作的朋友都參加了，約有五、六十人。不知怎樣的，我被主事者垂青，應邀主編附於民聲日報的「今日週報」，我編了一個多月。在武漢經常寫作的人，比較起來，我的學養與寫作技巧，要算是最差的。只是，我可能是惟一的職業寫作者，寫得快，也寫得多，投稿爲五家大報所樂於採用而已。

馬鳴塵、王逸岑、我，三人行，爲武漢星期日的郊遊。說定每人須將這天見聞、感想所及，予以詳細記述。六月二十一日，同遊武漢大學、公共體育場、長湖堤、小朝街、安徽會館、武泰閘、中和門、賓陽門一帶。廿八日，我偕王逸岑遊武昌忠孝門，循鐵路北行，隔江觀漢口。過沙湖，至徐家棚，沿江岸西南行而歸。第一星期日，我在日記上留下了近八千字的紀載。

六十一年後的今天，對這篇第一個星期日郊遊，雜記開篇，有兩點簡評：

一、那時我已二十歲了，是武漢少數知名作家之一。書法居然如此惡劣。要放在目今初中一、二年級國文老師的評判標準，應是不及格的。文章遣辭造句，毛糙、生硬、不流暢，又拖曳。如此書法和文辭風格，不知怎麼會令一些報刊主編，尤其取稿格調很高的宋泰生那般欣賞。

二、但確乎，把那時的一些事物，我們三個文學青年的觀感，有了即興的記述。時移世異，這樣的敘述，事後再怎樣琢磨，都不易得之了。

十九年八月，家從營防口遷到水陸後街。新居院子特大，房內光線透亮，地基也高，進大門，要上十層台階。兒時常經過這裏。住這兒時，黃超引熊東皋來訪。東皋從天津回湖北，好教他驚異：十六年的小同志，區黨部交通朱成章，三年時光，竟會變成職業寫作的人。

九月二十二，遷居豹頭堤街五十七號小樓上。這小樓，在我寫作生活上，留有不少美好憶念。我關上房門工作。文友們都到過這小樓，想必他們對我那種清苦勤奮、自由自在的寫作生活，留有深刻印象。

民國十九年秋，是我諺語工作的起點，在「中國諺語論」第一章第一節「緣法」篇，有以下一段敘述。

我整日寫作。黃昏散步，才走出城，去水神廟磯頭上，長江浩蕩，看那順水流舟的情趣。滿腦子青春幻念，織成黃金閃亮的白日之夢，隨著那湖南來的大木排，本地的沔陽划子，開足馬力急駛的兵艦，掀起巨浪，還有川江下來的客輪，在鸚鵡洲江面，汽笛聲大得那麼驚人……幻念似乎長了翅膀，下臨這終古長流，飛向遠方。

樓下房東陳敬齋的太夫人，六十多歲，精神健旺，一天到晚，大聲大氣的說家常，說他兒子跟黎元洪在北京城的往事。在下午或者夜間，老老小小，家庭聚談，總只聽到這位老人家的宏亮獨白：

「夫妻間失和，女人家吃虧。老話說得有：跟了丈夫一生，摸不了丈夫腳後跟。」

「王家嫂子衣服穿得隨隨便便，那麼一個餵奶的相，人家生兒育女嘍！有伢是把傘：又好躲陰，又好躲懶。那像從前在娘家做姑娘，不收拾打扮好，連房門都不肯走出的呀。」

「憨人憨福，憨人頭上出晚穀。張老太婆沒靠到一個好丈夫，連指望兒子也失了塌，卻靠到這好孫子養她的老，難得孫媳婦也孝順，這才是一牀被窩不蓋兩樣人哪。」

「不要太逼緊了，趕狗入巷——招乎回頭一口。」

「小孩們做事，那有不胡攪的？正做不做——豆腐裏放醋。」

「他老子做官做過（過字讀成鍋字的音，由於這句江漢諺語普遍傳說之故：「寧吃過頭飯，不說過頭話。」過頭飯謂冒兒頭飯，碗中飯堆得高高的，要高過碗口，使成尖堆。此為全國小飯攤的規矩。過頭話，謂太自負、自滿。此諺兩過字都讀成鍋字的音。上句也或寫為「寧吃鍋頭飯」。）了，生出這瘋瘋癲癲的兒子，一發起性子來，誰管得了？眞是：天要下，娘要嫁——無法可制。」

陳老太這麼講說家常，陳穀子、爛芝麻的世俗論證，大大引起我的興趣。在從前，我不是沒有接觸過諺語，譬如小學修身課本的「只要工夫深，鐵杵磨成針」，那揷圖上一位穿古代衣服的老婦，在石頭上磨鐵棍子，印象好深。還有朋友馬春泉屢屢的嘆息：「一朵鮮花揷在牛糞上。」而親戚長輩們說話，少有不帶幾句諺語的。在家裏，母親也常說這類話頭。最有意思是，武漢輪渡上，如果仔細聽聽，他各色各樣人，嘴口邊，也莫不冒出好多諺語。日常閱讀呢，書本、雜誌、報章，古今中外文字論述，諺語的引證，更是常有所見。就只是，前此，聽過，看過，說過，而且也寫過諺語，卻從沒有注意過諺語，而引起甚麼興趣來，這眞是緣法未至哪。

我想，這也許與那時潛心讀書有關係。當時，文學寫作，我不過兩分有意的，關心到鄉土、世俗跟口語方面。只因陳老太講說諺語特別多，因而引起注意，使我不斷的圈書停筆，一句句聽下，就手記入小册。這樣，每天我總要集錄十幾二十條諺語。又從母親口裏蒐集。連帶的，對於民間事物，也一體有了喜好。兒歌，夯歌，喜歌，故事，傳說，笑話，是母親講說的。兒歌呢，小時候，艾婆教唱的。

做這些事，我自始就信守兩個原則：其一、在記載上必保持其樸素本色，絕不作文字修飾。其二、述而不作。對諺語集錄，並沒太有意覓求，只是它碰上了我。也可說，只是玩玩它。因而，跟當時北京大學歌謠研究，廣州中山大學民俗研究，未有取聯絡。

壽堂這個人，是個肚子裏擱不下事情的透亮水晶體。沒想到諺語工作後來影響了我的一生。其初始，卻沒有任何一位文友知道我在做這件事。我的整個寫作，也還極少運用諺語。你說怪不怪？更怪的是，這樁事，我整整經營了六十年，鍥而不舍。終於爲中國文化，留下了這方面五百萬言的論究，得臺灣商務印書館見重，迅爲刊印成書。

若要細說，這六十年的種種切切，一句話歸總，壽堂一生多得貴人相助，能自愛自重自勉而爲，好是心存感激。

第六節　情海揚波

應該嚴厲譴責自己，在與蓮姐熱戀中，竟讓桑杏子也闖了進來。

桑杏子，雲南昆明人，大我一歲。先與她的三位哥哥相識，而後愛上她。黃超、龔先方也是她一家人的朋友。桑家住兩湖書院附近。三位哥哥不管那一個出遠門，桑伯母總有兩天情緒低沈，尤其頭一晚難以成眠。那天，我偕杏子乘船過漢口，送她小哥到南京去。兩人再同坐一隻小舟，溯江而上返武昌。杏子情意綿綿，再三懇託，希望我今天晚餐後不要回家，務要留在她家。又說：「我跟媽媽睡，你還是睡我房裏，好不好？」我怎忍拒絕。

於是，到她家，送她上樓。飲了一杯伯母遞過來的熱茶，我回家去，換了衣，拆閱了一些信件，稍稍休息，再到桑家。

這晚，陪桑伯母晚餐，三人都飲一點甜米酒。餐罷閒話，不著痕跡的扯到辛亥革命，話匣一開，就止不住了。我瞌睡早來了，實在是強打精神。杏子故作吃驚：「喲，九點多都過了。現在街上戒嚴，常有軍警巡邏，我們這條街，路燈又不亮，我看你就不要回家了。」伯母正說到辛亥革命前夕，成都市上的昏亂，剛說了一個開頭，欲罷不能，就表示同意：「是啊，現在時局不安靖，軍警亂抓年輕人，依萍，你今天還是住杏子房裏。」上回，是晚上突降大雨，許久不停，我留宿她家。

杏子早已視我為暗戀的情人。承她過於推許，認我為才子，同情我少年困苦奮鬥，欽慕非常。對於黃超、龔先方則只視為朋友。這兩次留宿她房間，她眞是大方，也顯示一種濃厚情意：枕被一仍其舊，面巾、牙刷供我使用，還特別端盆熱水讓我洗腳。書桌、化妝台一應物品都未移動。抽屜全未上鎖。一如十六年冬，姨媽留宿，蓮姐對我的接待一樣。杏子的枕被一陣幽香，我恍如與她同臥，久久不能成眠，我這窮小子怎這麼幸運。南湖軍營、孝感諸友，還有新近結識的文友們，無不懷春十分，只是無頭蒼蠅亂撞，那有我之一蓮一杏，而且兩人還彼此禮讓，硬是眞心誠意的說：「她配你最好。」

至此起始，每逢星期六晚餐，星期日午餐，桑伯母總添了菜，惟恐黃超、龔先方要來。他倆有時一同來，有時單獨來，總是先邀了我。要是兩個都不來，我必得去吃一頓。要不然，伯母便不高興，說他三弟兄不在，你們便不來呀。

有個星期天，我被王逸岑強邀到武漢大學去。杏子便寫了信來，說這個星期六一定得來喲！媽媽的嘮叨我受不了，她已經看你作么兒子哪。

杏子到我家兩次，硬說我房間這蕭齋小室好的不得了，她着了迷。

她大哥、二哥寄了錢回，杏子必要等我陪她去郵局取。

她母子倆要去漢口日租界那姓王的遠親，作喪事後的慰問，那是往返得費時大半天。杏子一定要我陪伴，而且視我方便，我那天有空便那天去。

伯母崇信觀音，每月初九要到漢陽門外觀音閣燒香，杏子總是盡量要我陪她母親去，她留在家燒幾個好素菜，待我們回來饗用。剛好，我母親、姨媽老姊妹倆也是崇信觀音。每次去，我必特別代她倆各上一炷香，爲之禮拜、祈禱。

冬天之夜，在伯母房裏圍爐，與杏子共讀詩詞，伯母則靠在躺椅上似睡非睡。跟杏子之親近，旣像姐弟，又似情侶，也像夫妻。這時，我一面覺得幸福，一面有罪惡感，我怎麼對得起蓮姐？我也考慮：我跟蓮姐，婚姻上問題重重。我跟杏子呢，一點也沒問題，毫無阻礙，只是對不住蓮姐。龔先方勸我接納杏子。譚颸風也隨我來訪她家，用意在評鑒、參謀，更極力勸我與杏子結婚，說她對我寫作大有幫助。

果然，杏子代我抄文章。又把她寫的文章拿給我改，準備投稿。其實，她遣詞造句，比我高明，書法中規中矩，不像我寫的字劍拔弩張，一撇一捺，像亂稻草似的。

有時，意見參商也曾鬧意氣，不歡而散。回家後，心有歉意，第二天寫封賠罪的信叫弟弟送去，誰知弟弟還未回來，她的信已郵寄到了。好可感。我拿著日記去讓她看。一見面，不覺相視而笑。杏子也把她的日記給我看。接著，她還再寫了道歉的信來，教我羞愧，晚上非去見她不可。

在杏子房內，兩人互讀彼此日記，伯母坐在廳堂。好想立起身來抱她入懷。但是，畢竟忍下去了。與杏子相愛，已經對不起蓮姐。如果有超乎握手以上的行爲，熱情泛濫，就會不可收拾。畢竟我是蓮姐的人。如果跟杏子過分親熱，將來留給杏子的遺憾只會更大。

十九年初秋，我在武漢薄有文名，雖然仍偶而有斷炊之虞，親友們都以爲我已立住腳了。姨媽已下定決心，屢拒各方的提親，要把蓮姐留給姨侄，也無懼於姚奶奶、姚三叔的反對與揶揄，也許姨媽跟母親兩姊妹已交換過意見。她倆似乎放任自己的兒女，不太過問我倆的行動，信任我倆不會越軌。

我跟蓮姐苦戀五年，按說即使發生肉體關係也不爲過。但我倆一直保持著清清白白的純情。分析起來，有幾層因素。一、我倆都爲處子，不敢輕易破之。二、萬一婚姻不成，她嫁別人，這樣子，不會感受到羞辱。三、這樣會鬧笑話，益發留給姚奶奶、三叔反對派的話柄。四、蓮姐是我的至愛，我尊敬她，怎忍輕易侵犯。五、譚颶風勸過我：跟情人發生肉體關係，越遲越好，務要保持那神秘感一直到結婚初夜。好有一比，這箱子不管是裝的泥土還是珍寶，一開了箱，你就再無奇妙的想頭了。千萬不要偷嘗禁果。

民國十九年陰曆九月初九，重陽節，母親四十歲生日，洪家三舅、姨媽、蓮姐、慶弟他們都來拜壽。

姨媽、蓮姐在我家很盤桓了幾日，這是壽堂家民國十一年關舖子以來，八年苦日子，母親她姊妹倆少有的團聚。姨媽得閒便打麻將，她孀居近二十年，諺云：「山好過，水好過，日子難過」，正是她枯寂生活的寫照。蓮姐在旁的地方，有時代姨媽打一下麻將，在我家，她就不這麼做了。要把時間留下來，大半是跟我談話，或看我的文稿——其實主要是看我寫的日記。在談話和日記裏，都坦述了和杏子的交往。趁著兩位母親不在跟前，我吻了她兩次。先是，陪著龔先方去杏子家吃晚飯，飯罷，送先方到江邊碼頭，暮色昏迷裏中，看他這隻孤舟浮泛大江上，斜向急流，向漢陽而去。在路上，先方半開玩笑又半正經的說：「杏子和表姐之間，既然難以取捨，讓我保媒，請她倆個作你的娥皇、女英罷。我看得出來，她倆都樂意如此。」

與異性相吻，我倆都爲初次，在我但覺無限甜美而已。在蓮姐卻留給她一陣異樣的感受，兩次相吻，合起來也不過一分多鐘，可是，那兩天裏，她一直彷彿在和我親吻。我倆眞是可憐的苦戀，雖然親友無一不盡量爲我倆製造機會，訂情半年，今才初吻。這可能也是在那時期青年人少有的行動，不能不說是壽堂雜憶中值得一提的，非屬不尋常的事體。要說是不尋常，壽堂這個怪物的情史，可還有得是。

十一月一日這天，入夜後，月色昏昏。姨媽要我引她到杏子家去，說是拜望桑伯母。兩位老人家都是居孀近二十年，桑伯母歲數稍長。她倆在客廳談得很投契，我則在杏子房裏討論詩詞，十點多了才辭出。要非姨媽一起，杏子可能又要留我睡在這裏。

姨媽還辭意懇摯的向桑伯母道謝，說我常常打攪她們，多承她母女厚愛。桑伯母則說，三個大兒子常年不在家，母女倆好孤單，我來了不但給她們解悶，還爲她們作好多事情。杏子搶著接口：「姨媽呀，你家想必已經知道，我母親早把依萍當做么兒了，好疼他啊。」

回到家，姨媽向母親跟蓮姐誇說杏子母女，人品不錯，還說希望蓮姐跟杏子做朋友。後來，果然我陪同蓮姐去看望過杏子，她倆談得很投契。只是談話之間，兩人總免不了回望我一眼，每當視線投射過來，我必起羞怯畏縮之感。

可以想見的，姨媽和蓮姐到了杏子家，這夜杏子必然失眠，大起「畸零人」之感。她貼在我日記上的紙條，就是這樣自稱的。

跟杏子三兩天必有會見。縱然這樣，仍然時有書信來往。她的信，都是特選的緋紅色小西式信封，信箋也是精選的。二十年一月五日，得到她的來信：「我的人生觀，將依你轉變。」就在這幾天，杏子這邊發生了一件事。同屋的人家，女兒將出嫁爲人家塡房，男方江西人，業商，已三十好幾了。杏子跟這位準新娘很相好，幫著辦理喜事。那男的看到了杏子，驚喜十分，竟然輾轉傳出了這樣的話來：「唉！我怎麼沒早見到桑家小姐呢？如能娶到她，那才叫幸福呢。」喜筵上，杏子母女同席，那新郎公然向杏子敬酒，表示傾慕的情意。聽到這事，我憤慨無已，寫長詩「他是個甚麼東西」斥之。

就在寫這首詩的第二天，一月二十三日，我給姨媽寫了封短信，表示我太窮，無前途，「我流血宣誓，我和蓮姐的愛情斷絕了。」信稿留在日記上，也塗了血。眞是太莽撞了，不管姨媽、蓮姐接到這樣帶血的信，會起怎樣的反應？

這時節，姚奶奶跟三叔夫婦住回營防口老屋，姚二叔夫婦另外搬開，姨媽母子三人搬到了撫院街，我寫信去，不用再顧慮被他們檢扣、拆閱了。我跟蓮姐的苦戀，也毫無阻礙——阻礙的只是我太窮，然而我卻寫了這麼一封信。

過不多久，又向蓮姐寫信，索回我給她所有的信。蓮姐的傷心，可想而知。她或許會想到，是否我捨她而就杏子呢？其實，我內心極矛盾，雖如此絕情，而日夜難忘她的倩影。我對蓮姐的這種變化，並未告知父母，更不會告知杏子。巧的是，一月二十五這天，我不在家，杏子來我家找我。次日，大雪，我去她家，她一連叫了四次萍弟。設若我那時在杏子前，冒出了自絕於蓮姐的事，杏子很可能出諸千萬種柔情來安慰我，趁勢就把我搶奪過去了。譚颸風那次來看過她，就鼓動我：「你跟表姐一刀兩斷就是嗎。杏子太愛你了，她跟我說話，眼光卻一直放在你身上。」

蓮姐對我決絕的信，沒有答覆，也沒有退還情書給我。我還繼續寫信去，索還情書。也仍然沒有答覆。幸而這時沒有人家向她提親。不過，她倒是爲我想過另一層出路，如果她跟我婚事不成，她很想把閨中好友陳茵介紹給我。陳茵是她家住朱家巷時的同屋房客，父親爲大學教授，本身女子師範將畢業，人很活潑。蓮姐認爲她跟我很相配，向我們兩方都不止一次透露過這番意思。

我家房東也說過一次媒。某富家女，其父母看上了我，是母親以我目前無能力娶妻謝之。又有對門王木匠家，女兒十六、七，美艷爲這一帶街巷少女所不及，她和她父母都看上了我，也有非正式的提親，以此女行止輕佻而婉拒。房東家有二女，這王家美女有時過街來找房東女孩玩，想藉機向我挑情，碰到了，她向我笑，我也只好笑笑而已。太冷然，怕傷了人家的心：「你瞧不起我們木匠。」

康駒就住杏子樓下。另有家李姓房客，母女倆與康家隔了小天井對門而居。康駒父子有時也上樓來談詩詞文章的事。康駒其時正嘗試著，向漢口各報刊投稿。我去杏子家，三次中必有一次先到康家小坐，他們也明知我心念不在於此，稍坐坐，我就上樓去了。一次，康駒家只他一人在，他父母弟妹都作客去了。康駒叫我莫忙上樓，詰問我說：「你怎麼的走桃花運？」說得我摸不著頭腦。「你看到李家大小姐嗎？」我說，有呀，每次來杏子這兒，來去都碰到，她總向我點頭、笑笑。這是位體形豐滿，膚色微黑，圓臉甜甜的青年女性，她喜著黑色衣衫。杏子告訴我，她丈夫出了遠門，音信杳然，現在是回娘家暫住。康駒卻告訴我的秘密，說這位李淑媛，單戀我好幾個月了。康駒想挑逗她玩玩，她反應冷淡。對我一往情深，我卻毫無感覺。康駒煞有介事的告訴了我，我只來時碰到她便立即想起，但隨後便忘記了。男女間感情的事，也確乎是沒道理好說，甲乙來電，丙丁雖有意，卻就不來電，其奈他何。

且說說武昌南湖軍營的朋友們。

十九年隴海路上的戰事，乃二十年來規模最大的內戰，馮玉祥、閻錫山失敗，中央軍大勝。教導第三師自湖南前線調赴隴海路的，乃最後一批抽調去的兵力。戰事結束後，曹金輪、袁勁由連長升爲補充團第二、三營的營長，駐武昌舊督軍署內。所有當排長的也都順序升爲連長。而有些老班長也擢升爲排長。不幸的，只是「小孩連長」黃志鴻，早在去湖南之初就陣亡，其他朋友無恙。

士兵傷亡大，教導第三師回師武漢，即在武漢、外縣及湖南招募新兵。這筆招募經費很可能上自師長下至班長或執行此任務的老兵，大家都能利益均霑。那時，這群朋友都才二十二、三歲左右，如今既然升官發財，自然免不了醇酒美人。曹金輪、袁勁、黃超總算不同於別人，還肯掏錢買新書看。書皆爲上海出版的，哲學、社會科學和文學，這些書的骨子裏，都爲左傾思想。

金輪生活最豪奢。他買東西，定要買漢口英商惠羅公司的貨色，都爲舶來品。那怕袖扣、牙粉、擦皮鞋油這等小物品，也非惠羅不可。武漢三鎮不少富豪，十九也無此考究。還記得他的一件秋色冬大衣，又細軟，又輕，又暖，比起我的厚呢大衣，何啻雲泥。當其著此華服，乘人力車，經營門直入他駐在的大樓，他怎能毫不顧及官兵們的反應？

金輪是這一群軍營朋友中惟一寫詩的人。新詩、舊詩都寫。**舊詩有一定格律，易寫得好，新詩卻不是這樣**。以故，新詩能寫得好的，就非易事了。他特別跟我要好。先是，他用高等西式信封、信箋寫了信專差送來，請我吃飯。教我好吃驚的是，他這封信的筆蹟，近似女性所寫，怎麼要太太代筆？那時我還不太清楚，他是否新近娶了太太？之後方了然，這是他的親筆。原來，金輪寫的字，直到已過了四十歲，還是那種童子體，即小兒學書法最初始階段的形象，不能把一個字的一筆一畫安頓到恰當的位置，一點不似他這個人之風流倜儻。按說他的性格、才情，寫出的字應如黃庭堅、鄭板橋一樣才是。由於這種**童子體**，使得他寫字形成了一種壞習慣，遇到筆畫繁雜的字，乾脆來個「跛子拜年——就勢一歪」，胡亂草寫一氣，也不管它缺少幾筆，也不問亨享、乖乘、戌戍、己巳是有分別的，反正熟人會識得。

武昌斗級營大金臺旅館，漢口太平洋飯站，是這批朋友經常集聚之地，群體的吃館子，看電影。

金輪盛意相邀，我被任爲教導第三師補充團第二營營部中尉書記，經常住在營裏。工作並不忙，許多事都由文書上士處理了。週末和星期天，多半去漢口遊玩。當時，我對金輪帶兵、練兵的作法，有一點難以贊同。大雪天，他帶了全營官兵晨間跑步，由舊督署，出東轅門，走長街，直跑到漢陽門轉回頭，官兵鞋襪都爲雪水浸濕透盡。當官長的必然都有乾的鞋襪可換，也有地方可以晾乾或烤乾濕的鞋襪，士兵們就難得有此條件了。其時，跟金輪的友情，還未進展到後來的地步，可以爲問題爭執，至於極度。二月部隊遷南湖營房。這時，教導第三師有改編爲攻城旅的消息，旅長李延年。譚颷風因爲文評論教育，觸怒省政當局，竟至撤去教員職務，面臨被拿辦的命運，得金輪同情，讓他來營裏躲了幾天，避過這一陣風頭。隨後，金輪並未生病，卻住進了仁濟醫院，他調差的命令下來。接任營長很快到差，堅留我繼續供職，我婉謝了。若非友情關係，我怎會屈就營部書記。金輪要安排我到武漢要塞司令部工作，也謝了。三月十三日離南湖軍營，再回到豹頭堤街小樓的寫作生活。

巧不巧哩，我帶了簡單行李從南湖回來，屋子才整理好，吃飯時，蓮姐來了。我倆有兩個多月未見，我既主動與她決絕，卻又朝思暮想不已。一看到她，相視而笑，笑得我好心痛。她一走，我隨即寫信去索還情書。我爲何要這樣做？難說。蓮姐必想到是因桑杏子的關係。此時，但有第三者闖入，我可能便失去久戀的愛人了。一再如此這樣提出絕情的要求，我眞是太傷害了她。少有一個女性能忍受得了。

四月間，龔先方出了事。他屬下排長帶了一排人投向紅軍。他這個連長被撤職，收押在十八軍直屬部隊騎兵連裏。此時，金輪、袁勁、黃超這批朋友都不在武漢，部隊皆調赴江西或者武漢外圍。這騎兵連，紮在武昌舊督軍署。連長邱行湘和金輪、袁勁同爲黃埔四期同學，是很熟的人。先方一個人被關在一間房子裏。最初，情形嚴重，兩手臂都被綁上麻繩。看樣子，幾乎是要被槍斃的囚犯。

這時期，有位年輕女性，風雨無阻，每天自漢陽鸚鵡洲過江到武昌來探望先方。她一早就過江來，在被囚押的地處與先方相見，總要磨蹭到午間才走。人家都還以爲是先方的妻子。不，她只是先方友人之妻，對先方有著戀情。是她受先方指點到我家找我。我才知道這樁事。我去看了先方，騎兵連倒並無甚麼留難。

誰也沒想到，我竟然被派上了用場。我去保安門內高府，找我們朱、楊兩家世交的高桂蓀叔。桂蓀叔夫妻倆自小到大，跟我雙親、姨媽都是兄弟姊妹相稱。我又跟他兩兒林子、菊子同學。桂蓀叔一直在司法界服務，這時他似乎擔任十八軍的軍法處長，要不就是高層的軍法官。我爲先方說項。由於他並非本身犯罪，只是督導不嚴，有連帶責任。論處起來，可大可小。死刑，不得謂之嚴苛。徒刑五年到十年，人或許爲持平。只因這位女士天天纏著我。連去高府三次。桂蓀叔一點也不怪我多管閒事。先方終於無罪釋放，只是被撤差而已。

四月，蓮姐來。兩人緘默著，不願說話。我硬著心朗誦詩：

思君令人老

歲月忽已晚

棄捐勿復道

自己自怨自艾，反怪蓮姐冷漠無情。而自己這幾個月來對她的傷害，究竟到了甚麼程度，一點也不反省。僵局一直保持著，我又寫信去索情書。她不答覆。自殺，死的念頭時時在心中翻騰。但有甚麼激忿之事挑動，很可能走入極端，或是弄成了神經病。這眞是危險的時刻。我以爲她倔強，安知她的苦痛咬嚙內心，只有比我更甚的。我既有許多朋友，又有寫作可以發抒，她只有悶在心頭。

「愛，不愛？隨你。」這是她的態度。

那時，聽說又有提親的，對方是當團長的。可想而知，其財、勢、經驗、手腕、人情世故、年歲及家室生活需要的迫切，都要超過我多多，要是他會見了蓮姐，而爲之傾倒，取迅雷不及掩耳的手段，何須十天半月的周旋，藉詞部隊開拔等等，硬可以做到迅速成婚的地步。我又能怎樣呢？是你先自絕於她嗎。

在壽堂戀愛生活史上，民國二十年七月十日，有戲劇性的一幕，其基調是好低沈的。

這天下午，姨媽、蓮姐來我家。爲的夜間涼快，姨媽、父親還有同屋的甚麼人，在樓上打麻將。已是夜十一點，我跟蓮姐在我房裏下象棋，母親在一旁看。十二點，去母親房裏睡，輾轉不能成眠。母親辛勞，早酣然入睡。我下牀，小便，飲了幾口冷水，爲的要壓制情慾。走到前房，蓮姐睡我牀上，蓋著白毯，兩臂交擱頭部。燈光微暗。我坐牀沿，不聲不氣，她也不動一下。後來，我拉開她的手，才發覺她在哭泣。這幾個月，我的決絕太使她委屈。向她賠罪，撫慰，我並非不知道此刻應該怎樣作。反而是，所蓄積的千言萬語，半句也說不出來。我只是看著她。似乎好生疏了。我牽著她的手，摸著她的長髮。

好奇怪，我的熱情那裏去了。嘴唇湊上去的勇氣，已去掉淨盡。平常孤寂時，一想到她，我心便痛極。這時，我一方面很平靜，而又思緒紛亂，我將怎樣對待她？我可憐的愛人。我們爲何屈服於環境，不能共同奮鬥？初戀的情人，就是難於割捨。她的眼淚似乎並未引起我特別的感應。我緊靠她胸前，她摸我頭髮。除了握著她手臂，我甚麼地方都未有觸及，雖然我想到她的乳峰。

「讓我吻麼？」這豈非多餘一問，僵局早已和解嗎，但我這笨人，在愛人面前時就是不知乖巧，豈不知男女間行動重於語言的法則。這句問語，我竟然說了不下二十次，這才吻了她。其實，青年人，都有如此心態。民五十年前後，臺灣有首流行歌曲，主句就是：

給我一個吻

可以不可以

這歌，唱了四十多年，男女老少聽來，無不感到極愜心意。它分明是男方的意願。

我最後吻她，輕聲安慰說：「不到兩小時，天便亮了，你好好睡罷。」

「我佩服你眞規矩。」

我走到後房去睡，已是上午三點鐘。她的身上眞香，抱了她的手，這天晚上，餘香猶未盡去。也不感到羞，父母弟弟們不是一下便察覺到了。我眞規矩麼？不得已也。只因我始終無有破釜沈舟的決心，又不忍心她跟我受苦，所以不得不壓制自己。再說房外他們燈火輝煌的在打麻將，房門是虛掩的，前房跟後房，通著一道拉門，拉門並未完全拉上，後房睡著母親弟妹們，聲息相聞，怎能容得我倆熱情泛濫？再說，我尊敬自己苦戀多年的表姐，縱使慾火如焚，寧可燒毀了我自己，也絕對不會在婚前對她有過分的舉動。因爲我不敢擔保，我究竟有否娶她的條件。

第七節　弱冠之年烈火熬鍊

十九年秋到二十年秋，壽堂在武漢還發生了一些事，像孤舟行激流，比十六、七年之生命交關，更見險危。

十九年八月初，氣候還很熱，晴明下午，萬家佛正在糧道街民衆教育館講台上講演，突有歹徒向他開槍狙擊，當場斃命。混亂中，兇手逸去，無人敢阻攔。街上人車正多，一下子就去得無影無蹤。事後偵查，認定是共黨紅旗殺手所爲，並未像一般刑案處理，定要緝捕歸案。對家佛身後撫卹，輕描淡寫的辦辦而已。如按相法說，家佛是孝感諸友中長得最富態的人。李濟寰基於對友人遺孀的同情，以及向來對黃德美的景慕發展而爲愛情，豈非所以慰安亡友之道，況濟寰人品較家佛爲魁偉，德美的寡母很認爲這樣最好。濟寰不敢唐突佳人，處處小心承意。後來好事並未達成。德美其時尚未生育，才二十三、四。她等於是孝感旅省所有才子們心目中的崔鶯鶯，想必有人生美好第二春。

馬大嫂來我家，說菱舟由地方法院解到了軍法處，案情轉趨嚴重。她天天都在軍法處門口徘徊。萬一老馬被拉出來槍斃，她要跟著同死。九月二十五日，我到漢口住旅館，次日晨，送劉人伯上船再去四川。坐輪渡，武昌上岸，九點多鐘，一件嚇人的事，頓時震驚了所有走出輪渡碼頭的人們。今天凌晨，共黨份子四十餘人，從軍法處押出，通在漢陽門外碼頭，臨江大道上槍決。那時候，雖還沒有無線電廣播，報紙也未出號外，很快功夫，消息傳遍三鎭，京滬駐漢中外記者也各拍專電報導此一大事。這是辛亥革命以來，直到中日戰爭武漢淪陷前，三十年歲月，在武漢地區，政治犯被公開刑殺，人數最多的一次。何以特別提到「公開刑殺」？原來，古今中外，史不絕書，政治鬥爭還有秘密處死，不爲絕大多數人所知，但卻爲圈內人所曉。裝麻袋，負重石，沈之大江，時日旣久，屍體爲魚蝦所食。先期掘深深大坑，黑夜活埋。大高牆內秘密機關，種種不一而足的殘忍手段，致人於死。又有種種毀屍滅跡的手段。大牢獄千百種情況的冤死。按，秘密處死、毀屍滅跡，並非新鮮事，乃是自古有之。武則天時代來俊臣，明代東西廠與錦衣衛，人皆盡知。還有那地方豪強，山野黑勢力。拳頭大就是皇帝，死活任他擺佈，小百姓無奈他何。小說戲曲，不知描繪了多少。

趕到保安門外菱舟家，馬大嫂哭得死去活來，我除了陪著落淚，對於後事安排，無法盡力。可能他們那時業已草草料理。這事轟動了他們這一條街。或者有的人還會記起，前幾年，我跟菱舟一路上下。在此境況下，我不宜在此久留，免得惹些孖子身上抓。馬大嫂自能體諒到這一層。記得菱舟的大侄兒曼雲，就沒有趕過江來，慰問他四嬸，乃因去年還跟他四叔一同繫獄的。母親、姨媽、蓮姐、杏子，都爲我好擔心的。雖然南湖軍營這一批朋友多少可以爲我保障，無奈他們不免時有調動他方。一旦出甚麼事，還是好可慮。而新知舊雨，遠方現地，我的朋友特多。當此亂世，各地清共，此起彼落，捕殺者幾全爲青年人。貧窮、流浪、無憑依如壽堂者，未受到牽連，也只好說是祖宗有德了。

除了暫住武漢大學那短時期，撰寫國際政治論文，在其圖書館得到充分資料的參考，我都是在省立圖書館閱覽。圖書出納櫃台上，是老友朱有澂的二弟，他已經給我很多利便了。不道更有一位主管人員特垂青眼。編目胡茂生，他是文華圖書專科學校畢業。中國大專學校之有圖書館學，文華開風氣之先。大學之設圖書館系，遲至民國五十年的臺灣大學。雖然這時中國留學生之在美國進修者，多選的圖書館學。此時任教臺大圖書館學系的兩位湖北教授藍乾章、沈寶環，即出身於文華。茂生感於我的勤讀、苦讀，而且還書迅速，他居然將案頭上待編目的嶄新書冊，容我借回家去看。受這種待遇，內心深深感激。但我並未得意忘形，終覺這種特權，對別的讀者不公平。三、五回之後，很覺不安，我主動婉謝了他這番好意。當時，我直接去他辦公室取書、還書，似並未受到他同事非議。也由於我跟他並不沾親帶故。而當時，勤學苦讀的青年人，似乎並不太多。又，我人緣好。

十二月間，應徵漢口光明通訊社，爲訪員。主持者羅杭生，四十多歲，健康如三十許人。社址在他家裏。應試時，他三個大女兒，也有意無意從樓上下來觀看，來來回回，不止一次。引我一種玄想，這位社長也許膝下無兒，或是男孩太小，他有意在考中的青年記者中，就便擇得一兩位佳婿。他跟我談了很多新聞界的事。我則說只是爲了麵包。說定爲外勤記者，月薪四十元。我的作法是，先就朋友關係來開拓新聞來源，也加強自己的嗅覺，像狗似的，以靈敏的反應，隨時隨地注意突發性的新聞。我跑了軍營、省政府與法院。除了寫新聞稿，也寫半評論性的長稿。很快的，發見我所採訪寫出的新聞，刊載於隔日的大報上。記得是每天下午送稿去。並未受到應有的親切款待：留餐，討論工作，關心我的生活，預付半月薪水。這四方面，那一方面也沒有。他抹殺了我曾有編輯的經驗，現在乃是武漢小有名氣的作者，我很有一批了不起的朋友。就在這時期，得識李夢萍，他是獨腳戲的搞通訊社，平均每天總能有一兩千字新聞稿提供給各報。各報天天都能採用他的稿件，也就大大露臉了。

光明通訊社的嘗試，不過半月光景，並未得到一文薪給。按說，應該給一點交通費的。眞是越窮越受刻薄嗎。**平生還未遭遇過如此刻薄的人，他怎能立足於新聞界的？**卻也幸虧未受好款待，否則，這條道路走下去，侷限於武漢的環境，是不會有大發展的。

二十年四月間，開始了中國婦女問題的探討，寫這方面的小品隨筆和長篇論文。

張則存，廣東人，黃埔軍校五期政治科畢業。體瘦，深度近視。時約二十五歲左右，在中央軍校武漢分校特別黨部工作。單身，住在分校內。讀書極勤。閱讀習慣有其與衆不同處，把百多本的書平平的如「門」字形擺在桌上，近五十公分高。埋頭書本中。他是在辦公室閱讀。

曹金輪跟張則存相識，由於則存令兄輔邦的介紹。輔邦是黃埔三期的，跟金輪共過事。這時金輪開始參加了第三黨的活動。第三黨的正確名稱，似係中國社會民主黨。黨魁鄧演達，他認爲中國的前途，須從國民黨、共產黨以外，找出第三條路來走。黃埔四期、五期學生多很信從他。金輪、袁勁都成爲第三黨的重要幹部，籠絡了屬下的連排長，個別塡表加入。第三黨秘密的中央設在上海。金輪、袁勁都有去連繫，領得活動經費。張則存被看作是第三黨理論家之一。我也被吸收，但內心並不由衷贊同。第一，我的志向是在文學寫作，對政治無興趣。第二，他們刊印出的小册子，所發表的組黨理論，不能令我降心相從。徒以金輪好意相迫，勉强應允。但如說要我向文友中去吸收同志，可就是提不起勁頭。

小孩連長黃志鴻陣亡，他未婚妻龍靜子因家鄉鬧水災，又兼紅軍在湖南各地騷擾，自湖南南縣來到武昌。當時黃超接待她。黃超未婚，交了一位女朋友，情意並不太洽合。靜子有意嫁他，朋友們都認爲這是很恰當的事。偏偏黃超有種舊思想，以爲這樣做，對不住亡友。這跟前述李濟寰欲娶亡友之妻，觀念完全相反。如今人們都有這等想法：年輕夫妻，不論男方或女方死亡，若果有其好友來接續婚姻，乃是可以將對亡人的情誼，也加進到這婚姻裏。結果，黃超將靜子介紹給張濤，這對夫妻生活好甜美的。靜子繼續讀善導女中，初夏晨間，張濤騎自行車，靜子坐人力車，車行輕快的經黃土坡走武昌路而去，那番青春洋溢的情境，不知羨煞了多少人。

袁勁夫妻生活顯出了裂痕。袁勁沈默寡言，他妻子小鶯卻活潑外向、任性。當時我總看她好似美國電影明星「熱女郎」克來拉寶。婚後，無生育，少見其卿卿我我。袁勁一度由營長調爲附員，閒居武昌文昌門外。很有幾次，我碰到這種情況：袁勁坐案頭看硬性的書，小鶯潑婦似的責罵他，鄙薄他，訴說他，就差上去抓他、打他。袁勁也好厲害，不生氣，不回嘴，也不走避，只是坐在那兒，悶悶的看他的書。這種情形，朋友們看慣了，誰也不願去勸解。因爲小鶯會翻臉，連朋友一起罵。不問可知，大家都同情袁勁。

袁勁不像曹金輪愛涉獵文學，他自認是一個自學成功的經濟學者，很想辦個刊物，寫文章發表。他寫篇文章讓我批評，結構嚴密，只是有骨無肉，無動人的情趣。而我的文章，卻多肉少骨。兩人不期而有共同想法，何不合作試試看。於是由我來改他的文章。這件事引得小鶯呵呵大笑起來。

九月底，袁勁有消息，出任武漢要塞所屬部隊的營長，那營部正是我十六歲考學兵的紗局，不過是住在樓上。他好希望我當他營部的書記官。一個馬克思主義者的營長，來保護工廠了，我倆不約而同的大笑起來。他的老部下戴劍歐任機關槍連長，駐布局，這兒前幾年辦過工人學校。劍歐跟金輪、黃超、我，都是肝膽相照的好友。

二弟因紗局停工，去漢陽大嘴鄉岳四家謀食，爲他幫工。七月間，他回家來。有點改變，要飲酒，打牌、吸煙，過江去看戲。這時他才十四歲，幸而只是一陣子的情緒發洩。

長江大水災，水勢最盛時，漢口街上，武昌武泰閘，文昌門，平湖門外都給淹了。站在蛇山上看，武漢三鎮有如島嶼，好多房屋、市街都浸沒水中。豹頭堤街地勢高，未進水。所以才有心情跟了人家這裏那裏看水。

同屋與我對房門而居的，是四十八師徐源泉部隊的一位副官。夫妻兩人，無子女。丈夫北方人，三十好幾，性粗魯。妻子，荆州人，二十一、二，很有幾分姿色。木架曬臺，搭在他房間窗台前的屋瓦上。從樓上堂屋開門，搭一跳板上曬臺，也是在屋瓦上。那時，我正熱中於吹口琴，讀楚辭和江淹的別賦、恨賦。爲了要熟讀，黃昏、傍晚，喜上曬臺漫步吟誦。不道這件事，引起了這位副官的誤會，以爲我有意挑逗他的妻子。其實，在我眼光裏，他是個婦人，一絲也引不起我的情意。倒是在我收到的好些郵件中，有一次夾雜著人家寄給他妻子的情書，這位副官白天不在家，無怪其不放心這年輕的妻子了。他找來房東，惡聲指摘我，氣得我手指發冷。父親怕我吃眼前虧，勸我去王府井街口的全國總工會譚仲民那兒暫住幾天。不久，四十八師向江西開拔，這家夫妻也就遷走。房東她們相信我是個君子人，陳老太太特別上樓來慰問我，對這間空屋子，講說咒罵了一頓，以平息我胸中忿苦。陳太夫人對我的信心，教我這個年輕人好安慰。她老人家褒貶別人，向來是絕不容情的。

中秋節後，當了毛衣可維持三日飯食，九月三十的晚上，我動手寫長篇小說「第一個時代」的開端。說起來，半世紀後，現在我反而無此魄力，若是隨時面臨斷炊威脅，再怎樣心潮洶湧，靈感洋溢，我也下不了筆。可是，次日接到曹金輪來信，要我去吉安，與他共事。接著又來了電報相催。那時期裏，我先聽到四十八師一些舊軍官們的評論，說江西紅軍對俘虜怎樣怎樣善待，且誇他們勇敢善戰。又有人說他們清算鬥爭之殘酷。種種矛盾說法，不一而足。剛在中秋前一天，金輪、袁勁的同期同學譚乃大，也是當營長，他駐紮漢陽時我即相識。這次是從江西回來，說起那地區的苦鬥生活，無論南北新舊軍隊，都吃苦吃夠，缺食鹽，死亡載道，無有一人的臉面不是病容菜色。

我起了一個文學工作者，好浪漫，不切實際的想法。此時，我既非共產黨，也非國民黨，更非第三黨，我只是個中國人。我想能有經歷江西大鬥爭的機會，以豐富自己的寫作，縱使成為俘虜，也在所不計。十月六日我毫不游移，便起程前赴南昌。雙親看我這樣應金輪電召，想起自煙台回來以後的種種切切，無有憑依，深為傷感。寫作賺稿費麼，多麼不可捉摸。加之我脾氣倔，不願寫迎合人、應景文字。這一年多在故鄉的奮鬥，嚴格說，只小得虛名而已。寫作，原要在北平、上海，方能力爭上游，而經濟收入，一點也不穩定。說來好可憐，壽堂自十四歲打著赤膊離家，流浪了六年，幾度生死交關，這一年當中職業寫作，勉強奉養雙親，而仍時有無錢買米下鍋的苦日子。

第十章 大江東去

第一節 初探江西蘇維埃區

離開武漢，第二天晚上，經過九江到南昌。南潯鐵路行車，一路上都看到大水才退去的痕跡。通過沙河時，因鐵路兩旁積水未退，車行緩緩。廬山時在雲霧中湧現，車近南昌才看不到了。

住進南昌河岸的臨江旅社。下河打聽去吉安的汽船，行期不定。我總算還剩有十四元錢，等兩三天沒問題。有時去百花洲近處走走。感慨好多，很孤寂。

南昌爲蔣委員長行營所在地，此時正當七月間的總攻，克復黎川、廣昌、寧都、東固之後，而九一八事變發生，陳濟棠、李宗仁、汪精衛在廣州成立軍政府，舉兵北犯湘贛邊區，以致剿共軍事的進展，頓挫難前。

曹金輪任職陸軍十八軍十四師八十一團第二營營長，我又是來當他的書記官。十八軍軍長陳誠，駐吉安城，轄十一師，師長羅卓英，駐泰和。十四師師長周至柔，駐吉安南郊。

二十年十月十三日，到達吉安。街上觸目皆兵，再就是蒼蠅了。夏天剛過，大水才退，傷兵多，軍民生活所留下的垃圾，未得處理。

金輪的部隊，駐在吉安南十五里永和鎮附近。此時正當柚子上市，一路上，婦人、孩子以挽籃賣此者爲多。士兵們買一個柚子，蹲在大樹下慢慢剝，慢慢吃，這就是中國軍人的生活享受。我歇腳休息，與士兵們攀談。

營部住的人家廳堂，我出乎意料之外的，站在金輪面前，他高興得跳起來。營附吳浩澤說，他又打了幾個電報催我。怕我來遲，部隊一離開吉安，向紅軍攻擊前進，單身旅人就無法追上部隊了。紅軍游擊隊出沒無常，擄掠燒殺，危險得很。還說，金輪日夜都在掛念我，時時念著我的信。

部隊出發是指顧間事，因此金輪決定，要我即刻轉回到南昌去買書，先拿出五十元錢。我倆邊走邊談，再到吉安。他走後，我就看新買得的「燕子箋」。晚，吳營附又帶來一個金戒子和二十五元錢，以增加往返旅程之需。好教人感動，我決心盡量節省開支，把錢都用在買書上。

後來才曉得，金輪有個秘密企圖，他想在贛南山區拉走幾營部隊，在中央軍與共產黨紅軍夾攻中奮鬥，走他第三黨的道路。現在想來，他當時即令能帶領了兩團人馬，恐怕也難達成這種企圖。因爲兩方面緊迫的部隊，勢力太強了，不能容許你立足、壯大。而第三黨在社會上並沒有號召的力量。假設當時的軍頭們佔據了一個有海口的省份，行此企圖，或許有兩分可能。且說，金輪急於買書，是爲的他企圖長征途中所需用。

坐木船，贛江上順流而下，青山綠水，詩情畫意無限。把武漢家人生活艱苦的希望，置之腦後。途中，遇風，船泊樟樹鎮附近。入夜，大家都起有無名恐懼，怕的西岸山中，會有紅軍衝出來。這一帶不是太平社會，無時無地不在決鬥。最顯著的，是大軍雲集的剿共部隊與紅軍的對抗，互有勝敗。但進剿部隊，失利時多，常常一個師一個師的被殲滅。使人民心驚膽怕的，是共黨抓地主、殺富農的勾當，而每一個收復地區，清鄉隊對共黨份子的報復，循環仇殺無已。至於所謂「蘇維埃區」，**除了無盡的仇殺階級敵人，內部的清算鬥爭，也沒有一天停頓過。**「富田事件」，鬧得大家都知道了。

在南昌買了一大籃子文學、社會科學的新書。自以爲這是平生最可欣慰的一次任務。可惜當時當團長、師長、軍長的，還沒有一個人當其部隊深入蘇區，展開攻擊行動之前，會作這樣的準備。他們所注重的，只是兵力補充、後勤整補而已。個人喜美食、有煙酒嗜好者，或爲此作充分儲備。當然，定有當軍官的特別買了六〇六、九一四，才好安心找女人。如金輪這樣，可謂絕無僅有。他若當師長也仍然這樣做法，那就有二十倍的財力來購書。其時，書的平均價格一本約五、六角錢，若得兩千元，可買得三千多本書，足夠陣前一師軍官流通閱覽。拿破崙征戰中，即是不忘讀書的。

由南昌回吉安，行程快多了。出吉安，精神未免緊張，惟恐部隊已出發了，幸而情況並非如此。這幾天裏，部隊把村莊裏外的街道加以修整，地面上不再滿丟柚子皮了。

跟金輪這段相處的日子，好令人難忘。他現得十分勤學與上進。早上研讀典範令，自修英文。然後，我倆一道，帶了書本到江邊、田野散步。似乎整個部隊中，還沒有第三個人喜歡這種漫游的。我們每每在野地，逗留很長的時間。熱情、雄辯的談話，他批評我太過於重視自己的趣味。又說，勤於灌溉，看到自己的種植，開花結果，是最高興的事。他指的是他栽培了袁勁。「那你現今正在灌溉我麼？」他好滿意的點頭微笑。

部隊雖是對敵警戒性的駐紮，三操兩講並未中斷。操場與野外，金輪皆去督導，而且，他們正進行著一個旅的大演習，參謀和各級部隊長都很忙碌。晚飯，總有三、五個客人來參加。金輪是藉此聯絡感情，爲第三黨組織的擴大舖路。黃超、蔡浩然兩位營長爲老朋友不必說了，其他還有好些同學、教導三師的老人，再加上新近交上的朋友。除了團長、旅長爲直屬長官，不請。團附、營長、營附、連長都有請到。屬於本營的，則連附、排長，也有請。因爲時間不長，人家還察覺不到他別有籠絡的用心。

客人們也樂於跟我這書記官交朋友。這兩年，他們大都在武漢駐紮過，曾有讀到報刊上我的文章。加以我還未到來前，金輪、黃超跟吳營附的吹噓，大家都認定朱某文采風流，一見面，更發現我是這麼坦白純眞的一個大孩子。

每天晚上，這營部就彷彿軍官俱樂部似的。吳營附善於湊趣，組合人來講鬼話。這個題目，只要一有人開始，準有人接著說。醫官張安吉帶著看護士兵，組成醫務室，住在另外的民房，晚上無事，也就來到營部參加這晚間的娛樂。他爲人和易，跟營附、連長同爲上尉階，就更是謔浪笑敖了。醫官爲大家保健而服務，不必要有帶兵官嚴肅的一面。

中尉副官張勇大，三十一、二歲，雲南講武堂出身，擔任目前職位實在委屈了。他有點老成持重，不太跟我們玩笑在一起。

把一個旅所屬的三個團分爲兩半，藍軍、紅軍對抗大演習。部隊都在調動，人人皆忙。而且有特別命令，如其遇到紅軍繞道來襲，各部隊就地圍攻殲滅之。我不知怎樣未隨本營行動，卻跟黃超在一起，向他說出這樣幼稚的話頭：「我以前總把軍隊的事看得很簡單，現在方知作戰指揮的事大有學問。」黃超自然而然又提到老話題：前年我倆在山東煙台初見，去年武昌南湖重逢，兩次懇切勸我考軍校，無奈我興趣缺缺。更其是，現在來當書記官，乃是另有番浪漫意念。這意念未對任何朋友提起，怕被人笑話。對金輪也未提。黃超不改初衷，又照樣勸說一番，其奈我聽不進。如今，我很安慰，清淡勤苦，寫寫讀讀的這麼一生。畢竟，矢志不移，走在這條道路上的人太稀少。我樂意於自己這份執著。明知限於學養，我寫得不夠好。

大演習未久，十四師全師離吉安，沿禾水溯流而上。部隊西行，還未走到二十里地，就進入中共的蘇維埃區。

吉安這一帶爲文天祥故鄉，地方富庶，素來文風很盛。永新、蓮花、寧岡接近湖南邊境，井崗山就在這湘贛邊境，向爲盜匪淵藪，而此刻則是紅軍根據地。我們部隊緩緩推進，老百姓所組成的赤衛隊以及紅軍，皆迅速後撤。有時前衛部隊小有接觸，打一陣槍便平息了。戰鬥前進，自然有側衛部隊，但都距本部隊甚近，這樣，方能穩紮穩打。兩旅人，前後呼應的行進，師部走在中間。對於行軍路線兩側五里以外那些密集的村莊，但見叢林簇擁，炊煙時起，後撤的紅軍是否閃開在兩旁，誘敵深入，用口袋戰術來對付我們呢？由於安福、泰和有友軍協同，而十四師本身戰力堅強，行進中的攻勢防禦，部署得很踏實，而且絕不輕進，小心翼翼，大膽勇猛。每天日落前三小時即宿營，趕築工事，擔任防衛的部隊即進入陣地，大部份兵力則休息、飽餐、整頓，合衣抱槍而臥，準備夜戰。

紅軍顯然是往西邊山地撤去，並未閃開在兩側地區。沒想到我們會來得這麼快，在接近永新縣境的天河市，紅軍張貼的標語，漿糊都還是濕的。他們正在慶祝俄國的十月革命。曾見到兩三處磚瓦建築、房屋連綿的大宅第尚未破壞。大家都說這大宅第裏可住下兩三團人，所用的木器、鍋灶、碗盞、水井、廚廁皆毫不缺乏。

師部和另外一旅駐在吉安、永新中途的地方。這樣部署，可使與前進到永新城的部隊，成犄角之勢。我們這一旅人，由旅長夏楚中率領，十一月九日到達永新縣城。我們的後方並不安全，不論到師部，到吉安，傳令、連繫、補給，派一連兵力掩護，也感難於達成，不要說三兩人行走了。

到達永新城，各部隊即刻勘察陣地，構造工事。東門外臨禾水的高地上，迅速構造堡壘，以與城樓守衛部隊成相互支援的形勢。西門外，原有店鋪與人家，派出了前進部隊駐守於此。官兵人人準備隨時投入戰鬥，不似在吉安，可以稍稍鬆散一下。

城內幾乎沒有壯丁，青年婦女也不太多。可用的人力統被紅軍裹脅到西邊山區去了。紅軍以及蘇維埃政府等機構，匆促撤走。

行軍一天的辛勞，買得當地的紅稻米煮粥，佐以素炒大蒜，香美極了。後來還不曾再有嘗過紅稻米。

當天午夜，紅軍攻城，不知究竟來了多少人，槍聲、爆竹、衝鋒號、喊殺聲，鬧成一片。我們部隊都上了城牆，嚴陣以待。緊張情勢，直鬧到拂曉。

第二、三天都是這樣，大家習慣了，但它使你次日白天官兵們人人精神疲憊。佯攻的騷擾，但也說不定那天它集結了大部隊，繼夜間佯攻之後，眞正的攻擊起來。它的虛實，我們摸索不清。我軍也難於派便衣偵探出去搜索敵情。

營部張副官，不說他老成持重麼？才狂蕩哩。他爲自己找的住處，是在人家後進的房間，出進是很不方便的，夜間遇有緊急事故，易被堵死。他卻得其所哉，跟人家的年輕媳婦，一下子便姘上了。那女的，全身散放著青春活力，並不爲她這種行爲含羞帶愧，也不躲躲藏藏。軍隊所在，臨時太太麼。猜測有三種情況：一、由副官手裏可得到點財物補給。二、蘇維埃區的年輕女性，思想開放。三、她也許是紅軍留置下來的臥底人員。怪在是，金輪怎未干涉他？

永新物價很低，雞蛋七厘錢一個，米二分錢一斤，雞五百錢一隻——大軍到來，這必然是漲了三分之一的行情。官兵都大吃特吃，殺豬、宰雞成便飯。冬酒又甜又醉人。有天，全營人吃酒，都醉了。金輪最後哭了，幸而未把他第三黨的秘密洩漏。半夜裏，來了命令，要本營出北門去遊擊。

這次遊擊，收穫不錯。

過了兩三天，本旅派出一團加一營的部隊，爲大規模的攻擊行動。主力部隊是那一團人，沿禾水南岸，壓迫大股紅軍，使之渡河回返他的基地；本營則在禾水北岸夾擊之。行進的形勢，主力部隊走的弓背，本營則走的弓弦。

那天天氣很好，我也隨隊參加，自然是跟金輪在同一位置。按職責，我本無必要去參加，乃是抱著旅遊的心情。還背了熱水瓶哩。張副官自告奮勇當便衣隊長，並另從連上選了上十名弟兄爲便衣隊員。便衣隊走在尖兵之前，行動迅速，又教敵人捉摸不定，不知他們是幹甚麼的？赤衛隊、清鄉團、土匪、還是逃兵？等到他已摸清楚了，便衣隊業已迫近，而尖兵排就跟在後面。這位便衣隊長嗜殺成性，只要遇到人認爲可疑，問一兩句話，他懶得再嚕嗦，開槍就打。兩個步兵連，一個機關槍連在前面走，營長、營附、醫官、看護班、傳令班，一個步兵連，全係新兵，爲預備隊繼之。我們走過來時，左邊路側靠河，先後發現三具屍體，前頭部隊傳過來的話說，這都是適才便衣隊打死的。三屍皆著老百姓衣服，並未有武器，其中之一，挑一擔穀子剛走上岸來。便衣隊硬把人家當赤衛隊或紅軍偵探而予射殺，或因對方掉頭跑，怕他傳遞了消息。本來，一上戰場，不是你死，便是我亡，但看誰能佔了機先。但當對方不一定是敵人，而且他並無武器在手，如此輕易射殺，實在失之殘暴。金輪當即迅速傳令制止，如非遭遇正式敵軍，不可輕易射殺。士兵們也有了議論，不以便衣隊長這種勇猛爲然。我是更爲這幾位死者感慨：「寧爲太平犬，不爲亂世人。」

前衛部隊是姜家慶連，金輪最得力的連長，跟那位副官一樣，勇敢猛進，帶了他這一連人，展開攻擊，中對方誘敵深入之計，而未引起警覺。在這山丘地帶，他前進了三、四公里，營長已無法掌握。其時，約爲下午兩點鐘。

在這時間裏，敵情起了變化。原來的情況判斷是，以爲大股紅軍在禾水南岸，故以一團兵力壓迫他渡河。誰知狀況完全相反，大股紅軍乃在禾水北岸，本營攻擊速度進行太快，紅軍未抵抗即後撤，密集於本營左翼前方，緩緩的包圍上來。加之，禾水南岸的主力部隊，走的弓背路線，行進緩慢，本營走的弓弦，又攻擊得太快，根本無法同一時間到達會合點。也可說，根本無渡河作戰的打算。

因爲前面部隊移動太快，影響了金輪指揮官的位置，也跟著時時移動，派出去的傳令兵，回轉時已不易找得到他了。我向他作了適時的建議，他一句話回絕我：「你不要影響了我指揮官的決心。」戰鬥進行了一個多小時，我們前面的部隊既然掌握不到，預備隊也看不見。金輪時時在移動位置，跟從他的，只是醫官，一兩個看護兵，三幾個傳令兵，我，一挺重機關槍和一班列兵。發現正前方一千多公尺處，敵人正向右包圍上來，即以機槍連發射擊之。醫官正蹲著身子，爲傷兵包紮。這時，金輪已傳令，向右翼移動，也就是停止攻擊，逐漸走上回城的道路。

這時，左前方大股紅軍，採密集的橫排隊形，幾乎是持槍前進的，合圍上來。距離才七、八百公尺。他號兵多，衝鋒號不絕於耳。卻並未射擊——第一、他們彈藥太少。第二、他要造成人海戰術的威勢。第三、藉以達到「窮人不打窮人，士兵不打士兵」的心戰作用。

我可慌了，顧不得金輪，便向右翼逃跑，醫官也跟著跑。我倆跑了十幾步，敵人方有幾下步槍射擊過來，子彈向田坎上下跳，醫官臀部中了一彈。再跑了八、九步，才會合到部隊，急急向右翼移動。四點多鐘，我們這打了敗仗的三連部隊，在城防部隊收容之下，有恃無恐的進了城。

營長及預備隊全連被俘。姜家慶那一連，人員小有散亡，但死傷不大。當禾水南岸部隊到達會合點，爲時已遲，只遠遠看見我們這邊打了敗仗，紅軍以大吃小，他們無法飛過禾水來救援。一團人如果渡過河，時間就入夜了。地勢不熟，民衆多給紅軍裹脅而去，得不到老百姓的密切配合，我們縱然武器精良，兵力強大，如果夜戰，那是既瞎又聾又啞、又跛又癱，一絲勝算也沒有，反而把武器、彈藥、兵員平白送人。於是，南岸這一團人，並未遭遇一個敵人，照原路回城，天色已晚。

一入城，我內心非常自怨自艾。我與金輪不僅爲長官部屬，最主要的乃爲道義之交，怎能這樣不能同生死、共患難呢？少校團附楊達，湖北人，黃埔四期，曾於永新城住團部請幾位營長吃飯，也邀了我，以我爲朋友。他對我這種不顧朋友，撒腿就跑的行爲，頗有微辭。我一看見楊達，只覺得十分羞愧。姜家慶並未被俘，但推究責任，他過於輕進，似爲此次失敗的主因之一。未敢露面，由黃超、蔡浩然這批老朋友掩護著他，俟機逃回吉安，只有離開這軍譽最好的十八軍了。

團長方天，在本營打敗仗的第二天，集合部隊講話，他叫出一個被紅軍俘虜而逃回的士兵，喝叫衛士拖了這士兵在集合場的後面，立即槍決。這舉動引起一陣震撼。部隊長陣前殺了抗命、違紀、作戰不力的人，並非稀罕的事。但此刻並非在戰場，認爲他有罪，應該送交軍法審判方爲合理，方團長如此威嚴，未免太輕視士卒這條人命了。

當時紅軍對俘虜的處理有三種辦法，聽憑你自己選擇：一、投入紅軍。二、回歸原部隊。三、資遣回鄉。他這辦法限於尉級軍官與士兵。校官以上，視爲資產階級，是階級敵人，原則上一律處死。

這次我來江西，原抱著一種浪漫想法，爲了豐富寫作生活，縱使戰場上成爲俘虜，也所樂意。不道眞當情況到來，我卻逃之夭夭。而且在友情上，留下了如此不情不義的缺陷。黃超、蔡浩然這些朋友雖然半點責備的意思也沒露出，我終覺內疚至深。我原是奔著金輪而來，如今情況如此，我留下來就沒有意思了。因決定辭職回武漢，大家見我去意甚堅，也就不再挽留。

碰巧，不幾天七十九團黃超這一營，奉派回吉安接給養。我隨著他走，那是再好不過。出永新城之後，姜家慶也趕了來，爲了怕方團長發覺追捕，他是泅水過來的。那時已是小雪節令，永新屬贛南地區，還不算太冷。黃超可能是全師年紀最輕的營長，行軍途中著的短褲，他的營附和各位連排長也沒有這樣。

永新距吉安約一百公里，我們走了三天。每天黎明前，把豬油融化在飯碗裏當蠟燭點，飽餐戰飯，即開始戰備行軍，午間並不作大休息。下午三點到達宿營地，即構築防禦陣地，不斷的予以加強。入夜，大家和衣抱槍而眠，準備一有情況，立即出動，結果，平靜無事。這全營官兵好辛苦。我這位客人，是營長的好友和貴賓，得他懇切款待，一路上，我倆盡談論著金輪，不知他這三天常打噴嚏沒有？既通過了師部的駐地，姜家慶就用不著躲躲藏藏了。這一帶地方富庶，中央軍既向前推進，紅軍業已退走，流亡在吉安的地主、富農以及清鄉團陸續回家，社會生活逐漸復蘇。

一到吉安，只見市街整潔，不再有蒼蠅亂飛，人們熙熙攘攘。黃超要忙著他的任務，仍然抽空爲我跟姜家慶，上酒樓，夜飲餞行。

永新縣的苦鬥，對我說，雖是去遠了。**但那種人們掙扎求生的艱苦，時時在咬嚙自己的心神**。這種感受，應是那時期在江西的全體軍民，凡與紅軍打過交道的，都會深深體認到的。

在樟樹鎭，買了一個中號樟木箱，當時爲了省錢，並未買雙料、夾層、木皮厚的，那就既大且重，公路車上不易攜帶。木箱居然用到現在，六十個年頭而未損壞。長途汽車過樟樹後，行馳極速，距南昌約百餘公里，程途上，無虞紅軍出沒。

吉安、永新的生活，在我是很不尋常的。有一個印象特別強烈。十六、七年在武漢，看到凡被綁赴刑場槍斃的共黨份子，大多甚至全部都是聰明俊秀的青年男女，而這次在江西蘇維埃區，我軍所捕獲的共黨份子，則多爲粗魯愚笨的工農大衆，而少見聰明俊秀的青年人了。

南昌、吉安、永新這一個多月，偶然仍有寫作。十二月四日回到武漢，我連續寫了幾篇關乎江西蘇維埃區報導文學的作品：「便衣隊」，「赤衛隊長」，「士大夫階級」，「贛江印象記」，「在江西永新縣」。最後這篇，即發表在樊仲雲主編的「社會與教育」雙週刊，上海出版，內地各大商埠皆有銷售。其時，像我這種文章，報刊上還不曾刊載過。

應是民國七十五年前後，在臺北，與當年的夏楚中旅長晤見。他早已當過總司令了，勳業鼎隆。說起永新昔年舊事，仍然印象深刻，是其平生諸多戰鬥生涯中很難忘情的戰役。

第二節　貧窮的幸福王子

回到武漢翌日，至袁勁家，想不到的事，竟會出現在眼前，曹金輪穿件睡袍，正靜心的在看書。他怎能比我先回武漢？

原來，那天大群紅軍圍上來時，我與張醫官撒腿向東逃跑，他立即把身上的望遠鏡、圖囊用在遠處，然後也跟著我倆跑，卻來不及，而被俘虜。紅軍撿到了望遠鏡、圖囊，判斷今天一百多位俘虜中，有一位當營長的。連問幾個人，誰是營長？大家都答沒有。後來，對方改變方法，兇兇的抓了一個俘虜，用槍對準他腦袋：「要是不指出誰是營長，我就一槍打死你。」但是這個被抓的人並不答話。

此刻，曹金輪即刻挺身而出，大呼：「我是營長。」緊接著，連長、連附、一二三排長，也都高聲大喊自己為誰的，走出隊伍。班長和副班長也不讓連排長專美於前，依班別順序走出。後來，索性按平時列隊位置排隊。不是這一連的，另行排列。誰也沒有隱藏自己身份。這可大大出乎紅軍意外。

次日，紅軍開歡迎俘虜大會。按例，營長以上爲階級敵人，是要遭凌辱，而後處死。但因全部被俘人員對營長如此態度，看出金輪帶兵恩德，決定要爭取他。季方找金輪談話。季方曾任第一次東征校軍教導二團二營黨代表。此時乃敵對立場。談話中，他倆竟爲中國革命前途而起辯論，益發使得季方務要爭取他。黃埔當年，季方爲共黨幹部知名人士，金輪當學生時所熟知。

被俘的營部傳令班長願回原部隊。臨走前兩天，金輪心生一計，就寫封信託他帶回寄發。這信是寫給妻子，說：現在已有了光明前程，但目前需要刻苦奮鬥，只是放心不下你。不久，對家裏，我必有好好的安排。其實，他並無妻室，這是他與傳令班長串通好了的。他預料，紅軍放回傳令班長，必會檢查其有無夾帶信件？果然，季方中計。

後來，季方問金輪家庭情況，答允讓他回武漢去安家，然後再回到蘇區。於是，安排金輪從湖南這邊很迅速的出了蘇區。

十八軍，他是不能回去了。在武漢露了面，既不怕十八軍來抓回他，也不管他既對季方有了承諾，共黨是否會找麻煩。索性就留在武漢，搞第三黨的事。

張則存認爲第三黨階級性不顯明，既以工農爲主體，又不澈底消除資產階級。他常跟金輪辯論這問題，剌剌不休。

金輪先租了武昌卹孤巷的一家別院。房東就住在後進，有三個待字閨中的大女兒，還守著老戶人家規矩，女孩子但能看書、寫字、會算，就夠了，不再繼續上學。房東母女對這位單身房客以及來往的朋友，都視爲待婚者，頗感興趣。我們出出進進，少有不碰到這三位大姑娘，而引起她們評頭論足。對這單身房客之所以放心且寄與希望，由於租約是經望山門張萬泰米店作的舖保。

張萬泰是武昌第一家大米店，它與曹祥泰雜貨店，在人們心目中同具相等龍頭地位。曹金輪、袁勁在武昌當連長、營長時，由當特務長、副官的毛龍隱，因爲一直照顧張萬泰生意，每天一千人食米的供應，而建立了關係。很可能也有存款放在這米店生息。金輪、龍隱跟他少老板張鏡宇成爲朋友。

衈弧巷這家別院，是金輪爲第三黨活動第一個地方。在這裏，他決定創辦外圍刊物「現代社會」，由他寫發刊辭。張則存和新近熟識的第三黨同志楊士英，還有位韓國人安志清爲主要撰稿人。由我主編並負責文學的文稿，找印刷廠、校對、分送武漢書店代銷，分催執筆人交稿。漫畫稿由鄧棘夢執筆。因爲印刷、發行，必須於漢口辦理，就在漢口湖北街附近市中心區租了一處二樓的寫字間，由我一人住在這裏，那是元月間的事。金輪每月付我生活費四十元。現在想來，我眞是太便宜的出賣了自己。因爲他們並非經濟十分困苦，實在由於我太好講話。而吉安、永新之行，跟金輪友誼加深，又以有份歉意，所以一切聽任安排。

爲辦這半月刊，幾把我全部時間都投進去了，只餘下三分之一時間，才能寫自己要寫的文章。按說，發行、事務上的工作，應另有一人專責。我又寫、又編，又校對、又發行，沒有額外給點交通費，但憑內外奔勞。

當時辦刊物十分自由，並無甚麼政府機關管理。也無須載明發行人，出版者、主編者、印刷者姓名以及詳細地址的規定。金輪爲組織負責人，自不宜出名，但張則存是軍校武漢分校特別黨部的書記長，是負責第三黨武漢組織上宣傳工作的人，理應由他出名，但他期期以爲不可。結果這刊物上載出通訊處「武昌豹頭堤街五十七號朱依萍」。爭執這件事的當時，我即已理解到，我是被擺在頭一陣，出了事，偵緝隊按址捉拿朱某便是，則存他們可推脫得一乾二淨。

金輪基於安全的緣故，短時間，連續搬了四次家。後來住在漢口漢潤里的高等住宅。有好幾次，他跟則存爲政治辯論，圍爐久談。我毫不感興趣，由於自始對第三黨的理論體系即不太信服，徒以金輪友情羈絆而已。

「現代社會」出版後，似未起有甚麼作用。按說，以我在武漢文藝界的關係來說，應與各報、各雜誌社、各通訊社有番交往，舉行茶會請請文教界朋友，可是當時並未這樣辦。只是引起有關方面，在密切注意罷了。有天，馬鳴塵跟我說悄悄話：「有人說你是第三黨。」

很有幾次，金輪領頭，在漢口法租界過紙醉金迷的生活。是元宵節前。他貴州老鄉黃吉甫那裏，年輕夫妻，無子女，大財主，鎮日吸鴉片，吃酒席。也有時，全是接待前兩年南湖軍營的朋友，吃喝、看電影，漢口大飯店裏，歡樂相聚。或是張則存、楊士英、安志清、我，還有另外兩人，連主人金輪爲七位，在上海旅社開房間、吃酒席，並且叫了妓女來陪酒。很是引我反感。但既來之，不能免俗。我是最年輕的一個，但我選上一個最難看的妓女，表示諷刺之意，引得大家取笑不已。金輪或且有番說辭，這是掩護，要沖淡秘密政治活動的色彩。

安志清爲韓國貴族，夫婦倆的服飾，白綢長圍巾，很特別。那時還不太知道韓國服飾以白色爲美。他妻子相當美，賢淑而高貴，無子女。有次去他家，遇另外三男士，志清未爲我介紹，氣氛神秘。不久，突然聽說，他妻子因病故去。總之，這韓國志士教人猜不透。其時，正是「一二八」淞滬抗日戰爭之際，在漢口的日本兵艦以及日本租界，情勢都很緊張，凡是裝作中國人的韓國志士，雖在中國地面，也有可能會遭到日本浪人和「高麗棒子」的綁架。（高麗棒子一詞，主要流行在華北，泛指那種投靠日本浪人的不肖韓國人而言。）中國政府很難百分之百的保障他們的安全。安志清之神秘，豈能不予以諒解。

二月間，幹了一次冒險行動。我坐上人力車，由中國地界靠江邊道路，進入日租界。在通電的鐵絲網、沙包旁邊，下車來，壯著膽子走到成忠街，街上行人稀少，遇到佩劍的日本軍官和一個日本人，那日本人似爲日僑義勇隊，他倆是在巡查。看到好幾處機關槍陣地，沒遇到日本哨兵，卻與傳送公文的日本海軍士兵擦身而過。走到商店近處，遇到好些買菜的日本婦人，有那麼三位竟然側身讓路，且屈身與我爲禮，我不得不點點頭，哈了那麼一聲。我本是要在日本書店裏買二月號的幾種日文雜誌，玻璃窗櫥裏已擺列在那兒，這時已是上午十點鐘，可就是拍不開門。隔壁有中國人冒出身來，疑惑的好意問我：「你找東洋人呀？」「我買書。」對方才放心的點點頭。出日本租界，經過日本兵的崗哨，又遇到一位日本軍官，強硬的眼光，彼此瞪了默默的一眼，分明是敵對的心態，稍一激動，就會爆發事件。靠江邊鐵灰色的日本軍艦，吃水深，黑煙濃濃，現著隨時要挑釁的姿態。

經過一番考慮，而且三度與金輪長談，友誼歸友誼，政治是政治，既然意識上難於一致，第三黨的關係，請從此脫離。金輪很痛苦的答允了我，這是三月間的事。張則存則不然，他忿忿的說：「這是很嚴重的違紀。」而態度冷淡。後來，金輪告訴我，則存認爲我如此貧困，可能會希望得筆獎金，向政府告密，力主把我秘密的幹掉。金輪擔保朱某不會是那樣的人。四月，才把「現代社會」的事也交卸，離開漢口，回家再歸入我的寫作生活。

這時期，文章寫得少了，必細細修改才出手。使用新筆名「陳敷」，發表的也不如去年之多。

今日社的文學活動已經停頓，何夢雪代之而起。他的腿部微有殘疾，與宋泰生年歲相若，都是三十多，但不似泰生之太文人氣。他是新創的漢口「時代日報」副刊「時代前」的主編。二十一年上半年，跟他常有來往。六月初，夢雪組織生活與文藝社，我被邀爲發起人之一。他與平漢鐵路特別黨部有關係，一切作爲都受這方面支持。

鄧棘夢、許蔭民一批武昌美術專科學校應屆畢業生，在大金龍巷租了兩間房，二十年一月成立平野畫會，受邀請前往參加。我家與在水陸街的美專以及平野畫會距離甚近，因而跟他們常有來往。後來在上海爲文學翻譯的麗尼，就是武昌美專同學。還有個活動份了陶今也，他是今日社社員，但好像未參加平野畫會，也許是因爲他早已畢業。蔭民能寫能畫，有濃厚的政治色彩。棘夢跟我走得最近。那時，我有個粗淺思想，以爲**學西洋畫的人**，不宜限制自己於靜物、肖像和風景的描繪，而**應走向社會生活中去**。冬天裏，我倆都穿了厚呢大衣，漫步武漢市街，狂熱的關切與追求，一會說這個可以入畫，一會又說那個題材不能丟脫。我的建議，棘夢多半欣然接受。就地即爲速寫入畫。那時，剛好我正涉獵到兩本厚書：「西洋美術思潮」，「西洋美術史」。而世界美術全集，則尙有待閱覽。雖然只是速寫，戴厚手套究竟不利落，我也管不到他是否手指受了凍？少年行徑大都如此。

當時，在戀愛、婚姻、友情以及身心修養上，極欣賞蘇格拉底「知道你自己」這句名言。與棘夢說起來，他花了兩天工夫，特爲我就這五個字繪爲水彩的圖案畫，比四開略大，配了鏡框，懸在我牀後壁上，與案頭的歌德像相輝映。

二弟仲波，其時十五歲，在紗局當工人，每月可得十二元工資。只要不停工，算是家庭的固定收入。我的稿費與任職務的收入，則像打擺子似的，時有時無。他未滿十歲就做童工，一直以「我是好人家的孩子」自勵，幸而未像一般青年產業工人的流氣。有位年老的工人跟他很友好，給他好多人情世故的喻說。

二弟只在父親代高家四爺爺教私塾時，隨堂讀了半年書，他幼年失學，比我更甚，全賴母教以及他的自學。看到我居然過了這兩年職業寫作生活，所取題材多從自己生活經驗，加以運用，心想：哥哥這樣，我何不也寫寫自己最熟知的，最痛苦感人的一些事體？他並未要我指引，自己動筆開始描述飢餓、做童工的事。初次讀到他寫的散文，生活淒楚，令人心痛。他十五歲開始文學寫作，個性跟我不同，生活有似烈火熬鍊，使他的文章風格堅實。我並未推薦，二弟很自然的成爲何夢雪「時代前」的作者群之一。後來在臺灣出名小說作家的涂翔宇也同屬之。

袁勁婚姻生活起了劇變。小鶯任性、潑辣、孩子氣，朋友都覺得袁勁太委屈，老是那麼悶不吭聲的，從來不見他與這橫不講理的妻子有甚麼爭論，誰知他暗地裏起了橫心。金輪每每笑袁勁，從未嘗過戀愛是甚麼滋味，不像他既有好些與良家女子戀愛的遭遇，也與風塵女子繾綣情長。例如十九年秋，他與漢口頭等紅妓李雪蓮相戀。雪蓮貴州人，天生麗質，儀容、衣飾、舉止，全似大家閨秀。這年大除夕，金輪巴巴的從武昌趕到漢口她班子上，直是大公館排場，老媽子、男僕、車伕伺候，金輪此時際的一番「孝敬」，恐怕就不是他當營長的月餉，所能打發得了的。

可能雪蓮這裏須得花費多金，金輪後來另找了一位頭等妓女，叫花春芳的。江蘇人，不但無雪蓮那種高貴氣質，而且一字不識，但是她性感，善伺人顏色。沒聽說金輪與她怎樣特有情意，只聽說金輪把此女轉介給袁勁，袁勁給迷上了。花春芳比小鶯，容貌欠美，膚色黑，身材也矮，定然是性格柔順，媚態橫生，百般逢迎，凡屬小鶯那邊得不到的，這邊卻有加倍奉獻。總之，袁勁熱戀花春芳，小鶯給蒙在鼓裏。

定然也是第三黨的經費有了挪用。二十一年四月間，袁勁為花春芳贖了身，且連同鴇母，於武昌山後賃屋別居。大夥都知道，他娶小了。小部份人則知道另一件事，其時中國航空公司開航未久，鄧演達已被捕給槍決，袁勁乘飛機自漢口至上海往返。自是與其他頭頭們會晤。詳細情形，他未說，也是那時我正鬧著要脫離第三黨。不知是上海方面有緊急行動，還是因為袁勁職務在身，才需要趕時間，坐飛機往返。當時上海漢口來回票價三百五十元，約為長江客輪大餐間票價的三倍，統艙的十五倍。

小鶯這時回到廣東汕頭的娘家。初夏，她從廣東到武漢，先來我家探詢袁勁事。龍靜子帶了孩子，取名小濤，也自湖南南縣來，暫住我家。過不幾天，袁勁正要把花春芳母女送回湖南，住漢口旅館，準備一應啓程的事。這天下午，天氣晴明，我正在家閉戶寫作，王小鶯突地闖來，告訴我，袁勁娶小，她全知道了。現刻袁勁正住在漢口某旅館，是也不是？我答以不知道。小鶯就偕同龍靜子離開了。

袁勁他們三個，要是給小鶯一下子逮到，那豈不鬧翻了天。她倆前腳走，我隨即趕到文昌門碼頭，包了一隻划子過江，漢口上岸，火速趕到那旅館。不料我這個老實人，卻讓先守在旅館門口的小鶯，給逮著了。糟！卻也引得我對袁勁的氣忿，你嫖娼、包娼倒也罷了，年輕輕的革命志士，何苦要討小呢？只好硬著頭皮闖進去。

二樓那房間裏，曹金輪、張世禎兩人正在座。他倆一見小鶯出現，頓時怔住了。小鶯坐了下來，幽幽的問：「你們把我怎麼辦？」金輪是勁夫最要好的朋友，世禎是他夫妻的媒人，這遇合眞巧。只要這母老虎不發威，甚麼話都好說。袁勁那三個，在另一間房，是否得到風聲溜走了？或是閉緊了房門，死也不肯出來呢？

金輪，世禎自是大大數落袁勁的不是，來安撫小鶯。小鶯這次居然一點也未發脾氣，也未哭啼啼的傷感。是有人特別教導了她，還是袁勁這種行爲引起了她深刻的反省，而致如此。自此，小鶯像變了個人似的，溫文沈靜，把大家朋友對她的反感，一掃而空。更巧的是，他夫婦結婚好幾年，孩子來得很遲，而這時小鶯已有五、六個月身孕。後來方知道，那花春芳在王小鶯懷孕後也有了喜。

龍靜子要我陪了她母女去長春觀厝屋裏，拜祭黃志鴻的靈柩。隨著，又讓小濤認我爲乾爹。孩子好可愛，我眞有爲父的心腸。有時抱了孩子，陪靜子去江邊散步，旁人還以爲我倆是夫妻。靜子率眞活潑，視我如弟兄樣的親近，有時惹得蓮姐不快。及至相處旣久，蓮姐深深信任我的德行，也就不以爲意了。

不知怎麼跟鄧棘夢說起的，以龍靜子母子作題材，繪幅油畫，再問靜子，她也十分樂意。於是，邀了棘夢來，在我家小樓堂屋裏，靜子懷抱著孩子，花了兩個半天工夫，繪了這幅題作「母與子」的畫像，大家看了，都認爲這幅畫十分傳神。那時，張濤在南京。不久，棘夢在漢口開展覽會，這幅畫是觀衆最欣美的作品之一。適逢張濤回來，知道這事，雖未對我發脾氣，卻是十分不依。一早過江，去了展覽會，硬逼著取下了這幅畫帶走，毫不顧惜的把它撕毀，棘夢無可奈何。但是假若他發了藝術家的脾氣，堅持不讓取走，那又會鬧成怎樣結果？

陳曼引、南亭兩位，是寫作上的好搭檔。南亭身軀高大，乍見總覺得他比曼引爲健康。曼引有點過於勞累，顯見睡眠不足的形相。認識未久，十九年盛夏，南亭竟以肺病逝去，他不過大我兩三歲。自是，曼引離去漢口普濟醫院的護士工作。去了上海，獨力組航空通訊社，是把當日上海報紙重要新聞，航空寄遞，剪下供應給武漢各報應用。其時，電報費過昂，而長篇新聞報導電稿，每被一些商業、官電的優先，給壓擱下來。長途電話不普遍，費用高，通話時不能加以錄音。無線電廣播，還有待興起。曼引這作爲，很得武漢報界歡迎。如果把上海幾種主要報紙全份航空郵寄，郵費勢必高到二、三十倍。他這通訊社短時間便結束了。曼引未能過上海亭子間的狂熱寫作生活。

冬至，要準備醃臘肉了。姨媽、蓮姐由撫院街搬來豹頭堤街，與我家同住小樓上，她母女合住一間房，隔堂屋與我房間相對。

慶弟在漢口紗號做店員，過的上等生活，穿吃搖擺，不太回武昌來。住撫院街時，他訂婚了，是洪家外祖母作的媒，行聘時由三舅出面爲媒人，我被拉去作副媒。

姨媽要搬來，事先必經過一番考慮。也必與我父母先有過一番洽議。有一點可以確定的是，這事乃是姨媽主動提出，蓮姐不會作此建議。而我家不會提出這種要求，因我一直無固定職業，時有斷炊之虞，毫無可以娶親的條件。

還有一層，姨媽平時只母女倆在家，一個月裏，蓮姐總有六、七天會住在姑媽家。姨媽一人夠寂寞的，跟我家同住，就熱鬧多了。離外婆家近了，姨媽可隨時去看老太。

再麼，有了桑杏子的事，這樣子，姨媽可把我看牢了。果然，自茲起始，桑杏子不曾來我家，我也不像以前，動不動拿著文稿去她家抄寫。也是，桑杏子母女離開武昌，去了南京。姨媽這層作用，當時不會有人明講。

父母看見這準媳婦住在一起，能對姨媽多有照應，自是高興。但看到我倆竟然不能正式談婚嫁的事，怎不感到遺憾？也許更存有隱憂，萬一這兩個孩子按捺不住，弄成個婚前珠胎暗結，親友間就會笑話。

兩位母親，一個苦戀六年的愛人，小妹剛好三歲，正是最可愛的時際，在這樣場合下，我豈非幸福王子。一日不見，如三秋兮，再無前此朝思暮想之苦。雖不能如西方社會那樣情侶親熱，而時時相互看在眼裏，只覺著這屋子情調大不一樣，內心生活也起了改變。

寫文章後的休息，就跟蓮姐下象棋，或在她房，或在我房，也或在堂屋。我倆棋藝都不高明。認眞下起來，我不一定能贏。她如果這天心緒不好，就準敗。而大半因爲我，惹得她心緒不好。

過小年，我從漢口「現代社會」辦事處回家吃飯，夜裏打麻將玩，我順便摸摸愛人的腳，覺得闊別了。次早，趕回了漢口。隔不兩天，又回到家，小妹首先歡迎我。母親、姨媽、愛人，忙著殷懃照應，內心甜美極了。又打麻將到半夜。腳在桌下玩把戲，夾著她的腳，儘管寒冬夜，窗外雪花飛。注視一眼，無限情意。

除夕，我家難得的豐盛準備，慶弟回來，二弟也放了工。但是武漢市街入夜，就顯得情勢嚴重，要道路口常有上了刺刀的武裝士兵攔阻行人，甚至搜身檢查，我就遇到兩次。很有些外縣因鬧紅軍而逃到武漢來的難民。要非上級命令這樣，軍營此際也正要飲酒食肉，當兵的是不願在大年夜還執行此任務的。他們胸前帶了手榴彈，手上還有帶著繩子的，不知這夜有否綑了違禁的人往警備司令部裏送？我一回到家，燈火輝煌，花團錦簇的，就把在武漢輪渡兩岸碼頭與市街所見的肅殺氣氛，忘得一乾二淨。也未敢向家人提起。

母親，老姊妹倆，自辛亥革命前夕以來，已是二十一年未有這樣團聚過了。圍爐說兒時事，憶念外祖父母，和王海公老外公、老外婆不已。只可惜，綬紳舅舅這時不知流落到那裏去了。我們拜祖宗，吃甜食，打麻將，下棋。我只覺得這兩家合爲一家的情況，惟我跟蓮姐最甜美。

大初一上午拜年回來，睡一下，醒來，聽到母親、姨媽大笑不已。她倆常年憂苦，還少有這麼開心過。

元宵那天，從漢口過江來，回家吃夜飯，母親、姨媽、蓮姐全來圍護著我。這時，我有身爲王子之感，她們都把希望放在我身上。但我一直未能自立，生活渺茫，開拓不了掙扎奮鬥的道路，自殺的意念竟然常在閃現。那兩年，我不止一次心情激動，打退堂鼓，要中止情愛，即是由於這種背景。蓮姐爲我篦頭髮，要細細的、用力的梳，她胸部緊挨我背，正似妻子之伏侍丈夫。

這夜，姨媽帶了我倆散步江邊。丈母娘疼女婿的情意，表露無遺。

洪三舅來，他看到我們兩家一起住，又見到我這兩年賣文章，小有名氣，現在又主編一個刊物（大部份親友都看不出這刊物是另有背景），心想，我年內應可結婚。總要結婚在慶弟之前，方合爲父母者的心願。三舅跟兩位姐姐談起，自然很感到欣慰。夜，跟我談時局問題，就睡在我房裏，我就讓姨媽帶過對房，睡在愛人腳旁，隔著被子，依偎了她。次晨起來，趁著姨媽去廚房，就偷著吻她一下。我總怪她冷淡，她說那是要在母親面前掩飾我們的愛。姨媽現在已在爲我施行保護政策，不大讓她去住姑媽家，怕的締造了與別人結婚的機會。

蓮姐臥病，爲她取藥，牀前伏侍，噓寒問暖，感覺好一陣柔情蜜意。她不太理睬我，不知是否因病，打不起精神。還是因爲我說話問，引起了誤會，她一生悶氣，弄得我摸頭不是腦的，心情就難堪了。

愛情生活一起波瀾，那隱存的老問題一觸即發。蓮姐病才好，我又是一封信去——我們是不能愛了。麵包問題不解決，從何處去談戀愛呢？我也不需要你來答覆了。只要你不做聲，那就算接受了我這意思，我是很了解你老先生的沈默。

何須兩天工夫？跟蓮姐又和好，眞是棒打不散的寃家。陪我下棋，讓我寫完日記，十一點多，她才回房去。我的一個小玩藝，核桃彫刻的猴子，她爲細心的穿入絲線，使其可以懸掛。這些，教我感到慰藉。

漢口夜生活最熱鬧，武昌除長街之外，其他各地晚上九點鐘後便已十分靜寂。豹頭堤街路燈昏昏，也許有一兩家小雜貨店半掩大門，還露出一線燈光。這時際，我若陪蓮姐散步回家來，只感到這一段五、六分鐘的石板路，眞是美極了。我倆牽著手走，到了門口。黑漆大門內縮於雙磚牆後，拍門之前，我總要擁吻所愛，而留下這一生的美好回憶。

春色濃密，草木放香，長江漸漸水滿。陰天，微涼。漫步郊野牽手而行。從上午七時直走到下午三點半。走走、歇歇、坐坐，田野便是沙發。只要近處無人，便抱了她深深長吻。有時，我倆都同感慚愧，人家農夫正在辛苦的耘田，好意思麼。熱情如火。她美讚我說：「我愛你三點：第一、你不爲己。第二、你很能吃苦。第三、你是個好男子。」我們通過粵漢鐵路的紅橋，鐵軌下未舖鐵板，一失足便會掉落河中去。愛情的力量，使我倆無視這種危險。這一次行程之始，談到我倆的未來，她哭泣了。也是，我一再讓她受委屈。走了三十里路，腿疲力疲。她唱了當時流行的抒情歌曲「湘累」。郭沫若詞，係以屈原姊氏的一些傳說來敷寫的。

隨侍著姨媽去洪家。姨媽非僅要來談慶弟的婚事，而且要洪家外祖母力促我倆的事，希望今冬能結婚。我憑甚麼能有肯定答覆，只好說，且等我先到南京。

第三節　玄武湖之秋

特爲曹金輪介紹女友返武漢，隔幾天，再來南京。爲的是，投考軍校的高級教育——政訓研究班。

到南京後，初住罵駕橋。其時外地來都城謀差事、考學校的人很多——拿中央大學說，政府特意支持它，廣設各院系，不斷擴充，想要超過北京大學。這些外地人，少數的住旅館，大多數的租賃民房。這幾年，南京城新建有不少青磚二層樓洋房，都是達官貴人所有。本地大戶人家，頗有空房出租，租金所得，足以維持起碼生活。

張濤、梁孟、張夏威、唐振天四人合租了一間大房，加上我這個寄住的。梁、張、唐都跟張濤同為黃埔五期同學，有的又跟他在青島憲兵隊同事，情誼好得有似親弟兄樣，也就不把我當外人了。

張濤具男性美，在小姐眼中是第一個最有魅力的，他有了龍靜子，而且新近才當爸爸，朋友們都把他看得牢，不准他稍有越軌。

南京的熱是出名的。這房間，陽光直射不到，我們只穿了背心、褲叉，把席子鋪在地上睡，晝夜皆感涼爽。唐振天受調軍官教育總隊，一星期兩次外宿，他一回來，就開留聲機聽京戲，也藉此對同屋兩個女人挑逗。一位是房東之女黑美人，一位是房客黃太太，少婦，無子女，年紀大她二十歲的丈夫不知何故，很少出現。唐振天有一箭雙雕企圖，對黑美人為求偶，對黃太太則是玩樂、打野食。很快的，黑美人硬讓唐振天追求到手。

幾個大男人聚在一起，少有不談女人，而且大談特談不休。他們的經驗談之一，說南京人很樂意找黃埔學生做女婿。張濤他們這一期，年歲、地位，都是最適當的人選。租賃在大戶人家，極易遇上近水樓台的機會，你不主動追求，也會有房東、同屋、鄰舍的大娘、大嬸，熱心的為你牽線引介，做媒。

談情慾與嫖經，他們總不忘取笑我，說我連見習官的資格都不夠。的確，我這個處男就是特別，如今二十一歲了，還不曾自慰過。他們都說，沒有男性不曾自慰，少小時期即已開始者，要佔半數。張濤述說的經驗，少有人會是這樣。十七年，他當排長，行軍途中，有好幾天局部勃起，就是軟不下來。居然只好在行步中自慰。

金輪也在南京。第三黨的活動，陷於若有若無的情境，似只有在上海，托庇於租界內的一兩刊物，並不高調的談些政治問題而已。金輪少年時代業師劉健群參與何應欽幕僚，北伐時期迭建功勳。這年六月，訓練總監部政治訓練處改組爲軍事委員會政治訓練處，劉受任爲處長，有創辦政訓研究班之議，金輪認爲我最好能投考此班，謀個出身，以爲求職憑藉。政訓班的隊職人員，訓育人員，務須黃埔先期同學出任，免致受到排斥。腹案中，金輪任隊職人員，並推介教導第三師一部份人員投考爲學員。劉因公到漢口，金輪特偕我於旅邸會見。此時，金輪一人獨居南京，還殘存有三分之一的秘密政治活動，我既已脫離關係，也就不再聞問。

金輪也爲我介紹工作。他黃埔四期同學又爲貴州同鄉的劉琦生，將發表爲陸軍五十一師范石生部的政訓處長，內定我爲上尉科員。琦生家住丁家橋附近，一處新平房住宅，屋宇軒昂，室內陳設，樣樣嶄新，又適逢他夫婦的第一個孩子出生滿月，更顯得喜氣洋洋。只是這位夫人對客人冷淡，想是他小家庭不願多受打擾。我的工作只大致說定。後來決定考政訓班，就辭謝了。這使我在軍職的經歷，以前既然跳過了准尉、少尉這兩階級，此後更跳越了上尉這一階。

在街上碰到余克劍，他也進了軍官教育總隊，並帶我去他們那裏參觀。中央軍校的軍官教育總隊是在軍校外附近的營區，有收容、儲備、再教育的使命。黃埔同學凡任官上尉至中校，而因部隊改編以致失業，經過登記、甄別、即可歸入軍官總隊。還有些雜牌部隊，這一階段的軍官，其無有黃埔軍校學籍，逐次由教育總隊予以再教育的機會。其教育、訓練，不如中央軍校那樣嚴格，但也多少灌輸一些新的軍事學術。其時軍事教育的趨勢，偏向於模仿德國。在南京的青年將領，也有部份年齡稍長並非黃埔出身的將領，紛紛剛從德國留學回來。還有部份政治幹部，一體鼓吹法西斯主義，認爲近幾年內亂不息，乃因國家無有中心力量。這中心力量，定要擁戴出一位領袖人物，贏得全國軍民效忠，才能達到有如德國復興的境界。

法西斯主義的書册，一時如雨後春筍。墨索里尼和希特勒的作風，爲很多愛國志士所嚮往。這兩位仁兄喜著軍服與馬褲。有些去德國、義大利學軍事回來的，或是至歐洲考察歸來的軍方人士，最高興的事有兩點：

一、獲得義大利法西斯蒂、德國納粹黨的秘密文件。

二、在德國、義大利所領取或所購置的馬褲。這種馬褲，以暗綠或灰褐色毛呢質的爲多。

法西斯主義、納粹黨的暗流，當民國二十一年夏秋，其在南京推波助瀾，日益滋長的情形，使一部份得意人士沾沾自喜，也教識者隱憂不已。我那時懵懵懂懂，正準備著踏身這暗潮之上。

今日回顧國家社會的來路，好不心驚膽戰。怎地有些中國現代史的纂述，於此略而不提呢？

張濤醋勁大，說起鄧棘夢所繪「母與子」畫像，還餘忿未已，恨不得殺死那畫家，而且連帶的要用手槍打死我。其時，靜子剛剛二十歲，初爲人母，小濤又長得聰明、白胖可愛，這幅畫表現得極美，讓張濤毀棄了，眞可惜。

幾個人，荷包空空，晚飯沒得吃，卻跑到中央大學大講堂裏聽孫本文教授講「社會變遷的原因」，人物與時勢，文化惰性。聽者三百多人，校外來的並不多。我不太能完全同意他的觀點。聽畢出門，我憤憤然，如得機會埋頭研讀五年，不也可抵個博士。回到住處，搜得銅元二十五文，買麵包，各吃兩個充飢。更晚了，得小洋二角，買酒菜，大吃一頓，談論在大學內的觀感。

中央大學附近書店多，我獨喜買磚頭厚的「讀書雜誌」來讀。係王禮錫主編，偏重歷史，社會、哲學的課題，篇章浩瀚，探討深微，爲好些期刊所不及。

邱行湘，我總難忘。他是去年龔先方被拘押在十八軍騎兵連的連長，那時我探訪過先方好幾次，都未見到這位連長。現在閒散下來，聚在一起，也常跟我們一起閒聊。他晚上談話興趣高，講到一些帶兵的事。他打人一頓，又再教訓一頓。爲了士兵鼻孔流血，不惜花了二、三十元醫藥費。作戰受傷，他伏下身子爬著回來，伙伕抬了擔架爭著將他後運。他有一個小結論：「要是弄錢的話，只有被兵帶，那能帶兵呢？」

防疫所免費打預防針，給首都社會人們感受好深。以前，政府的衛生行政，還未有作到這一點。送診，施藥，都是由民間善堂來做。張濤去了浙江奉化，當總司令部侍衛大隊的訓練員。我們搬家到浮橋附近。住的門面朝西的二樓。樓下是老虎灶。天剛亮，賣菜的便集結在此，人聲嘈雜。又當西晒的災熱，在這最不適合寫作的環境裏，仍寫了「浮橋畔漫錄」。

蓮姐好久不來信，令人懸念，恨怨她不已。父親來信，說她將隨二姑媽去上海，似有擇人而事的可能，我心上一冷。也好，這大半年裏，因爲她的冷淡，每使我難堪不已。過兩天，蓮姐的信來，說是我上月的信去，慶弟轉給她，又因姚奶奶搬家而耽擱。對於我倆的事，她還是老態度，愛，不愛？悉聽尊便。

政訓研究班的招生還有待，其籌備工作，關於曹金輪任職的事，已完全確定，只等整個人事命令發表。這一段空隙時間，金輪慫恿我偕他返武漢一行，主要是爲他介紹女友，也藉以穩定我跟蓮姐的事。

在去漢口的輪船上，我買了一串佛教徒常用的念珠，給定名為「沈默與工作之珠」，時時數著珠子，懷念兩樁事。一、蓮姐的冷淡不堪受，我也學她以其人之道，還其人之身，用沈默無語來對待，稍解鬱苦。二、不管環境如何變化，努力工作仍為第一要義，不可混混噩噩，虛耗了生命。

回到家，黃超、劉積耀都在此，見面時極高興，一人打他一捶。小濤長得更漂亮，可恨我這做乾爹的，只因靜子一句話而已，竟沒有如民間習俗，打一個金鎖片給她。張濤已從奉化回南京，靜子母女趕著去會合。

雷逸生及其妹菊珍，因為母親為湖北武昌人，他倆又一直生長在武昌，誰不認為他倆是道地武昌人哩。但依父親籍貫的從屬，他倆在戶籍上卻是貴州人。這兩年金輪見過雷逸生好幾次，他是我少小朋友中最灑脫的一位，給金輪印象甚深。偶然說起逸生妹子菊珍，是清秀玉女型，身材高眺，十八歲妙齡，待字閨中。金輪聽我一番描述，央求我向逸生介紹其妹相識。

金輪其時二十五歲，在軍職上已有相當深的資歷。他熱情似火，無頭蒼蠅亂撞。這位賈寶玉加拿破崙再加托洛茨基性型的人，其在男女關係上，眞可說是曾經滄海難為水了。他跟我說過幾次，但有一個值得他愛的女性，願拜倒石榴裙下，赴湯蹈火，萬死不辭。

由我跟蓮姐倆，伴著金輪在黃鶴樓的茶樓上初見菊珍。雙方印象都不錯，金輪尤為傾倒。第二次，餐廳小飲，就讓當事人自行發展去了。我則在雷家，向逸生父母細說金輪種切，只不敢涉及他的愛情生活。逸生兄妹當然也有品評。兩老很樂意接納這個未來的準女婿。金輪快速進攻，熊熊烈火，很快就擁吻伊人，雷陣雨似的急猛，很有就要訂婚的趨勢。熟的朋友已公認雷菊珍是曹金輪的女朋友了。

金輪很不應該的，在愛情生活上，另外秘密的開闢了第二戰場。朋友中金輪是居於領導地位，大家樂於信服他。朋友們的妻子、女友，也都視他爲大哥。田越是金輪患難之交，正與女友季芳蘭相戀，只是芳蘭嫌田越木訥，不十分喜歡他，卻也不是十分討厭他。但期之以時日，或有旁人相助，好事就可諧合。芳蘭倒感到這曹大哥風趣，偶有往返。萬料不到的是，這次武漢之行，他熱情融化了雷菊珍，卻暗暗的又挑逗了季芳蘭移情別戀，弄得非曹金輪不嫁，把跟田越兩年緩緩進行的戀情，付之東流。

再說蓮姐跟我，我無金輪所具有的物質條件。兩人像小孩似的鬧著脾氣，時冷時熱，時好時壞，彼此都埋怨對方不知體貼。偶而得機會親吻一下，也只是久旱之中，雲縫裏滴下幾點雨水而已，心靈得不到完全滋潤。姨媽冷眼觀察，以無限溫情來彌補。例如我爲別人趕一篇文章，姨媽就只一旁爲我打扇，並且在我倆之間好言勸說，希望我倆不要稍有抵捂。

武漢稍稍逗留，即偕金輪返南京。雷菊珍與蓮姐相送，只怪我經過花堤順道去桑杏子處辭行，我並未隱瞞蓮姐，蓮姐不高興，在武漢輪渡上，便不理我。一頓餞別宴，四人中我與蓮姐冷冷相對。宴罷，讓他三人走在一起，我一人在街頭徜徉。走到怡和躉船上，看長江漫浩東流，看晚霞滿天的武漢上空，別了，故鄉。金輪突然上來拍我肩頭，他剛送兩位小姐上輪渡。我這時的難過，沒有可以比擬的。蓮姐自也有悽然之感。

金輪，菊珍這一段好的開始，後來未有發展下去。

季芳蘭與田越既已絕情，田越這位想不開的人，竟弄得吐血，幾成肺癆。這是後來三個月的事。人到絕境處，必然峰回路轉，田越自求多福，他終於在瀕臨病危之際，一念清明，挽救自已，肺癆既去，他變得好光風霽月的。這時，我苦口勸金輪：「你與芳蘭之愛，幾乎毀了一位老朋友。如今，老朋友毫無怨責你的意思，你與她既是十分的情投意合，君既未娶，妾亦未嫁，你們為何不結婚呢？並無半個朋友反對呀。」但是，金輪執意不接納我的建議，也不作任何辯白。對其他事，他向來總是雄辯滔滔。自是，他藏了私。女人的事，他肚內有一本賬。他要選自己最有利的去下手。那個男女不多情呢？好朋友之中，他實在是太濫愛了。

小鶯住南京鼓樓醫院生一男孩，乳名天寶，相貌十分可愛，袁勁和所有朋友見到，莫不歡喜。有人且乘機勸說：你與勁夫婚姻有裂痕，但是老天爺好公道，讓你頭胎得男，而且相貌生得特別的好，光憑這點，你就可以安慰了。你這幾個月身臨劇變，而能冷靜處之，把以前的壞脾氣一下子改掉了，在孩子的胎教上，產生了良好效果。

成問題的是，勁夫得了淋病，傳染給小鶯，生產時胎兒眼睛受到感染，有失明之虞。幸虧鼓樓醫院屬於第一流等級，一經發現，立即予以緊急治療。大家知道這件事之後，莫不嘆息再三，而共同祝福，希望主治大夫定能妙手回春。處此情境下，袁勁不能不天天去醫院探視。我懇勸袁勁兩次：對於小鶯母子的現況，你多少有些內疚，是不是？夫妻趁此和好，豈非美事。如今所有朋友都同情小鶯，想必你也知道。袁勁無可奈何的答道：「大家朋友都是為我好。你們講的道理，我早就想到過了。只是愛情這件事太奇妙，它就是勉強不來。我很憐憫小鶯，但是就是無法產生愛情。」

我正在潛心研讀準備考政訓班的書，蓮姐來信，說我摧殘她，她要走第二條路。明火執仗的抨擊，好教我出乎意外。朋友們知道了，群起而攻之，都批評我不對。黃超很想要從中調解。當時我好痛心，只覺得我才受了她的摧殘，她的冷淡與沈默。現在回想，只怪我太窮，所以才不敢執著這份愛情，屢屢要打退堂鼓。我沒有戀愛的經驗，不會灌米湯。還有，我不應爲君子人，五年苦戀，應該佔有了她的身體，這事情就定奪了。我回信她只是說願她幸福。這信寫到末尾，我流了淚。好在我倆只有感情的虧欠——那幾年的苦戀，傷感之餘，每每中心痛楚不已。幸未形成實質上的問題，關係純潔，要分要合，毫無牽連。

剛住進雞鵝巷張濤的新家。這也是南京大戶好幾進的屋子，分租給外地人。比罵駕橋那家格局要緊湊，而採光特好，每間房都明亮。張濤租了兩間房，外間爲客房，不過爲了方便，我有時睡在房間外的客廳。張濤也要考政訓班，就兩人共同來啃書。有時我們帶了書去清涼山、莫愁湖看，省得人打擾。在家，一看到可愛的小濤，就忍不住要逗她，抱她。

六十多年後方知曉，這雞鵝巷，其時乃戴笠情報指揮部的中心所在。

這天在新街口，遇到武漢職業寫作後一時期的文友胡景裏。第二天，他就來找我，去他玄武湖住處遊玩。是向當地農家租下的一間房，一人獨居，過著詩人式的隱居生活。他說，要是早兩天遇見我，我可能不會搬到張濤家。表面看來，正是如此。但實際上，爲了投考，有好些事要洽商，而書本課題要切磋，我不可能悠哉遊哉的，度此玄武湖之秋。

這天正是陰曆七月半，景裏屋子裏，衣服、書册、報章棄置遍地，卻是清涼極了。兩人胃口皆好，吃了好幾碗粥。赤膊，拿起槳，下湖盪船，把一雙腳擱入水中，也不怕水蛇、螞蝗的。下午三點多才回來躺著休息。上海來的當日報紙，送報人從窗櫺中遞進來，**詩人隱士看似與世無**

涉，卻並非毫不知天下事。黃昏前，又下湖用力划船，看西天彩霞。飯罷，遊全湖賞月，聽一位緬甸人唱馬賽曲。湖上，依中元習俗放紅燈媚鬼者甚多。蘆葦深處，遊船都不敢臨近。我倆可不問這些，遊遍全湖五大洲。夜深，湖上紅燈都已點燃淨盡，才慢慢划著歸來。上岸，各人拿了槳，月下看自己的影子，樂不可支。靜靜的，聽不遠處傳來的音樂聲，酣然入夢。次晨，才知自己睡在門板上，顫巍巍的要掉下來。

玄武湖的晨光，清新爽然，我未驚醒主人，滿身的勁道，漫步入城。

就是回信蓮姐，祝她走第二條路滿得幸福的次日，秋風秋雨，愁人愁心，走上街，雨水淋濕了頭髮而不覺，滿腦子縈迴著這五年苦戀的諸般情景，心上一陣陣抽搐的痛楚。這心痛，直到現在，從不曾對蓮姐說過。**讓它密存精神深處，化爲我文學寫作的動力。慶幸自己有條文學寫作的道路，愈苦痛乃使寫作愈奮勵無前。**下午雨停，埋頭書中，渾然忘我，猝然一人站我面前，哦，龔先方。變了，一套藏青細線條紋西裝，把他扮成了上海白相人。他正從上海來，也是要考政訓班。他在上海辦了一個時期的小報。小報純是消遣，胡亂吹拍，揭人陰私以行敲詐，我雖貧窮而卑微，一向瞧不起一角小洋買一捲的各種小報，所以一點也未問他在上海的情形。當然，無人不十分看重上海幾家出名有骨氣的小報。

第二天一早，先方就來找我，同至成賢街吃早點，去中央大學校園散步。他迫不及待的告訴我，他石門家鄉好友唐生楠寄居蘇州，看中了同屋的蘇州小姐支夢瀚，美而溫柔，爲他介紹，情投意合，已到論嫁娶的地步。夢瀚爲獨生女，與寡母相依爲命。準丈母娘疼這個未來的女婿，讓先方簡直承受不了。生楠，也隨即要來南京考政訓班。

張濤家，最後一進的房客，中年夫婦，兩位如花似玉的女兒。男的在國民政府文官處供職，持身嚴謹，不太有交際應酬，很少有人客來往。平日或休假，男主人跟兩女兒都在家，**他們家總是靜靜的。這顯示出一種敎養**，因爲中國社會，無分南北，也不論城鄉，更不問下層社會，還是中上流人家，人們談話，傳呼，少有不大聲嚷嚷的。大女兒十九，二女兒十七。姐姐膚色微黑，容貌俏麗，顧盼生姿。妹妹甜甜的圓臉，一碰到我，總是羞答答的，四日相視，情意嫣然。她倆都讀教會學校的高中。一家人卻非基督教徒。下午放學回家，有時還出門在附近買點甚麼。這時期，我大半都在讀書準備應考，少有外出，每天至少要看到這姊妹花兩三次。這大家屋無後門，她們外出必須經過我面前。小濤幾乎成爲紅娘，她家老少四人都喜歡這孩子，時有抱過去玩玩。靜子攀交情，以新嫁娘身份常向女主人討教，也特別跟兩位小姐要好。靜子的用意：交朋友，她比大小姐大不了多少。也半開玩笑的要跟我拉攏。張濤的朋友、同學、未婚者居多，兩方面看來，皆爲最佳對象。靜子必在她們跟前有意無意的爲我吹噓，小濤的乾爹文如其人，品格高尚。在將近兩個月的時期裏，她們對我的觀察，定然早有了好感，我確是這樣同歲數青年人中少有的角色。有那麼一天，大小姐從學校回家吃午飯，五分鐘內，徘徊我跟前三次，盼望我能聽見她喊母親的聲音而回過頭來。我故意裝作不曾聽見。蓮姐雖與我決絕，但何嘗眞決絕。而況這時又另有一想法，若最低生活都不能維持，我那有資格談女人。這兩姊妹只成爲張濤夫婦與我的話題。小濤終於未爲她父母的朋友做成紅娘。兩位少女的倩影，一直存我心底，她倆不鄙視我窮小子的一番情意，今日回想，我好生感激。

另家房客，是院前廂房中的四川人。三十多歲的夫妻倆。他家也有位與我一樣長期寄宿的朋友，也三十多了。搭了行軍牀，就睡在客堂裏，他是到南京來找工作，正在候差。他在家時，常常一人在圍棋盤上打棋譜消遣。生活意趣與我有著距離，雖也彼此點頭招呼，卻沒有要往深交的意思。

打棋譜之餘，這位仁兄常津津有味的拿本石印的小說看。有天，我心血來潮，把他攤開在桌上的小說書取來一看，嚇！好傢伙！難怪他看得入迷，原來是金瓶梅，所有淫穢部份並未刪略。我很生氣，這三家人，除了小濤，男女十人，女性佔一半，這五位女性中的四位都是青少年，出出進進，一天不知經過他牀前多少次，這種書如讓她們看到，那豈非一種大大的挑逗。對他說，更是對女主人的不敬。不隨時收檢而這樣任意攤開在顯目之處，分明存心不良。怎樣斥責和處罰他呢？我取出一册，抓起書頁中心，用剪刀剪了一個洞，給它放回去。沒收，也是一法，但恐惹得他胡思亂想。

這事，後來講給龔先方聽。先方說，金瓶梅爲名著，不該這樣惡作劇來處理這本書。但他也同意我的認定，這位仁兄意圖不良。並提醒我，不能讓張濤知道，他嫉妒心重，說不定惡語詛罵，甚至藉題發揮的揍人。

九月七、八、九，這三天去中央大學，應軍事委員會政訓研究班的招生考試。

政訓研究班係奉蔣委員長命令創辦，派軍委會政訓處長劉健群兼班主任，以桂永清、滕傑、蕭贊育、康澤等爲籌備委員。除培植政工幹部外，尚有派赴收復赤區擔任地方幹部，特設湖北孝感及江西奉賢兩實驗縣，擔任縣政及鄉政工作。

原定名爲軍事委員會政訓研究班，由軍委會公開招考，投考資格，限國內外大學專科及中央軍校、政校畢業，或高中畢業曾服務黨政工作五年以上者，當時南北各地來京報名應試者，達三千七百餘人。錄取四百四十六人，大專佔百分五十（其中有第一二屆高考及格者十餘人），軍校、政校佔百分三十五，其他百分十五。

據褚柏思「家國天下八十年」（民七十七年九月臺北，渤海堂文化公司出版，美國柏雪文化事業公司發行）記述，政訓班，原名軍事政治研究院，因日本方面看到劉健群宣揚藍衣社理論的小册子，軍部電知駐華大使交涉，認其爲抗日幹部的訓練，非取消不可。幾經交涉，後改名中央陸軍軍官學校政訓研究班。我們這群人那裏知道。進班後以及後此六十年來，也少有知道這段秘辛。柏思爲政訓班同學，官至中將，又當多年大學教授，中學校長，去越南多年。晚年移民美國。夫人李雪荔，五十年來，共營著述、出版生活，乃特有柏雪文化公司之名。家庭十分美滿，人所難及。這些年來，柏思有關哲學，佛學，文史論著，出書不下五十種。政訓班同學莫不具有多姿彩的人生閱歷，約有二三十人從事著述者，筆耕之勤，皆難及柏思也。

政訓班未考英文、數學以及自然科學任何入門、概論的課程，否則，我只有交白卷了。所考的課目，乃屬黨義、政治、經濟、中國歷史、國際現勢、軍事常識之類，正是我這兩年多，賣文章論文撰述的範圍，但遇到一個題目，稍加思考，即可發爲一番議論，結構成篇。

南京苦夏，寄寓別人處，多少有些不便。愛情生活的震盪，心理難得寧靜。爲了應考，必然也引起些許緊張。在這情況之下，仍然從容自在，寫了兩篇小說，和散文多篇。

第四節　軍校政訓研究班

政訓班的創辦，當時頗得黨政軍學各方看重。其實，黃埔軍校四、五、六期都有政治科，又凡特別班隊如軍官研究班，也都有政治科。此時際，正當軍隊政訓工作幾度結束、改組之後，力圖振興作爲，乃使得各方面好些已有資深經歷的人士，都爭相應考。

班主任劉健群師，其時三十一歲。不少同學與他同庚，更有二十人年長於他。

政訓班主要負責人：教務組長何浩若，清華畢業後留美學軍事。訓育組長梁幹喬，黃埔一期，原係共黨份子，留俄的。繼任余洒度，黃埔二期。

十九門課程：黨義，黨史，政黨組織，各國革命史，政訓工作，民衆運動，縣政建設，合作事業，人生哲學，國際政治，國際經濟，中國政治問題，中國經濟問題，社會調查，統計，政府會計，軍用簿記，現行法令，政治偵探。

每天下午，軍事的制式教練、戰鬥教練，佔全部教育時間的三分之一。

在南京，極易請專家學者爲特別講演。大約是劉老師他們顧慮外來人士思想、觀點不一，怕沖淡了政訓研究班齊一同調的色彩，沒有這樣做。不如班主任、教務組長、訓導組長、總隊長四人的精神講話來得切合宗旨。

當時所聘教官大多是留美的，少數留俄、日、德。年歲在三十左右，沒有超過四十歲者。惟一例外，是政治偵探教官俄國人布爾林，五十三歲，時任中國參謀本部軍事講演。

修業期限原定四個月，後延期兩月，以戰術，新兵器、野外教練爲主。

在軍校的學制上，政訓研究班與高等教育班齊等，符號完全一樣。每逢到軍校大禮堂參加擴大總理紀念週，在禮堂所站的位置也一樣。其時八期軍官學生還正在肄業。進入政訓班的黃埔同學，一期到四期有極少數人。五、六、七期最多。由於政訓班畢業後，主要任務要派赴華北，特別又從在校八期中挑選了東北、西北與華北各省籍的同學入班。

朋友中，袁勁當了政訓班第二隊區隊長，余克劍當第三隊區隊長。十六年白沙洲的朋友柏化惠，他進了軍校六期後，現在也考入本班。還有十九年在武漢認識的郎維漢，家在武昌火巷開筆墨店的黃陂人彭象賢，因常在他店前經過而相熟，他倆都為六期同學，也入了本班。總之，同學中既有少數熟人，絕大多數從前並不相熟，每一接談，無不十分投契。

我們嘗自許為五百羅漢，同窗雖只半年，後來的工作派遣，絕大多數在華北，先由健師率領，後來曾擴情繼之。**曾先生待人寬厚，做過他部屬的人，莫不傾心相從**。直到盧溝橋事變，對日抗戰，政訓班同學工作地區才大大的分散。有了華北敵寇緊逼，五年休戚相關的共同遭遇，政訓班同學情誼，乃比此外的同學關係，大不相同。

政訓班的創辦，自然是出諸蔣校長的十分認同，才能這麼大張旗鼓。其時軍隊政治工作的高級主管賀衷寒、劉詠堯、袁守謙、康澤、蔣堅忍等人，都為黃埔先期同學，能得到他們諒解，由非黃埔同學的健師來主持，這其間必有許多一言難盡的情況。為何訓育組長、全部隊職人員、政治指導員都由黃埔同學出任呢？道理在此。

校長只要是在南京，於軍校舉行擴大總理紀念週，聽講者是八期學生的一、二兩總隊，高等教育班第二期、政訓研究班第一期，中央政治學校的學生。有時，還特別邀了中央黨、政、軍要員來參加。

校長的講話，有時是一個專題，人生哲學的，進德修業的，兵學的，或是關於當前時事的評述。他常有提到自己青少年時代的經驗與心路歷程。當時無錄音設備，但有速記人員把講話的辭句，作完全的記載。

他提到痰盂的清洗，要時時行之，洗後，盂內放的清水，要淺淺的，五分之一程度爲好。約是抗戰以後，公私處所方不見擱置痰盂了。而大陸社會，解放以後，猶未能免。

校長講話並未有講稿，也未有備忘的要點置講桌上。講話過程中，要修飾一個句子，或是思索如何承接，常有「這個是」、「這個是」口頭禪的攙雜。

有次中央電影公司一初都準備好，工作人員舉起鏡頭要拍記錄電影，校長揮手搖首，說：「不要。」大家感到有點稀罕。

八一、八二兩總隊的各級隊職官，想必早有囑咐，說校長爲國事憂勞，又要去南昌了。同學們不要打攪他，不要讓他煩心。青年人麼，誰不十分熱誠，每聽校長諄諄訓誨，必引起高度的感應。有兩次，校長講話已畢，拿起桌上軍帽，正要戴上，準備受禮離去，忽有軍官學生高聲呼叫：「報告校長！」校長必然放下帽，點頭示意：你講罷。但是，同學心情緊張，話說得快，聽不眞切。校長發言了：「你不要慌，慢慢講。」校長的嚴肅臉色，一變而爲光風霽月。聽完後，更現出笑容作答覆。有次校長說到明天要去南昌指揮剿共軍事，語氣裏充滿了依依之情。二十二年一月廿三這天，他講話的結論是：「大家保重」，語調沈痛，人們的感動，頓時充滿全場。這天爲陰曆臘月二十八，正當大寒節令，南京很冷。過兩天，便是正月初一了。

有同學好意提醒我，小心自己行動，你已經受到相關方面的暗中窺伺了。我付之一笑，自己並未參加甚麼組織，也少有偏激言論，不過生活散漫，不願意對所有人都敷衍罷了。

晚上的政治講話，是訓育活動，又帶兩分娛樂休閒意味。全班同學按隊分爲四組，就一個大題目，進行講演與辯論。竟然有書生型的同學，站在後面桌子上高聲大呼：「我不是國民黨員，我也不想加入國民黨，但是我早已參加了革命。」這樣的政治態度，爲大多數同學所反對，而這位同學偏偏十分激動，引得噓聲鬨笑不已。

崔鎭遐即是標準書生型的人物。有天他在講堂黑板上寫著：「馬克思主義理論體系一書遺失，不知那位同學拾得或是取閱，敬請賜還。崔鎭遐敬白。」同學們莫不心裏有數：當我們早操，或是整個下午的操場活動，班上必有人暗中檢查同學的牀舖、內務箱、課桌抽屜，藉以找到思想、生活考查的佐證，他這本書定是給搜到指導員或訓育組那兒去了。健師「銀河憶往」即曾指出，政訓班開課未久，同學中的共黨份子甚受感悟，曾有幾人主動自首。鎭遐這樣表態，是太天眞、大膽了。

張克林「法西斯主義研究」，拔提書店出版，是其時三、四十種法西斯著譯書本中最厚的一種，班上發下的，同學人手一册。旣然墨索里尼、希特勒在國際舞台上呼風喚雨，日本也在走上這條道路，中國之起了法西斯運動的熱潮，正是理所當然。而張克林其人，幾乎呼之即出。南京新創刊的中國日報，已有專門鼓吹法西斯主義的強烈傾向。

在創辦政訓班之前，二十一年春間，健師發表其「一個整理黨務的意見」小册子，主張澈底整理中國國民黨，於黨內成立布衣團，實行保障生活，限制財產，分配工作，嚴肅紀律，而有「藍衣社」之說。其時，黨內早有力行社的秘密小組織，復興社則爲力行社的外圍，正在黨政軍各方面穩穩的緩度發展，社會上也以藍衣社名之。更有謠傳，政訓班爲藍衣社幹部訓練的說法，這說法雖非空穴來風，但也不完全合於事實。就我們當時的實際經過情形說，並無藍衣社的存在，只不過是健師的這番意見，與力行社、復興社的組織，還有，一股法西斯運動的熱潮，不期然而然的，恰相吻合。

發狠的想蓮姐，夢中常見，總覺得凡事要多為她設想。想是姨媽的意思，蓮姐來信提訂婚，這事我不敢貿然應允，總得職業上能立足，才能談這問題。因愛而生嗔怨，兩人之間，像孩子一樣，不免有時小小嘔氣，眞如紅樓夢上說寶玉、黛玉似的，越大越成孩子了。她來信，說恨得要咬去我的舌頭，而又深深愛我。揣摩她這一句話，若非深深蜜吻，怎能咬去情人的舌頭？眞虧她設想。

幾次去張濤家，他當然是頭晚外宿。夫妻倆總嘰嘰咕咕的相吵。小濤有病，有次我去代請醫生。不久，這可愛的小乾女兒夭折。再去雞鵝巷這屋子，一陣灰色。

去袁勁家，門口碰到小鶯抱著天寶，十分滿足的笑臉歡迎我。進了房，卻見袁勁陰沈沈的坐一角落。我搭訕著抱抱孩子，孩子認生，哭了，不像小濤那般跟我親熱。

舊曆年剛過去沒幾天，考完了，放假，偕先方去大行宮旅社，專訪劉積耀，圍爐、煮酒、長談。笑謔，打趣。午夜始眠，三人睡兩牀棉被，外加四件大衣。睡得不安穩，話說多了。次日午飯後還不想分手。看時事畫刊，要找漂亮女人看，積耀揀選了一個，說：「這不是你愛人麼？」果然，眉目鼻子好像蓮姐，逗起我的相思。細細諦視，又不近似了。

劉積耀住大行宮旅社，房間裏，衣服、襪子、領帶，遍地拋，出門外，則服飾整潔，儼然紳士，我責其非是。他答說：「虛無主義者，我就是這樣。你說我，我知道你是好意。但我不會改，我也不怕你生氣。果然你生氣了，我也不會在意。」當大寒節令，南京城極冷。人家都生了煤爐子、木炭盆取暖。積耀雖穿厚呢大衣，西裝褲內只一條短襯褲，連薄衛生褲也不穿。生活方式就是這樣任性而爲。幾日不見，忽得消息，他得傷寒，住進中央醫院。三月間，凡逢休假，即至醫院探視。他恢復得很快，療病期間，頭等病房裏，每隔兩小時有食物送來，他吃不了。他當時並非患傷寒，傷寒由發病至恢復需時五星期，很可能是腿部受寒引起心臟激盪的突發症。

畢業式之後，班上便把時間全留給同學了。一星期的待命，處理公私事務，可以自由出入。餐廳按日供應三餐，直到組成了華北宣傳總隊，上車離了浦口爲止。隊上官長有三分之一，還有部份指導員，也調派來參與工作。總之，班上教職員和一切事務措施，通爲同學服務，親切、週到，可感得很。大門衛兵通投以羨慕眼光，有的且道賀的說：「你們這一出去，至少都是少校了，眞了不起。」這半年來，同學們出出進進，他們早已了然，這五百羅漢跟剛畢業的軍官學生比，就是不同。

同學曹敏，二十四，曾任縣黨部主任委員，已婚。有天，下午出操，有位少婦抱了孩子與隊伍相遇，是他的妻兒來南京探視，現正住旅社中。必有緊急事故，無疑。同學們莫不十分同情，一時議論紛紛。分隊長據情立即報告區隊長轉報隊長，隊長當時找了曹敏，不待他開口，說：「你不必辦理請假手續，趕快去照料太太和孩子，有甚麼困難，班上但能辦到，必可盡力爲助。」他手裏的槍，就交給分隊長帶回班中。很有幾個同學，邊行邊掏出身上的錢，交給曹敏最要好的同學，攏總八、九十元，足夠解決眼前急需。這一切好情意，爲時不過半個多鐘頭，大家盛意，不容曹敏推辭。

崔鎭遐相邀，我本被分配在華北宣傳總隊第十二大隊。後來由於傅雲是在八大隊任秘書，王芸是中隊長之一，侯一先也在第八大隊，三位合力拉人，臨出發前兩天，我調在第八大隊，成爲定案。若非這一番更動，此後華北的工作遭遇，又大不一樣。

爲何稱之爲華北宣傳總隊，而不給予當時軍制上的政訓處或政治訓練處的名位呢？這，有番歷史典故。據黃通同學民國八十年的回憶說，乃是派遣我們這一夥人，到華北各非中央軍系統的部隊，可避免刺激。見中央研究院近代史研究所口述歷史叢書「黃通先生訪問錄」，民國八十一年六月，臺北版。

記得在南京的當時，我就感到這名兒有些欠適宜，想必同學們也有這種反應。但我們能說甚麼呢？依我想，這名稱的確定，基於：

一、中國國民黨有個重視宣傳的傳統，辛亥革命有女子宣傳隊。民十三年十一月，國父北上京津之前，曾派出國共兩黨才俊之士爲宣傳員，他兩電各省當道，惠予接應。十六年革命軍北伐，有隨軍推進的宣傳隊。認爲但有此，便可喚醒民衆，進而組訓之而加運用了。

二、蔣委員長政策上的搖擺不定。軍隊政治工作是他考察俄國軍事，而仿行於我國的決定。現在既然不聯俄容共了，軍隊的政治工作，也連帶受到否定。乃有撤銷、改組、縮編的種種措施。二十年，有剿共宣傳處的設立。

我們既到北方，分發各部隊之後，果然發生些尷尬的情況，是主事者再也料想不到的。

總隊長、大隊長，統爲中少將編階。中隊長絕大部份係同學出任。極少數部份係政訓班區隊長人員出任。隊員全係同學。中隊長與隊員，是無階級的。於是這一批軍官，著新軍服，掛新的皮武裝帶，佩新的皮圖囊，穿新的皮鞋，繫新的綁腿，卻不像一般部隊的軍官，人家領章把兵科、階級，顯示得明明白白，符號上，部隊番號，職務、姓名，標明得清清楚楚。我們，則只是胸掛圓形證章而已。破壞了軍隊整齊的風貌。

在部隊裏，中隊長常與師長同桌就食，隊員則只派到團為止，乃與團長、副團長常常同起同坐。同學平均年齡二十六歲，大致說，與一般連長年歲同。營長以上部隊長，通比我們年長。軍隊裏，隊員職位有時與列兵是相等的。如敢死隊、便衣隊、偵察隊、衛生隊的隊員。教人家好難稱呼。如率直的稱隊員，覺得有欠尊敬，或叫宣傳員，也感到不雅馴。於是，只好稱「委員」了。這些情況，想必當時有反映給健師的洞察之中。

華北風雲譎變，一年多的時移世異，這些尷尬也就成為明日黃花了。我們當年身歷其境，今天乃有這番陳述，似乎無關大局。但是，當年它造成某些心態上的影響，卻是不容忽視的。

黃超在砲兵第一旅當中校參謀，住在南京通濟門外的新營房。去北方前的辭行，特別去看望他，盤桓一上午。砲一旅是政府大力進行的國防建設主要作為之一。重砲，留德的軍官，新徵募、嚴格訓練的士兵，新營房，其氣象非是一般砲兵部隊所能比擬。黃超居然在此半隱居，半療養，半工作。他有輕微的肺病。由於這營房高水準的生活，近於當時德國軍隊的要求，規律嚴整，黃超反倒有點兒發福，臉色黑裏透紅。他正打算要學德文，希望去留學，這也是南京城青年將校的共同意願。

北上四、五天之前，同學們各有公私事務在外奔走，除了早晚時間，少有人還待在班裏。我除了買書，看朋友，倒是無啥事務。那天中午回來，適逢下雨，偶至傳達室，發現一張支夢瀚給襲先方的留言，她母女倆從蘇州來，現住太平路某旅社。我知道先方去了下關他堂兄處，晚上方能回班。那堂兄處，我隨先方去過兩次，詳細地址門牌並不記得。怕她母女空等，我馬上去了那家旅館。我穿的軍服，身披斗篷式的綠色橡膠雨衣，到她們房間前，一面脫雨衣，一面自己介紹說：「我是朱依萍，先方的朋友，現在也是同學。」

這天，先方回班聽了我的報告，即刻趕去跟夢瀚母女見面，很晚才回到班上。次晨笑著告訴我，因爲我的出現，夢瀚心中久存的疑團得以消除。又因我的連繫，使支伯母重重心事也得及早解開。母女倆十分高興，今天定要邀我共進午餐。原來先方跟我通信，夢瀚看到依萍名字，以爲是女性，詰問先方，先方老不作正面答覆，而且故意逗她：「朱依萍究竟是男是女，你終有一天會見到的。」伯母的心事是：先方畢業有好幾天了，怎麼不去蘇州一趟？現在在南京城又胡跑些甚麼？先方一知道她倆來，不問天多麼晚了，立即趕去，還不教人高興。

我只得從命。先送伯母回旅社休息。我說，我要回班上去。經過楊公井，國民大戲院正上演「狂風弱柳」的外國片。先方要請我看電影，夢瀚也再三相邀。我心想，怎地這麼不知趣，夾在當中當電燈泡。先方緊緊拖了我，說：「不但是今天啊，媽媽也早吩咐過，明天還要你來。要是夢瀚還有個妹妹，媽媽要招你做二女婿。你不知道，昨晚上她母女倆直誇你好。」我答允，看一半回去。那年頭看電影，不清場，座位也不對號，從早場直到最後的晚場，隨時可入場。

既入場，我選過道旁坐位，讓他倆緊挨著坐，先方爲表示禮貌與情誼，要夢瀚坐中間，夢瀚也感到應該這樣方爲合宜。我一再說，只看完半場就回去。誰知這電影情節太吸引人。終場燈亮，夢瀚看得淚眼淒迷，先方跟我也只是歎息。

這部片子，十足的大悲劇。描述中世紀歐洲社會，在大動亂、戰爭、災荒、瘟疫的襲擊之下，一對情侶勇於爲人群服務，不顧己身安全。他倆置身不同的地區，朝思暮想的刻骨相思。高潮點是，男的通過災區，趕往前線作戰；女的要去大教堂充作臨時病院的看護，爲瘟疫患者服務。他倆在一條波濤洶湧的河流中，女的所乘小船，溯流而上；男的操獨木舟，隨急流而下。看看兩人應可相遇，偏偏河裡有一小洲，上邊雜木叢生，一股強勁斜流，把男的獨木舟沖向洲的右邊，女的小船十分吃力在洲的左邊往上游划行。這對戀人，本可相逢於河洲左邊的水道，卻就這樣一下子給錯過。結果，男的戰死，女的染瘟疫而逝。

其時，長城抗戰正緊，我們就要去前方，夢瀚母女來送先方，看了這樣的大悲劇，他倆觸景生情，哀傷離別，更是悽惻無已。看完電影，他倆要我同回旅館，陪伯母吃晚餐，我是再也不從命了。次日，班上早餐未吃，我就出街，免得被先方硬拉到旅社去。

第十一章 華北風雲

第一節 故都春夢

乘津浦鐵路火車去北平，必先經天津。爲了不刺激日本人，引起不必要的事端，我們這列專車，在徐州改走隴海路，繞行鄭州，再轉平漢路北上。

二十二年四月一日到達北平，夜宿車上。次日列隊入城，住北京大學第三院，打地舖睡。當火車緩緩靠近前門車站，看見北平內城的城牆，就像紅樓夢裏寶玉初見黛玉似的：噫，這地方好眼熟的嗎。兒時集香煙畫片玩，見到過一些北平風景，尤其大前門香煙罐上的畫面。此後，教科書、一般讀物、畫刊上，更常見北平風物報導。**北平城之於中國人，眞可說是深入人心。**

中國人而不曾到過北平，確是很遺憾。**社會生活之豐富，歷史文化積層之深厚，全中國通都大邑，沒一個地方能比得上北平。**我很慶幸此後四年多歲月，雖也北到冀東，南下大名府，又轉進曲陽，卻是常有來北平度假。

壽堂更有番奇特遭遇，爲一些老北平不曾領有。我曾在北平外圍地區繞圈子的駐紮，只除了未住過頤和園。好些老北平人，除了去頤和園、盧溝橋、二閘這些名勝地處，很少有機會到北平附近的鄉下。要非隨軍佈防，我那會走到清河、孫河、東壩、大紅門、馬駒橋，這些拱衛北平的鄉鎮呢？

北平的初戀，給我兩大影響。其一、精神上悠然自在。我雖是個浮躁性，卻盡量要使自己變得從容些。其二、自此際起，特別愛上了周作人散文的清淡平白。接觸他的作品，很是有好幾年了。

北平城最初給我的兩點小印象。一是人人皆有得見，春天，仕女們坐人力車上，臉拂面紗，迎風飄蕩。二是隱在角落裏滋生的反叛勢力，北京大學廁所牆壁上，左傾思想的文告，反政府的標語。這一點，不是一般人普遍得見的。

從北大三院出來，向王府井大街走，問站崗警察，附近有澡堂否？他向東北一指，使我在進東安市場之前，先到清華園澡堂。我獨好樓上雅座。此後，除非別人請客硬要去另外一家，我總是定準的，必到這兒來洗盆湯，冬天才下大池子泡燙。

漫步街頭，無意之間走到了北海公園。誰也會認定，這是北平景色最幽美的公園，居然讓我首先發現。後來，凡到北平度假，少有不徜徉北海。其次，方是中山公園看花，來今雨軒和其他幾處茶座，品茗，吃點心，讀閒書，流連忘返。

初到北平的三天，咱們大夥皆耳目應接不暇，爲故都之美傾心無已。健師他們高級人員則難得有我們這樣閒情逸致，除了晚上酬應，可以遍嘗北平各著名餐館的美味之外，其全部時間都要放在與各軍首腦的交往上，以順利安排華北宣傳總隊十二個大隊的進駐。而總隊部更要在北平能站立住腳步。當時，由於元月間山海關失守，三月熱河陷落，湯玉麟不戰而退，日軍迫進長城，我軍駐守冷口、喜峰口、馬欄峪口、古北口各要地，前線情況十分吃緊。

長城大軍雲集。中央的，十七軍徐庭瑤部，轄黃杰第二師，關麟徵二十五師。西北的，二十九軍宋哲元部，四十軍龐炳勳部，四十一軍孫殿英部。東北的，五十一軍于學忠部，五十三軍萬福麟部，五十七軍何柱國部，六十七軍王以哲部。一〇五師劉多荃部，他轄有十個團，還有高射砲及其他師直屬部隊。騎兵第三師王奇峰部，騎兵第四師郭希鵬部，砲兵第七旅口口口部，砲兵第八旅黃永安部。

六十三軍馮占海部，並非東北的正規部隊，是九一八事變後在東北奮起抗戰，名望在馬占山、蘇炳文等人之後。

另外是從山西分化出來的三十二軍商震部。還有八十四師高桂滋部，獨立的一〇六師沈克部。

傅作義的三十五軍駐綏遠。傅兼任綏遠省政府主席。是由張宣澤同學▃人去，出任特派員，隨即兼任省政府參事。他跟傅處得很好，被當作自己人看待。

除了十七軍於接納華北宣傳總隊毫無問題之外，其他絕大多數軍頭們皆採排拒態度，人家疑懼紛紛，以爲藍衣社來了，無不敬鬼神而遠之。健師後來寫的「銀河憶往」，「艱困少年行」記述甚詳。尤其他所寫跟宋哲元自疑懼而信好的交情之篇，好教人感動。從根處說，乃中國歷史文化精神，民族性所使然。

當時，北平社會也有種謠傳。那曾在北洋政府爲官，一直不願離開北平的遺老們，聽說鬧藍衣社，他不願捲入，就把所有的藍布大褂，通通先送進當舖，只專穿灰布大褂。這件事，我們當時未曾聽說過，而是五十年後林海音在臺北時所說起的。那著灰布大褂者，她公公。是夏承楹兄尊人別署枝巢子的。青年學生們則不問這些，仍然我行我素，十分喜愛的穿著藍大褂、藍旗袍。其時，中國社會人們穿藍布衣裳，還有個城鄉之別。鄉下人穿老藍布的單衣、夾衣、棉襖。老藍布很厚，鈕扣、下襬、襟邊，褪色到原棉的乳白色，這老藍布還未磨破。它具有十分柔軟的韌性，不像現在流行世界的牛仔裝，有些兒硬硬的。城裏人，時興使用織得很細緻的陰丹士林布。陰丹士林布，確乎日曬雨淋，都不褪色。藍得發出微微光彩，眞可謂之艷藍。穿在年輕女性身上，特顯青春煥發。

所有在長城各口作戰的部隊，尤其是各軍的留守處，都在北平，軍官眷屬也留住北平。此所以，整隊整隊的戰鬥列兵，北平城雖不多見，而三三兩兩的軍人則常有所見。軍官、士官多，兵少。

這些五方雜處的中國軍人，老北平人一見即能判別，他是中央軍？東北軍？西北軍？雜牌？大半是從他語言腔調、姿態、舉止而定。中央軍謙和有禮。東北軍殘留著當年奉軍入關的神氣，對老百姓好傲。西北軍呢，土，侉。雜牌就難說了。

政訓班同學，除一小部份二十人左右派赴湖北孝感實驗縣工作，全部都編入華北宣傳總隊。總隊部正積極展開工作，我們都處於待命狀態。南京受訓半年，現在每人荷包都相當充裕，就要上前線去了，對所派赴的部隊情況如何？皆屬未知數。北平社會熙熙攘攘，遊樂之處旣多，大家都只好隨處走走了。這上十天，在北平城各地，尤其是王府井大街、中山公園等處，總有遇到三三兩兩的同學。不管是少數原曾在北平念過大學的，籍貫華北各省曾在北平住留的，但大多數人

好。

都是頭一次來北平，處處感受到新的吸引，雖然宮殿、庭園、城郭，無非只是陳年性的美好。我出前門，觀光天橋市區。全國各縣市都有類乎天橋這樣的區域，但論到它佔地廣闊，及其多彩多姿，則只有北平天橋方是獨一無二的。無怪乎考證它的書册，以天橋爲背景的小說創作，電影製作，一直層出不窮。可以說，天橋跟紫禁城，其卑俗與高貴是絕然的對比。獨一無二的天橋跟紫禁城，也惟北平有之。

隨後去天壇瞻禮。那敞向蒼天的圜丘壇，莊嚴弘偉的祈穀壇、祈年殿，令人起無上崇敬感。那時，自己於中國古代禮俗，只有點粗淺認知。要是現在，必然根據「五禮通考」的線索，找出專書，一一求其禮制上的理解。

遊故宮，太和、中和、保和殿，建築宏偉，使人興嘆者久之。欣賞所藏書畫、瓷器。又進入後宮，敏感到那早已散失的香艷氣氛。山石林木所擁的絳雪軒前，佇立良久。乾清、交泰、坤寧三宮遊覽，看各國貢品的大鐘。守宮者言，我們現在所見到的古物，僅抵於南運避難的古物十分之一。到故宮來遊歷的人不太多，來過一次，就不想再來。我倒是挺喜歡在太和殿外，人家擺的茶座飲杯香片茶。

飯館裏有女招待，是當時北平時興的風氣。據說全市有一千多青年女性幹這行業。眞正的大飯莊，並不來這一套。小飯館無房間，女招待難施展媚功，用不上。中等餐館才有女招待。童謠說：「女招待，眞不賴，吃三毛，給一塊。」我去東安市場，一方面買書，也去嘗了一次「吃女招待」。如今餐館席間，通是女性服務，大家早安之若素。這時，已有少數同學們去逛了八大胡同。在北方，說「逛」，每每是「逛窰子」之略。旁的地方，一進娼家，不花上幾文，大爺是走不出門的。北平卻有種獨特風氣，每當華燈初上，一個男性，或是三朋四友去到這等地方，儘可一家挨一家的，在大廳一坐，聽人家高喊「見客」，一個個花姑娘都讓你見到，你沒有看得中意的，或者今晚根本就不打算花錢「打茶圍」，起身揚長而去，旣不必丟下半文錢，也不用說謝謝。北平娼家分三等：清吟小班，茶室，下處。下處一辭，未免欠雅馴，怎無騷人墨客爲之飾潤？

到北平兩星期，我這位正人君子，可並沒有走到花街柳巷去。之後，那就不僅只是一次了，縱當姐兒百分殷勤挽留我這少年郎君，只差上牀了，也未淌下這陣渾水。我有個信念，必以處男之身留給蓮姐，這是後話。

有天，特地租了輛自行車，騎了向西邊走，原想去萬壽山，結果，卻走了反方向。出進東直門、安定門、德勝門這三處，向郊外走三、五里，十幾里不等。看看鄉下光景，孩子、大人們的苦寒，比較比較王府井大街的富庶，北海、中山公園的悠閒，這才看到了北平的全貌。**每到一個新地方，我都好這樣從各個角度來認知。**

買到托爾斯泰「戰爭與和平」的全譯本，又買了些詩集，靜下來時，便過我舒情適意的讀書生活。

在南京政訓研究班裏，有番話頭傳到我耳裏。說廖鐵錚、龔先方、朱介凡三人思想上有問題，又行動浪漫，不中規矩，已經有人在暗中注意我三個人了。其實，他倆都爲軍校六期，在班上都任的分隊長。已獲得相當信任的人才能任分隊長。不兩年，就給戴笠吸收去了。至於我，不過「文學青年」氣質特濃。那半年訓練，並沒人找我談過話，也未有特別囑託，是個不值得讓人看重的腳色。這時，我有種報復性的念頭，故意要找了他倆一起吃喝玩樂。按說，我這種作法是很不智的，若眞有人暗中監視你，你何必去耍脾氣，到頭來，吃虧的是你自己。人家可不知向他的主管，提報了多少資料，把你描得又灰又黑的，他好邀功領賞，至於是否會糟塌了一個人？就顧不了那麼多了。誰教你死硬派，不知趣。或許當初傳話給我的人，就是執行這任務的人，偏偏我不知見風轉舵。實則，朱某自幼至老，一直是性情篤厚。

其後，我們迎向日軍到了冀東。五月間，退到北平外圍地區。六月，駐定在大興縣的崔各莊，南距北平城十八里。九月遷平綏路旁的清河營房。有大半年時間，每星期天必去北平。廿三年春到廿五年春，到了河北大名。然後移駐曲陽，直住到盧溝橋事變次日。在大名和曲陽的三年多時光裏，大約每隔半年，總有去北平。每去，必逗留十天左右。

也正是這時際，一部「故都春夢」的電影，在大江南北久演不衰，高度凝聚了國人欣美北平城的情懷。

第二節　長城作戰

華北宣傳總隊第八大隊派到三十二軍，大隊長李勁翔，黃埔三期，原是政訓班第四隊隊長，精力旺盛，能說會道。大隊秘書傅雲。轄四個中隊。當時宣傳總隊共編組了十二個大隊，另外的十一位大隊長是：馬愚忱，王德溥，徐箴，李秉中，陳春霖，余洒度，千國勳，魏炳文，幸華鐵，林樹恩，劉廣瑛。

三十二軍軍長商震，轄三個師，一三九師師長黃光華，一四一師師長高鴻文，一四二師師長李杏村。原是山西部隊分化出來，駐河北邢台一帶，長城沿線吃緊，調赴在遷安縣城東北七十里的冷口防衛。這時，冷口戰役結束，部隊退守灤河西岸。商震的政治態度，急於要靠攏中央，對我們的到達，十分歡迎。比較起來說，是十二個大隊中，所遭遇到的最好工作環境。

四月十四日晨七時半離北平，下午三點抵天津。午夜才有車開往前方，便下車來，四處逛逛。穿了軍服，最好別進敏感地區的租界。

次晨四時車抵開平，候天亮入城。開平鎮屬灤縣，有城寨。軍部一位副官領我們住進一家糧店後進大客房。

在一處大飯店後院，軍部前方指揮所，商軍長對我們全體講話。他精神奕奕，說話不徐不速。他表明自己是同盟會員。指出灤河爲最後生存線，當以死生共之。

下午，到唐山市。開平、唐山是有名的開平煤礦所在處。這天，午晚餐都在大餐館裏，接受軍部盛宴，主人情殷，推卻不得。在我個人，只覺惑然不安。

軍部諮議李遇三談，商軍長指揮有十一個步兵師，一個騎兵師，一個砲兵旅。對敵時，只本身的三個師出力拚戰，所有撥歸指揮的其他部隊，但緩緩敷衍應付而已。事後想來，以這樣大的軍團兵力，守禦長城冷口一隘道，未免太是兵力的大浪費，滑天下之大稽，而且必然擁擠不堪。按說，應該有部隊出擊，殲日軍於陣前，方爲戰法常軌。當然，其時日軍作戰的優勢，乃是陸空步砲協同，命令極貫澈。我軍恰恰相反。

對東北軍，李遇三極厭惡，謂其不但不能戰，對老百姓的感情壞極了。日軍收買漢奸四十人，留秦皇島爲非作歹，按月發給四十元的海洛英以爲薪資。臨時性的間諜，花四角錢也能收買。我國軍隊運輸困難，物資欠缺，供給仰於地方，地方則取之人民。前方不少老百姓寧願爲亡國奴順應日本，不願幫助中國軍隊。還有，日軍對負傷的中國老百姓，輕者給洋二十，重者一百元以上，而以手掌判之，被認爲知識份子的，一律殺絕。

這位李諮議所說情形，後來我們陸續有見聞到。獨未聽說日軍的假仁假義，對負傷者發慰問金，且金額不少。

逗留唐山好幾天，住在義字六號胡同的招待所。大軍守在灤河之線。又以冷口戰役剛剛結束，三十二軍前線部隊多有調動。軍部爲了我們這一批人員的調派，也得有一番作業。待命期間，白天常有日軍飛機偵查。沈不住氣的富豪人家，紛紛逃往天津、北平去了。唐山市已有教會、大工廠，以及少數幾處大房屋，懸上了美國旗。那意思是，惟恐我軍撤退太快，日本軍隊突然來到，可賴這外國旗庇護一下。

北方原野，春夏之交，綠得令人沈醉。我們卻有點行止難定。報上所透露出的消息，華北戰局似有舉棋不定的趨勢。我起了一陣憂鬱的情緒，幸得在北平時，買得托爾斯泰「戰爭與和平」的全譯本，欣讀此巨著，得到點排遣。

我和鳳家斌同學信步唐山街上。老鳳是安徽大學畢業才進政訓班，戴一付羅克式近視眼鏡，雖著軍衣，仍脫不掉白面書生形象。自然是毫無軍人那份威嚴。我倆談論著，北方老百姓太是畏懼軍人了，無論大人小孩都避而遠之。走在人群中，我倆好生感慨。

走進開灤礦務局，隨意的逛，無人引導。當地人一看到我們這一夥的服式、動作、儀態，幾乎皆可立即認定，這是從南方來的老總。在升降機附近，那是從地下起煤的井畔，我們遇一老工人，他先跟我們打招呼，談起來：「你們打那兒來呀？啊！南方的麼？是當兵的。唔，好啦，你老。啊，你們南方軍隊幾時來呀？說要來要來，已經好久了。唔，前面有了那好的，好的！東北軍簡直是不行的。你老，東北軍太欺壓老百姓了，那能打日本？南方軍隊咱們歡迎的。南方軍隊咱們歡迎的。南方軍隊來了，老百姓供應甚麼也行。」這位長者當時七十二歲，他這段評論頗具代表性。問起來，他在開灤工作將近四十年。

我倆登上煤渣堆三十餘丈的高處，俯瞰唐山。心想，唐山地下幾十丈全給掏空的了，不知何日會有破亡於此出現呢？四十多年後，果有**唐山大地震**，慘絕人寰的悲劇發生，究竟坍塌了多大的地面？生命財產損失確數如何？無人得知。可了解的是，超過壽堂五十年前的耽心一百倍而不止。後來得知，**死亡六十餘萬之眾**。

隨大隊部秘書傅雲同學，至傷兵醫院慰勞。我們那有多少事業費可用，不過一人送他一條毛巾而已，虧當時拿得出手的。中國軍人，戰場上受傷，能進傷兵醫院的，可眞是幸運兒。因爲在第一線，傷患救護往往不能立即做到。有些人傷重，自忖無救，或太痛楚難受，多是請官長或同伙補他一槍畢命。或是傷重、失血多，無人過問，自己又跑不動，孿痙而死。能入院者，多半傷在四肢。

那天，我們一行七人，在各病房巡視。我們既被認定是代表中央的，人家就鄭重其事的介紹。而且不免說到前線戰爭之所以失利，由於槍械落伍，彈藥不濟，又無生力軍補充，極希望由於我們的轉報，讓中央重視到這一點。

我們遇到由灤州來入院的傷兵。鮮血染在軍服上，沒有呻吟，只慢慢爬著，讓看護兵把他們扶到牀前躺下來。有位受傷的少年兵，蒙了被子抽噎，我硬是沒勇氣去撫慰他。

三位主人必欲接待，饗我等一桌翅席。我心裏覺得難受，既未辭別主人，也未告知領導或同件，而私自溜走。不知是否他六人也體會到我的心情了。晚上並無一人問我爲何溜走？傅雲在政訓班同學半年中，我倆一直是上下舖，課堂裏座位前後緊鄰。他了然我並非個性古怪，也並不是隨便耍脾氣的人。

四月二十凌晨一點多，離唐山市。快車誤點，候到三點五十才上車東北行，晨五時達雷莊下車。臨近前線，北寧路此時只通車到此。雷莊屬灤縣。勤務兵們說起，以前奉軍入關，每在灤河與關內部隊決戰，雷莊早被後方部隊擠滿。他們十分感歎於目前雷莊之虛空。即乘汽車至盧龍縣的沙河驛，此地人民原已跑光，因三十二軍來此三天，紀律不壞，才有好些居民回歸。沙河驛高等小學駐有少數官兵，爲前方臨時指揮部，院中挖有防空壕。在此住一晚，次日順平榆大道向灤縣榛子鎮出發。

我們這一中隊派遣在一三九師。師部駐蘇家莊，少校書記官趙金鋒負責接待。他名片上除了官銜，還有「北京大學文學士」，教人起敬意。後此，二十七年冬，又在洛陽跟他有番交往，而締結下友誼。他就是二十幾年後，在臺灣出名的史學教授趙鐵寒。他當時提到幾點戰地情況。

一、冷口退回，經過建昌營村，只有他們三個師部的官長，有位八十四歲的老頭兒跟在後面，跪下來，哭了，說：「我活了八十多歲，馬上要死了，想不到我還要當亡國奴。啊！你們可得回來喲。否則，我是不能活了。我沒用，不能砍掉他們半個，只有一根繩子，送我的老命了。」

我聽了，心上好激動，看見鐵寒滿眼熱淚。他長嘆一聲：「我們現在已經把那些老百姓全棄在那兒了。」

二、七一七團八連一弟兄，在冷口戰役。左手負傷臥於陣地上。當時，我軍已撤退。一敵兵走來，想檢取其身上隨帶物品。這弟兄於是右手慢慢摸到了槍，虛閉了眼，候敵兵一近，即開槍打死了對方，並擄獲了敵兵的槍，一人爬回來。

三、有位少年兵，檢獲得敵軍兩挺輕機關槍，還有子彈，他一直背負著，百步一歇的，從冷口回到灤州車站的師部。

四、日軍作戰，每人皆帶有佛像，以求保庇。每被俘必求槍斃，極懼刀斬。我軍偏偏要用刀砍。

五、某部駐灤州，姦淫擄掠，老百姓惟恐日軍之不至。

其時，清明節已近，正當穀雨節氣，冀東一帶仍寒冷。壽堂平生第一次睡熱炕，暖極，烤得人胸乾口渴。

次日，我跟劉聚德、葉顯銳三人，分派到七一五團。

七一五團團長林作楨，性格剛毅。中校團附胡明遠，少校團附孫掬誠。第一營營長陳行先，第二營營長徐庭瑞，這五位首先便見到了。聚談兩小時。

七一五團是冷口外作戰最出力的部隊，馬道溝之役，犧牲最大。全團三營，機槍連、迫擊炮、平射炮連各一，平日官兵伕約二千八百人。此次戰役後，尚餘一千五百名戰鬥兵。出發時，每兵帶子彈三百發，手溜彈六、七個。好重好重，夠弟兄們承受的。機關槍二十挺，迫擊炮六門，平射炮無，則以機槍暫代。這麼一團人，佔領陣地以防禦敵人。日軍每一擲彈筒，可壓倒我方的射擊，因其精確迅速。它的輕機關槍，每班三挺，每挺每人攜子彈三千發，子彈只是步槍彈的四分之一，殺傷力則倍之。火力上我軍居於劣勢，兩軍相對，苦了中國軍人。

日軍飛機臨空的壓迫，在最前線有時不太起作用，因敵我相距不過百餘公尺，它不敢輕於投彈。我增援部隊每於日機來時，即移前線最近敵軍處以避之。

胡中校特地陪我等三人乘馬，至各營及特種兵連拜訪，整整六小時馳驅，與全團帶兵官都見到了。第三營長王德超，綽號「老爺廟」。北方民間尊崇關雲長，不但不提他的名，連姓也略去，通稱老爺。老爺廟者，關廟也。王德超身軀高大，臉鼻紅通通，作戰勇敢，同僚都這樣打趣也是頌美他。

各部隊長都很豪爽，弟兄們年輕力壯。下級軍官都是從戰場上換得尉官的領章。有好些排長，是這次冷口戰役提升的。我穿了整潔的新軍服見他們，內心只感慚愧。胡中校偏口口聲聲說，我們是中央派下的委員。

我們工作的第一步，是要先在部隊立住腳。要與各部隊長全體軍官佐連繫，獲得士兵好感。立即對民間推行宣傳工作。

部隊正在迎戰，不時緩緩向南移動。

我個人的作法是，午餐後，即外出附近各村，至各營連訪問。當時軍隊上午十時午飯，下午四點晚飯，說起來，眞是好不合理。我出外訪問，總是背一個圖囊，內中放著日記本、備忘錄、紙筆、戰地報導稿本，蓮姐和電影明星阮玲玉的照片，詩集以及正在閱讀的一本書，指北針、萬金油，還有一小包香煙。交際應酬，常有吸香煙，飲白乾酒。有天，竟一連吸上了十五枝香煙，人家遞上來，情不可卻，我這老實人，一點也不知學了人家推脫：「對不起，我在理。」在河北省，你只要這麼說一聲，不管眞在理，假在理，對方絕不會詰問，也就任你煙酒不沾了。理教，清初羊來如所創，也稱「理門」，以戒除煙酒，破除迷信，修身仁讓爲宗旨，民十七年經政府准列爲宗教，其教友對外通稱在理。北方甚流行。

我不要團部備馬，也不在意一人獨行田野。喜歡拄根手杖，徒步行走。春夏之交，冀東天氣穩定，陽光下來回二十餘里，遍訪各營連部隊，自覺情趣洋溢，我充分發揮了自由自在的工作作風。很可能，當時在華北各部隊如我這樣作爲者，乃絕無而僅有。

從第一營楊春芳營附手裏，看到他寫的「冷口陣中日記」。好佩服部隊中這樣的有心人。他二十五、六歲，性情溫厚，山西高平人，北方軍官學校畢業。

楊春芳營附這份「冷口陣中日記」，二十二年三月二十日至四月十二日，壽堂的全部抄件，一直保持在手，南北遷徙，竟未失去。八十年秋，臺北，連同一批史書、資料、檔案、學人作家信扎，壽堂民十八年迄五十七年的日記，全贈給了中央研究院近代史研究所。

三十二軍移駐通州。一部份部隊沿平榆大道徒步行進，一部份部隊在古冶、唐山間乘火車，經天津、北平前往。師參謀長特地到中隊部來，勸阻我們不必經歷五天徒步行軍的辛苦。適逢我正在中隊部，見中隊長王芸遲疑未決。王芸是大學畢業後入政訓班，在校時就跟我很談得到來。不顧是否僭越，我冒然主張，要徒步行進。一回來，劉聚德表示反對，葉同學鬱鬱不樂的說：「我是不能走路的。」新皮鞋擦傷腳，他已有好幾天，一舉步便扭扭揑揑。

結果，當然是坐火車走。我們這列兵車經過天津時，要非部隊長以及站長、列車長乃至火車頭司機的機警與協力合作處置，幾乎發生重大事端。兵車一進站，發現緊靠月台有一列整齊的栗黃色客車，車裏坐滿了全付武裝的日本陸軍士兵，顯然是正等待部隊長和裝備、補給品上車，即將開往北平。我們這列兵車，是黑的敞貨車、鐵門子車及兩三輛褐色普通舊客車的混合，裝載的部隊很雜，還有骯髒好久未洗刷的騾馬，除了校級軍官以及我們宣傳總隊上十人服裝還算整潔，百分之九十幾的官兵都現得襤褸、黑瘦，而且每人臉上都沾了點火車頭噴出的細煤渣。中日兩軍軍容如此。相形之下，不免有人怒叫：「看日本鬼子。」也有人捶著火車大罵鐵路局是賣國漢奸。漂亮客車裏，日本兵也有人站起身來，擠在窗口，以詫異又夾有不屑一視的表情，看望我們這邊。兩列車相距未超過兩公尺。眼看騷亂即要發生。幸好兵車指揮官是緊接著火車頭的，當機立斷，要司機加快進站的速度，一點也未顯示驚惶失措，安然出站而去。

我即時向激憤的官兵進行機會教育。先說不平等條約，爲何革命軍北伐以來，老嚷著要廢止它。然後略說八國聯軍，辛丑和約的前因後果。除了賠款四萬萬五千萬兩，道歉，處死大臣，東交民巷的特權，還有的就是，撤毀北京、天津海濱間的砲台，並讓各國駐兵平津至山海關各要地以保護他們的安全。而平津山海關鐵路爲它優先運輸軍隊，也爲條款之一。日軍要非窒礙難行，調上一個聯隊的兵力，分駐自黃村、天津、塘沽、唐山、秦皇島以迄山海關，依據條約，咱們是無法拒絕的。

曉得麼？他們常常要含悲忍辱，北寧鐵路，上自局長下至月台的搬閘夫以及那搬運旅客行李的紅帽子，不卑不亢的跟日本兵打交道，其憤激之情遠超過我們百倍。咱們怎能誣賴他是賣國漢奸？可以想見，運了一趟日本兵之後，所有鐵路執事的員工，一肚子悶氣，總有兩天吃不好，睡不安。

這番說辭，引來一片感歎，有人重重捶自己頭部，責怪剛才錯罵了鐵路局。有位連長衷心讚佩我學識豐富。劉聚德乘機解釋。別看朱某年紀輕，十七歲就當了中尉，飽讀詩書，十九、二十歲寫過不少文章，他就是比我們懂得多，只是人看起來還是個學生的樣子。這，只因爲他是好純潔。

民七十三年五月十七日，在臺北市孫逸仙博士圖書館，跟館長鍾雷兄說起這段史事，他反應靈敏說：「那一來，盧溝橋事變就提前發生了。」我答道：「幸虧未生事端，不然，中國的全面抗戰，困難就更多了。」按，當時情況，只要有一聲槍響，兩方面的手榴彈、駁殼槍、左輪，都會使用，迫得我兵車不能行進，跳下車來肉搏混戰，都有可能；而兩方的增援部隊，也必會聞聲立即猛撲而來。旣然不是盧溝橋那樣地形開闊，則初戰之際兩方死傷之大，必然是十分驚人。

這半個多月的冀東挺進，我身上已長了蝨子，不易清除。後兩天，商軍長在通州張家灣集合部隊講話。等士兵散開之後，再對軍官們講話，責備官長們未能好好照顧屬下，讓弟兄們都生了蝨子。之後，頗有些連排長抱怨：誰個身上沒有蝨子。營長、團附們也免不了哩。我於是也聲明，咱家並不讓人，也有蝨子在身。**商軍長長久軍旅生活，難道不曾生長過蝨子？**標準軍人沒有不曾經歷過骯髒汗臭的日子。

好難忘記的五月一日，離通州城東南行，楊柳發青，土地黃澄澄的，老百姓含著驚異與微笑，在道旁殷勲致問：「打那兒來呀？」過小集、磚廠，走上臨榆大道。上午八時左右，突地颳起了狂風沙，二十步內甚麼也看不見。狂風西北面斜地裏吹了來，我獨自順大道走，整個宇宙似乎只我獨自一人跟風沙搏鬥，怎地不怕野獸、強盜，或者妖魔鬼怪呢？這正是產生妖魔鬼怪，跡近地獄的景象。不知那時我怎樣毫無一絲畏懼，不過拄根手杖而已。

狂風沙捲送我，到上家莊的團部。這兒附近挖了戰壕，把老百姓嚇跑了。住戴姓民家，屋子窗明几淨。主人殷懃侍候。對於能跟我們平起平坐的談笑，很感不勝榮幸。向來，老百姓在小兵之前，也只有被呼來叱去的份呀。並未在團部就食，即由村裏請來的帶路人，伴我去各營駐地訪問。帶路人村村交接，免得人家跟我走得太遠。通州、張家灣之間，人煙稠密，村村相距不過一兩里，甚至才半里。有一帶路人告訴我一些過去戰爭的經歷。我給十枚銅板他，他拒收，臉色頓時現出訝異、不滿，以爲我輕視他了。「咱也是爲國哪。不爲國，誰還待在這兒呀？」其時，大軍雲集北平外圍，似有與日軍決戰之勢，守土有責的軍頭，誰敢輕言放棄平津？

良各莊，有一帶路人同上張辛莊去。他告訴我，六、七百人口的良各莊，去冬到現在，爲供應軍隊的民伕、大車，已花費二千五百元。這六、七百口子，除婦孺老弱，每個壯男，得分擔十元的軍隊支應。其實，軍隊出發、作戰，上級都另增發了費用。只是，習慣已成，何況地方混混兒，辦支應的人，也藉此撈它一個飽，把賬都給記在部隊身上。

大高莊，我跟葉顯銳同學作訪問與宣傳。一古廟中，我倆起先與兩位老百姓閒談。不料一下子來了好多七、八十歲的長者。其中一位，因我倆對他們全體的禮貌與尊敬，他感激得幾乎要流淚，在不過兩點鐘的時間裏，他連說「不敢當」至於二十遍。老葉作即興式的講演，講抗日意義，激情亢奮。我在一旁萬分沈默。要人民幫助軍隊打日本，其實人民之供應軍隊，已經做得很多了。可是，此地說不定會失掉，中國政府有甚麼保障給人民呢？正如趙鐵寒兄十天前在師部發的感歎一樣。每個軍人置身抗日前線，都有此省思。老百姓與軍隊的關係，老總們對人民不打便罵，已經逆來順受的慣了。如今你們居然公平買賣，再一客氣，那上天了。他們懇切表示，老百姓供應軍隊，那是天經地義的事。

冀東一帶，以及後來到北平外圍地區，跟民衆交往，由於我們謙和有禮，屢屢引得對方受寵若驚。這一帶地方，在十一年、十三年兩次直奉戰爭之後，軍人都是窮兇極惡壓迫老百姓，只要是三兩個當兵的，結伙到了那裏，予取予求，打罵辱凌，老百姓惟有忍氣吞聲。村莊田野間的行走，凡經田坎小徑，遇到年長者，好幾步之前，我便站立一旁讓路，使對方連稱對不起。既走過，他還要回過身子來，大聲感歎的贊美：「好人，好人。」那有軍爺不盛氣凌人的哩。他回到村，還要著實傳說一陣子。

七一五團第二營營長徐廷瑞，顯得有點兒特別的，他籍屬江蘇嘉定，保定九期，三十歲，曾在馮玉祥部隊當參謀，也在劉文輝、閻錫山部隊當過教官。第二次，專程去他營部拜訪，他跟我談了一下午的吃經。但凡說起冷口戰役，必然提起十九年的大戰。那次，他們一批團長、營長當了中央軍的俘虜，給拘在鄭州。師長魏某來探視，發現彼此都是保定同學，馬上釋放，住進國民飯店，相互笑謔，得啦！先洗澡、理髮，西服店量身，做新衣，請到南京、上海，痛痛快快玩了七天，每人稱心如意的逛了窯子。然後，重新安排了軍職。那時，全國軍隊將校，仍以保定同學最佔優勢。這等生活背景，使這位徐營長只想過過清潔、享受、愜意的生活。既曾歷經幾次內戰，又打了這一次國仗，便勘破了軍人生死關頭。

當時，華北軍隊的經理情形，剋扣中飽，十分嚴重。這要先從「國難薪」說起。「九一八」事變後，三軍薪俸改發八成。這是全國一律的，人們沒得話說。吃空缺的風氣清末就十分盛行，幾十年來難於根除。軍隊吃空缺，也是全國性。比如連長吃五名空缺，分給三個排長各一名，連附一名，營長、營附寄名兩名（寄名是軍隊吃空缺的專有名詞，謂上級主官寄放下的空缺），團長、團附及團部官佐寄名三名，師長、參謀長、各處長等寄名四名。連長另爲本連士兵疾病及家長來探親的花費而吃空缺五名，還有預備額空缺五名，計算下來，一位連長得吃二十八名空缺，他這連長才能施展得開。當部隊長的，誰也不肯承認這件事。然而，這是公開秘密。

華北軍隊，當時除了吃空缺，嚴重的問題，是軍團、軍師以種種藉詞，公然剋扣。按情理法說，這絕不可饒恕，當判惟一死刑。像十八年山東煙台那位斂財肥己的劉珍年。

胡中校團附爲我大略計算軍餉的剋扣。政府前以東北收入及某鐵路收入爲東北軍餉來源，收支相比，只能以十二月收入開支十個月的支出，故月餉不計月份，而以三十六天關一次餉，爲八成。由軍分會到軍部更扣第二次之八成而成爲六成。兩月多才發一月，那只是三成了。

按，東北收入不敷東北軍餉，定是當時傳說之誤。三十六天關一月餉，必然曾有其事。軍部打八折。是後來我在三十二軍十一個月工作所見到的實情。商震的軍部比一般軍部龐大，參議、諮議人員特多，他又要多爲政治活動，並無老本可資運用，只有羊毛出在羊身上。連隊每月造報兩種餉册，一種是對軍事委員會北平分會呈報的。（那時軍分會常派員到各部隊點名發餉，軍中術語謂「驗放」。）一種是報軍部。三十二軍每月普扣官兵薪餉二成，留供軍部的支出。五月間，三十二軍軍部定駐於北平協和醫院緊鄰的帥府園，房多院大，極其氣派，想必商軍長對部下必會下這番說辭：「扣下了你們兩成薪餉，也是不得已呀。還不是爲了大家。我能活動得開，團體才有出路。」

五連連長王煥章也談起糧餉的事。他說去年一二三月未關餉，而一二三月的伙食費反要於四五六三月餉中扣除。發了一隻駁殼槍，價款九十元，分十一次於餉中扣除。一個圖囊，兩元多。駁殼槍爲近戰武器，應視爲部隊裝備，與白朗寧、左輪手槍之爲個人防身作用不同，這種動輒扣價的辦法，正如地方支應，把一切雜項附加，都堆在田賦上一樣。

五月十六日，前四十八師上尉軍需馬雲生，連續見到他，這是第三次。他兄弟振瀛，係九連排長，冷口戰役充便衣隊長陣亡，他一人犧牲而致死日兵二百餘人。開端第一次有此戰果，商軍長允給治喪費五百元，結果師長只批發了百元。他和亡者的父親來營央求，希能得到五百之數。當時，好些事未上軌道，軍人陣亡、撫卹、年金等制度並未建立。他還說起這兩年四十八師薪餉之苦，官長月僅伙食七元，月餉十八元。這樣說來，壽堂十八年在劉珍年部任中尉，月餉二十五元，就多得好多了。可歎呀！眞可歎。

當年四月二十六日日記，留下了這段記載：「關於第二餉，在士兵方面：中士九元三角六，下士八元九角六，上等兵四元二角八，一等兵三元七角六，二等兵三元三角四。」所謂第二餉指的是，中央發下的軍餉，經剋扣後所發給的。不可思議的是，竟然計算到微末的幾角幾分，好慘苦。

對比之下，軍頭們錢財的花費，出手每以萬元計，跟兵餉之微薄，太是不成比例。劉健群師「艱困少年行」第六篇「華北宣傳回憶」，述說當年他在北平領導我們工作的上層活動情形。獨立部隊的一〇六師師長沈克，他人緣好，交遊廣闊，講義氣，手面大方，吃喝嫖賭的豪蕩。他常著長衫，很可能就是幫會首領。打過多少次敗仗，吃苦拖了若干年，部隊總拖不垮。他花費太大，賭錢常不順手。每每常虧欠得薪餉發不出。部下反而安慰他，只要發點伙食費，勉強維持；等師長手氣好轉，再多發點我們也就是了。

沈克很傾向中央，主動和健師套交情。既熟之後，有次他取出支票簿相贈。說詞是，怕健師執行任務，有些費用支出，不易報銷，故以爲助。在三、五萬內，可隨時取用，如超過五萬元，請先行通知，當立刻準備。健師當予婉謝，並說了一番懇切話頭，勸他好好整頓部隊，在戰力上多求表現。他倆情誼因而進展，無話不說，使健師在各軍頭間的關係，得到沈的許多美言先容。後來西安事變，沈首先表示擁護中央。健師並提到，當國府定都南京之初，中央派某人去四川，劉湘一出手贈程儀五萬元，此公居然收下。從此，劉湘對中央的尊敬，就大打折扣。

壽堂按，民國以來，直到抗戰之初，類乎劉湘、沈克這樣的軍頭們，何止三、四百位。或割據稱雄者多年，軍政大權一手抓，任意搜括肥己。或者統率了有如屬他私人的部隊，成爲政治資本，不管你政局怎樣變化，他總是不倒翁，吃定了中央政府、地方政府以及他駐在地的所有商會、支應局，你得供它額定糧餉，特別開支以及這樣那樣的攤派。軍頭們的錢，都存入外國銀行，數目龐大得無人可以想像。及至身敗名裂，冰山既倒，**外國銀行如何吞沒了中國軍頭們這大批的不義之財，或者能有人略知一二**。能有人就這方面爲探討的課題，寫本書出來麼？由當年「第二餉」二等兵三元三角四分而寫到此處，非壽堂執筆寫「冀東挺進」始料所及。軍頭動輒出手五萬元，則是此月餉三元三角四分的一萬四千多倍而不止。

官兵們議論紛紛，認爲這次與日軍作戰，好多地方反不如十九年內戰的激烈。那時際，手榴彈擲出去，沒有不爆炸的，而這次在冷口戰鬥，敵人逼進了，你丟出去，三個中竟有兩個是不響的。鄰近前線的交通壕，闊大得可以對向行駛卡車。閻錫山這邊後方勤務尤其辦得好，兵站，運輸，醫院，傷兵俱樂部。每一弟兄荷包裏莫不有百十元大洋，滿滿的。如今只三元一角八的給養貸金按月發給，現在作戰，增加了幾毛錢。

我跟劉、葉三人，都輪流去了一次北平。前門內外好多地方都堆有沙包，駐在附近的部隊隨時可以進入。好多沙包堆爲圓形，可容一班人在內，向四面八方的敵人射擊。王府井大街、西四牌樓、前門、北新橋這些地方，照樣還是熙熙攘攘。可是平津吃緊的局面，早已震撼人心。說是，有四百漢奸給捕獲了。有人爲了安全，東城搬西城，西城搬東城，北平搬天津，天津搬北平；張家口奔北平，而也有北平奔張家口的，眞是熱鍋上的螞蟻，不曉得向那方逃才好。富有者最好的選擇，是帶了細軟搭上新開闢的平滬通車，三十六小時行程，經天津、徐州、南京而到上海，倒是很少人經平漢路南下武漢。報上說，故宮第五批古物已向南方啓運。又說，蔣委員長不日北上，除了已雲集在平津外圍大軍之外，將有精銳的第七師、八十七師、八十八師、八十九師增援。

好朋友孫掬誠少校團附，幾乎每天要避開團長，邀我到他住處對飲。爲這和戰未定的局面，部隊進退態勢無常的狀態，有時他悶得一句話也不說。再三提到的事，往常內戰倒比這次打國仗要痛快，說打便打。謠傳的消息很多，有一樁是說：宋哲元、龐炳勛、何柱國、韓復渠要組織興國軍「倒蔣」，擁吳佩孚爲總司令出山，與日本妥協，以長城線爲緩衝地帶。事實上，吳佩孚倒是大義凜然，並未被拖下渾水。次焉的北洋軍頭張敬堯，已上了日本特務機關的鈎，將要粉墨登場，被我方情報工作人員於六國飯店制裁身亡，嚇阻了不少要當漢奸的狗腿子。

日本偵查機常在冀東一帶飛行，飛得不高。有時也有驅逐機、轟炸機緩緩飛過。它不曾有攻擊行動。各部隊奉有指示，既未向敵機射出，也未疏開逃避。形成陸空敵對的尷尬局面。我軍民心情的激奮、沈悶，也跟那時際冀東天氣一樣，有時晴明萬里，有時風雨連朝。日軍已渡過灤河之線，咱們月前所去過的唐山、玉田，都給他佔領了。

黃郛從南京到了北平。報上說的是，果如前些時的流言，華北政局有新的開展，他將促成中日間的和平妥協。

這時際，有一位最感受精神壓力的人，是我們的長官也是全體黃埔同學的老師何應欽，他以軍政部長兼代軍事委員會北平分會委員長身份駐於北平中南海內，成爲華北最高軍事長官，統率了這麼多不易得心應手的大軍，面對強敵。張濤、王光韋兩同學，以黃埔五期，又兼貴州鄉親關係，特選爲部長侍從副官。何部長對各軍長的重要秘密命令，非由傳令兵或軍官專差送達，乃由他倆分乘專車，以最快的行動，直接當面送達到這每位軍長手中。有次我就在通州至北平的特別快車上碰到他倆。說到何氏之大公無私，處處體恤他人，化險惡情勢於無形。健師「艱困少年行」曾提到，居仁堂服務的廚子和司機後來曾向人表示，當初有人接洽，出五萬元解決何某。又提到東北元老劉哲跟何的情誼，就建立在他「公平愛護東北軍這一事件上」。一如前述，宋哲元跟健師之十分交好一樣。

當時，何如果遭受居仁堂內部人員的暗殺，使軍事委員會北平分會首腦部爲之破壞，其影響所及，簡直是不可想像，華北局勢必壞到不可收拾的地步。天下不知有多少惡劣的事情，原本要發生而幸未發生。半世紀之後回想，益發增強壽堂凡事樂觀坦蕩的信念。

又，何、劉兩位的配合，乃出於蔣委員長著意安排。民十五年北伐之初，健師隨何出征，是自東邊同入南京城的。

這大半個月，我隨時抽空，先後爲南京中國日報、北平華北新聞、漢口武漢日報寫了報導性的特稿，以及雜記、見聞，隨筆式的文章。這種文稿，三報都不易獲得。我每篇內容各別，寫法不同，皆賦與了特彩，人家樂予立即刊出。

第三節 北平外圍

二十二年五月三十一日，塘沽協定簽字。在此前後二十天裏，由於和戰未定，所有後撤北平外圍地區的部隊，時時在調動駐防，似顯示著高級指揮部舉棋不定。

以本團說，這二十天，全在通縣、大興縣、宛平縣、北平郊區打轉轉。在北平東北地區，我們駐了東壩鎮、大望京、孫河鎮、奶子房、北苑；東南爲張家灣、馬駒橋鎮、雙橋、南大紅房、南苑，卻少有去北平西邊。有意思的是，轉來轉去，總是繞著雙橋國際無線電臺，它那兩座鐵架子，成爲難以脫離的目標。後來，遇到分派到八十四師的甘聖哲同學，他們也老有脫不開雙橋無線電台的情形。雙橋，在通縣西，距北平二十餘里。

從長城前線撤下的這些部隊，彼此無互信，相互支援作戰，硬是談不上。本軍一四二師七二六團由前線撤退，說是左翼的宋哲元部、高桂滋部無故撤退，爲了本身安全，七二六團只好撤退。有天，師參謀長來，談到軍部得來的消息：這次大撤退，全由於前線各將領意見不一致，宋哲元受馮玉祥挑撥。北方大局，商軍長斡旋之力甚大。前次本部隊移防東壩，即係與黃杰、蕭之楚兩部切取連繫，監視某部隊的態勢。

這樣說，北平外圍大軍雲集，總算**未造成中國軍隊內鬨、彼此打鬥的大笑話**。西北軍和本軍，都對東北軍有反感。有次我獨行某村，適遇龐炳勳部隊駐紮。當時我們同學都爲軍官服式，卻一律不佩戴階級領章，士兵遇見了我們，除非是本團，是不大搭理的；惟獨龐部士兵，每人見了我們，必立即敬禮。他們的駐在地很整潔。哨兵並叮囑我說，鄰村有友軍駐紮，紀律不好，你一個人可切莫闖過。友軍，他說得含蓄。

那天下午，通州挨日機轟炸，我三人和孫團附還有上十位官兵走在部隊前。好累，因爲是夜裏一點多鐘出發，繞過通州運河石橋，跟逃難的人民走在一起。後來走在荒涼地帶，十幾人正坐在石墩上歇著。忽然大隊騎兵奔馳而來，士兵都左手執韁，右手臂掛著馬槍，也是由北向南，不管塵土揚起我們滿身滿臉。按說，要講禮貌，他先頭領隊的軍官就應慢下乘馬的速度，後面的連隊長應該按轡止步，必恭必敬，向孫團附舉手爲禮，至少也應打下招呼才是。不但並未如此，反而全體向右看，帶著異樣眼光瞅著我們。約十分鐘，他們跑在我們前頭去了。

我問孫，這一連騎兵怎地這麼怪怪的看著我們？孫說：他們好想下我們的手槍。那時，華北戰場有種壞風氣，凡是帶著手槍而勢力孤單，準被人多勢衆的友軍打劫。

孫還告訴我，他們是從三河前線退下來，由某步兵營爲之掩護。襲步而行，跑死了十二匹馬。他們的馬匹精壯，一色棗黃，每班有挺輕機關槍。通過我們跟前，用不著襲步狂奔，卻是走的「伸長快步」，是騎兵跑得次快的那種速度。沒想到次年春，壽堂調到騎四師，一待四年多，很交了幾位朋友，想必總會提到塘沽協定前後的大撤退，倒從未聽說過，跑死了十二匹馬的事。

老百姓更一體對東北軍有反感。由於，東北軍人數最多；他官兵就是有些驕縱；這十多年，奉軍幾次入關，紀律敗壞印象迄未消除；行軍作戰中奴役人民，官兵人人不免予取予求的享受，稍不如意，打罵隨之。

我們駐坨子頭時，老百姓直來要求：「老總，你把這些雞鴨殺掉吃了罷。你們不吃，我們也要給殺了，扔到塘裏去。讓東北軍吃了，我們不甘心。」

通州給敵機轟炸之後，情勢突然一變，三天後，日軍向北撤退。也是因爲戰線擴展，他兵力不足，還有國內外政治上的因素。

塘沽協定簽字才兩天，命令傳達下來，軍隊通向南撤退。日本飛機臨空不必射擊，官兵可藏於屋內，不讓它看到。後來更有指示，日本人來視察我軍撤出緩衝區以外情形，萬一部隊遇到他們，不得採取敵對行動，不理睬他就是了。

自此時起，我愛上了「天津大公報」，每天必先讀它的社論。大公報之在天津，等於是在日本海軍、陸軍、特務機關、朝鮮浪人、中國漢奸幾層強大惡勢力環伺之下，評衡中日糾紛，勇敢的斥責日本之非是。這情形十分顯然。所以，全中國人，那時期一看到大公報，莫不對之起十二分敬意，大無畏，敢嚴辭批評敵人的大公報，可沒有一個中國兵在那兒保護呀。

其後，華北局勢愈來愈惡化，終至八年抗戰起來，大好河山東南半壁都遭敵寇侵入，大公報相繼有上海版、漢口版、香港版、桂林版、重慶版的發行。前後約為十年光景，民間報紙當國家社會戰亂之中，如此「流亡發展」的經營，**可能在世界新聞史上是破紀錄的**。還有一件破紀錄的事，則為許多人所忽略，而獨會我心。不管在華北、京滬以及後來的重慶，上自國家元首、大學教授、政治家、企業家、將校、自由職業者以及一般人士，也正有十年的長時間，凡是訂閱大公報的，報紙到手，**必先讀其社論**。就是敵人、漢奸、圖謀不軌的離間份子，他要考察形勢，探詢消息，也莫不要急切注視：「**看大公報怎麼說？**」這兒，主要指的社論。民國五十年後，壽堂在臺北對新聞學系、大衆傳播系學生講諺學，必指陳此史事。只因，一般情形，報紙社論，從沒有長時期為全體讀者這樣看重。大公報可謂空前。

軍部執法官來巡查軍紀。上月在灤州，曾來本團一次。他坐汽車來，帶行李，又帶勤務兵。其時，中國社會惟上層人士才得乘坐汽車，接近前線地區尤為稀罕。師長皆乘馬，很少有坐汽車的。團長陪執法官巡視各營。他對村民講話。團長則召集連長、司務長，不准無條子取民間物件。壽堂按，憑連部一張便條，取用民間物件，等於是軍事徵用，這本是不合法的。但北方社會這些年來，已成習慣，軍隊行軍作戰，對地方予取予求，公私機關以及商家、住戶、農民，曲意逢迎之下，只要有，那敢不盡量供應？有了部隊的條子，可以抵銷地方的攤派。部隊駐地，道路多半只通大車，不管是平地還是溝地，都給壓成了十公分左右深的車轍，這車轍不適合汽車行走。執法官此次乘汽車巡行全軍，正不知壓壞了多少田禾？他豈非執法更犯法乎？

當時駐在通州、雙橋附近的白莊。聽勤務兵與老百姓閒談，昨夜有人跑進老百姓屋子裏去，發生了姦情。壽堂按，似並非強暴，怎未聲張？也可能老百姓不好意思，一牀錦被蓋過，如今回想，略加分析。壽堂以爲還有種情形：平津地區鄉村中，頗有人家務農又爲商。爲商者，不論東、夥，莫不長年在外，閨中落寞之極。如今軍民雜處，部隊分散了住於民家，官兵個個皆年輕力壯，莫不特有丈夫氣，打日本更顯得是英雄好漢。乾柴烈火，郎情妾意，浪漫的情愛時有發生，只是盡量的偷瞞罷了。太陽之下無新事。壽堂這種論斷，也由於其時致力中國婦女問題研究之所得。

還聽到說，這一帶夏間，高粱、玉蜀黍長高了，所謂「青紗帳起」，也和東北一樣，常出「鬍子」綁票，綁了大姑娘去並不玷辱她，他們要的是錢。壽堂據這多年來的人情世故，分析起來，也許有那鬍子玷辱了她，後來進展到和姦，或是要了她做壓寨夫人，或是私下送她一筆財禮，贖票之後，雙方硬說我是清白的。

過高碑店鐵路線，奔大望京的那次行軍，下午遇大雨，深達膝蓋。入夜，到宿營地太平莊。只買得雞蛋來吃。農民，雞生的蛋，要非家中有病人，硬是捨不得吃。

偕葉顯銳同學去鄭莊師部，也等於非正式述職。回到團部，孫團附在他住的屋子裏，弄好了菜請我，醫官作陪。他只準備了一斤白乾，以爲我應可放量飲半斤酒。

我那有甚麼酒量，只是席上人家敬酒，不善推脫，結果，我大醉，吐了他一牀。孫大哥特別跟我投緣。團長、中校也很談得來，想與我已有的軍隊生活經驗，我在第一線作過戰有關。而我的作風，無官架子，沒大少爺脾氣。特別注重跟士兵、老百姓，下層生活的接近。勤於閱讀和寫作。

在行軍、備戰，不斷移動駐地之中，孫大哥盡量獨居一處，只爲了每餐要小飲一番。團長默許他這樣，只要不誤公事，不違軍紀便是。其時人們只知豪飲乃英雄好漢本色；而淺酌慢飲，更爲詩人墨客風流雅興，並未考慮染上酒癮之有害健康。那時，三天總有兩頓會讓他拉去共飲，團長還以爲我去各營連訪問，給留餐了。由於民十七、八年在河南、山東的生活歷練，我這個南蠻子，對北方各種麵食早已習慣，有人甚至東南西北闖蕩多年，而難以接納鄉土以外的口味。當時，我更有一種能耐，南北口味的精緻飲食與粗糙食物，都能同時食之，感其甘美。所以，營長們的小廚房，連隊上的大鍋菜，皆來者不拒。私下，他們應也欣賞我這小夥子，放著跟團長、中校共餐的上等飲食不吃，自己平白分攤了伙食錢，硬要來回二十里，來各營連裏混。

再說孫大哥，他飲酒也蠻講情趣的。北平外圍地區，不管大鎮小村，都有醇美的白乾酒好買。有時，那葡萄架綠葉滿蔭，他會摘它幾片新葉，放入滾燙的熱酒中，一分鐘，酒便變綠，清香撲鼻。

星期天，有時借得自行車，來往四十里，至北平度假。早上去，下午三、四點回。那年頭，軍人過夏天，每爲著裝所苦，不像如今有軍便服，著件襯衫，領口開敞，好透風涼；而是貼肉的汗衫或背心，白布襯衫，外加上裝，白布三角領巾，兩對風紀扣務要扣得密不通風，方合「軍隊內務令」的要求。士兵緊束小皮帶。軍官爲武裝帶，從右肩至左腰，多少有點束縛胸背吧，然而惟軍官才能披掛上武裝帶，好不神氣。校級軍官那年頭多著毛嗶嘰，雖爲夏裝，但必然是前夾後單，爲使衣樣子好，墊有大半公分厚棉花爲胎的襯肩。三伏天，沒有不熱得汗流浹背的。

中隊長常要寫工作報告，而且有時還特別指定專題。此事，很耗費時間。上級有專人審閱工作報告，據此評定成績。有的人就專在這方面做工夫。

不知因為何故引起的調動，我們幾個人一塊調到一四二師。與葉顯銳、劉聚德分開了。團長特為餞行，更少不了孫大哥的一頓暢飲。去各營辭行。一四二師派馬來接，是大顛馬，跑起來像是小舟在海浪上。這種馬，不知是否黑龍江、海拉爾地方所產的海浪馬。時近黃昏，大顛馬既然身軀高壯，步子也跨得大，沿著田坎斜坡奔馳，時有傾跌之虞。我乘著幾分酒意，一兩分的無奈，只好緊提韁繩，由他跑著輕快步。這些馬，鞍具嶄新，有銅的部份皆閃閃發亮，一看就可感覺這位李杏村師長是好講派頭的。

陸道孚同學在另一個團，大學畢業後進政訓班，活潑，外向，調皮，人家縱以中央委員尊之，仍不改其兩分輕狂。駐馬駒橋時，團部住的大宅第，門口有旗桿，人家逗他，打賭嬲弄，他攀緣旗桿而上，很多人以為有失官體，議論紛紛。這跟我當時幾杯酒後，仗著兩三分醉意，任意打趣人家，其不得體者，情況正同。

我被派在陸軍一四二師七二六團，駐大興縣的崔各莊。當北平城東北約二十里。所屬三個營駐北面各村莊，距離三、五里不等。

初到一四二師當天，就見到李杏村師長，身個挺拔，很有精神，甚健談。立即說到七一五團林作楨團長，十八年前，李當營附，林是李的馬弁，家境貧寒，由於努力讀書及軍隊生活的歷練而能有今天地位。抗戰之初，林以戰功陞任師長。

次日十點與團長共餐，除了兩團附，三位營長也受邀前來，藉此會見。第一營長鄧佐虞，也為保定軍官出身。他說起民國十年武昌兵變，他在武昌第二團王金銓部當見習官，他指出兵變原因，由於王占元剋扣軍餉及米金之故。事後，王金銓跑到南京去，他也不見習了。許多弟兄卻也由此創家立業。

七二六團與我共事者甘聖哲同學，三十二歲，比健師大一歲，比我大十歲。中等身材。生活與工作的歷練，高我一大截。我倆相處得不壞。他家境應比我好，而生性儉樸。八月初，請假南歸，後此，就未再見過他。也少有他的消息。很顯然，在工作崗位上，他受了委屈。當時年輕，未能體會到這一點。盛夏，我閒讀石印本的「紅樓夢」，封面字爲紅色「增評繪圖金玉緣舒屋山人署簽」，各册則爲「增評加批金玉緣圖說」，書口又作「繪圖評註石頭記」，總目首頁標明：悼紅軒原本，海角居士校正，卷首還收了相關十二種文獻：

原序，護花主人批序，讀法，護花主人總評，護花主人摘誤，明齊主人總評，或問，讀花人論贊，題詞，大觀園影事十二詠，大觀園圖說，音釋。

「五四」以後，人們認這類文獻酸溜溜，未免多餘，鉛字排印本，通予刪去。但是，它不失爲欣賞原著的參考資料，助讀者一倡三嘆之趣。

甘聖哲走了二十天後，派來了梁右平同學，四川大學畢業後入政訓班的。已婚。不曾在社會作過事，跟我的歷練迥然不同。右平不是那麼抬頭挺胸，高視闊步的標準軍人姿態，而是軍人們喜歡貶薄人家的那句口頭語：「老百姓。」

自此，我任官少校，爲團政治指導員。右平係助理員。

團長、兩團附，我倆，五人每天享受上等飲食，餐餐似都不止五菜一湯。四位隨從兵，搶著上菜、端飯的。剩下的，小廚房掌灶的和隨從兵五人，再另炒一兩樣他五人體己的菜餚，也吃得很豐盛。團長、團附三人住村中一家大宅，主人家很養有幾頭騾馬。轎車、大車皆置院中，其日食之好，全村數一數二。看著我們每餐一盤一盤的上菜，菜品天天換了樣兒，只覺得我們天天在過年。那時，醫學上無高血壓的病名，人們以大魚大肉爲美，而且要吃得十足的飽。沒有人吃飯而不添一碗，我通常每餐三碗飯。

駐崔各莊之初，幾乎是挨家找可住的地方，頭半天弄得雞飛狗上屋的。又加之，這一帶有保衛北平第二線的說法。青年婦人都遠避離村。及至相安無事，才陸續回來。

我倆住在村東頭馬大有老先生家。他年逾六十，花白長鬍鬚飄然，高高瘦瘦，自耕農的常年辛勞，背還未駝。那時期，國人五、六十歲便很現老態了。長子經商北平，極少回家。小兒子下地，也結婚了。把待客和老夫婦住的大炕，讓給我倆，馬老先生仍留住靠門的部份。這房間寬敞明亮，隨從兵住最裏邊。

由於彼此用餐時間不一，每每我倆去團部吃飯回來，馬老先生才剛坐炕桌邊，正要舉起筷子。他總笑著讓我：「朱先生，吃吃我們鄉下人的粗食。」卻之不恭，我實在太撐飽了，只能喝下半碗粥湯，揀一筷子醬菜嚼嚼。醬菜怎有土腥氣呀？馬老先生開懷的笑了，說是我們前站人員來號房子時，老百姓家家戶戶，都急著盡量把食品、用具藏了起來。他家把醬菜罈子埋在地裏。兩三天後，發覺本部隊確是秋毫無犯，才一切恢後正常。

崔各莊離北平城不遠，是個相當富庶的村子。當時村民們的眼光，以爲小學畢業，就夠了。對於甘聖哲、梁右平、我這三人，自是認爲十分了不起，舊學新知，文武兼資。

事實上，本村住的部隊不多，村民都十分希望我倆，中央政府的年輕委員軍官去住，於是甘委員、朱委員好人之名，不脛而走。

有天黃昏前，馬老把炕桌搬在院中，一人獨酌，涼拌芣藍佐酒。芣藍，北方俗說作「撇拉」，蔓菁類，但比蔓菁味美，質脆，生拌、小炒皆佳。醬之，其根，即全國人皆嗜食的大頭菜；葉，則爲霉乾菜。國人口重，少有不喜食霉乾菜燒肉的。

北方的夏日，我也特嗜生拌芣藍。那天給碰到了，但自己實在吃得太飽。就陪坐一旁聊天。晚霞似火，我便說：「看樣子，雨還是下不下來。」那半月多，莊稼盼雨水。馬老嘆口氣說：**十年不下雨，九年半不挨餓**。這分明是條諺語，難了解其命意，請教馬老怎樣講法？他笑我不是莊稼漢出身。種莊稼，靠天吃飯，半年不下雨，就早餓死啦。原來這句幽默的話頭，血淚生活背景，難得是，它半絲苦怨也沒有。

這是那時期，壽堂親耳聽來，六十年諺語工作最體味深刻的一條諺語。若要深刻的說，正是**孔夫子「詩教」的旨趣**。

部隊既進入平時，三操兩講的刻板生活就恢復了。只因咱們農村生活太苦，日食雜糧，半飢餓的狀態，而水旱天災的威脅。既然從農村中來，吃糧當兵，天天有白麵大米吃。而且還有不算太渺茫的希望，通過種種熬鍊，有一天，如果當上官了，那就是無限的似錦前程。況且，行軍打仗，兵大爺才威武啦，吃喝玩樂和槍子兒送小命的機會是均等的。

我們的政治訓練，依著上級頒發的教材去開講。全以士兵爲對象，黃昏時間，以營爲單位，除值勤、留守、差假人員之外，由值星官帶著來聽講。每次約講四、五十分鐘。由團部乘馬來去。講的這類題目：「國家的意義」，「中華民國的疆域及形勢」，「帝國主義是甚麼？」，

「我們爲甚麽要革命」等。當時並未特別準備，只不過是一些生硬概念的搬弄。不知官兵背後批評如何，應是貶棄的爲多。按說，應該爲他們講有系統的課題，如：中國近代史，中國名將事略，列強與中國，中日關係，三民主義淺說，革命軍人生活、品德、精神，心理衛生，軍民關係。

這每一課題以四、五節課時間講完。概念、史實、人物例證，當前情勢並士兵實際生活及其問題來穿插，必然內容充實而活潑多姿。還有，配合軍事教育的進度，就不會是虛應故事了。其時，士兵教育程度，文盲、粗識文字、初級小學，三者兼而有之。

大約是甘聖哲離去，梁右平未來，我一人獨挑大樑的時際，適逢麥秋，建議團長派兵協助農民收割。這帶地區不用鐮刀割，全以手拔，俗稱「拔麥子」。士兵們出這項任務，得人民歡迎，幹得十分起勁，半天工夫把麥田拔得一乾二淨。大戶頂得意，他不必爲加雇短工，又花錢，又得向那些平日看不起的窮人低聲下氣去央求。可是，村中多數窮家小戶，怨苦極了。

一、麥田裏，無遺下的麥穗可拾。向例，婦孺們當麥秋之際，「拾麥子」，一人可拾到一兩斗麥子。此爲中國自古以來的優良習俗，「詩、小雅、甫田之什、大田」：「彼有遺秉，此有滯穗，伊寡婦之利。」（宋海屏今譯：「那邊遺一把，這兒丟幾粒，留給寡婦拾。」）按，自團長起，全團官兵都出身北方農村，不像我自幼城市長大，而此次是頭一回逢到麥秋，十七、八年在河南山東，並未經歷這件事。怎無一人提醒我呢？

二、剝奪了農村中農忙時節，尋求短工的工作機會。

當時即發覺這問題。央求幾家大戶拿石把麥子分給貧戶，竟未獲許可。不能隨便批評他爲富不仁，實在是你究竟應分配給誰呢？

我的講課以及在本團的種種作爲，似乎領有了官兵的普遍好感。軍官們喜歡跟我接近，聊天。士兵們遇到了，都露出笑容，而且挺有精神的敬禮，令壽堂感到溫暖。

六月十二日，日本軍隊在東直門外打靶，有美國人在場。靶場距我們這邊不過二十里。此時，我軍仍在備戰狀態。敵人槍聲起於我們後方。他不是挑釁嗎？他但要製造事端，是極容易的。自九一八事變以來，在華北、京滬、武漢、閩粵四川，**日本人妄自尊大，無事生事，羞辱中國，太不像話了**。而就在這天，看到新寄到的「第五軍淞滬抗日畫史」，編的很不差。

崔各莊鄉居，常有寫作意興。成「河北集」，「默然集」，「默然續集」。茲據「著作目錄」，略抄篇名一、二：從軍雜記，隨筆錄，北方行旅，創作生活回顧，二等兵張得標，不是平常的，北方人物素描，一個兵士的信，擔水者，大砲不是在響了，雨——和平的期待，中國、否定你，北平亂時印象記，灰布大褂，關於蘇俄的夢，電影論綱。只有少數一二篇寄給武漢的文友馬鳴塵、康健他們發表。自以爲這些發表的文章，比之十九、二十年所寫者，味道大是不同，它厚實些了。

龔先方、楊白楹派到西北軍。先到張家口，卻遭到居留那兒，高高在上馮玉祥的敵視，先予著實訓斥一頓，而後全體予以拘禁。幸而無其他傷害，迫得轉道大同、太原、石家莊而回北平。有驚無險，意外的進出山西。發生這段風波的時期，正是壽堂一行冀東挺進的四、五月間。他初回北平未久，我倆就遇見了。隨後，先方改派東北軍一一六師繆澂流部政訓處長，師部和一部份部隊駐紮北平東城光明殿營房，我曾去過一次。先方原說定星期日到崔各莊來，空等一天他未到。次日，我去鄰村訪鄧營長，談論政治跟社會問題，正談得起勁，老甘電話說，先方到了。鄧營長借與自行車，讓我儘快趕回。

先方這一路不免困頓，我們弄了十六個雞蛋吃，他便睡了。那年頭，國人都還沒有營養學上的知識。不知一種食物吃多了，會產生營養過剩，有害身體健康。

跟蓮姐常有通信。情緒不定的，有時怪她冷淡。有時又自責自怨。我家庭負擔重，怕她將來跟我受苦。她常在武昌八卦井劉家姑媽、漢口童家姑媽家來去，一住十天半月。也跟在武漢的曹金輪、袁勁有來往。袁勁的妻子王小鶯跟蓮姐很要好，在朋友們口頭裏，蓮姐成爲姚大姐，而小鶯爲王二姐。金輪與邵德清訂婚，袁勁有封長信給我，說在他們訂婚的喜宴上，默默的吃著酒，在蓮姐身上「讀出無限依萍的字樣」。二弟來信講蓮姐，我的回信，卻大肆抨擊。弄得自己的弟弟都不了然，我倆這做兄姊的人究竟是在鬧些甚麽。其實，夢裏常與她親近，夢見她笑，次日便十分歡暢。

二十二歲猶然處男之身，這時營養好，每月有固定收入，除了按月往家中寄生活費，手頭還隨時有供買書、遊樂和零花的錢，加之時值盛夏，常不免情慾激狂。一見到年輕女性，便想到那天地間最歡暢的事情上。幾分神秘感，自己不知那天會遭遇到這人生的第一次。老甘從北平買回不少舊畫報，有些畫面爲國內外時事，但更多的是電影與女性的鏡頭，好挑逗人。馬老看了，雖然搖頭，但也引起些綺麗，說給孫兒的奶奶聽。我們三個男人，還有隨從兵都看膩味了。就聽憑兩媳婦和小孩子拿去看，只不要拿給外人看。老甘把它當古董珍藏，不時欣賞欣賞，摩挲摩挲。不耐煩讀書的人，畫報的是最好消閒讀物。

去第二營上課，很愉快的回崔各莊，更碰到一件愉快的事。遇一俏美少婦，難得她農村勞動，還能有潔白的膚色，假使是野外四下無人，眞有走上前去，擁吻她的衝動。腳好，背好，尤其是笑得好，顯然看到我，她有兩分喜悅。她牽著一個上十歲的男孩，跟孩子說話，卻並不迴避，與我四目相接。我這個青年軍官，每天跟團長平起平坐的同桌吃飯，早已在崔各莊人家口裏傳遍了。我可以看她第二眼，卻無勇氣看人家第三眼。心念好受到撩弄。怪的是，馬老長媳，高眺身材，也有兩分農村青年婦人的俏美，同住一個屋簷下，一天要遇到好多次，總殷勤的招呼我，尤其是朝夕時分。她常年春閨獨守。住她家三月之久，怎地毫無一絲激情？

清河營房，在河北宛平縣清河鎭西北的兩里多地。營房西邊，通過舊飛機場，即是平綏鐵路的清河車站。清河鎭當北平城西北二十里。這營房，乃清末的陸軍預備學校，爲保定陸軍軍官學校的預科。當年這樣軍事教育制度，爲「新政」建樹了相當的業績。

陸軍一四二師轄三個步兵團，番號爲七二二、七二四、七二六。三團人都駐入清河營房。師及其直屬部隊駐清河鎭，散居民房。其時，華北宣傳總隊已易名爲軍事委員會北平分會政訓處，健師已離去，處長曾擴情。曾處長四川人，黃埔一期同學，後期學弟都以老大哥尊敬的、親熱的稱呼他。身個不高，面容老老的。厚道寬容待人，是他最大的特性，人人爭相樂道。軍政訓處長仍爲韓濬。師主任訓練員吳義，三個團的團政訓員是傅厚澤、李踊、壽堂，每團各有一助理訓練員：敖敏初、鳳家斌、梁右平。咱七人都爲政訓班同學。吳爲軍校六期通信兵科畢業。

駐在清河營房的日子，是二十二年九月十一日到二十三年三月二十一日。

九、十月間，部隊兩次出發，到昌平、順義，追堵方振武、吉鴻昌自察哈爾南下，侵犯北平的部隊。方吉事變，是馮玉祥策動，以愛國抗日爲名的叛亂活動。所有在河北、察哈爾、綏遠的西北軍以及一向與西北軍有關的部隊，都並未受煽動。炮聲在遠方，皆只是小小接觸，戰鬥便終止了。二十五師關麟徵部一度與本師併肩作戰，每有駐在同一地方。遇到方吉部隊未能撤走的傷兵，呻吟路旁，並未視爲敵人，也不當作戰俘，反而好言安慰，即予收容，爲之療傷。當時，師並未設置野戰醫院。

在高麗營的戰鬥，有天晚上下雨，我某部隊向後撤退。有牽馬行走的弟兄被敵兵拉住了馬尾，馬並未踢人家。「喂，前面這位，是那個軍長的人？」「商軍長。」「阿，方軍長嗎，咱們是一家的。」對方把商聽成了方。於是，放了馬尾，不追擊。方吉事變的發生與結束，頗富戲劇性，夜空閃電似的。

師部駐清河鎭上，李師長並不常來營房巡視，他很信任這三位團長。只在營外飛機場上全師集合，他才來登壇講話，部隊旣爲ㄩ形的集合隊形，他須得是左右來回小步走動，才好面向三方面的部隊。我特別記得他姿態瀟灑、幽默、逗趣的一句雙關話兒：「夠你喝一壺的」讚美辭兒，是指的喝酒可樂；諷刺性的，則指喝尿受憋，受侮辱。全師官兵都爲他這句話，開心的笑了。

師長其時正度蜜月，自是二度或三度新郎，新娘爲燕大女生。只緣十多年來，出諸國人齊同的評鑑，咸認燕京大學女生，乃全國高等學府一等一的美嬌娥。全軍都爲這樁喜事，覺得好欣羨的。三十二軍許多與他同等地位的袍澤，無不自歎不如。恐怕商軍長也不無此感。清河鎭到北平城，汽車半小時可達，他每晚入城，清晨即返。他帶兵、治事很勤，跟一三九師師長黃光華之穩重敦厚，風格不一樣。

當時，部隊只要一駐入兵營，師參謀處或團部主管教育的，馬上就要油印出一張起居作息時間表來。全國南北部隊都採同一制式，大致是上午五時起牀，下午九時半熄燈就寢，而以號長的號音爲準。起牀號之前，熄燈號之後，士兵大寢室不得有一點聲音，角落裏或者懸有馬燈，備弟兄們夜間起身便溺照明。此時限以外，官長房間的燈亮，不受限制，因爲他們辦公、會議、寫信以及談話上的需要。三操兩講，早點名，晚點名，部隊帶出帶進，刻板極了。

難得有舊飛機場這樣大的好操場，雖然起初長滿了草，三團人全部出動，半天工夫就給拔光，晒乾了，伙夫很喜歡用它引火。附近農家也很喜歡，一擔擔挑起走，多麼好的堆肥，農民們都高興說：「飛機場的呀。」彷彿飛機場的物事，會帶來豐收。老爺爺們識多見廣，更會講說，光緒某年還是民國某年，這裏還有飛機來過。

全師人在這兒出操，場面壯極了。有時全師演練的同一動作。有時，一半爲野外演習，一半實施制式教練。師長騎了高頭大馬，參謀長相陪，有時還加上我們的吳主任，帶著參謀長、副官，隨從的馬弁，一行二、三十人馬，快步行進而至，一聲立正號，全場鴉雀無聲，由資深的團長趨前報告，今天出操的官兵人數。

不知師長有否如一個大家庭的家長，時時處處爲他的家人子弟設想否？他顧念屬下官兵嗎？疼愛這大夥嗎？就只怕當部隊長的，只接近到他跟前的人。假如你是小說家，要描繪軍隊高級將領形象，最可以看清楚，跟前一小撮侍從人員那種唯命是從的臉嘴。

好幾次師舉行總理紀念週，師長主持，都由我任司儀。論軍人姿勢，我無論如何比不上部隊裏少校、上尉這一級的營連長、參謀副官們。聲音的宏亮，更是不及。我想，應只因我年輕，還有直到如今，仍然**神采飛揚，腰部直挺**。

二十二年九月十八日那天的紀念週，適逢日軍進佔東北的國恥日，等軍長來到，等了兩個小時。按說，連、營、團逐級的集合，在營房裏，十分鐘工夫足夠。三團步行到飛機場，成全師的集合隊形，只需半小時。大家苦等了兩個鐘頭。他來時，我們立正聽了一點鐘，腿彎都發痛了。弟兄們是執槍，背子彈帶的；而且一定大早忙不迭的，要整內務，比我們更辛苦。軍長從北平城坐汽車來，一切行程的計算，應是半小時前集合在飛機場，就已是夠充裕的了。軍長在台上，難道看不出他講話的整個過程中，全師人一直是不動姿勢？竟不叫大家「稍息」，**高級長官太不體恤部屬了**。

可憐的弟兄們，冬天裏簡直是一群叫化子。人人都是粗灰布破棉軍服，破了，也沒打補釘。要知，就是這一群叫化兵，乃是長城抗戰冷口之役，保國衛民的勇士。他們如此破衣襤衫，怎能進北平城去？雖也有星期天休假，有住在清河大樓的弟兄們，百分之九十九都沒錢，也沒臉面上北平城。

那年十二月初，一連三天，清河營區鬧得亂鬨鬨的，四日，軍長來檢閱，營區內務檢查，操場部隊軍容與集合解散的動作，都屬要看的重點——話可以這樣說，部隊長對其所屬部隊，不管那一方面，他要看看問問，你都得毫無保留的攤開來據實報告。比如說，到了某一連，他要查你的賬册、槍彈儲藏情形；團部軍醫室，考察醫官看病的能耐；假如突然像突發靈感似的，問起師軍法處長：「這一年官兵有些甚麼重大犯法、違紀的事？」或是同時問三位團長：士兵逃亡和徵募復補的情形；甚或至是跟師長問起來，你這一師士兵籍貫、年齡，原來職業的分析統計等等，你都得據其所知，要言不煩的從實報告。

軍長詢問這些，主要的有幾點著眼：一、爲的在實地觀察下，明瞭所屬部隊諸多情況。二、了解答問者的學養、能力，藉此考察他個人。三、統合的，因此獲得對於這個部隊各級軍官佐的認識與印象。「軍官佐」是那時期直到抗戰勝利後，軍中通行也是文書上制式的名詞。軍官學校出身以及行伍出身，一直服行軍官職務，稱軍官；而軍醫、軍需、文書等，則稱軍佐，謂輔佐軍官以治理軍務。到抗戰末期，還又創出「軍用文官」的名稱，迫得軍用文官配帶另一種領章，圖案質料皆差，而使得軍中有軍官、軍佐、軍用文官之分。有分別則有差距，而影響團隊精神。幸喜近四十年來不再有這些分別。對士兵的列兵與雜兵的區分也不再存在。

軍長非是例行檢閱，也非屬軍中春秋大校閱的意思。而是爲的準備接待次日日本人來參觀。很可能的，那時在平津的各部隊，都有抽樣的讓他看一個師。其時，距長城戰役已有半年多，況且，國家政策早經確定，跟日本人要盡量多作政治上的周旋。你要看，來嗎，只要你敢來。我表面上殷懃，禮貌周到，並預作安全措施，切切囑咐官兵，不要忽然有人衝動起來，向人家頭上投擲手榴彈甚麼的。但是，咱們正好藉此激勵士氣，加強官兵同仇敵愾的決心。

日本人來的這天，全營區三團人很早便開始了種種準備。七點多鐘吃飯。惟有六個政訓人員不跟他碰頭，乃是他眼中之釘。

軍長檢閱，日本人參觀，接連兩天的緊張，沒想到第三天深夜，緊急集合，部隊出營區，作夜間演習。爲了測驗部隊肆應的能力，演習計劃事先對連排長和全體士兵是保密的。現在想來，這夜間演習日期的擇定，確是富有深意，把日本人頭天留給我們的憤慨情緒，有一番轉化。我們六人中的一位，事先不知悉，受驚至極的跑到我這邊來，給嚇得手都冰冷了。

營區裏，還有軍官團教育。由三個團的團長、團附、團政訓員、助理政訓員及各營長共二十四人擔任教官，所有營附、連排長、特務長、團部尉級軍官佐都參加聽講。少校軍醫、少校軍需也安排有課程。師參謀長、參謀處長、政訓處長及一兩位主管教育訓練作戰的參謀，則被視爲特別教官。

十一月十五，陰曆的九月二十八，旅行的過我生日。其時，軍官坐火車不需要買車票，隨車憲兵也不太查驗。告訴老梁，只說久想去居庸關外看看，也想享受一下特別快車上的暖氣。早上七點半搭車，十一時許抵康莊。下車吃點東西，仍搭快車，下午五時返回營區。長城和塞外的雪，此行看了一個夠。

劉連長邀遊頤和園。先過圓明圓遺址，斷垣殘壁中憑弔。頤和園之富泰、幽靜，昆明湖風光佳麗如江南。長廊，排雲殿內向南正坐，大玻璃窗內，一絲兒寒風也吹不進來，全身浴在太陽和暖中，飲茶休息，那像是在寒冬季節。西苑，營市街吃酒。到有名的海甸。順馬路走西直門，轉至天然博物院，看象、鸚鵡。轉回營區的道上，看夕陽在北平城垣角上。將入夜，才返清河營房。

隔了二十多天，我們幾位政訓員，星期天徒步，又遊了圓明園。不太高的山坡地，遠望煙塵籠罩的北平城，**想到中國近百年受屈辱的歷史，仿佛自己是生在太平天國時代的人**。圓明園周三十里，昔稱世界四大建築之一，咸豐十年（一八六〇）毀於英法聯軍之役。頤和園，有的地方，是圓明園所屬園林的修復，慈禧國勢衰微時代的經營，自比康熙、乾隆盛世之創建圓明園，要爲遜色。

前一個月，在吳義處，又是談女人。他要爲我介紹女友，詳細描述了對方。我很感謝吳大哥。答說緩兩年再說。如果答允，則與蓮姐的事，就會更引起煩惱了。

第四節　返鄉訂婚

二十三年一月十九，離北平，乘平漢通車南下，二十一日到家。在家整整住了一個月。

適逢舊曆年，是我們四個表姐弟一生中，最值得記憶的一段時日。她姊弟倆，我和二弟，都是外婆家的大外孫，除夕晚，四人一塊去向老太、細太辭年，並報告喜訊，我倆即要訂婚了。也遍走我兒時的街道。

由於十九、二十年在武漢賣文爲活那段時期，我常抱小妹散步文昌門江岸。況我脾氣溫和，她就特別好跟我親近。回家的這幾天，她都是跟我一頭睡一個被窩。我臨離鄉北返的前兩天，小妹依偎我懷中說：「不准你去，不准你去。」

初五，家中接春客，姨媽、蓮姐、慶弟、袁勁小妻春芳，還有周安華都來。安華是毛龍隱的妻子。還有位難得的貴客，是韓家姑奶奶。自從我家關鋪子，這位老人家還是祖父故世時來過一次。她盡說些家族舊事。看著我們二房有興隆之望，她好高興，但希望我能帶上大房幾位堂弟兄一把。

爲蓮姐另起名，青。是由於這兩年讀葉青著述，十分傾心。蓮姐也樂意有這樣一個雅致的單名。親戚長輩還是叫她小名蓮姑。表弟妹們都稱蓮姐。母親卻愛叫她克南。她的本名玉珍，幾給人忘記，只姨媽一人還這麼叫她。

正月初九，雙親忙著，姨媽也來忙著，準備酒宴。跟青交換戒指，我倆當著父母弟妹之前訂婚。我吃酒過多，夜裏醉了，嘔吐、打人，倒下去。父親、二弟、慶弟也都喝醉了。青則埋頭睡在牀上，哭濕了一個枕頭，她也醉了，我苦情的未婚妻。後此幾十年歲月，我們五個人還從未這樣大醉過。不知兩位母親心情如何？也必悲喜交集。次日，姨媽照應著青與我。我與青相互間看起來都很狼狽。她的眼哭腫了，我的頭跌青了。母親們講我們，父親、青、我三個人醉酒的神態，講了一上午。這天下午五時，離家，不敢望一眼站在門口的雙親、弟妹。是慶弟、二弟、青，三人送我，乘上了招商局的江大輪東下，結束了這一個月在故鄉的生活，跟青的苦戀，算是吃下了定心丸。

到南京下岸，主要是看曹金輪。想調解他跟袁勁友誼的決裂。他談了他倆決裂的始末，並斷定袁勁是走向升官發財的道路上去，不再革命了，不再要過去的這一批朋友了。我卻以爲，但有兩個月時間給我，詳細明瞭了兩方面的情形之後，應可消釋了他倆之間的爭執。袁勁爲人深沈，他內心裏的結，別人還眞難爲之解決。那時，我跟龔先方都在北平，咱倆怎沒下一個決心，花十天時間，邀上金輪到福建去，找袁勁會談一番？有我倆在一旁打邊鼓，或許這對冤家重歸和好，也不一定。

跟黃超見了面。遊雞鳴寺、台城，瞭望長江，總免不了悵然之思，對青的懷念，一刻也未停止。南京住了兩晚，即乘津浦車到天津，次晨坐北寧路車，三月一日回到北平。

念著母親的辛苦、寂寞，懷念要如何能有機會，好好侍奉、安慰她。武漢之行，一個月的甜美生活，青的影子，姨媽的關愛，弟妹們的依戀，老親友們的期望，時有交匯在心。才是驚蟄時節，清河營區還籠罩在寒冷裏，士兵們的生活，一片襤褸。我怕見士兵們的苦，思逃避。竟然寫一封信給軍政訓處長韓濬，請調軍處或他項工作。半個多月後，侯一先來了電話，要調我去騎兵第四師代理主任訓練員。

聽說，爲要安排這個職務，北平軍分會政訓處，從擔任團政訓員的同學當中，共挑出了十人，卻不知怎樣獨獨選中了我？由於同學們年齡、學歷、資歷都不一樣，有著差距，雖然其爲政訓研究班第一期同學的等量則一。下達部隊後，卻有四個層次的職務：軍處秘書，師主任訓練員，團政訓員，團助理員。同學間，人事糾紛頗多，軍分會政訓處主管人事者，不勝其擾。據說，他們是看中了我的單純，不致引起人事糾紛。

騎四師是東北軍兩個騎兵師之一，武器精良，馬匹充足。原來的主任訓練員王開石，爲黃埔四期，年齡、學識、經驗、才能都超過我。我這種才具，何以爲繼？所屬騎兵十團、十一團、十二團的政訓員金頌康、周烈範、王劍文皆係政訓班同學，入政訓班前，分別畢業於中央大學，河南高級師範，上海法學院，年齡都比我大。我不過是，部隊生活經驗要超過他們，有煙台的那一段政治工作資歷而已。

命令既已下達，不容我猶豫。李聖剛同學與侯一先同爲軍政訓處的處員。那天，與聖剛遊中山公園，探討我是否當即前往赴任的問題。他問我，是否感到有點勉強勝任？答是。三分勉強呢？還是五分？七分？答兩三分勉強。那就用不著考慮了。還有，你如不赴任，那好像是表示不滿意代理的派令，這就不太好了。其實，我內心確有點不太樂意。

只有一馬當先的走呀。

就在決定赴新職那天，獨遊北海公園，坐五龍亭飲茶，還另作白日夢哩。希望曹金輪助我一千元，讓父親作買賣。我無有家庭負擔了，可自由自在，過我讀書、寫作的生活，而棄去目前的職務。

離去清河營區，入北平，仍住張濤家，摒擋諸事，準備前去大名。寫信告訴家中。外家、姨媽、童家二姑媽，乃至韓家姑奶奶他們，都誇說，蓮姑有幫夫運，一訂婚，成章就高升啦。

臨行前兩天，我還把白日大好時光，放在北平圖書館裏。整整九小時，都在那裏看書。現在來看，**北平圖書館一直是我國典藏最豐富者**。當時，進館作一般性閱覽，任何手續也不用辦，頂可讚美的是，無論那一個坐位都有柔和的、足夠的光線，照明著任何一個方向的讀者。時間早晚，天氣陰晴，都不發生影響。

這兩天在北平圖書館，主要的是讀屠格涅夫的小說「前夜」。次日，讀書近午。梁右平、敖敏初兩人來找到我。教他倆大吃一驚的是，說我面色蒼白，定是看書坐久，腦貧血。

何以這兩天如此熱中於此？自然不完全是它的形相、內部設備吸引了我。那幾年裏我喜讀屠格涅夫的小說，兼及於其他的散文詩，並有關他的傳記、評論。又有一企圖，想從他的六大名著：「羅亭」、「貴族之家」、「前夜」、「父與子」、「煙」、「處女地」之表現十九世紀俄國社會的時代精神，有所借鏡與觸引，來寫我的長篇小說。但更欣賞的，是其「初戀」、「春潮」，文學史評論說，這乃是屠格涅夫寫他自己的，充滿了優美的詩意。說到小說之代困苦的人到了。們發言申訴，那自是他的「獵人日記」。他的書，名家搶著翻譯。如張友松、耿濟之、郭沫若、陳西瀅、劉大杰、樊仲雲、黃源、豐子愷、高滔等。但有些稍早時期的中譯本，就不容易購求得

北平圖書館的服務，實在太令人讚賞。一次可借閱多册，小姐先送來一部份書，在座位所在的案頭，說：「還有幾本，找好了，馬上再送來。」如趙孤懷譯的「屠格涅夫小說集」已成絕版，居然在這兒找到了。而另外凡是我已經讀過的屠格涅夫作品，也一齊調出來，再摩挲、欣賞它一番。我不免一番懊惱，來北平將一年了，怎麼這麼久都未上北平圖書館呢？現在回想，主要原因，是每入北平城，必先到東安市場蒐購舊書。買得而據爲己有的書，一直讀不完嘿。再有一層原因，來往經過它門前，我多半是穿的軍服。正像我走過清華大學門前，想進去而迄未進去。在北平圖書館這兩天，我都是換穿了便衣。

朋友們都笑我太單純。果爾，則崔鎮遐才單純哩。政訓班同學中，比我年小的，不過三幾人，他是這三幾人之一。他定是自許爲馬克思主義者。骨氣傲然，性情執著。又患輕微的肺疾。跟我很談得來。我說假話誑他，把妹子介紹給他，他竟信以爲眞。離北平赴大名之前那幾天，兩人常同遊中山公園。有天清早，他忽然好正經的對我說：「別以爲我們現在是要好的朋友，也許將來會變成敵人。」他指的是思想上的。難道懷疑我會成爲法西斯黨徒不成？再怎樣看，也不像嘿。

我也確是太不知世務。按說我應去軍政訓處，軍委會北平分會政訓處，謁見兩位處長請訓，拜見主管科長，以及這兩上級機關的同學，請多賜關照。我卻一處也沒有去走動走動。把百分好

的人際關係，棄而不用。

中南海的環境，極落寞、幽靜，不像北海亭台樓閣密集，隨處有茶座餐飲，供遊客休憩。一部份傍著圍牆的房子，平時租給那些好靜的、養病的、讀書的人士居住。這時期，此地成爲軍政部長何應欽行轅，對遊客、房客都不開放。只因張濤成爲部長的隨員，他太太龍靜子跟小女兒小濤就住家在中南海內的流水音四十五號，他們樂於接待我，靜子總把小女兒往我懷中一遞，說：「乾爹，抱哇。」張濤如在一旁，更打趣我，還不快跟姚大姐結婚呀？小濤急著要乾媽咧。朋友們都比我和蓮姐年歲要大，只因蓮姐總顯著端莊穩重，少有不稱她大姐的。

何部長公忠體國，雍容大度，凡事爲人著想，很冷靜，不像有些首老之飛揚跋扈。他跟華北各將領多半早已認識；少數新識者，由於常有晤見，也消祛了陌生感，乃使懷仁堂裏一切決策，皆能充分執行。這樣，我在中南海作客，乃得十分安然。

日本人驕狂無禮，已到極點。上十個腰帶刺刀的士兵，有時列隊來中南海游玩，分明有挑釁、侮辱的意味。我軍政部長北平行轅既不便派兵監視、保護，只有暗中注意，人們都遠遠避開他們。據說，竟有日軍大尉要求見何部長，部長只好接見。還有傳說，何部長實在忍不住了，有時要向敵人發作。蔣委員長電話囑咐：「我比你受的氣更多。敬之兄，一句話，我們只有忍辱負重，千萬不可發作，能多忍一天是一天，只爲的要集聚抗戰的力量。終有一天，我們忍無可忍。」

九月間，金輪到北平來，好幾天，我，先方和金輪，都聚集在中南海的流水音。更有那麼一天，長談竟日，一步也未出屋子。有時相辯駁，還有時說得哭了。金輪爲袁勁友情的逆變而苦，他倆豈僅情同手足，更在職務、工作上，有焦孟難分的際遇。自從袁勁離南京，到福建，不久即出任第九師補充團團長，他倆十年來無上契合的友情，決裂無可彌補，憑我們這十幾個好友怎樣勸說，金輪屢次寫長信去，也未能挽回。

金輪來北平作客，我、先方、張濤、鄭正，自當各盡地主之誼。我曾邀他上館子，去澡堂。卻未去逛北海，聽平劇，東安市場舊書店裏尋書，想是那半個多月，我未能全部時間陪他。我需要回鄉下，按每週既定時間，以營為單位，給士兵們上課。住清河營房時，則是以連為單位。

三人在流水音的長談，必然常有牽涉到袁勁。袁勁跟金輪友情決裂，但跟我們這群朋友並未改變。談論國家社會，也評衡自己的未來。認為袁勁是位將領，他只要上前走一步就是。先方是從事文化生活的，金輪是社會科學家、政治家，也是軍事家。而我為文學家。金輪更推許我是最有成就的朋友之一。當時，我並未因好友贊許私心竊喜，而只認為這乃是友誼的寵重。

那時期，每月薪餉約一百二十元，寄四十元回家，其餘都讓自己花費掉了，按小市民生活標準說，卻也相當奢侈。通常星期天入城，帶著十元錢，先到東安市場，去掉一半，買八九成新的舊書——原來，在北平讀大學的人，多半都很用功，且有極大興趣涉獵課外讀物，猛於購置新書。內中又有部份人，他並不把每本蒐尋來的書，簽名蓋章入藏，有如壽堂這個書獃；而是閱讀後，作過簡要箚記，即賣給舊書店。舊書店以極廉的價格買進，卻以高於新書店的利潤賣出。這種書，通常是原書定價的二分之一，或者三、四分之一。當然，也有極少數孤本高於原定價。我每次約買二、三十册書。其中必有十分欣賞的。如楊丙辰譯德國列辛「軍人之福」，樸社出版，市上不易見到。這部書的好，一在譯筆，而最難得者，是譯者所作的註釋，佔全書三分之一篇幅。直到現在，六十多年了，還從未見到過有第二人譯書，肯這樣用心為讀者設想，出版者也不嫌辭費，加重了三分之一的成本。還有孟世傑「中國最近世史」，史事詳明，論斷肯要，全書四冊，文化社版，於營中講課，極爲有用。文化社、樸社通在北平，專爲大學教授出書，也許就是一群教授組合，其出版品皆屬優良，但發行網不廣。

讀書人深知，北平東安市場爲覓求書册的第一去處，八十年夏，到了久違的東安市場，勝況已不若民廿二年春到廿六年夏，壽堂當年所見的情形，遺憾的是，如今一家書店也無。

我總是拎了一兩包書，出東安市場，到對面的清華園澡堂樓上雅座，打電話到三十二軍政訓處，邀侯一先來洗澡、吃飯、遊玩。或是早就跟他約好了，不管能不能來，總是在洗澡前後，把所買得的書，目錄序跋通已瀏覽完畢。愛書人之欣慰滿足，無過於此。

楊竹梅斜街的禎源館，許多老北平津津樂道。首先，它位置在北平城極少有的斜街上。不似一些大飯莊的氣派。一人獨酌，三五友好小聚，菜品旣全，又價廉物美。我獨自來，總是燒頭尾、滷鴨翅膀、酸辣湯。如是老北平的行家，自然會點叫出他家最拿手的菜品。

前門外逛倦了，走門框胡同那家小店，吃碗牛骨髓茶，眞是一等一的享受。也有甜的豌豆粉、糯米粉、黑芝麻糊等等可吃。秋冬天下午，只要到前門外，我少有不特意彎到這兒來，吃這南北民間共同嗜好的點心。

更值得一提的是，沙灘公寓附近大學生們的飲食，屢有特地去嘗試。可怪的乃是，怎地未喝過北平有名的豆汁兒？

可感激的，乃是陳紀瀅「赤地」，這部小說（四十四年六月，臺北文友出版社初版），不但把北平豆汁兒的製作，品味，以及它在北平小市民生活中的地位，有了仔細描述。還把經營豆汁兒，七十多歲的長者豆汁兒張，給我們一個歷史性的刻劃。**豆汁兒張的褒貶，正是代表著北平社會的良心。**

去過幾次東來順。特別的，是那天雪後，因爲頭冷，特入城，在王府井大街買頂黑羔皮土耳其帽，穿著老羊皮大衣，還照了一張相。東來順樓上獨酌，燉羊肉，燒白菜，酸辣湯，五加皮酒二兩。其時，一點也不知道，獨自一上東來順，吃烤羊肉、涮羊肉，有老北平誰也知道的門道，參加大夥兒合爐烤，合鍋涮，而只吃你自己份內碟子裏的羊肉。

這段時間，我既不講甚麼應酬，也不鑽營，凡從鄉下來北平城，都爲的度假，吃喝玩樂，購物，看幾位朋友。特喜遊北海和中山公園，五龍亭，雙虹榭，來今雨軒的餐飲。有次，獨自一人在北海公園雙虹榭房間裏，消磨了半天。那天遊客不多，在這兒用飯的更少。我捧著剛買到的林語堂譯「近代論壇」，讀得津津有味。那本書假託了學者、工商業家、作家三人，旅遊名勝地，而談論近代社會政治、經濟、社會、文化諸問題。當時雙虹榭房間的情調，彷彿紅樓夢中的大觀園。這樣閒適的閱讀，平生少有經歷。

李兆鍈團長總是嚴肅時候多，雖然對我和右平兩人乃爲客卿，不能不展笑顏。但究竟不是同輩份的人，自然總有點矜持。有次，專請我到他北平公館便餐，拜望了他大人。然後到哈爾飛戲院，聽言菊朋「捉放曹」。聽了這場戲之後，總有大半個月，要哼唱那麼幾句陳宮的唱詞。航空救國，有獎劵發行，我們都免不了要買一次，想僥倖發財。那時，山東孫桐崗，自法國學飛行回來，駕飛機到北平來宣傳，仕女名流，趨之若狂。有天下午，我自東直門入城，走東直門大街上，看到他飛機低飛北平城上空，人們傾戶而出。我立即聯想到**清河營區的士兵們，卑微**

困苦，其實，他們才是民族英雄，但報紙上，只見孫桐崗風采，那白綢領巾的飄揚，不知繫念了多少春閨夢裏人。

第五節　大名府

二十三年春到二十五年春，在大名府。這個地方，給國人的印象，乃緣「水滸傳」的描寫，六十二回「宋江兵打大名城」，六十五回「吳用智取大名府」。

今大名以南的南樂、清豐、濮陽、長垣、東明，人們都樂意習稱自己爲大名府人。這一帶爲冀南，夾在山東、河南之間，比起冀中、冀東的富庶，要苦寒些。人們口音很近似，不同於順德府、正定府和保定府。

臨離北平前，我惟一的準備，是到前門外大街上，買一頂東北軍型式的軍帽。

我乘車到石家莊。是先方推荐，住當地最高級的正太飯店。西式建築，很氣派，頗類西洋貴族們的別墅。首先把行李捲放置樓下。那時，內地旅社，房間裏多半不供給被子，要用，得另行出賃費。賃來的被子，都是又厚又重，帶著各樣各色的壞氣味。

次日午間抵邯鄲，轉搭破舊汽車到大名。城門口豎立了好多讚譽軍頭們的德政碑，若果問問老百姓，則口碑與這些石碑大不一樣。

政訓處駐在城中心一家藥店後進，到達時，受到周烈範同學熱烈歡迎，關於部隊、地方情況，爲我說了好多。還有王公弼同學，與烈範爲同鄉、好友，他雖然只是團助理員，卻爲復興社在這個部隊的書記。當時，部隊、地方，都很有人想加入復興社，但組織上並無擴張的意思，一個新份子也未吸收。

頭幾天，部隊、地方，都是周、王二人引導去介見。黨政軍學各界首要，約莫三、四十人罷，他們都有回拜。煙台時代的政訓處長李素若，小家庭住大名。這時，素若正由北平回來。他是這一帶青年知識份子中的領導人物。我先去拜訪，給他一個驚喜。他當晚來回拜，暢談許久。由素若介紹，我認識了幾位青年朋友，可與他們說知心話。因他的吹噓，使人家認識我，雖年紀輕輕，部隊生活歷練，並非淺淺。

騎四師爲東北軍兩個騎兵師之一，轄三個團。我到達後未久，三個團被賦予國家的統一番號，爲騎兵第十、十一、十二，三個團。其時，全國有十餘個騎兵師，大都駐在西北。每團有四個騎兵連，一個機關槍連，一個迫擊砲連。還有通信排、傳令排。騎兵連的各班，每班有捷克式輕機關槍一挺，因而火力強大。騎兵通用馬槍，比步槍略短。一律棗黃色蒙古馬，都是閹過的年輕雄馬。沒有母馬，都說母馬臨陣，如受傷，即不能奔跑，非如雄馬，牠還可勉力奮戰，掙扎一番。於是也無馬駒子，更少老馬，只因老、幼的馬匹皆不堪服役騎兵。

師的直屬部隊，山砲連、衛隊連、通訊連各一，還有無線電台。改編時，山砲連撤銷了，衛隊連改稱特務連。

騎兵特性，機動性大，衝擊力強。行進時陣勢浩蕩，一個半騎兵，相當於一個步兵班的行軍長度。馬走快步，則更甚。馬一起步跑，愈快，馬與馬的距離愈須加大——跑步，中間須空大半匹馬的地位；快步，一匹馬又三分之一；伸長快步，一匹馬又半；襲步，兩匹馬。行進起來，一個騎兵連的聲勢，往往比一個步兵營要超過。如果下馬徒步戰，須留下三分之一的兵力，一個乘馬騎兵，控制著兩匹空馬，則一個騎兵連的攻防戰力，不過等於兩個步兵排；嚴格說，更要減弱些，因馬槍槍管短，射程不及步槍。

其時，師部、十二團並師直屬部隊駐大名，十一團駐成安，後移邯鄲，第十團駐永年。

師長郭希鵬，四十二、三歲，早為中將。是日本士官或騎兵學校出身。身高一七〇公分。說話語音已現蒼老腔調。長形臉面，精明強悍，大有威嚴，雖常有躺著吸大煙，但保養有素，也許還進補甚麼，他腰桿直挺，極具軍人氣概。曾任過綏遠都統，部下都直以這高職位稱說為榮。自上年長城抗戰以來，騎四師一直歸三十二軍指揮，這好教東北軍的幾位軍長們心羨無已。

郭師長自北平度假歸來，翌日上午我即去見他。當時，師部設於舊大名道尹公署衙門內。各幕僚單位及一部份守衛部隊均駐在內，還很寬綽。初見郭師長，他謙和熱忱，三幾句話，就感到是相處很熟的樣子。閱歷豐富，在好多事情上，我只有甘拜下風。那天初見，先從北平政局，敵人侵略之迫急說起，再談些閒話。其後，在司令部或官邸，因公或專門拜訪性質，少有只談半小時的，總是一談兩三小時。我時存兩點企圖：一、部隊的改革。二、高級軍官個人官僚腐敗習氣的掃除。

官僚腐敗習氣的瀰漫，人們但一接觸本師，即能強烈感覺。少數軍官及其眷屬吸大煙，是公開秘密。部份士兵偷吸海洛英，俗謂「打高射砲」，口吸香煙，仰起頭來，將海洛英粉末敷於煙頭上，深深抽吸之。士兵微薄月餉，怎夠支付這種費用？為非作歹，行軍、作戰時「撿洋撈」，乃層出不窮。官兵賭風甚熾。軍官太太們在北平大名間走私販毒，甚且有馬弁護庇，憲兵、警察察皆莫奈他何。官兵對人民的態度，一般的都有欠謙和親切。

到任的頭一個多月，先求對部隊與地方情況的了解，並從連繫、訪問中，讓人家也了解我，對我有了信託。兩個月後，才與參謀長作改革部隊的談話。參謀長劉鍾林，保定軍官學校出身，濃眉大眼，身軀粗壯。他手掌肉好厚，頗引我爲同調，嘗拍我肩頭說：「老弟，只可惜你來遲了點。如今，我不再孤掌難鳴。有些事，咱倆商量著辦，一倡一和，順著師長一點兒，他才樂意接受咱們的意見。再說，如今大勢所趨，不改革是不行了。上頭，中央，張副司令，都提頭在倡導新生活呀。咱們少帥好不容易戒除了毒癮，你看到報上，他跟孫連仲打網球的照片嗎？長官們極力振作，做部下的還能趴在那兒，扯他後腿嗎？」

七、八月間，師長、參謀長、各團長，輪流調赴廬山軍官團受訓。師長並特至南昌行營，蔣委員長召見，贈與豐厚的程儀，似乎朋友相處的談話，問家庭狀況、部隊狀況，特別講說彼此在日本留學的感受。又在武漢見了張副司令。

廬山訓練，每期並未超過一個月。回到部隊之後，每一位都像脫胎換骨，從內到外的變了一個人，不再那麼渾渾矇矇的了。師長跟高級幕僚說了兩次，他與委員長談話以及見張副司令的情形。而在處理公務時，有了一個新的口頭禪：「這怎麼行？」對於部隊、地方以及國家社會大大小小的事情，凡與他目前「新生活」觀念相左，期期以爲不可，他便要加重語氣，說出這口頭禪來。

得到參謀長的合作，凡有應行興革事項，都可適時提出。有的事，不應由我出頭的，就由參謀長提出。這樣子，參謀長甚爲滿意，以爲朱某做人做事，都有分寸，不固執己見，強人所難。

師長似有所覺，有次只我們三人核計一件事，師長突然笑著說：「我看你兩人倒是合作得很好。」我坦率答道：「參謀長是替師長當家的，我有任何事情，都當先和參謀長核計核計。再說，我年輕，不懂的事情多，到本師未久，凡有見到的，雖然知無不言，言無不盡。但還是需得師長、參謀長多多指教。」

輪調廬山受訓的全都回來。一方面是訓練所直接產生的效果，這又可分幾點來說。一、政治訓練和精神訓練。二、生活教育。三、跟全國南北各地調訓來的將校相遇，所引起的交相感應。其次是，他們十之八九，不曾去過武勝關以南，此次經武漢到九江，只乘了短短距離的長江輪船，南方風土人情，引起了相當的興奮、喜悅。

此時，政訓人員但有關乎部隊革新的建議，師長和團長們無不全盤接納。我們的作法則是，多跟官兵們交朋友，以減少阻力。改革的事，不操之過急，穩往腳步，慢慢的來。

有兩樁事，則從多方面下力，促其改革：一、少數人的走私販毒。二、一般官兵與人民相處之欠缺和善。

部隊改革的首先作為：

第一、於所在駐地分別成立軍官團。進行戰術教育、政治教育和生活教育。

第二、成立軍士連，輪調全師班長、副班長，優秀的上等兵，並部份吸收社會上的中學生，施以半年的軍事、政治訓練。另以參謀長為中心，糾合一部份特別挑選的官兵，推展馬球運動。也因為軍長商震在北平提倡，三十二軍的馬球隊，常和國際人士在東交民巷北邊場地上比賽。只可惜，這項運動未持續發展。

馬術訓練，像跳越障礙，馬上射擊，有關戰鬥技能者，似進行得不夠。廿四年五月一次總理紀念週，師長講話，說再不痛下決心，力圖改革，就沒有最後的時限了。他的意思是，極少數人吸大煙，不可再拖延著不戒除。連隊長剋扣糧餉、馬乾的事，務須根除。

八月，部隊有調赴西北的消息，只以大名一帶霪雨而延期。也是東北軍將領們通不願集中在陝西。上下之間，以種種因緣而拖延著。再有，日本侵略所造成的華北局勢，也不宜把機動性大的騎兵調離河北。不久，騎兵第十團終於先開往陝西去了，五年長時間未歸還建制。

冀南一帶，頗多硝鹽地。硝鹽為鹽的代用品，貧民食之。硝鹽的行銷，與鹽稅政策抵觸。有稅警部隊下鄉剷除硝鹽，與私鹽販子勾結的惡勢力發生戰鬥，本師採取不過問的態度。

稅警是屬於財政部的，有稅警總團統率。取締私鹽，平硝鹽地，是其主要任務；或許，其他財稅工作上的需要，也有所派遣。他們裝備精良，官警待遇優於軍隊。大部份兵力，都控制在徐海江淮地區，是國家以「稅警」掩護精兵的作為。表面上看來它的戰力，可與控制在首都地區的教導總隊相頡頏。抗戰初期，統用在第一線，只以官警們平時生活優裕，究非正規部隊事事物，都在「軍以戰為主」，時時的熬耐磨練，其戰力發揮，欠缺理想。

甚麼叫硝鹽地？多在土壤貧瘠的地區，地皮表面多鹼性，積升到地面，凝結如霜。從地土上剷起，粗粗提煉，即成硝鹽。窮人以之作鹽的代用品，鹹而有苦味。硝鹽地多是寸草不生，無錢糧可納。冀南的硝鹽地帶，極易發現。其實，這種土壤是可以改造的，覆蓋泥土與沙，一層夾一層的，即可消釋硝鹼於無形，此即陝西渭河流域翻砂蓋鹼之法。只因那時農業經營，但求能掙那到口的衣食，此外的添麻煩、費事，則力所不及。而地方政府非如今天之能夠刻意輔導，予以技術的、資本的、設備的、運銷的種種方面協助。於是，硝鹽地區，往往因氣候、雨澇潮濕、乾燥多風等等因素，蔓延擴展不已。

稅警總團在大名城駐有一位少校隊長，他服色鮮明的，多方交際，活躍於黨政軍各界，最希望獲得軍隊、縣政府、法院的支援與配合，俾利其任務。我赴過他一次酒宴，再一次，就藉故辭謝了。那時，我還不知曉「翻砂蓋鹼」，否則定會策動建設局、地方士紳、三所中等學校理化教師，並要稅警方面出點人力、財力，請縣黨部出面，促成這樁好事。黨部不是口口聲聲要解除民衆痛苦嗎？稅警那優於軍隊的裝備，何苦與貧苦無告的老百姓爲敵？稅警總團有興趣的事，乃是查緝私貨，攔截漏稅，尤其是虜獲煙土、毒品、珍貴藥材之走私，其獎金提成的利得，超乎薪餉多矣。誰能不見錢眼紅？

郭師長有時出南關外演武廳看操，一行人高頭大馬，雄武赫赫，接受沿路軍民禮敬。師長後面緊跟著隨從副官，再加一位參謀，以備諮詢與記事。或者還有陪伴看操的參謀長，或是該管的團長。而由上十位馬弁，佩帶盒子炮，簇擁護衛著。冀南一帶，坐鎮大名城的最高軍事長官，形相如此。無怪其時存在著「衛隊連」的編制。

二十四年九月初郭師長調職，由騎兵第三師師長王奇峰接任。王師長，也爲中將，保定出身，與郭師長年齡、經歷相比，顯然是東北軍少壯派，是張副司令所著意要提攜的一批人。

王師長體格壯實，性格明快，特見一股陽剛之氣。他接事之前，即企圖要把略帶暮氣的騎四師徹底改革。眼神、語言之間，總表現其尖銳、爭強好勝的心意。總理紀念週上的講話，對部隊不時有督促、檢討的評論提出，不容官兵打迷糊。王師長到職三個多月，有天和我，竟長談半日。談的是：萬處長，徐團長，政訓工作；繼而談另外的題目：處世，讀書，修養，以及我的社會生活經驗。怎地會談了這樣久？沒有人來打岔？無倦意。

兩位師長都對我推心置腹，但因彼此立場關係，總還是「山裏核桃——隔了一層」。憶念及此，好教人感慨，未免辜負我的誠心善意。

參謀處長田學周，東北講武堂軍學研究班出身，夫婦倆大煙癮很深。即使王師長雷厲風行，他仍然身不由己，戒除不了。

副官長向玉書，後來調爲十二團團長。王師長到任，改爲一同到來的楊泰昌，當兵出身，進過東北講武堂，身軀高大，樸質勤勉。常爲我說他當兵時的趣事。如嚴寒，營外小便，尿幾乎凝結成冰棒了。

軍需處長于仙洲常在北平，難道是爲郭師長經營甚麼不成。他爲我講述「九一八」後，黑山東北民衆抗日的事。有了這次講述，我對他爲之改觀。之先，總以爲他只是在錢堆裏討生活的人。王師長來，換了尤玉清，這位處長也不常在大名。爲了領得經費的及時與利便，以及多少有些運用。爲主官，也爲軍需處長他自己。

軍法處長萬光祖滿臉灰暗，兩肩高聳，分明是酒色過度。大煙癮很深。他的太太留戀北平繁華，不肯到大名城來。他毫無隱諱的向我抱怨這件事。他是大學習法律的，憑人事淵源本該有番作爲。只是嗜欲害得他跨不開步子。王師長到任不久便撤換了他。以其親信汪大民繼任。

軍械處長高峻峰是本師的老人，部隊的歷史掌故，直奉戰爭諸事，他知道得很多。凡遇到他，稍爲講說講說，就牽引到這方面來。

軍醫處長孫東衡，日本醫科大學畢業。道地留日學生，卻不像留歐美的學生，思想行動自自然然流露著親近歐美的傾向。他一絲親日傾向也沒有，乃是十足的抗日份子。一見面，總嚴厲指斥政府不抗日，怒氣沖沖，彷彿我是個親日派似的。他說話口氣有東北人官僚社會的習氣，不親切的呼我「老弟」，也不用江湖上的敬稱「老哥」，或文雅的交際用語「依萍」，從初見直到後來有了好交情，他老愛以「朱爺」相稱。我則總稱「東衡兄」。六十年來，跟南北各色各等人士皆有交往，受到人家這樣尊稱，似只有這位東衡兄了。

東衡的夫人也是位醫生，其時，醫科的女生眞可說鳳毛麟角。其一，難得通過解剖學，不僅死人身體會駭倒，即使人體頭顱、骨骼模型架子，也教女孩子退避三舍。其二、人的疾病，無論內科、外科、皮膚科，少有不牽涉腎臟、消化、泌尿系統，尤其是飮食男女這些方面，未婚女性羞於啓齒。其三、病家難以信任女醫生。其四、醫科六、七年的學習過程，妙齡女性把人都學老了。

他夫婦家庭生活美滿，生下三女兩男，個個健壯活潑，聰明漂亮，大方有禮，凡百事以孩子爲重。九一八事變進關後就定居北平，爲的讓孩子們得有好學校就讀，又有北平社會生活的好環境。我在大名將近兩年，孫大嫂就沒來過。

這位軍醫處長除爲師長、參謀長、各單位主管看病，別的官兵不大敢去找他。只因他是信佛的，又受過嚴格的醫學訓練。他倒是對於病家，不論是士兵或老百姓，常常主動施以援手，滿臉笑容，迎向人家說：「讓我給你看看。」

他不像醫官、司藥、看護兵們那麼忙，似乎悠閒些。實際上，他挺忙的。由於他跟郭師長交誼好，師裏面凡有人事升遷調補，小至一個排長，都須師長決定，所以人們無不先向這位孫處長關說，反把參謀長放在一旁。按說，人事問題，軍醫處長偶而述說點意見，原無不可，但若常常爲此提說，豈非道有偏岐。既然樂意如此，師長又從未表示，你不必多管閒事。反倒是，全師誰也知道，孫處長是郭師長的大紅人。

只是這種際遇，埋葬了一位好醫生可能發展的前途。他夫婦假若工作於大醫院，又能有機會深造，兼爲醫學教學，就不會局限自己在目前的職位了。

東衡跟我相處，沒有一次不談論時局，而氣呼呼的。若說到東北事物，必屢屢提說，誠摯邀請我全家去東北他家屯子裏，住上一年半載，他將以最好的款待歡迎我。甚至描述這樣理想：「你可以在東北各地旅行，我家可以供給乘馬、轎車、馬夫、車夫，還有沿路當嚮導和保鏢的人手。也可行獵各處。寒冬天就回到屯子裏，圍爐寫作。屋子裏有熱炕、壁爐，溫暖得有如江南之春。保險你不生凍瘡。夏天，我夫婦陪你夫婦，帶了放暑假的孩子，坐船遊松花江。」我總賞心樂意的答道：「准去，准去，不但全家去。或許我就移民到東北了。」

王師長來後，孫處長地位一落千丈。騎四師的紅人，乃易爲新的軍法處長。這位仁兄氣量狹窄，有時出點子，讓東衡當衆難堪。我特去安慰他，一見面，竟像孩子受委屈似的，邊訴說，邊哭起來。自此，東衡與我交情更進一步，但有寃苦，就向我訴說。

獸醫處長張大超年近五旬，矮矮的，極樸質。跟他關涉無多，少有交往。他的職掌，對騎兵極重要，全師馬匹的保健，皆惟他是問。戰馬吃起藥來，可比官兵的份量加兩三倍而不止。乘馬蹄鐵的維護，是其所督導的極重要日常工作。

提到崔志光，字靖華，是我任職騎四師五年，結交最要好的朋友。大我三歲，東北講武堂九期騎兵科畢業，時任騎四師少校參謀。參謀處還有兩位少校參謀，三位上尉參謀。只以靖華學術科優良。有見解，有決斷。筆下來得快，參謀群中第一把手。草擬教育計劃、作戰命令，訂定甚麼方案，惟有他考案周詳，文字不拖泥帶水。其時軍中還無「參謀作業」的說法，這名辭乃是二次大戰之際自美軍流傳而來。

靖華長身玉立，面色白潤，精神奕奕。可惜目光暴露，即使不懂相術，不相信命相的人，也會了然，這一點是他容貌的特徵所在，也是其缺點所在。就醫學診斷看來，也許是甲狀腺機能亢進一類的疾病。那時社會還不知曉有甲狀腺之說，一如不知高血壓的名辭一樣。二十年後，他果死於非命，慘遭敵對者開腸剖肚。

說崔靖華是東北軍少壯派的典型，方爲名副其實。至軍頭們之爲少壯派者，由於個人既得利益已十分豐裕，權高位重，遇事私心第一，團體次之，口裏說得悲歌慷慨，卻並不是眞能爲白山黑水犧牲的人。這一點，如今已逾百歲的張學良先生，這六十多年投閒置散，清夜自思，細察當年那些爲他效命的忠實部屬，或也有類乎我今天這樣的體察。早已是歷史陳跡的事，春秋責備賢者，我非吹毛求疵也。

從他名、字上說，乃是特有志氣、力圖進取，且富強烈民族意識。當時，師長、參謀長，凡有事要參謀處辦，首先必想到崔靖華。能者多勞，而且也不怕同僚嫉妒。原因是，他人緣好，幾位參謀各有所長，凡擬議甚麼，多必先就商於他，皆竭誠爲助，且遇事提引。同僚衷心悅服，無形中視之爲「龍頭」。在參謀處的工作上，我冷眼旁觀過近一年時間，靖華辦事，不免時有僭越其處長田學周之處。學周庸懶慣了，他樂得承上啓下，凡事只揮揮手，嘴巴動動，不用自己下筆，焦思苦慮。人越懶越不想上前，橫直參謀長、團長出缺，輪不到田某調升，除非咱們外調其他部隊，同班同學，不是早有不少人升了上校？但也還有一兩位仍然屈居少校。唉，也算比上不足，比下有餘罷。學周臉上煙容愈甚，靖華的幹勁則愈甚。人都看出，他遲早要當上參謀處長，但他對學周執禮甚恭，以學周與本師淵源之深，師長不忍心動他。還有，靖華的太太在學周太太那兒，不斷獻小殷勤，穩住了他夫婦倆。這主管、僚屬之間，還能相互容忍，和衷共濟，不曾聽說有甚麼衝突發生。或許是學周多一事不如少一事的態度有以致之。

同期同學，學術優良，首席參謀，以及靖華有意的交結，諸種因素，他成爲全師重要的二十位少校團結的中心。這二十位少校是三個團的十二位騎兵連長，特務連長，三位少校團附，師部兩少校參謀，兩少校副官。他們倒並無甚麼組織，也沒有拜把子，那會引起師長疑懼，他們只是聲息相通，互相照應而已。也或許有師長授意，他信任靖華忠心耿耿，鄉晚輩、騎兵後進。也有加意提拔，栽培他的存心。

靖華跟我公私十分接近。先說公。政訓處的工作，要協調，首先是參謀處。找到學周，他只大略談談，就趕忙說：「你找靖華商量罷。」每每還即時找靖華過來，鄭重的說：「朱處長，靖華的意見，就是我的意見。咱們就這麼說定了。」儘管這麼說，站在我的立場，一件公事若須會稿參謀處，我必待得到學周簽章，始送到參謀長那兒。參謀處有公文會政訓處，除非事情簡單，學周在「畫稿」一時遞我會簽，多半總是靖華親到政訓處來，而且有時這樣說：此事，師長意見如何如何，他要我先來徵詢你有無意見？並說出他個人看法，供我採擇。他彷彿是師長隨從參謀似的，逕爲師長傳達意旨，而超越、略去了參謀處長和參謀長這兩個必要層次。

王師長來後形勢一變。他身邊有兩位侍從軍官，一是他自騎三師帶來的副官王少校，孔武有力。一是自本師指調出的一位上尉參謀。另外，團裏調動了一位少校連長，不用說，騎三師來的。他常說騎三師、騎四師是一家人。騎三師由石家莊調到河南潢川一帶，執行剿共任務，跟騎四師之定駐大名，環境感受大不一樣。或許還有上級的囑咐，一個將軍一個令，王師長作風與前任迥然不同。出乎意外的，崔靖華未被看重。不到半個月，那許許多多與他聲氣相通的少校軍官們見風轉舵，十之七八都疏遠了他，以求自保。崔靖華給大夥冷落了。

政訓處在部隊屬客卿地位，自可也自應超越此形勢之外。我於靖華不但未冷落，反更見熱絡。並且坦率勸慰他。我說，你一向太是英華外露，如今正好韜光養晦。從前，你老是站在桌面上做事，現在何不趁此機會，鑽在桌子下面哩。不管環境順逆，士君子總當坦蕩處之。讀書人誰也知道孟子「天將降大任於斯人也」那段話。對於往日的那些伙件你不必在意，無妨仍如昔日一樣對待他們，你的氣苦自會消釋。

靖華果然聽了我的勸說，也是我一向誠摯感動了他。有天下午，他來政訓處長談，並且深深懺悔。說我一直把他當朋友相待，他卻隱秘了郭師長交給他的秘密任務，特別接近我，要考察、刺探，朱某負有甚麼特殊使命沒有？有無不利於部隊的作爲？有沒有拉攏那些官兵？總之，要把師長所見不到的政訓處情況並朱某言行，隨時予以提報。誰知我毫無提防，經過多方考察大半年，才了然我們並無特殊使命，也毫無秘密可言。我答道：郭師長要你這樣做，我並不感到難過，在今天環境下，他要多方面求安全自保，無可厚非。我們的政訓工作一切都爲的部隊，求其革新、進步。要說秘密，只有一樁事，二十三年八月間，北平軍分會政訓處要我們秘密提出師長、各團長的調查報告。靖華並未偵察得到。這報告，客觀、公允，沒有顚倒黑白，誇大渲染。即使他本人看了，也會折然心服。而這樁事，乃是各軍師都有做的齊一行動。

自此，靖華與我之間無話不談，他再也沒有甚麼內疚了。

十一團，先駐成安。後移邯鄲。團長徐明山，黑龍江人，太太是湖北鄖陽人。初遇，談了幾句，即一見如故。他說起，從保定軍官學校畢業，即分派到湖北王占元所屬的某團，任掌旗官，後升連長。民國十年武昌兵變，那時，他的部隊正駐武昌城外凱字營。那次兵變，由於兵餉久欠不發，以及湖南撤退下來的軍隊而引起，全城軍隊放火行劫。凱字營所有部隊，也都執槍奪門而出。惟獨徐明山這一連，居然給他勸阻住。**積德爲子孫，也爲自己**。他懇切的以這番道理勸阻部下。他聽了我家被搶劫的情形，自是感歎不已。此後，也間或提到，當他人面前，我常指證此事，美讚他。

他面慈心軟，有老好人之稱。但是，**戰陣上行動勇決，不負保定所學**。只是一件，夫妻間每有吵鬧，無人可化解。只高中校團附或可勉強勸說，但高相當世故，以爲夫妻間沒眞是非，外人難得插嘴，況他夫妻倆相鬧，幾乎有周期性，當時吵得不可開交，第二天必風息浪靜。這種事，全團官兵都感到困擾，也足見大夥對這位團長的愛戴。他並不懼內，只是有點近乎。妻子哭哭啼啼，作丈夫的豈不是都只好讓她兩分。

自周烈範任十一團團指導員之後，情況有了改變。徐團長夫婦與烈範相處十分契合，三兩天必邀他到家吃飯。烈範早已結婚，以其爲鄉下婦人，留孟津老家，等於離婚一樣；自認還是未婚之身，要找時髦女學生爲配，方爲稱心。於是，凡逢到團長倆口兒鬧得不可開交，衛士必然三腳趕做兩步，把烈範急急請去。烈範去了，三言兩語，便使那位老大嫂不再言語，滿天雲霧都散。徐團長的感謝自不必說，老大嫂心下便也十分安然。惟恐戰事復起，團長總把這位團指導員留下便餐，天南地北說一陣子，務使情況十分穩定。多半情形總是這樣，團長掏出兩塊錢，叫廚房辦一桌菜，請兩位團附、少校醫官以及駐在城區的一兩位少校連長。烈範必爲主客，與高中校並坐上位。有兩次，我從火車上下來要回大名，遇到這種席宴，而成爲臨時主客。但凡經過邯鄲，我若不去叨擾他一頓飯，老大嫂夫婦倆是眞要怪罪的。這番情意，好令我感動。除了我結婚曾請徐團長，倒總是我爲他家座上客。

十二團，團長向玉書，河北景縣人。行伍出身，嘴唇略略歪斜，呈現一種剛強、執拗性格。馭下甚嚴。同住大名城，常有過從。人很乾脆，不太愛談閒天。有時談入了港，說戰爭、行伍事，他有講述不完的歷史經驗。精於相馬，爲全師官兵所不及。一眼之下，即能判定馬匹的骨力、性格，善走與否。有兩次口外選購馬匹，師長總責成他領頭辦理。在衆多馬群之中，他如看中了一匹良馬，再隔兩三個月，甚至次年到來，還能指認出那匹馬。

十二團安吉人團附這位中校，彌勒佛似的，中等身材。要非穿軍服，一點也不像軍人，渾身上下沒一點剛強傲氣。他雖然出身保定。老北平的習氣十分濃厚，謙和多禮，談起話來，只聽他：「您哪，您哪。」縱使屬下連排長見他，他也少有不太率直的說「你」字。他跟政訓處的王劍文，縣政府秘書馮蟄仙，前縣黨部常委管雨蒼，紅十字會執事高積亭，還有一位醫生，一位地方人士，七人結爲異姓兄弟，安團附爲老大。他似乎比郭師長年歲還大一點，既然連團長也撈不上，不久他便離職，回北平過寓公生活去了。那時，軍隊還沒有退役制度。他爲旗人。我從他學習，初次打太極拳。

除了師部駐舊大名道尹公署，一部份連隊駐廟宇、演武廳等地，團部並其各辦公室，全都分散住在大名、邯鄲、永年城內城外商戶或民宅之內。這幾個縣並無營房。常見官兵出入人家，顯得軍民好融洽。現在回想，覺得眞不可思議。一個團部，至少得二十戶大民宅，方勉強容納得下。主人自己受擠，得空出一半房舍，以供軍用。人住倒也罷了，難安頓的是騎兵的馬。一間五坪大的房，足可住上一班人，每班以十二人計。住馬呢，只能住兩匹。也即是，馬廄所需要的空間，至少是一個騎兵一人的八倍大。這還沒把馬槽及馬兒出進道路的空間計算在內。院落空地可搭蓋馬廄，但需有良好遮蓋，防風雪雨露，也要防日晒與潮濕，卻又要通風良好與充足的光線。馬的氣味比牛的氣味難聞。當年，騎兵長駐這些地方，人馬擠在民家，眞虧老百姓，馬的排洩物但有一天不清除，那堆騷臭夠教人三日嘔。騎兵的馬，莫不照顧得像寶貝似的，大兵們寧可自個兒受折騰，不願教馬兒受一點委屈。

二十四年六月，端陽節剛過，發生「河北事件」，日本迫我北平軍分會撤銷，華北各部隊政訓人員撤除，中央軍並憲兵團撤到黃河以南，黨部及警察撤出河北、察哈爾兩省，停止學生軍訓，以形成所謂「冀察特殊化」。天津大公報無懼日本惡勢力環伺，有篇歷史性的社評「輕視與嫉妒」，抨擊此事。

於是冀察地區所有部隊軍、師、團級政訓人員，全部離開部隊，集中到武昌左旗待命。上級決策極爲明智，我騎四師歸三十二軍指揮，軍部及它建制的三個步兵師，都駐北平及附近地帶，政訓人員全部撤離，獨本師未動，只我一人去武昌述職。在政訓工作系統上，我的直屬長官爲三十二軍政訓處長韓濬，黃埔一期，湖北人；未兩月，韓去職回鄂任軍職，由王超凡接任，他是安徽太平人，黃埔四期——沒想到，自茲起始，直到五十二年，將三十載，我做了他的直接部屬。

壽堂任騎四師主任政治訓練員未久，職稱即改名政訓處長。河北事件後，本師政訓處編制擴大，增少校秘書一，上、中尉處員各一，少尉書記一。由任衷時同學來任秘書，聞鍾、姚運江任上中尉處員，高雲清任少尉書記。團政訓員原爲王劍文、周烈範、王大維。王大維離去，史紀人同學接替。

這年十月間，在江西星子縣的軍校特別訓練班，是黃埔怪傑康澤所主持，這個班簡稱特訓班，所收學員分習政工、情報、通訊、行動等部門。其首期結業者，逐漸分派到各部隊來了。

程廷恒縣長世情閱歷，應是大名城與郭師長無獨有偶，一文一武，旗鼓相當的兩位首腦人物。若說鼎足而三呢，則應是東關外賀家花園的主人，四十開外，隱居林下，布衣傲王侯，特承見邀，宴飲遊園，也曾在他城裏家中書房長談。當時只覺他飄然物外，不曾多去打擾過他。

民國時代典型地方官守，程某應當之無愧。案無積牘，又復腿腳勤健，步履所之，時至衙署外。鄉野考察督導，常見他惠然而來。大名既爲一等縣，省府各廳不時有委員降臨，送往迎來，他總周周到到。他舉止從容，顯得滿腹詩書。論其民初曾爲道尹（相等於後來的行政專員，大名府正應是一位行政專員公署所在地），即可知其政情歷練，非一般縣官所能比。公餘之暇，詩酒流連，娛己亦以娛人。官久自富，他不必過事搜刮，撈黑良心錢。人都說縣長收入，僅田畝錢糧一項，所得的抽成例歸縣長。程縣長十分富裕，所以才顯得自慰自滿，了無他求。

他更是位有心人，到任之始，即注意到纂修縣志的事。據「臺灣公藏方志聯合目錄」（國立中央圖書館編，四十九年八月正中書局版），「大名縣志」有乾隆五十四年刊本，同治十一年刊本；程廷恒、洪家祿纂修者，三十卷，民二十三年鉛印本。壽堂瀏覽各地方志，得以見到，如睹故人。

壽堂在大名府一年十一個月，軍隊歸於常態，未有支應局辦事。但如果要辦起事來，他是可以叱呼立辦的，不消半小時，即可架勢作業，兩三小時就頓成氣候。這樣，方不誤軍需孔急呀。假如支應局正在開辦，朱某也常去走動，雖只飲了他幾杯茶，他也可大開花帳的：

付接待騎四師政訓處朱處長筵席、交際費若干

付支應騎四師政訓處朱處長大車二輛、車夫二人安家費共若干

付贈送騎四師政訓處朱處長及隨從兵旅費共若干

這是他的細賬。然後歸入某年某月支應騎四師總賬的項下，就不見「政訓處朱處長」的痕跡了。再說，他的細賬，並無原始憑證。試想，他贈送程儀，怎好意思要對方出收條。況且，他們可隨便刻些印章，人手又多，造造原始憑證，原非難事。

鄉鎮、村保、散戶，那鄉鎮村保公所、甲長、鄰長，但有軍隊支應，他也有按畝分攤的古法，你家無地畝麼，他也有參照的比例辦法，提出你出錢的標準，除非赤貧，誰能豁免？

大名城東南，離黃河故道不遠，空氣乾燥，地面上真是無風三尺土。晴明日子，城外散步回來，頭髮、鼻耳、衣鞋，渾身上下，滿蒙灰土，以布帚揮拂，也難除盡。邯鄲到大名不到一百公

里，皆是乘坐汽車，行李綑載在車頂。黃土路面，車開快了，有如船行浪中，左搖右晃，車後掀起的塵土，有若煙霧，激飛得一兩丈高。到了地頭，人們彼此相看，莫不啞然失笑，人都變成土地公公、土地婆婆了，滿身滿臉的塵土。行李中的篋網籃、籐箱物，乖乖呀，籃箱內所有大大小小的物件，莫不給細細的黃土鑽進來，掩沾滿了。無怪人到大名一帶，土味兒特重。

廿四年五月十一日下午，**颳大風沙**。三年來，在北方還沒見到過。黃沙蔽天，十二分的陰沈。比起廿二年五月一日在通州東南，臨榆大道，突地括起的狂風沙又不一樣。這次，地面的沙並不太濃密，四周都是黃茫茫的。壽堂出東門，想往鄉下去，為風沙阻擋，乃從南門返。沿路很見到一些人睡在河溝沿，身上蒙滿了砂。他們這個樣子，也許是有甚麼民間習俗信仰所使然。孩子、老人，趁機摘取柳枝，作為採樵。城裏商店都點上燈了，黃灰瀰漫，燈光如鬼火，綠暗而微弱。後來，天空給風沙變紅了，好似大城中失火一般，紅得慘怕人。我感到好疲倦，心虛，腿痠。天上雷電交加，下了一陣急雨，天色仍然又黃又暗。已近黃昏，卻像破曉一般，明亮了，風勢不見減，屋瓦上細砂飛揚有聲。人似乎病了，頭悶，口渴，難道這大風沙傳染了甚麼疫症不成？這大半天，人們硬像是置身陰曹地府。

這年八月間，霪雨，衛河水漲，水浸到大名城東南。城內，土牆屋子多半倒塌，屋頂上都舖上了蘆席。坑內、低窪處都積了水。城內人也要逃水荒了，大水方漸漸退去。

這年夏，大名鄉下鬧了一陣子紅槍會。地方上感到不安，縣政府求派部隊勦辦。郭師長很持重，初未答允。部隊去勦辦，必然會傷殺到無辜百姓。後來鬧兇了，縣長會同士紳來央請，才派去一連騎兵。騎兵聲威大，到達紅槍會佔據的基地兩三里地面時，紅槍會即散開了，乃告平靜無事。人們每每提到十九年劉桂堂佔據大名城，中央軍湯恩伯部隊來攻擊，大砲轟西城，毀壞最多。最後，還是讓劉桂堂突圍而出。

縣黨部利用當街的一處公用房舍辦公。牆壁、樑柱都漆成深藍色，特別標示出這是辦黨的地方。「黨權高於一切」、「發揚革命精神」這類標語，漆刷於近處牆壁上。

大名城內外有四所學校。河北省立第七師範，河北省立第五女子師範，河北省立第十一中學，大名縣立第一高等小學。

七師在北門外，新建校區，排排教室，坐北朝南。有並排四個相連的標準網球場，最北邊則有大操場，跑道，足球場。在冀南社會寒苦的環境，要算是相當理想的校舍。圖書館佔兩間教室，民國以來國內出版品都蒐羅全了。

郭明道校長個兒高高的，是四位校長中與我來往得最多的。剛到大名未久，即受邀前去對學生講話。其後，又連續講了幾次。郭校長給我留下的特別印象，凡拜客、赴宴，乃至大的集會，他必穿上黑緞子馬褂，以示禮儀。

五女師在城內。曾應邀特去參觀，並講演。講的無非是中國新時代婦女，幸福的創造，其時，我於婦女問題，早有所研讀。師生們深感詫異，我這年輕政訓處長，非如別的政工人員，滿口革命呀，進步呀，居然會別有見解，講些她們所未知的理論與歷史。五女師環境幽靜，一個特色是，教室玻璃窗上無甚塵土，乃是每天都有洗掃拭擦。它是大名城裏最清潔明亮的地方，校長主持有功。

其時，蔣委員長倡導的新生活運動，正在各地如火如荼展開。以南京及湘鄂贛三省推行最爲積極。市區的升降國旗禮，行路靠左，不得隨地吐痰等等。小學生示範，警察力量的勸導與挾持，一時頗有令國人耳目一新的感覺。比如，一次我回到武昌，街上行走，適逢省政府升旗禮，人車都肅立致敬。武漢輪渡，上船下船，人們井然有序。尤其是長江走上下游的大輪船，從碼頭直到船上，向來都是亂糟糟、髒兮兮，又喧鬧十分的。輪船上，吸大煙，宿娼。有等風塵女就隨船走做生意，沒有船客來尋花問柳，就爲船員伴宿，偷偷摸摸，只瞞著船長一人，賭博，乃至走私、販毒的買賣，黑社會的種種活動，不一而足。由於要澈底推行新生活運動，不到半年時間，所有中國的長江輪船，都出人意外的，達到內內外外清潔整齊的要求。反倒是太古、怡和、日清，這些英國、日本輪船趕不上了。最是顯得有新生活精神之自主而爲者，當推**四川盧作孚**，他主持的民生公司輪船，航線最長，自重慶、宜昌、漢口而直達上海。盧作孚創建了極具特色的民生公司。可見一切都是事在人爲。例如他名下有隻噸位大的客輪，船長並非海事學校畢業，而只是從水手的小徒弟出身，其一切航員技術與船務行政，竟是其時長江航輪中外船長所難及。

可惜新生活運動未能全面貫澈，一直持續下來。半個多世紀後，民八十五年，臺灣首善之區的臺北，高廈林立，看哪：

一、交通秩序最壞，行人、車輛擠在一塊。

二、衣冠楚楚的男士，四十歲左右，每人至少也受過國民學校教育了，他又沒咳嗽，硬要隨地吐痰。

三、更有嗜食檳榔者，誰也了然，這嗜食會導致口腔癌，他勇於就死，時常口吐血水在人行道上。檳榔攤販，有增無減。主管機關竟未能取締，諉之曰無法令根據。

四、如今人們都知曉要多有戶外生活。但逢休假日次一天，那故宮博物院、國父紀念館、青年公園，場地上如蒙上霜雪，地上遍是垃圾、塑膠袋子。尤以中秋夜，人們全家老幼賞月，通宵達旦，所棄垃圾最多。

五、也有高層社會人士常至國外旅遊，無任觀劇，聽音樂會，看球賽，他熟人多，招手應酬不絕，嗓門奇大，無論旁人怎樣瞪眼，他渾然無所覺。

六、中學生街上行走，吸香煙的愈來愈多。由於疾病纏身的警惕，中年以上吸煙者，漸漸在減少。

七、硬有不算少的人，以口水爲滑潤劑，這是昔日農工惡劣習慣、握鋤、斧之前，先吐口水在手掌心。紳士們，他翻書頁，數鈔票，每以食指沾沫口水爲之，恬不爲恥，好不衛生，好不雅觀。所幸婦人、青少年人無此傳承。

當年在大名，縣府，本師，以及各學校，都一體的有新生活促進會的組織，徒具其名而已。能做到百分之一的成效也就不錯了。每天入城來的，鄉下人爲多。好多骯髒的習慣就是改不了。嘴上有油，隨手袖子一擦。你要勸導嗎？他心裏嘀咕，誰教咱鄉下人窮。

初秋，師部總理紀念週後，未休歇一下，即去戒煙所，對六十餘位吸鴉片煙的朋友講演。他們是被收容進來強制戒煙毒的，行動受到限制。毒癮未消除前，不准離去。等於是拘留所。我講的要點：鴉片煙與中國之歷史，毒害，對人體的影響，戒絕的必要與方法等。一定提到自己外公、童家二姑媽的事例。他們很感動。臨走，竟有八位跪下來，求我設法讓他們出去。爲的繳不出飯錢，已關了三個月。

第七師範學校以北，挪走不少墳墓、好幾處村莊，剷平田畝，來建造飛機場。完全是軍事上的目標，是中國對日本侵略所作的整個國防計劃作爲諸多小環節之一。那時候，我國現代的「軍事徵用法」，不知已否公布？事實上，國家之軍事徵用，於人力、物力、財力之役使，先秦以迄唐宋元明清，歷代施政，皆有切切要求於黎庶。從「論語」子曰：「道千乘之國，敬事而信，節用而愛人，使民以時。」（學而）可知其消息。孟子言王道，說仁政，更說得透澈。而前此的管仲、晏嬰尤其說得多。

當大名機場闢建的過程，我不止一次去觀察。發見有不少農民各帶工具，畚籮、小車、大車等等，在做剷地、平地、運土、塡土等工作。其工作姿態，似乎正是那時際政府所施行的國民義務勞動，記得規定每個成年男女，五十歲還是四十五歲以下，每年須爲此服役三天。好多公共工程均可爲之。

機場旣闢，還有些設施，如塔台、跑道、機棚、風向筒、通訊、汽油的儲備等等，就沒有了下文。推想不外是日本人的干涉、阻撓。冀察地方當局的猶豫，遲疑不前。空軍到了那裏，中央政府的直接強化權力也就到了那裏。爲日本「華北特殊化」的野心所惑，在敵人卵翼下，苟且偷安的建立小王國，混一時是一時罷。

二十四年十月廿一日，日本飛機由濟南來，送下日人一，廣東人的漢奸一。他們來大名，就曉得住旅館，顯然是有使命、陰謀、挑釁意味。他們到中國，如入無人之境。大家所議論的，是如何避免與他們衝突。

當時大名軍民怎能不沮喪呢？咱們老百姓用心用力開闢的機場，中國空軍或民航機還沒有用上，竟讓敵人首先使用。日本人之深入中國內地，眞是肆無忌憚，尤其在那時中國空中交通才剛剛萌芽。日本人定是乘軍機來的。其時，濟南到大名雖無直線陸上交通線，而公路、鐵道均可迅速到達，但是，自不及飛機逕取直線，極短時間便飛到了。當時，軍隊與地方政府，都奉有三令五申的命令，對日本官民之參觀、訪問、旅遊、考察，必要全力保護，提供必要協助，千萬不可滋生事端，引起中日交涉。中國人雖萬般憤怒、委屈，也總得忍呀！忍呀！忍呀！

認識了當地的一位西醫。大名城裏人，害病多看中醫。外科，或是病太重了，才到北門外那教會醫院診治。這家西醫診所，極少有病人上門。初見，是當地人士介紹，談得十分投機，而成爲朋友。他既不忙，又樂意與我談天。二十三年夏，或因氣候，或係工作過忙，或由於情緒波動，找他看病，他倒是很仔細診察。結果，並未開藥，半正經半玩笑說：「你這是青春病，一結婚就好。」青春病之名，他隨口提說而已，卻使我終生難忘這種論斷——**青年人身心狀態的一種認定**。

大名城教會方面極特出的王新甫，濮陽人。二十八、九歲，英挺瀟灑，美國留學歸來，並非讀的神學。

他很希望我信基督教，不惜三番五次，長時間勸說而不果。我倆辯論過好多回，關於神的問題。直到現在，我也難得認定，宇宙間有神的主宰。但很同意「宗教進化說」（相對的，有「宗教退化說」的理論，謂科學愈進步，人類知識愈開明，則宗教將退縮到至於零。）的觀點，人類難以解決最後的創造者究竟爲誰？是甚麼力量維繫著這宇宙萬有？社會生活愈進步，愈需要宗教生活為精神依歸。現世許多有名的哲學家、科學家，不是都有宗教信仰嗎。

即在那時際，我早已不會如十七年之在河南密縣，搗毀寺廟中的神佛偶像。對於別人宗教信仰，我也早已有了較寬容的態度。我無任何宗教信仰，但不反對別人的宗教信仰。只是對於那儀式怪異，玩魔術似的愚弄教徒，則甚為鄙視，免不了要貶責它。這不僅指某些低級宗教，基督教中也有這種應予貶棄的門派。

基督教之未能吸引我，乃是它那種惟我獨尊的氣概。排他性太強，別的信仰都是異教徒，別的宗教，都是低級的。太不中國化，要除去祖宗崇拜。還有，中國基督教全被西國人牽著鼻子走。「西國人」這個詞兒，是那時際在大名城常常聽得到的，並非大名鄉土語彙，乃是教會人士掛在口頭上的。凡說西國人，就彷彿他比你高一層。實際上，是指他的收入、生活享受、職分地位、講話的效力等等。

七十年前後，有旅美學人起了一番議論，說基督教於近代中國有文化侵略作用。這說法，原係十六年革命軍北伐，黨部和政工人員所宣傳強調的。教會方面藉著牧師傳道之普遍於中國社會各階層，會反駁說：教會從美國、從歐洲各國得到的龐大捐助，在中國作了好多救濟事業，辦了好多好學校，像北平燕京大學、上海聖約翰大學、南京金陵大學。還有好些中學，拿武漢說，有文華、博文、聖西里達等。又辦了好些有名的醫院，像北平協和醫院，南京鼓樓醫院，湖南湘雅醫院。還有，一切近代西洋物質文明的諸般事物，多有是隨著教會而來到中國。

民國以來，中國軍閥內戰不休，總有二十年歲月，可憐的老百姓，橫遭禍害，是教會來庇護、救濟，能說教會無功勞？

那持文化侵略者的論點乃是，教會否定了中國所有宗教，且波及到中國傳統的詩書、禮教。不信的話，可以到你教友家裏去看看，那已經不像是個道地的中國人了，思想、觀念、語言、習慣，以及食、衣、住等，都染上了洋化傾向。

持平的說，教會之於近代中國、現代中國的影響，可說是功過各半。民國六十年之後，由於于斌主教的大力斡旋，教會恢後了祖宗崇拜，並且與其他各宗教聯合舉行會議，舉行祈禱，每年聯合的敬天拜祖，以前那種偏頗局勢才見改變過來。

直到民五十年之後，壽堂撰述「中華諺語志」，深入體味北方農民牛活，方有認知：中國農村，無論南方、北方，鄉下都以吃雜糧爲主，尤其是北方，麥子磨成的白麵，只都會人才天天吃，鄉下人逢年過節，才捨得吃白麵。

伯特利教會在東門外老堤附近，闢有一處蘋果園，想是十多年前買下的地皮，教會的一項生產事業。蘋果樹早有收成，每年自大名直銷北平、天津和上海。本地人嫌蘋果貴，吃點花紅、沙果，就已經很滿足了。

蘋果園內有一家莊稼戶，也是看蘋果園的。果園的培土，施肥、選種、除病蟲害、摘枝，去掉發育不良的果實，也總得專人料理，方能爲功。那時，我不太理會到這一點。一如十八年在山東煙台，常吃當地所產的香蕉蘋果，而不理會到這香蕉美味，如何進入蘋果內，是一樣。

出東門散步，喜好走老堤，三回總有兩回會就近進入蘋果園。以前，伯特利教會有位牧師，曾嘗試著勸我入教，枉費一番唇舌。後來，他一見我，臉上便起了一種不屑爲伍的神色——世界末日到了，天國也臨近了，你這迷途羔羊不可救藥。道不同不相爲謀，我也不太答理他。

平時，壽堂早晚散步，以及公私務出門，每天總有四、五次會走到街上，城裏商戶大多熟悉我。出城，郊區的人就不那麼熟識。我的衣著與氣質，跟一般外來的青年人不一樣；結婚之初，更讓人誤認我夫婦爲基督教徒。

原來，我夏天喜穿件黃卡其布西裝，白羔布長褲，黃翻皮短統靴。翻皮者，小牛皮裏子翻作表面，起有茸茸細毛，不必擦鞋油，一點也不發亮。靴後跟軟軟的，走起路來並不閣閣發聲。這種翻皮靴鞋，當時惟北平方買得到，爲教會人士及部份青年學生所愛穿。結婚前，特地爲青在武昌察院坡胡長發老店訂製一雙黃皮鞋，平底，後跟用膠皮掌，是男式的，腳背上打五對眼，繫鞋帶的。那時，她不太搽胭脂打粉。

二十四年八月十七，星期六，參觀大名天主堂教堂、學校、宿舍。從這間房，推門轉到那間房去，門外聽見房內人說話，聲音宏亮，以爲是本地人士。一見之下，誰知全是幾位外國神父，他們說的大名話，鄉土腔調，十分酷似。

這天主堂佔地頗廣，外牆高約四丈。建築宏偉美觀而莊嚴，其小教堂，大教堂爲最。無一處不潔淨。教堂耶穌受難畫十分動人。大風琴，四部鍵，後有長笛管，音量宏大，富變化。神父精神好，對人熱誠，都有學者、宗教家風範。老神父，尤其絕對慈善。特別的是，設備完善。教堂內有若一個小城堡。木器房，以騾拖發動機，生電流，油漆、鐵器房，磨麵房，裝書房——那時未知問詢否？你們有些甚麼書册、著述、報告，必需設置此房呢？磨麵房，圖書館，醫院，休養室，客廳，小花院……等等。使有治學興趣的神父們浸沈其中。近年來作風開明，敬客人以香煙，飯廳內可說話了。

開始了網球運動。先是在城內第一高小球場上打。後來，專去城外第七師範標準球場上打，暢快極了。

有時是每天清晨，有時是隔一兩天，向師部借了馬來，東郊奔馳，意興豪蕩。最記得的是，那豆田邊大道上，馬兒要非迫使急走，牠多想吃一口豆苗。有時繞大圈，從東郊跑到南郊，轉到西郊，甚至再折到北郊的飛機場勘察一番。

馳騁途中，常遇部隊的「壓馬」活動，每每是一個連隊出動，來回馳行三、四十里。馬兒是極合群的。我們這兩匹馬，若非馬伕搶行我前面，極力堵塞住，我這匹馬早跟上群馬走了。可惜那時我沒跟他們學習馬術，但知挺直腰桿，雙手執韁的基本姿勢而已。騎坐，是自民十七年以來，斷斷續續練習好的。壓馬，是騎兵俗語，每週必行一次，約半天工夫，使馬兒奔馳，活動筋骨，消釋牠過剩的精力。若不這樣，群馬在廄裏便不安靜，不是啃槽頭，便是彼此踢咬。

這時方確認顚馬、走馬之別。馬的跑步姿勢，不管慢跑、快跑，牠必然是前後顚動的。除非那種大顚馬，有如舟行浪中，使人甚感快意。一般的顚馬，有如簸箕篩米似的，顚得你五臟六腑都翻騰起來。但有一星期天天習練，就不以為意了。只是剛剛飽食，即乘顚馬急馳，起初會多少有點兒不舒服。騎兵以顚馬服役為基準，大隊行走，方能達到隊形距離，間隔齊一的要求。部長的坐騎，多半係走馬。為了舒適，也所以見騎乘者的氣派。走馬者，馬的慢走、跑步、快步、伸長快步、襲步，這五種由慢而到極快的步度，牠的四足出動，始終不變，能保持極平穩、絲毫不上下顚簸的行進，縱當跑得最快時，也是如此。只是微微有點左右晃動，那力量有似甚麼在牽扯著騎乘者一樣。原來走馬四足始終是交叉的行進之故。馬兒，須特經一番調教、改變，才得成爲走馬。騎兵部隊容許有極少數的走馬，不會超過全部乘馬的百之二、三。

散步走得最多的地方，是去老堤。也到南郊。更行走北門外的大道上。有時，也在城牆上走一圈，看視城內人家、各機關、學校，我騎兵各部隊駐在的地方。那兩年的上元節，也擠上城牆，跟全大名城鄉的人「走百病」——北方年俗，全家老幼出遊，此時際走城牆一周，以爲可消除百病。

爲了連絡感情，常須去軍官們家裏串門子，尤其是師部各幕僚主官家，他們通比我年長，三十多，四十多，且有的是年輕的小老婆住在一起。我太年輕了，只好剃了光頭，穿灰長布衫，務要顯得年老些。這辦法果然好，使人家感到朱某少年老成。本來麼，我一直就是少年老成，出了名的。

第六節　隴海花園的紅葉

二十三年八月間，二弟來了封信，指責青跟黃其先同出同進，關係親密，而且青變得十分活潑、快樂。每到我家來就沈默得很。以前，她來了，總與母親有說不完的話頭。顯然，二弟跟父母他們對青的不滿，已經有一陣子。二弟信中，還有些隱隱約約的描寫，使我激動。

接二弟信次日，青也有信來，她承認放蕩，且不易更改，最後竟提出是否有結合可能的問題。我安靜的答覆了她。

黃其先這位朋友，比我年長，一直是單身，流氓社會人物，吃喝玩樂，會逗女人，也善於玩弄女人。若果青眞給他奪了去，儘管我覺得遺恨——要是一個爲我所看重的男性，我只有衷心祝福。若果，八年的苦戀起了變化，青甘心投向黃其先懷抱，那也只怪我自己。

我遲遲還沒有結婚的打算。那年頭，女子一到十七、八歲就要結婚。像王小鶯即是如此。青遲遲未嫁，已虛度五、六年的期待年華。再說，我跟她在一起，眞可謂之「清教徒」的戀愛，我們不曾泡過咖啡館，也未一起看過電影。自然是武昌城沒有電影院，有則只是青年會的電影，娛樂、享受意味不高。也沒有戲園，有則只是勸業場的文明戲，生意不好，後來索性關閉了。

漢口，尤其是法租界，五光十色，聲色狗馬，一個人來逍遙過三幾次，沒有不受到刺激、吸引，易於沈溺其中。黃其先那時是搞情報嗎？還是在走私、販賣大煙？他的經濟情況不錯，行縱又時隱時現。他伴隨著青出入這樣享受的生活，一瞬間的情緒波動，即易出軌。

我購置了一根手杖，軟木的，淡黃色漆。執著這手杖，散步大名東關外，苦苦吟念蘇軾「卜算子」。尤其是「有恨無人省」這句。

沒幾天，青寄來她的三本日記，以明心跡。我即將自己的日記寄去。隨即下了結婚的決定。總之，有一個月工夫，情緒不免波動。自然，絕大部份時間，我平靜得很。可以這麼說罷，自十六歲時燃起的戀情，加之兒時青梅竹馬的經歷，像是具有十分深度的湖泊，水面上的風浪，終難激盪到水底深處。

意念既起，即形成構想，打算付諸實施：旅行結婚，鄭州過初夜，船上度蜜月。

如今憶寫這段往事，因想，若非黃其先攪惑，也許我的結婚會遲到次年也說不定。那時，華北風雲緊急，東北軍在陝西、甘肅、河南的作戰也時多不利，本師是配置在第一線的部隊，又屬精銳騎兵，其機動靈活的調配使用，時在高級司令部長官與參謀人員的意念之中，隨時會有新任務賦予。無線電令，瞬刻到達，立即進駐某地，執行新的作戰行動，那還能容許你一個政訓處長從容作新郎官呢？

再說，那有身任師政訓處長的人自己無儲備費用，要告貸才能結婚的呢？以如此身份的人，難道都無能爲向其他有關方面，或者親友處挪借三、五百元辦喜事嗎？這點能耐也無有，那你站在台上講些大道理激勵人己，豈非百分缺乏事務的實踐性能？可笑壽堂，那時竟半絲也體認不到這一點。

我請准了婚假，迅即由大名回到武漢。殷切盼望青到漢口大智門車站接我，結果失望。回到家，母親、弟妹都表示盼望我。獨父親冷淡、沈默無語。

母親十分傷心的是，她自己嫁到我家來，原本可十分風光，那正是外公行醫事業如日中天之際，卻因辛亥革命，兵荒馬亂，急急忙忙的「逃反」，從後門悄悄進了我家，草草拜堂。我爲長子，這兩年官拜中校，算得春風得意，一向交遊甚廣，許多老親戚也都巴望著這一頓喜宴啦。那能這樣虛晃一槍，在大名，說回武漢結婚；在家，卻說是去大名結婚。

青的三叔祖父頗不以我倆旅行結婚爲然。當我跟青去姚府拜望他，老人並未當面否定我倆的意圖。他若堅持以爲不可，我可能會改變結婚計劃。我們家族，上一輩人的讀書種子，只有四位是書卷氣相當深，一如今日壽堂：王老外公海清，外公楊世瀛，我家大房三叔祖父之綱，姚家三爺爺元昶。其時，只姚家三爺爺碩果僅存。

無奈，當時我倆只能捉襟見肘的準備婚事，無甚麼風光，大大傷害了母親的心願。感到安慰的只是，不像有些人因結婚而負債。夫妻倆一點也不必爲受了任何人恩惠，而思作湧泉之報。

在武昌長街估衣鋪，我買了一件毛葛面、駝絨裏的棉袍。另做了兩件藍布罩袍。爲青新做兩件駝絨旗袍，幾套棉布、絨布內衣褲。這就算新人新衣了。我倆跟雙親、弟妹；姨媽、慶弟夫婦各合照一張相作爲紀念。洪三舅和王小鶯也分別參加。二弟在合照裏，似表現了不太快意。我倆又特在漢口攝了張藝術相片，未能顯出內心喜悅，只是把兩人容顏如實的留影，不太獃板而已。這三張歷史性的攝影一直保持至今。有孝感之行，是隨侯一先同學前往。他初任陸軍一〇五師政訓處長。這師爲東北軍編制最大的師，幾似禁衛軍一樣。師長劉多荃，此師似比中央軍第一師胡宗南部所屬的部隊還多，不久就調整爲軍的番號，而仍比東北的那幾個軍爲大。可稱**中國軍制史上的特例**。政訓處駐城內大街上。係舊時官衙，政訓處人員寥寥，顯得好空蕩。一先辦公室兼寢室，就在大堂後右側，我在這兒住了一夜。政訓處大門外，掛了一丈長、一尺半寬，大大老宋體字的油布門標。大門日夜敞開，無衛兵，並無閒雜人出進。

也許是，臨到婚期，青心理上有許多複雜情緒，如：些許靦腆，少女時代之結束，與母親的離別；而姨媽變爲婆母，未能堂上侍奉的愧對；結婚的一些事務的煩心，尤其旅行結婚，與我母親多年意願相左，早生有芥蒂；再者，黃其先的攪惑。當時，我不理會到這些，在王小鶯家受到青的冷落，竟然忿氣奪門而出，還是小鶯趕出來拉我轉去，又勸說青，兩人才和好。

有兩次，與黃其先在小鶯家相遇。他做些小丑動作，逗得青開懷大笑。我雖是個和氣可親的人，但缺乏幽默感，對所不喜歡的人，每每不苟言笑，板起面孔而不自知。既然心有芥蒂，我的神色準是不怎麼好看。幸而小鶯敏感，她十分不著痕跡的，在我們三人之中掩飾、彌縫、安撫了我，我沒有發作。要不然，尷尬局面一經形成，說不定引起突變，而影響了我的婚姻。青會被逼著，或是黃其先的有意使壞，橫刀奪愛，他的財勢、行爲，儘有使年輕小姐意亂情迷的優越條件，我太是自嘆弗如。青對黃其先的殷勤熱絡，也有故意做給我看，要逗我生氣的用意。這種心態，接近情感破裂的邊緣，易於弄假成眞。

假如眞引起突變，我倆好事不諧，而黃其先閃電式的佔有了青，先造成不可挽回的事實，我只有退避開去。難道還能決鬥不成，我不會這樣的。

偕青遊抱冰堂、黃鶴樓、蛇山、長湖堤各處。去外家、洪外婆家，得到長輩的祝福。常在武昌、漢口買應用物品。毛龍隱送賀儀大洋十元，在當時爲重禮。一般的，送兩元、五元就算很多了。這十元錢，我倆特去漢口買了口大牛皮箱，恰好裝青的新衣服。這箱子外面還加上兩條皮帶束繫，便於旅行攜帶，迄今還未損壞。

初回武漢頭兩天還跟青鬧彆扭。她冷冷的，來我家，也不像往常跟母親有說不完的話。兩位母親，心情悽苦。老姊妹倆在一塊，說著說著，就對哭起來。對於姨媽，我可以勸說；對於母親，我心有愧疚，不敢出口，惟恐越說越讓她傷心。

母親四十四歲生日，我向她磕了頭，卻不知買點甚麼東西孝敬她。雖然手頭很拮据，但擠一點錢出來還是可以的。

金輪、先方都在武漢，愉快的相處未久，他倆先後離開，分赴浙江、北平防地。先方住的漢口東方飯店。他旣走，那房間空下來，我跟青本可留下住一晚，也不用付錢的。青有意思要留宿下來，至少是好好洗個澡，再搭最後一班船過江回武昌。我不贊成這樣，我的意思是，婚前我希望兩人都能保持其童男童女的純眞，我要正正經經的過夫婦生活。儘管情熱如火，八年苦戀，不管怎樣㬠纏，我終能抑制自己。我這樣做，也因爲尊重、愛惜自己的妻子。

離武漢前三天，特偕青至大東門外長春觀，她二姑媽靈柩前辭拜，青撫棺痛哭不已。今春訂婚，二姑媽種種關切，細語叮嚀，恍如目前，滿以爲她必能眼看我們成婚，得到一些安慰，誰知她因戒大煙投藥不當而殞命。我是首次見到青這樣痛哭，她邊哭邊訴，一瀉哀傷之極致，我卻一無感動，畢竟是我與二姑媽接觸不多。返城時，上蛇山，滿月秋光，漫步大朝街，念兒時光景，送她回大金龍巷，我再獨行僻巷，回豹頭堤。這些街巷，於自己有說不盡的親切回味，我幾乎要向那熟識人士每家緊閉的大門招喚：「好鄰居，你們看得我長大的。奮鬥了這幾年，我就要結婚了。」跟青吻別，她臉面香味，還濃濃的留在我臉嘴上。

去長春觀的次日，家裏辦了一桌菜，算是喜宴的表示，並未邀請外人。母親忙進忙出。大名方面有人寄了喜幛來，父親給掛在廳堂，我不樂意這樣點綴，以爲此次旅行結婚，一點也毋須講求甚麼形式，硬把它摘了下來。對大名城以及師部少數人士，我是發了喜帖，詭稱在漢口杏花村大酒樓結婚。同學崔鎮遐遠從北平匯來五元錢賀儀，還用包裹精密裝置，寄了一個愛神石膏像來。

在大金龍巷姨媽屋裏，我跟青雙雙跪下向老人家磕頭，這要算是我們拜天地的儀式。後此十二年，直到我們與姨媽一家人在長安分別，我家八口人先回武漢，這一生我就未叫過一聲「岳母」或「親娘」（江漢地區岳母俗稱。岳父則稱親爺。）。青也從未叫我父母以爹娘，而只是以孩子們的口吻叫爺爺，奶奶。「先親後不改」，二十多年自幼喊慣了，就是改不過口來。

老姊妹兩人的協議，或許是姨媽提議的罷。我倆離家的前天晚上，青來我家跟母親同宿，母親究竟跟她說些甚麼？有無特別的囑咐。似乎無有——寫到這裏，時為七十六年元月二十三日下午五時五十九分，青就在隔壁寢室，我不打算去問她，一翻起這些陳年舊賬，她總會勾起家庭糾紛的往事，但有酸苦、抱怨，而少溫馨憶味。

我在姨媽家，與她老各睡一條被子，並頭而眠。總講了半夜的話，姨爹的死，婆婆的吝嗇，自身的希望。要我善待青。且叮嚀到夫婦的性生活，「身上來了，切不可行房。」身上，江漢口語，謂月經。姨媽眞是老實人，她不過四十六、七歲，居孀二十多年，在楊家租來的別院，日常並無他人，廳堂、正房都空空的，那廂房是姨媽獨居的臥室，帶了我這個女婿、姨侄同睡，她一點不顧忌甚麼。自然，她看著我生下來，自幼抱大，有如自己兒子一樣，才這般親的看我、疼我。

成婚前夕，丈母娘之對女婿，有如此者，豈非人間少有。

次日，上午九時許離家，出大門，青忽在門口跪下，向母親磕頭。這一舉動出我意外。用意是辭別又兼愧對婆母之意，一絲兒媳侍奉也無有呀。我流了淚。

父親、二弟、慶弟夫婦、小鶯一行人，送我倆到漢口大智門車站，上了火車。慶弟他們送的花，小鶯送的水果，以壯行色。小鶯還送了小家庭實用的禮品，黑面白字的小鬧鐘——若放在臺灣以及其他地方，老人舊觀念，這可犯了大忌諱：「送終」。至親長上，都未送什麼，因為既然你朱某不願大家破費，索性只送你祝福的喜賀話頭罷了。惟一的，是姚奶奶給我們的賀禮。老人家是虔誠佛教徒，不知是在那裏陳舊未使用的器皿，檢出一個花式過時的洋瓷臉盆，給了青。眞虧她拿得出手的？其時，姚奶奶有兩處房子出租，並非不富裕。姚奶奶這份賀禮，當年我夫婦使用時，竟一絲抱怨也無有。她極富有，太不當如此對待自己的長孫女。或許，老人家有時會想，我養活了母子三人到如今，也算對得起你們了。那麼，有否盤算過？這長媳爲家事操勞的二十多年？而於青姊弟二人，連小學教育也沒讓完成，眞是太說不過去。

十月二十六日早七點多車抵鄭州，下榻車站附近世界旅社三樓，臨大街的東窗房間。房門口，茶房馬上給掛上「內有官眷」的牌子，爲的阻擋鶯鶯燕燕的攪亂。

我倆初夜，是在白日度過的。火車上，一夜未睡好，窗外月色如鬼域。上午三時醒來，即未闔眼，望著太陽升起，如球之湧現。把這一切現象都棄去了罷。武漢的種種切切，也暫且置之腦後。兩人滿心滿意的，經營起夫婦生活。

午刻方出旅社，乘人力車，我腳力虛軟，絆著車把，幾乎跌倒。在一家大飯店午餐，吃黃河鯉魚，自以爲這就是喜宴了。無一個客人。這天晚上，我將房間布置成家庭似的，把書本與金輪照片擺在桌上，吃頓簡單晚餐，躺沙發上，閒談金輪的事。電燈早亮了，直房間的軍警也不來打攪。十分安靜。我望望大街。青爲我縫襪帶，我寫日記。心情上我倆好像結婚很久的樣子。

次日下午乘車入鄭州城觀光，卻沒想到去走走十七年春，初來此間住過的地方。出城，漫步而行，出乎意外的，走到隴海花園，看鴛鴦，體味新婚心情。拾了幾片紅葉，回來夾入我倆合照的相片裏。紅葉早枯黃了。難得的是，居然保存至今。

三朝，早車離鄭州，晚到邯鄲。次晨與周烈範兄見面，要算是婚後會晤到的第一位朋友。起初，我倆還只有同學又兼同事的情誼，他予我公私佐助甚多，視我如弟，這時，他已為我的好友之一。其後，我們同在長安，都為胡宗南的部屬。來臺灣的三十多年，更是同客都城。

拿了十元錢給烈範，請他代向共和軒菜館辦一桌酒席，晚上請十一團徐明山團長並主要軍官。出手怎地這樣大方？頭晚在鄭州結算旅館賬目，發現我囊中幾將空空如也，還是青掏出姨媽給她的現洋，才解脫窘境。

晚宴之前，徐團長請我和烈範到澡堂燙澡。那時期，即使上海、北平大戶人家也不見得有浴室，夏季以外時期，要洗澡，莫不是去澡堂。由於氣候關係，南方人喜洗浴盆，北方人好泡池子。中、上級澡堂，多分設浴盆、池子。外縣地方，更不必說了。邯鄲這家澡堂，更有其特別設施。它有說書、唱大鼓的姑娘在這兒賣藝，浴室內聽得一清二楚，可從窗戶小窟窿裏探視，如此安排他處罕見。大爺們在浴室，全是赤裸身子，只圍了條大毛巾，如此欣賞大姑娘，多少有些猥褻。

邯鄲匆匆兩晚，即赴大名，公私都忙透了。人客不斷。我稍稍休息，即至師部各處、縣府及朋友處拜會。在菜館分天宴客，師長、縣長為主要客人。這才陪青於城郊走走，並去不多的人家串門。

朱某新婚返任，在大名城，是不少人喜歡說說的新聞。

蜜月期間，一陣喜宴既過，我很快恢復了生活中的平衡。朝夕與青相對，生活中洋溢著幸福感。跟大多數的年輕新娘子一樣，雖並沒使用甚麼特別的化妝品，她容顏艷麗，光彩照人。當時，她並沒著高跟皮鞋，只穿一雙如男式的平底黃色小皮鞋，清新脫俗，走上街上，跟本師所有太太們之濃妝艷抹，官氣十足，大有不同。

夫妻生活漸起波瀾。先是，她思家而哭。父親來信索錢而煩心，她以爲老人家總認我在外面亂花錢，如今結婚了，必享受得很。殊不知，這兩年，家裏常是如此向我逼錢的，我已受慣了。反正每月固定的生活費匯回了家，我很少額外的再行添寄。爲此，青也不免傷心哭泣。

伴青去春明照相館照相，設備不好，她堅持不照像。引起十分不快。我與這家常有往來，情面上下不來，單獨照了一張。

後來，畢竟請照相館攝影師來我們住處，照了幾張照片。那時，人們自己隨手用的照相機還不太普遍，生活照片也都有賴於照相館。

蜜月期間，寢室兼書房內，夫妻倆對坐寫讀的儷影，最屬難得。

夫妻生活，在大名城共住了三處地方。藥舖內，城隍廟，羊市街李宅。

青很快就懷孕，肚子特大，她好坐在大太師椅裏休息，腳踏一個木肥皂箱。肥皂箱，原是伯特利蘋果園裝蘋果的。一元大洋買一箱，約裝了五十個蘋果。爲了胎兒，她每天吃三個蘋果。那年頭，中國社會人們少有吃這種貴重水果。其次一件事，乃是入冬黃昏後的散步，她不太跟我一起出門。上燈後，我才回家，掀開了棉門帘，一陣煮紅棗的芳香撲鼻而來，夫妻倆每晚享受這一頓棗湯。此後，她生兒育女，操持家務，晚間就難得有這份閒工夫，用大洋瓷把杯熬紅棗湯了。人生遭遇，也眞難說。當時本是件十分尋常的事，若干年後再回頭想想，竟會成爲並不尋常的事，像燉熬紅棗這樁事。

二十四年三月廿六，大公報上看到一條小新聞，陸軍第九師補充團上校團長袁勁，因處理走私販毒案子，貪污受賄，並同中校團政治指導員、還有一位少校營長，三人被處死刑，經在四川的蔣委員長電令核定執行。在大公報雖只是小新聞，於當時黨、政、軍方面，卻是頗具震撼性的大事。四月初，金輪自武漢來電，要我火速到武昌。朋友們幫同小鶯安葬袁勁。關於袁勁這一生以及他跟金輪友情的破裂，曾撰「哥倆好」一文，述之甚詳（收入「白洋淀雜憶」）。

袁案的發生是，部隊海岸緝私，捕獲五名勾結日本的漢奸，主管的營長把沒收的毒品侵吞。走私者居然大膽控告於綏署。綏署下令拘捕營長，袁勁兩次庇護，拒絕提走這營長，第三次令來，才逮捕了他。後來，不知怎麼牽連到袁勁，李延年師長阻擋、化解不了，袁勁也給押到綏署，更陪了上了中校團政治指導員。主犯營長罪在不赦；另兩人即使有分贓之罪，按律也不至於死。不知是怎麼受到連累的？

六十六年四月，壽堂在臺北寫「哥倆好」時，乃引起一種想法，這該不是敵人日本軍閥毒化政策一系列的陰謀所致罷？打擊你中國黃埔學生的形象。二十二、三年華北各軍政訓處長，皆係黃埔先期同學，某軍政訓處長余洒度，黃埔二期，即以走私販毒案處死刑。中央軍嫡系部隊當時不過十幾個師，第九師屬之，李延年爲黃埔一期；四期同學在此十幾個師任團長者，並不多見，而袁勁人品、氣質、才幹，那一方面都爲佼佼者。

袁勁他三人在押，自必經過一再審訊，李師長也必有十分關切，曲意維護。長官蔣鼎文也沒有不愛護青年部下之理。是否也因師參謀長告了狀，太壓迫了軍法審判之故。袁勁再也沒想到自己會處極刑，在押中，他天天心平氣和的寫日記。患難中他特引爲安慰者，是小老婆花春芳的探監，而於妻子小鶯的焦急，他居然毫不以爲意。

臨到提付執行之前，他還在安心的寫日記。放下寫日記的頭號派克自來水筆，居然手未發抖，取出他補充團團部專用的紅色有銜中式信箋，另用毛筆濃墨，小楷行書，給自教導第三師以來的二十幾位朋友，一一列名，寫下了遺書。這封遺書，從頭至尾，一點沒有氣急神散的敗筆，也少有懇苦、悲傷情懷。如今，我還確定不移的記得他說，他並未貪污，不認爲自己有罪。提到「二十年後又是一條好漢」的諺語。並未另給妻子兒女留有遺書。想必他遺書寫畢，就被上綁了。他不會吃那獄卒送來的酒食。他心上最眷戀的，是花春芳和兩個小兒子。

他死後沒幾天，心上人花春芳連親生兒子也不要，席捲細軟，逃之夭夭，可能去了上海，重操舊業。希望她想通了，重新開始自己的人生。

小鶯夫妻情重，帶著兩個小兒子，扶著袁勁靈柩，由胡柏生相伴，千里迢迢的船運回到武昌。

我偕青回到武漢。幾個老朋友爲袁勁送殯，自相國寺停靈處下葬於洪山，墳地無甚麼風水，走不幾步即爲鄉間大道。我特爲他破題兒第一遭，寫了付輓聯。

金輪此時際爲婚姻與戀情所苦。在女友田月正與未婚妻邵德清之間取捨難決。他要兩頭大，顯然熱戀月正，而無法擺脫德清。後來才知道，他與德清已發生關係。那年頭，男女於發生性關係這樁事情上，都看得相當嚴重。他跟月正已否這樣，很難說。說不定也有了關係，才使這十八、九歲的少女爲之迷醉。我扮演了仲裁人，在袁勁出殯的前後，有上十天，忙得在武昌山後正衛街田月正家，漢口日租界邵德清家，奔走不停。常常弄得午夜方歸。這兩家都是離市中心區相當遙遠。

有天，金輪強要我做幌子，把田月正邀出來，散步到蛇山，與金輪、德清見面，三人談判，我爲證人——首先是，德清瞞著他母親、大姐，不教知道有月正的羼入，作極大的犧牲與讓步，聽從了我的勸告：快點與金輪成婚，以柔情軟化他，可使月正居於敗方。

我們在抱冰堂茶桌上簽定協議，我爲他三人的見證人，也簽了字。大致要點是：一、金輪、德清成婚後，隨時可無條件離婚。二、結婚三年內，金輪負擔月正的學費。而且可不受任何限定的，與月正結婚。

這協議，德清眞是太讓步了。不管他三人還有些甚麼隱瞞著我的情節，再怎麼說，金輪都是太欺負人，情、理、法三方面都說不過去。把青留在家，我急急趕回大名。夫妻生活中的許多細微末節，都湧現心頭。這種感觸，後此五十年不再有過。有十天工夫，心情難排遣，讀魯迅譯的蘇聯童話「錶」，才有轉移，而逐漸恢復精神的平衡。

六月，「河北事件」發生，華北各軍政訓人員全被迫南下，集中武昌左旗。我則獨自一人趕到武昌述職。在家，青挺著大肚子，端臉水侍候我，好教人發急不已。不久，我的上級機關結束了的北平軍分會政訓處，改變爲在陝西長安的軍委會政訓處西北分處。

七月，寫了兩個獨幕劇「基督教徒」，「嚴先生」。還有「人民與政治」的多幕劇。皆取材自大名社會。也下筆於「士兵傳」小說的寫作。文學創作，熱潮洶湧。

讀三流作品——孫夢雷「英蘭的一生」，引起心神上大的沖激，始寫「婦人傳」，以儲備小說寫作的素材，企圖心十分旺盛。以纏足與否分爲新、舊女性，把自己熟知的女性除母親、岳母之外，共寫了近百篇。有的短不過百字，有的加上想像構思，會寫到三、四千字。一般情形說，本只有一流作品，才使人受到創作上的激發。

讀書生活開拓了另一領域，婦女問題，對於中外古今此方面書本、雜誌的廣泛研讀。**地底下有流水，人生之中有苦痛**。因書册上這兩句警語，由此引發，我成立一個公式：人生苦痛爲一，婦女苦痛爲二，中國婦女苦痛乃是三。爲何加倍呢？生理的、社會的、政治的、家庭的諸因素。我的小說寫作，其任務乃在剖析此苦痛，而有所提升、超拔。從而使人我產生智慧，達到人生的圓熟，乃消釋了社會生活的冷漠與自私。

八月十八，長女小萍在武昌同仁醫院出生，三天即夭折，心痛不已。這孩子皮膚細白，都說是青懷孕期間在大名常吃蘋果的緣故。九月，偕二弟離大名，十月接了青出來，二弟也一齊同返河北。那兩三年，二弟已開始文學寫作，在武漢小有文名。上學校已不可能，我的意思，只想讓他自修，努力寫作。二弟也願這樣求前途的發展。老人卻不這樣想法，認爲我聽了老婆話，你既安置了內弟在身邊做事，怎不把自己弟弟也同樣安置。老人不諒解，甚至母親有到大名來興師問罪的打算，總以爲我倆在外不知怎樣風光，過著官老爺的生活。殊不知我們過得儉樸極了。我只是買書錢花得每每超過了預算。二弟洞悉了一切，決定回家，好爲我倆解說，也穩住母親。

二弟兩次來大名，先僅是我弟兄倆。後來，青回到大名。夫妻倆能款待自己的親兄弟，在我倆，是多麼可安慰的事。卻再也沒有想到，當時十八歲的二弟，心情波動得好厲害。八十年四月在漢口二弟家，看到他寫的回憶錄，文筆甚簡，不似我這樣冗長龐雜。他特別提到，當時感於自己前途茫茫，想自殺的意念，時在心中慫恿。他的苦悶，一絲也未透露。我這兄長毫未察覺。還一直以爲，他在大名過得很快樂。要非我看到這回憶錄，闊別五十年骨肉重逢，二弟再也不會提到這件傷心的往事。

這次青再來大名，政訓處已遷在城隍廟舊址，左邊走廊隔的小房間。還去北關醫院住了幾天，檢查生產後的身體。不久，搬到羊市街李宅外院的一間大房子裏。過我倆婚後的第二年冬天，比頭年不同，這方才眞是個小家庭。

從上海不斷買了新書來。

第七師範圖書館容我無限制借閱。我常常是一藤籃的借進城來。多半是近兩年的出版物。有的看得不中意，嫌它浮淺，竟至發脾氣，摔它在地上，表示厭棄之意。當然不會把書摔髒、摔壞，不過表示一種情緒反應罷了。直到自己五十歲後，早有了寬容的胸懷，凡遇到不值得一讀的書册，擱置一邊就是，再也不這麼對它發脾氣了。縱然看不起著作人，但對印刷工人的辛苦，我保持著十分敬重。

再學了一個時期的英文。王劍文同學教，讀一張大表上五百個的英文單字。花了一陣工夫，無疾而終。

抱著字典、辭書以及少數今人研析的書，苦讀「詩經」大半年。用的從前私塾的大木板本，約爲十六開，本文字有蠶豆那麼大，註解則有黃豆那麼大。昔年自己讀私塾，看慣了大學生們誦讀詩經的這種版本，彷彿回到童年，武昌大朝街聖公會教堂對面「桂林劉」，從沈老師讀書，那段歲月。兩件小事，十分難忘。

一、由於查字典，把自己查迷惑了。讀到「國風、邶」的「匏有苦葉，濟有深涉」這兩句，竟然會對學前從母親認字，早就認得的「苦」字起了疑問——噫，怎麼古字上會有草字頭的呀？

這個字才怪，一查，恍然大笑不已。

二、深秋清晨，散步大名北關外，往西至邯鄲公路上，道路平直，黃土路面，猶是古代光景，乃特別體味「小雅、大東」篇「周道如砥，其直如矢」的詩句。

在周烈範他們的印象，還以為我此時始知讀詩文，而不知我少年時的寫讀基礎——否則，我怎能考上政訓班？在人事任用上，我怎會走在一些有大學學歷的同學之前？

廿四年秋，先寫舊婦人傳，後寫新婦人傳。新婦人傳首篇「心筠」——可笑，那已是壽堂十七歲年紀，馬菱舟、賈佐通比我年長，而「心筠」年歲與壽堂相若，咱四人通把這筠字讀錯了音，誤為均。這且不說，她是我少年時代所見熟人中最性感的一位少女，青少年男性但逢遇到她，少有不為她的眼神所惑。她跟賈佐熱戀，賈佐生得眉目清秀，唇紅齒白，膚色潔亮，身個不高，特有英俊之氣，他倆之相互傾心，迷醉十分，確非一般少年情侶所能比。又當十六年武漢革命高潮，男女交往，高度開放的那當兒。

經過心胸一番醞釀，十一月十二日「從常心筠開刀」，寫中篇小說，就以心筠為題。首次的，立出人物、性格、語言、情節、特別描寫點的表格，約束著、導引著自己，按部就班來寫。避免前此創作小說，聽憑寫述時的意趣發展，想像奔馳，天馬行空，結構佈局每出自己下筆之初，始料所不及。每天寫作，都有意外的奇峰突起，狂飆陣陣，一似龍捲風之飄忽。這種表格的限定，是要使小說寫作歸於平衡的情境。寫作過程，前潮後浪，翻騰不已。我這個作者該打的是，有夜做夢，居然夢見與心筠好合。

儘管立表約束，而寫作意念仍然沖破了它。十二月六日，改「心筠」題為「女人」。由於牽涉的人物多了，情節有擴張，索性將新舊婦人傳的主人們，都請到這個長篇小說裏來。時代背景從民十六年往後展延，地方背景也就不僅止於武漢。

原來，要想好好寫個長篇，十九、二十年在武漢爲職業寫作時，即有此心願。許多急就章，各類文字，雖也認眞的寫。但更認眞在準備要寫的，乃是這並不打算賣出的文稿。所有投寄報刊的文稿，由於多方面的因素，免不了要讓編者這樣那樣更改，甚且難教人容忍的，它改得與你的立意相反。

入冬的大名城，夜間很靜，九點便上牀。上午三點醒來，讓青酣睡，梳洗罷，即伏案寫作。八點到政訓處上班。每天的寫作進度都很均衡。

二十五年一月二十八日，「女人」寫作至第四卷，已有很厚的積稿了，全篇的結構都已展開，只待於各個要點寫述下去，腹案也都確定不移。要寫的人物、故事，時時盤桓在心。這天上班之後，感到頭痛、眼花，心亢進，而並非感冒。醫官斷爲腦充血，我則認爲係一時性的腦貧血。或許是上午工作時間過長，自己並未有特別營養，而夫妻倆還當新婚期間。寫作只好停頓，休息一陣子，再執筆，力有未逮。

牙齒健康出現了問題。二十三年十一月二十九日，午間拔牙。口流血不止，直至七時許；塗止血藥水，始稍好。睡去，醒時，被褥上染一大塊，至此，血復流，不能止。青駭得哭了。一共流了四酒杯血，才好。那時，不曉得用手指壓住創口止血的自然療治法。

二十四年夏，武昌家庭醫生藍心齋診斷，我有肺結核徵候，頸項右頷淋巴腺，凡過勞即腫，有硬疙瘩，已形成了瘰癧。開始注射碘化鈣，吃清魚肝油。自武昌買了藥物，由軍醫處看護兵爲我作靜脈注射。那時際，我照的半身照片，頸項下總現得鼓鼓的。

第七節　長安、南京、武漢行

二十五年三月十三至四月二十，有長安、南京、武漢之行。主要的事，是出席全國政工會議。

自十五年七月國民革命軍出師北伐，十年來國軍政治工作，由於國家政治情勢激盪，蔣委員長政策把握不定，而導致重大變遷：擴大，縮小，撤銷，名實皆易（改爲特別黨部黨工代政工，宣傳隊等等）。

二月間西北分處即有命令下達，師級以上主官出席，要我們先到長安集合，再一起去南京赴會。壽堂三月十三離大名，十五日到長安。當時，隴海鐵路潼關以西通車未久，沿途幾處大站，竟也與南京鐵道部建築同樣，中國宮殿式，華陰、華縣、渭南，莫不如此。當時，人們好欣然，以爲這是種新氣象。臨潼站，它的驪山形勢多少還能配合，也仍令初來旅人，感到突出。只因沿線，河南、陝西境內人家，皆是茅土屋舍，磚瓦房難得一見。當然，人們不免也有幾分喜悅，苦難中國，內憂外患煎迫，難能可貴，有此建設業績。

車上，遇到了標準的新中國軍人典型。教導總隊的連長，以及他率領的排長、班長五人，是從南京前來，專到河南招兵。教導總隊成軍於南京湯山，桂永清任總隊長，其營區、裝備，武器、補給，戰技訓練，生活方式，多採用德式，惟精神教育，秉承中國式——黃埔傳統。

士兵身高要求，一七五公分以上。身軀魁梧，必呈現其胸脯擴張，虎背熊腰姿勢。入伍前或許只是位強壯的農民，經過教導總隊一番陶冶，定能鍊出來這種姿勢；再加以軍人挺直脊樑的氣魄。校級以上軍官，則不一定都有此身高。

這教導總隊的尉官、士官五人，體態、儀容，服裝、動作，言談、禮貌，皆不愧爲新中國軍人典型。所著黃呢軍服，與南京中央陸軍軍官學校學生制服稍稍有點差異。呢子表面見毛絨，爲純粹國產。其領章、符號、袖章，乃教導總隊所專用者。全車乘客，無論軍民，莫不對他五位刮目相看。有位年長的高個山東乘客說：「我這體格倒夠標準，可惜早生了三十年。」兩位中學生感嘆道：「我們年歲倒正好，只是矮了些，再怎樣鍛鍊，也長不高啦。」

我跟那位連長談話，他執禮甚恭。對新兵器、德式軍事教育、教導總隊的使命，有扼要陳述。三年五載之後，教導總隊的士兵，將可普遍分發到全國各部隊，充任班長、副班長、排附，以嚮導部隊基層的建軍改革。當時全國憲兵皆十分標準，惟身高尚未有教導總隊這樣必求體態魁梧。

隴海路西段火車上乘客，以北平來西安做生意的商人特多。由於有大部份的東北軍以及中央軍部隊，進駐陝甘，所以東北人士、兩湖、江浙、四川人士，在此旅途的也不少。教我們強烈感到這幾年，舉國上下「開發西北」的努力作爲。

西安車站爲隴海路一等一的大站，貨運、客運，車輛調配，十分繁忙。入城，即見到西京招待所，惟達官貴人居之，僅能容旅客百人。不少商舖正大興土木，給外來旅客以長安城十分繁榮的景象。

不過，長安城究竟有許多古老街巷，仍然擁著十八世紀前的歷史風貌，高牆塵土，何止三、五十年厚積。中國人置身於此，就是難忘漢唐盛世，起思古幽情。往古的長安城，比今日西京市要大得多。漢代的，在隴海路北，三橋鎮東，約大今長安城三倍。唐代長安城，從今城東西南延伸，約大六倍。

獨自在松梅軒吃餡兒餅，心神上忽起一陣人生如夢的感觸。（兒子讀雜憶初稿至此，他在眉批上寫了一句話：「昔曾爲當年漢唐長安人之故。」這二十多年，他深信一些玄學、神秘學，衆生輪迴的說法。）這感觸十分深，持續到後來好幾天。不知爲何有此心態。如今推想，不出幾層原因的交互激盪：

一、由河北大名，經鄭州西行，這一段路程，是前所未經過的地方，新的感受特多。

二、現代人對此漢唐古都的傾心。

三、火車交通便捷，沿途風光變易，有若江湖賣藝者「拉洋片」一般，不斷的景相交替。

四、帶有充足旅費，得保有充分欣賞與享受的物質條件。

旅行到新地方，而引起如此彷彿夢境一般的感觸，後此五十年不曾有過。

次日，即到軍事委員會政訓處西北分處報到。見主任秘書王超凡、科長李至冬述職。與郭核談經費洽領事。與同學邢文康、李聖剛、王迺藩、曹敏、傅厚澤、敖敏初見面，談話歡洽。傅、敖爲一四二師同事，沒想到他們早到上級機關了。部隊工作辛苦，須自力奮鬥，上級機關「大樹好遮蔭」，可得過且過。

曹敏爲人事科的股長，與另一位擔任工作考核股長的同學，兩人似乎見義勇爲，或許有上級授意，時有出街來巡察。凡遇到從陝北前線部隊返長安的政工人員，如非因公逗留，即勸導或強迫的促使速歸部隊。前線生活苦，戰況多不利，有錢難花費。這種情況，是前兩年北平軍分會政訓處時代，所不曾有過的。也是平津保，交通利便，時來時往，並不覺得。

這天晚飯後，復去王超凡家，看到他夫人。談工作情形，近午夜始歸。超凡長我八歲，其人生閱歷，則不止多我八歲。女主人與我夫婦同庚。

遷馬廠子阿房公寓，才新開張，我是首位旅客。潔淨寬敞，舒適爽快。次日，先方也住進來。天天聯牀夜話。總免不了爲袁勁、曹金輪嘆息，而滿意於彼此的婚姻生活。也查詢彼此讀書、進修、健康的情形。

已近春分節令，氣候突冷，飛下一場雪來。與先方雪中散步長安城，體味唐詩境界。不少同學來訪，談華北與西北大環境，中日情勢，部隊狀況，工作上，大家都有旺盛的企圖心。

是話說多了呢？還是長安城給我內心激情甚多呢？感到常心跳不已，去省立醫院診察，右肺稍弱，神經略衰弱，無大礙。就便參觀助產醫院。

求休閒生活，首遊碑林。這兩年，由於李素若兄建議，我買了孔宙碑，裱之成册，臨帖練書法。自十二、三歲勤寫大字，已十多年未練書法了。碑林觀賞，心儀昔賢爲學做人風範，長安現實生活差距可大哪。

易俗社初聽秦腔戲，不太懂。非如後此，陝西話聽多了，感到秦腔戲曲的親切。它帶有自春秋戰國以來，秦人高亢激情的悲劇韻味。

兩訪郭希鵬師長，他深有感歎的談到，東北軍少壯派排斥老派幹部的問題。今天作歷史的反省：團體的領導者，必須有兼收並容的雅量，人事新陳代謝，當憑其自自然然的演進，對退下者當有禮遇與厚待，以崇德報功。王奇峰師長也到長安來了。長安城將星雲集，主要是在研討、部署陝北的戰鬥。

三月二十六日離長安東行。軍事運輸，專車附掛的四節鐵棚貨車，大家把行李捲攤開了，就睡在車廂底層鐵板上。隔著這鐵板，感到在十五公分以下，車輪強烈迅速轉動的震撼。其時，鐵路和水路航運，軍事運輸佔重要地位。重要地區有運輸司令部，並派遣主管人員進駐大港口、大車站。遇有支援作戰的兵運，則客運、貨運往往退居次位。

周保黎科長攜同他夫人也同乘此專車。周爲一行的領隊。他是軍校六期，爽利率直稱。西北分處同仁都對他有好感，讚許他的衝勁。認爲他跟王超凡的穩健冷靜，正是極好搭配。

加水，「錯車」。單行鐵道，同時間裏，如有對方向來車，須交錯的等待，或有意的停歇，車過大站，皆有停靠。

離了長安城，田野麥苗冒出，碧野一片，大家都快活得叫起來。看見桃花開。車越往東開，越見春意濃密。從河北大名，到陝西長安，寒冬的感受，現在要去到春暖花開的江南，鶯飛草長，風光綺麗，無限柔美。

潼關，我們下車去，看「土窯子」。這辭兒，是雙層意思：層層排列的窯洞，住了一些妓女——北方話通叫「窯子」，老少，摩登型的，各色。大土炕，炕上都擺著鴉片煙具，優劣不等。離車站這麼近，是爲的便利旅客於此歇息候車。鴉片煙的刺激，再繼之性生活，令人狂亂，損耗身心可知。

車過開封，到羅王站，車停樹蔭下，愉快的下車散步。不知怎麼說起的，先方娓娓述說他跟嬌妻支夢瀚戀愛的故事。傍晚，柳河站又下車散步，先方繼續述說。說夢瀚爲嬌是一點也不過份形容。直到後來，三十七年秋，在武漢與她分手，她已結婚十多年，又居孀兩年，她是所有朋友夫人中惟一嬌滴滴的美人，也是支伯母太用心於美化這位獨生女。他倆的愛情生活，風光美妙，富有詩意。返觀我夫婦婚前苦戀，則完全是陀思妥也夫斯基的小說。

夜，臨睡前，聽徐有儀談民十六年代的大潮浪。車行加速，輪聲隆隆，這情調特增人長談的興致。政訓班五百同學，**大多從這大潮浪裏翻騰過來**。六十年後，留臺灣、香港與美國、加拿大、歐洲地區者，猶得五、六十人，若也如壽堂一樣，寫寫回憶錄，集合起來，豈不存有好多史料。

民八十年後，總算看到有三位學長如此作爲。

褚柏思　家國天下八十年　七十七年九月，臺北渤海堂文化公司出版，美國柏雪文化事業公司發行。柏雪，取的他夫婦褚柏思、李雪荔的共名。伉儷共同致力著述與出版，好可欣羡也。

黃通先生訪問記　陸寶千、鄭麗榕　中央研究院近代史研究所「口述歷史叢書」之三十九，八十一年六月，中央研究所近代史研究所版。

王文彬、張孟平　浮沈八十年——周烈範略傳　係據周烈範自撰年譜擴寫而成。八十四年二月，臺北，烈範自行出版。書刊出兩月，烈範即逝。他是國民大會中的活躍份子。政治生活，波折不少。

且說，那天上半夜，車停徐州。天還未亮，與柏羽笙同學下車，街上閒逛，舖戶都緊關大門，獨有大不同命相館，開了大門迎客，燈火輝煌。相天下士，他們首自我炫耀的廣告是，程德全、陳燕燕的命相判例。按，程德全，四川雲陽人。庚子拳變後，曾任黑龍江將軍、巡撫，奉天巡撫，江蘇巡撫。民國成立，任南京臨時政府內務總長。後任江蘇都督。民十九年卒。（見陳錫璋「北洋滄桑史話」）他的初起，遭遇頗不尋常，縣學攻讀，家貧不能自給，只得在鄉下設塾餬口。陳燕燕，民二十年，與胡蝶、阮玲玉、王人美齊名的影星。燕燕特點，在其樸質，不似許多女星之「尤物」、「俏麗」，光艷照人。在「三個摩登女性」片中，以她自己本色而成為主角之一，擁有不少傾心的影迷。五十多年之後，猶在臺灣電影、電視劇扮演阿婆角色。還以為她與男影星王豪的婚姻，可白首偕老，誰知仍以離婚聞。

專車不前行，全體下來，住津隴旅館，大夥突然來到，把掌櫃、茶房，廚下大師傅都忙碌一陣。卻也極開心，擠破門的生意上了門。

遊徐州公園、雲龍山。瞭望徐州形勢，總是令人感慨難已。

跟一部份同學晚餐於陸軍第二師特別黨部書記長方濟寬家，大家鬧酒。主人情殷，弄得時間緊迫，急急趕上特別快車。方濟寬原在政訓班任區隊長，是四個中隊總共十二位區隊長當中，與同學們相處感情最融洽者。

二十三年華北宣傳總隊時期，方濟寬是以區隊長身份而出任中隊長，派遣於陸軍第二師。還有一位，是木訥倔強的張志遠。二十四年「河北事件」，中央軍撤離，而駐在這個機動位置——

果然，次年盧溝橋事變，國軍精銳的第二師，迅即馳赴保定以北，以與前年長城各口奮戰的各友軍，再次面對強敵。

三月二十九日，星期天早晨到南京。花牌樓遇到教導總隊士兵的武裝賽跑。團體行動，暫時解散。大家紛乘小汽車入城。咱們離首都北上，整整三年。國家和個人，這三年裏都有許多變化，南京城分外繁榮，中日間的緊張形勢，日見增高。江南地區的建設，如京杭國道的公路交通，江南鐵路的通車，中央大學的獨特發展，皆是。

步兵學校、砲兵學校，在當時軍事教育制度，是高於軍官學校的深造教育，調訓校級軍官，皆新設校區於湯山。還有教導總隊的大營房，連同砲一旅。但見全營區的寬敞、整潔、嚴肅與明亮。按，這二、三十年內憂外患不已，兵戈戰亂少有停息，全國各戰略要地的軍營多還是清末時期的建築體，跟湯山營區，有三、四十年的間隔，兩相比較，稍稍研究一下，倒是很有意思的歷史探究。

張濤請吃午飯。食客甚多，皆中上流人士，多屬京官。如今京官可和滿清時代的窮京官大有不同了。因爲不是候補人員，有錢有勢，且官運亨通。聽他們談南京的政治新聞，一如讀托爾斯泰長篇小說寫俄國京城官員士紳的景相一樣。張濤隨侍軍政部長何應欽，歷時三年，加上黃埔師生，貴州老鄉關係，甚得倚重。公私請託，各種關係，也就都來了，跟前年在北平中南海情形，大不相同。

曾擴情處長在安樂酒店，兩次與西北分處同仁會談，彼此溝通意見，無非希望大家在全國政工會議席上有好的表現。由於政訓班的聲勢，以及這三年來在華北的業績，軍事委員會政訓處對我們這一夥，不免另眼相看。總政訓處在明瓦廊，處長賀衷寒召見我們，個別談話，考量我們每一個人的才具，並藉以測知華北各部隊的情況。副處長袁守謙、秘書長楊麟，都係黃埔一期，三人合作領導，配合良好。

四月五日在勵志社行開幕禮，然後兩百多人乘車出中山門謁陵。會議進行到十一日始畢。講演，報告，分組會議，大會討論，很疲累人。中間我獨自抽出餘暇，去玄武湖、夫子廟、四方城等處遊散。

這次會議，出席人員之多，可稱空前。會畢人散，我獨喜在大廳閒坐，情趣悠然。

會後次日為星期天，早遊玄武湖。曾處長特再於勵志社集會，講話、檢討，盛情邀請大家去杭州，遊西湖。大家皆欣然應邀。獨先方與我兩個笨蛋，為了要趕到武漢，辭謝了風光明媚的江南之行。

南京城，燈紅酒綠的餐敘，朋友們莫不起一番感慨，再來首都，還能有此景相嗎？中日之間劍拔弩張，全面戰爭已不可免。前此淞滬之役、長城各口之役已見序端。**中國的國力，那可與日本相比，只是民心士氣，奮勵無前。**

臨離南京前一日，出和平門，先遊燕子磯。磯頭雄踞江面，山川形勢之勝，既先不斷有人於此跳江自殺，凡有此意念者，不論其精神是否正常，但到此地，易起聯想，狂激之下，乃擁身一跳，走上人生最後途程。

雇一男孩帶路，遊棲霞山。獨至棲霞飯店休息。寧靜中，憑窗，致信青，報告日來情況以及此遊的欣快。然後，參觀棲霞鄉村師範學校，其整潔、開敞、勞動、健行的作為，予我極佳印象。

晚，與侯一先共餐。他勸我，要多在工作上用心應付。定是他觀察所得，以及風聞別人批評，朱某文學青年氣質過重，不似一般政工人員品味。

跟先方搭招商局江安輪離京。由於新生活運動之雷厲風行，碼頭、躉船秩序大見改進。不再似前此的擁擠、髒亂。我倆買的房艙票，艙外客廳，也不再給茶房弄得稀糟，可容房艙乘客在此閒坐，看書，寫點甚麼。相關的，各層走廊也空敞多了，可容我晨間跑步。

上船未久便走出房艙，察看船上通路，看旅客與貨運情形。開船半小時前，瞥見賀衷寒處長身著洋服，也上船來，逕向大餐間去。告訴先方，先方說，他是回湖南省親的。

走廊散步，賞玩江景。樓上傳來鋼琴丁冬聲。

四月十七日回到武漢。廿一日晚車離漢口北上。

五天裏，匆匆忙忙，各處走動，看望了些老親戚，老朋友，陪母親弟妹遊抱冰堂。跟二弟打三次網球。乘自行車獨遊武泰閘、南湖。

「女人」原稿送張宇亮兄閱讀，他批評全是缺點，當時很能虛心接受，我一點也不難過。

第八節　河北曲陽縣

大名城比不上石家莊、保定的繁榮，又跟鐵道線有段距離；然而，每天卻也熙熙攘攘，學校、衙署，又很有幾位友好來往，而羊市街寓所，城隍廟辨公處，舒適，寬敞，滿以為還可駐紮一段時日，不料南京會議後，卻要奔往曲陽縣了。

這自是統帥部戰略構想。但等上年河北事件沖淡，宋哲元冀察政務委員會彷彿眞有那麼回事似的，要執行「華北特殊化」的作爲——例如大名城北開闢了飛機場，卻絲毫設備也無有，任其荒草沒膝，這可原是肥沃的麥田呀。人們都說：中央空軍到那裏，中央的勢力也就到了那裏。這樣子拖沓著，可延緩中央勢力的進入，果能如此麼？是，又不是。原來聚集在北平外圍的大軍，此刻又紛紛、各別的以緩慢腳步，進駐於平津保附近，以支援宋哲元的挺向著來勢洶洶的日本華北駐屯軍，這可是其時社會衆所不知的，國家高度軍事機密。那日本特務機關一廂情願的臆想，還以爲它當前的，只是個二十九軍而已。

騎四師的移防，動作迅速，除第十團早調陝西外，師直屬部隊、第十一團、十二團，即由大名、成安、邯鄲，向北移動，進駐於阜平、曲陽、定縣、行唐、靈壽、平山一帶。位置於保定的側後方，一有情況，可迅速馳赴北平外圍。可以說，咱們這枝騎兵，是隱蔽在這兒，不易讓敵人察知。據壽堂所不完全的局部接觸所知：三十二軍商震部，五十三軍萬福麟部所屬六、七個步兵師，駐於平漢路北段沿線；十三軍湯恩伯部的精銳兵團，則在北平以北地區，也是難爲人所曉。總之，二十五年的當時，河北、察哈爾各縣都有駐軍，**各佔據著機動出擊的位置，只是讓南苑二十九軍凸出在顯眼地位**，敵僞還以爲，中國但有這隻孤軍與它對峙。

在曲陽縣的日子，是從二十五年四月二十四日到二十六年七月七日。這段歲月，憶念起來，應是甜美幸福多於愁苦寂寞。可是，半世紀裏，一想到曲陽小城，總固執著那最初大半個月的感受，怎地的，心神寂寞之至。也是，平生還沒有住過這樣三等小縣的縣城：四、五條街，街上寥寥落落幾家店鋪。巷裏人家多爲土牆。我住處對面，是一處八、九畝地的菜園，鎮日小毛驢拖著鐵輪盤，那節制水流的鐵片，不徐不速的響著鐺鐺之聲。小城無市集，街巷間白日也少行人，這菜園澆水的鐵片聲，清晰傳聞遠近。就是這聲音使人感到寂寞難受。

王奇峰師長一身都是勁。在曲陽城舉辦了軍官訓練班和軍士連，輪調各級軍官與班長、副班長及少數優秀的上等兵來實施軍事、政治訓練和精神教育。要達到兩項目的：一、成爲改革部隊的動力。二、提高他個人的才能，激發其統御的心意。還有就是吸取這些受訓人員對師長的高度信仰。王師長作了一系列講話，重點範圍是：倫理，孔孟之道。戰史，他自身的體認。部隊改革的諸項實務。講演資料的蒐集，綱要的擬定，我都有機會在他公館以及辦公室，作事先事後的過目。王師長很虛心徵詢我的意見。也藉以顯示他改革部隊所作的努力，希冀我能反映到上級。他的講演都留下了紀錄，有刊印成書的打算。一旦他高升了，印印講演集，正是一種風尚——一部分特別好強的軍師長，具此心願。當然，也有部份人很世故，不敢這樣做，怕招來嫉妒，難爲長官所容。

他也買了部轎車使用。特設軍官俱樂部，買了一部開明版二十五史及其他的書，但並未撥出每月購書費來繼續補充。要不然，一年下來，準能買得兩三萬册書。其時，商務版的「萬有文庫」，每爲內地小型圖書室的基礎。或許與宋哲元推行讀經運動（把四書特別刊印成精裝袖珍本）有關，請來一位賈明經老夫子，爲軍官們講四書。純然爲舊學，他少有印證新學知識。

我住處廳堂寬敞，王師長也偶有來訪，所談多爲部隊改革，爲人處世的問題。有次他要我率直批評其性格，只好毫不保留的提出，他一再點頭，且說，我的看法，是綜合官兵們的觀感及我自己的評斷。全師官兵難得當面這樣直陳。這是二十六年六月間的事，經過了西安事變的激盪。

軍官訓練班按說乃爲部隊改革的重點，奇怪是，如今一點印象也無有。印象深刻者，乃是軍士連。軍士連由崔志光出任連長。設在曲陽城孔廟內，房舍整潔，庭院寬敞，給軍士連利用上倒也挺合式。台階左右分設黨員守則、軍人讀訓的木牌，是中央政府頒布，迅即周知全國。

崔志光全心全力的辦軍士連，只星期天早上放假才回家。他精力旺盛，意趣洋溢。嘗跟我很愼重其事的說，若不回家跟太座好合一番，這一星期都不好過，像是戰馬要咬槽頭一樣。王師長極好來軍士連聚餐，跟大家一樣，小板凳圍坐一圈，臉盆裏裝的豬肉、粉絲、豆腐熬大白菜，飲酒，啃大饅頭。

俱樂部舉行了講演會，先由師部各處長自由命題，各作一小時的示範。我極不贊成這作法。但當時我居然也學得世故了，不表示意見。免得有三幾位想趁此表現表現自己的主管，說我獨霸紀念週作「時事報告」，奪去了他們的機會。俱樂部的主持者，軍法處長汪大民，是師長最親信的人，向以東北大學優秀畢業生自誇，酒宴或任何集會場所，常好放言高論，引經據典，示其博學，我確自愧不如。背地他必常有批評我淺學。他的眼色，每每如此強烈顯示。政訓處的助理員張鼎，也是東北大學，後讀星子特訓班，比之汪大民遜色多矣。反正壽堂任政訓處長已經三年，斤兩如何，全師官兵衆所皆知。而況大名時代我即擔任軍士連三民主義課程。犯不著跟他一爭長短。而況他的陰性、徇私，人都識得厲害了。我很知趣，在好多場合，讓他佔盡上風。再說，自任團政治指導員以來，我的工作原則，對部隊、地方以及政訓人員本身，都是同一樣的，與人爲善，處處爲人設想。

副官長楊泰昌，跟我交情日有增進。他新買了收音機，收聽中央廣播電台的廣播。新聞、教育、音樂、戲劇節目都聽。感受到許多新的觀念，成爲一位正直、力求上進的人。

特務連第三排排長牛萬里，崔志光的內弟，人長得白白淨淨，文文靜靜的。軍事委員會北平分會通信教練所畢業，這方面出身，那時期通稱軍佐。北洋軍閥時代，一直沿襲到抗戰之前，二十多年，中國軍制，有項當時認爲確切的區分，以後才了然其不妥。

通信兵爲陸、海、空三軍的兵科之一。就陸軍而言，它與步兵、騎兵、砲兵、裝甲兵、工兵、輜重兵、運輸兵乃是相等的。牛萬里之出身「通信教練所」，誰也不看他相等於「軍官訓練班」。只因他溫文有禮，籍屬東北鄉誼，兼有姐丈撐腰，才不見外。否則，他到差不要十天半月，早被特務連虎虎有生氣的趙甲興連長以及同是大個兒的大排長給氣走了。咱連上那容得下你這個小舅子。

牛萬里到差之初，連長、大排長、二排長，都免不了心存蔑視。九位班長、副班長，莫不有五分嫉妒。何以說五分？原來他們都愛重崔志光，視之爲老師，老師引這位內弟來時，也特別給大夥打過招呼。但是，究竟未免心有不平。要非作戰，排長陣亡，即時由資深班長代理，隨即升上去；平時班長、副班長極難有升官的機會。而況這時又新增設了排附，成爲排長的當然遞補者。萬里若爲騎兵科軍官畢業生，派來連上充見習官，誰也沒得話說；按說，他應派到通訊連，方爲才職相稱。既屬老師內弟，大夥只好把十分的嫉妒減去了一半。

崔志光、牛萬里郎舅倆，皆是反應靈敏的人。萬里小心在意的應付，仗著自己本身條件，努力作爲，居然在一個月剛剛滿，贏得了全連官兵好感，沒人再嘲笑他：「這個小舅子。」

做小服低，遇事取學習態度，向連長、大排長、二排長討教。譬如他首次當連值星官，一切作爲之合乎標準，出於大家意外。半個月後，不由得趙連長不對崔志光叫好，而且由衷感激，說他得了個好幫手。操場動作，馬上動作，都不含糊。只是無有戰鬥經驗而已。而普通學科，全連上，還沒有人可比得上的。這方面，卻正是目前大家所渴求補充，一如副官長楊泰昌之勤奮好學。他更知道從**全排弟兄身上，吸取部隊生活與戰場上的實際經驗**。

是牛萬里到特務連三個月的時際，一次適逢他們正吃午餐，我經過他們連部，給趙連長瞧見了，立即命大排長把我拉過去，特務長馬上添上一滿碗大鍋菜來。人家如此熱忱，弟兄們都滿懷歡迎的意思，我只好作個不速之客。牛萬里任值星官，他正在宣布下午要做的事。全連弟兄抬頭望著他的神情，表示出充分的信賴與親切。進餐當中，趙連長、大排長向我極口誇贊牛萬里：「這位老弟，眞好樣。」

曲陽縣長王盛亭，四十多歲。一出縣政府必套馬褂，以資接受人們對父母官的崇敬。跟他的往來，多屬公務關係。怪的是，他給我的印象，不若大名縣長程廷恒的深刻，而參與縣政活動，則比大名縣爲多。不僅勦匪會議，駐軍爲主力，我理應參加。正月初二，東門外，鄉裏婆媳糾紛，媳投井身死，縣長去驗屍（按說，由警察局或主管司法的人前去處理即可，用不著勞縣長大駕）邀了我去。圍觀者如堵，屋上、小土丘上，都是人，以婦人、小孩爲多。曲陽縣甄別小學教師考試，請我爲典試委員。縣政府所召集的會議，也屢屢受到邀請。跟他一同下鄉有好幾次。

臘月，小年前的幾天，曲陽首富趙半城請客，軍政高級人員都應邀參加，盡歡而散。主人善應對，他是上海泰東書局老板。泰東，跟北新、現代相等，十六、七年出版了不少新文藝書籍。

出城，往西北，至阜平縣方向行。可至有名的大茂山。大茂山，即恒山主峰，一名神尖。而山西渾源縣東南的玄嶽，乃是名稱固定的恒山。恒山為五嶽之一的北嶽。歷代皇帝多有於河北曲陽，遙祭阜平縣境的大茂山，以為北嶽的祭祀。清代到民國，北嶽的祀拜，乃在渾源。曲陽仍留有北嶽廟。師部駐處，即北嶽廟。

阜平縣多屬山地，地瘠民貧，食糧賴山西靈邱供給，阜平人民也多往靈邱謀生，有「生在阜平，長在靈邱」之諺。往這個方向，曾有乘馬前行一次的經驗，一路上來往，少有遇到一個人，才眞叫做寂寞哩。

政訓處同仁只以半日行程，分別的遊過嘉山、黃山。嘉山，在曲陽縣東。宋代於定州建料敵塔或說「瞭敵塔」，以北望契丹，有「砍盡嘉山木，修成定州塔」的諺語。八、九百年後，我們在嘉山遊覽，還是少見林木。土壤上並非沒有植物。黃山在曲陽縣南，盛產白石，採石者多，處處都成窯窟。我們是乘牛車去的，青挺著大肚子。我們在西羊平村，觀賞當地人的石雕，以佛像為多。

兩年夏季，都看到蒙古同胞們，七八上十人不等，經北平，到定州。下了火車，三步一拜，五步一跪的，萬分虔誠，通過曲陽，向西，沿河而行，朝五臺山去。

國人皆知，蒙胞有以朝五臺，為終生惟一至高的願望。男人家攢足了旅費，以及上了五臺山，那六、七十處大廟，逢廟即瞻禮、朝拜，奉獻所帶來的金錢。為朝五臺，何止一兩年的準備，讓家事有了安排，羊群和馬群也都有替手可照料，便邀集同夥，自張家口經北平南行，再西行。當然，也有選擇右行路線，由張家口下大同，入雁門關，東朝五臺。還可能有極少數人，過桑乾河上游，先朝恒山，入平型關而到五臺。此時節，河北省老百姓僅著短褲褂，揮汗搖扇，猶嚷著熱。蒙胞們多穿的長袍，既不撐傘，也不戴草帽。一路跪拜而來，袍襬、鞋襪，泥土、垢汗，層層裹結，在烈日下慢步哼哼，雖渾身汗流，體臭醺人亦復自醺，而不以為苦。大家所傳說，他們罄其所有，在五臺山上，請得一尊三、四公分高的小銅佛，千里迢迢的，帶回蒙古包供奉，這一生於願已足。

定州城，倒是去過不少次。首先，人們沒有不瞻仰大寶塔的。北宋時代，這一帶已是邊境，與契丹為敵，此高大建築，以宗教信仰，掩護其軍事作用，瞭望遠近，乃有料敵塔的俗名。北京大學「歌謠週刊」，有其專文記載。

平民教育協進會以定州城為中心，於附近鄉村作實驗區。前後參觀多次，不曾有深入理解，只有幾點浮面印象：

一、城內惟一的一家西式糕點店，專為供應平民教育會人士的需要。

二、定州雖為大城，究與平津保不一樣，跟順德、正定、涿州一樣，還保持內地淳樸生活。平教會一夥人士，服飾、舉止都為新派，跟當地社會生活，顯得有些扞格。

三、凡從平教會接受過知識、生計教育的女孩，自視很高，一到適婚年齡，她們都不屑於以定州城鄉的男孩子為對象。

定州到曲陽三十公里，乘騾馬轎車行，通常得五小時，全為平原，但有幾處狹窄窪溝的大車道。這種地形，接近山區的北方平原，極易碰到。平均寬五、六十公尺的溝道兩邊，有傍著田畝的小路，也即是田坎。凡遇到這種溝道，行人、騎自行車的，都只往田坎上走。

王大維、周烈範都先後他調。烈範是調在杭州「軍統」的一處訓練機構，從此他便扶搖直上，不再屈居下位。

接替他兩人的是徐奎燄、丁大沛同學。奎燄在第十一團，既與團長同宗，且原係軍校六期同學，長我好幾歲，按說，必能與徐團長十分相得。況有周烈範所打下的基礎，而且，這兩三年，我夫婦與徐團長夫婦也有了深厚友誼。誰知大謬不然。此與奎燄成天到晚的苦瓜臉，對人冷淡有關。當時，只以為這是由於他的性格使然。四十多年之後，偶然想起這段遇合，方了然，應是奎燄屈居下位，心情悶苦。

丁大沛是自西北分處外調的。二十六年一月，他告訴我一個消息，說我原有調差陝北之說，以西安事變，西北分處結束而未調。果爾，去了陝北，小家庭就不能保有在曲陽這一年多的平靜生活。這調動必起因於秋間西北分處的視察。視察專員李肖白，他的觀點乃是，要求所有政訓人員，必須澈頭澈尾，表裏一致，完全是一個軍隊政治工作人員。而壽堂不是這樣，四十多年的政治工作，所有的人都異口同聲，喟然嘆息：「朱某麼，他那裏像個政治工作人員，笨嘴笨舌，又不善迎合人。」況且，對上級主管人事者，並非不熟，也並非關係不夠，卻從不知打點打點，至少也當多連繫連繫。風評之不佳，乃緣如此。

曲陽離北平，較之大名近了好多。聞鍾乃常有去北平清華園，探望他叔父一多。每去一趟回來，總說起這位大詩人、學者的感慨：「大難當頭，我們這些書生，要怎麼樣才能奮起救國呢？」聞鍾的堂弟兄姊妹也多，思想行為傾向，很難求其齊一。

此時際，同僚中最有成就感的人，既非我這位處長，也非詩人、書畫家、篆刻、金石家的史紀人，而是全處階級最低、年紀最輕的少尉書記高雲清。雲清筆名高詠，是漢口時代日報副刊「時代前」作者群的健將之一。利用「時代前」的篇幅，高詠獨編「詩與散文」週刊，百分之八十的文稿，均出自他一人之手。週刊到了曲陽，高詠以之摺疊成書頁式，保存、分寄文友之餘，有一份是寄贈北平圖書館。每期皆得到北平圖書館編號的回片，已予典藏。

高詠以大名、曲陽所見地方政治、社會情況，寫了一部長篇小說：「隨糧代徵」，並未怎麼仔細琢磨，再四修改，寄給在上海的巴金，很快就由文化生活出版社出版。高詠獨居辦公處所的一間房內，孜孜不息的寫作，而有此成績。他過著儉樸的生活，買上海一折八扣的書來看。一折八扣者，按定價一折再打八扣，即是一元定價只要八分錢，削減了百分之九十二。

惟獨一件事，高詠掙扎了許久，直待到了曲陽之後，才把它做好。政訓處公文不是太多，但每天總有兩三件發文。公文的繕寫全由他一手包辦。除了每月的工作報告，文長四、五千字。一般公文都很簡單，繕正後，經過他細心校對，我取來大略一看，總有發現錯誤。我從未責備，而只是說他不夠用心。他很不服氣，說：「我已經是用心用意校對過了，怎還會有錯誤呢？」我分析道：「這原因很簡單。你雖然確是盡忠職守，但你做這事情也確是十分之味，興趣毫無。不見你自己的詩文寫作，以及跟朋友們寫長信，怎地極少錯誤？」

史紀人夫婦發生了悲劇。他兩人有個計劃，一直在慢慢的向前進行。生活極度儉省，吃小米飯過活。一個月用錢，不讓超過十元錢。生產後，也不恢復原來吃白麵的日子。這是在靈壽城。他倆想，這樣苦撐兩年，可儲蓄到兩千元錢。然後請長假，回到江南，去蘇州城定居，開一家畫室，夫妻兩以書法家、畫家、金石家、詩人身份，度其神仙眷侶的名士生活。

爲了使生活更美滿，他倆把小孩寄托農家，帶了一千元去北平，住協和醫院，求矯正他太太的跛腳。未料跛腳年月過久，而產後失調，營養缺乏，手術後，出血過多而不治。紀人受此打擊，靈壽再也住不下去。由十二團政訓員調回政訓處當秘書。

他再也沒有想到，曲陽城好些人欣賞他的才藝，寫幅小字畫，刻刻圖章送人。於師部各處以及地方各機關，交了一批朋友，儼然是具體而微的蘇州城名士生涯，只是，並無其他同道，而且他還著軍服。我的一方「南北飛藏書」大石圖章，就是他這時期特意送我的，筆法與篆刻，典雅遒勁，風格甚高。還有一幅花卉的小條屏，一把宜興茶壺。

東衡夫婦也好愛重他的才華。他喪妻百日之後，於祭悼已過了半個多月，東衡特告他，說孫大嫂早自北平有信來，要把一位大家閨女唐小姐介紹給他，且已先向對方說過。唐小姐是東北某巨公內侄女，活潑健美，大學剛畢業，只以思想有點守舊，又自視甚高，旣無男友，也不輕易接受親友介紹對象。但對孫大嫂之介紹紀人，則甚感樂意。唐小姐父母都在東北老家，只她一人在北平。

紀人答復說，他很高興有這樣一位閨秀，確有紅粉知己之感。但是，哀悼之情，一時還未盡消失，目前難以接受這種安排。如果接受了，良心至感不安。他越這樣說，東衡夫婦越有興趣要做這個大媒。過不些時，總爲他誇說，唐小姐如何如何好。且說，唐小姐看到了紀人夫婦的照片，書畫、詩、篆刻，很表現出傾慕這位江南才子的心態。又屢屢催我夫婦打邊鼓。

延宕了大半年，終於由東衡夫婦跟我夫婦設下圈套，我假公濟私，派他出差北平，限時一星期要在北平辦妥，立即趕回曲陽。紀人樂意此差遣，他好去琉璃廠買些文墨、顏料、紙張、書册等。孫大嫂再安排下圈套，請當事人兩方到她家吃餃子，且請唐小姐先到，幫忙包餃子。天衣無縫的瞞了他兩人。

不出我們四人所料，一頓水餃、家常飯食之後，兩人果然一見鍾情。孫大嫂於是趁機說，好久不去中山公園，次日午間，請他倆到來今雨軒便餐，而且即刻電話定座。紀人留北平限期只有三天了。好在，他的公事已完全辦畢。

事情急轉直下。次日午餐，孫大嫂也是事先安排，飯還未吃完，她道慈診所候診病人來了電話，說有位老太太急症，務要孫大夫去她家診治，已把藥箱取走，老太太家就有汽車開過來了。果然，一刻鐘後，一位先生說是老太太的侄兒，急急找到來今雨軒，把孫大夫接走了。其實，這全是做戲，爲了撤除「電燈泡」。也足見咱們朋友的熱忱。人之常情，**但有好姻緣，誰都樂予促成。**

兩位當事人午餐後去遊北海公園，邊談邊走，不覺黃昏日落，去雙虹榭房間裏晚餐，又談了好久。晚上九點多，紀人送唐小姐回家。次晨，再接她泛舟北海，五龍亭午餐。晚餐再到雙虹榭盤桓許久。第三天照樣，只是離雙虹榭時，已是十一點了。紀人回到曲陽，立即欣然十分的告訴我這一切經過——可是，有一點直保留到盧溝橋事變之後，我們上廬山暑期團受訓，在漢口去九江的輪船上，紀人告訴我，他第三天晚上，閃擊戰的劉阮上天台。細節情形，任怎樣追究，只是不招。

八年抗戰，唐小姐一直未離開北平，這段姻緣終因國家社會的鉅變，就如此了無結局。相同情形者，不知還有多少人！**戰亂鴛鴦，難以自己操縱**，古今中外所同慨。

師部出刊了石印的「努力週刊」，汪大民主辦。按說，此屬政訓處職責，不過，事前王師長曾知會我，說軍法處太清閒了，所以由他辦，要我多加協助。我唯唯，不多說第二句話，以表示我的不悅。二十六年春，中日外交談判，我外交部長張群堅持立場，表現了自甲午戰爭以來，從所未有的強硬態度。四十多年中國屈辱忍讓已到了極點。這幾年來，南北各報紙，凡提到日本浪人在中國之爲非作歹，以及凡關涉日本者，報上都不明說日本，而以××代之。四月一日，我寫了「緊握拳頭」一文，主要點爲張群喝采，送週刊刊出，獲得全師官兵極大共鳴，贊許不絕。

六月二十一日，星期一，總理紀念週，我講「推測中國出兵對日本的時機」，後段關於東北的一些敘述，不覺聲淚俱下，聽衆多受激動。這是騎兵四師師部所舉行的最後一次紀念週。十多天後，便發生了盧溝橋事變。

初到曲陽，先去政訓處點卯，交代幾句話之後，即回家歇息。青滿面微笑，迎我歸來。此後，有幾次小別歸來，青都是以這種微笑，擁抱著我。

曲陽城沒有西醫診所，產科大夫、助產士就更不必說了。青挺著大肚子，也就得不到按月檢查的機會。臨產前幾天，才伴送她到定州西關外的救世軍醫院，讓她一人住下待產。

這家醫院開辦未久，裏裏外外都還是嶄新的。當地人極少來看門診，住院的也少。醫師、護士和管伙食、管庶務的師母們（都是救世軍的教友），成天到晚閒著沒事幹。青的到來給他們添了好多話題。我們首先把上年大女兒小萍的夭折告訴醫師。他們深具信心，對這位全院唯一住院的產婦，必能照料得十分妥貼。我倆當然也極具信心。病房裏無第三個人，夫妻倆娓娓細語，爲這個未出世的孩子，多方的陳述一些理想。一切都妥當了，重重拜託了人家，我便回曲陽城。

得到消息，說孩子要出生了。我從曲陽趕到，孩子早已下地，二十五年九月廿九日，中秋節前一天。是二弟爲她取名秋影，大家都叫她秋秋。

本想讓青多住幾天醫院，第二次來探望時，她向我哭訴，護士不盡職，增加她好多不便。剛剛半個月，便回曲陽了。怕騾車顛簸，只好花了高價，雇一付架窩，三頭騾子馱載的。緩行五小時餘，由定州到達曲陽。在架窩上，人可躺在被褥上。我只怕青母女遭受風涼。

架窩的構成，一頭騾子在前，兩頭在後，這樣扛載了架子上的「窩套」行走。其行走速度，比人們步行還要慢一點。雖然平穩，但免不了扭扭搖搖。這種交通工具，多半在北方的山道上，給那種不能乘馬，也難以騎驢的人們，而出得起錢的「老財」們來雇用。秋秋在架窩裏，自然是很舒服。

夫妻倆初初爲人父母，每天忙得不亦樂乎，孩子一天比一天的，逗人喜愛。我們想法單純，只是一廂情願的設想，等這孩子長大了，要把她教養成一個**北平的妞兒**。

春間赴南京開會，買到一本好書「達生篇」，是一對夫婦醫生的合著，論究自胎孕至嬰兒期的兒童保育諸課題。**女醫師初爲人母，逐日記載著嬰兒初生的生活情態，出諸中西醫學觀點，並歷代中國母親們的經驗**。達生篇，本是昔時中國一部通俗醫學書的書名，說妊娠與育兒的事。達生，出諸「莊子、達生」篇：「達生之情者，不務生之所無以爲。」後世以爲不受世務牽累之意——醫家則強調其生命宏暢通達的理念。達生篇書名，眞是再好也沒有了。

爲了秋秋，夫妻倆也免不了拌嘴。假如孩子一哭，我就去抱，青說，那會慣使了孩子。我也免不了有點做丈夫的抱怨，妻疼孩子，我受了冷落。當然，我不會有一絲嫉妒。爲父母的，誰不深深愛自己的孩子。

王師長的父親在北平去世，擇期在北平出殯安葬。這年十一月底，師部各幕僚單位主管，還加上另一部份人，各團團長，都先後前赴北平。有的關係親近者，搶著爲這大出喪幫忙，其餘則只是臨期去到廣化寺，做法事，湊熱鬧，出殯，執紼，送葬到西山。說起來，這是極不安全的行動。部隊處在國家政治危機待變的前進據點，所有部隊長、主管人員都來北平了，出了甚麼敵情，那能一下子離開北平，各奔防地呀？放在中央軍的軍師長們，蔣委員長看得緊，就不敢這樣了。

冬季，相當冷，我住北平沙灘公寓。特意爲此選擇，乃在體驗北京大學學生校外的生活。早點，烤麵包、牛奶、豆漿。卻不知道嘗味北平人的嗜好，飲「豆汁兒」。午飯、晚飯，也有時就在附近的飯館，特別感覺其經濟、實惠，風味與王府井大街，前門外諸餐館，迥然不同。

半月的北平之旅，頗有番享受。先是在定州，買了一位同學的厚呢冬大衣。爲了要在王老太爺喪事諸種場合，必須著便衣。到北平後，又在西單商場買了兩套西裝，藏青華達呢的，絨呢的，另配了一條褲子，兩條純色的領帶，一黑一藍。還有種新品，男性皮鞋上的「鞋罩」，多麂皮製，面子乃是要用皮的反面，略現絨毛，染成絳黃或銀灰色，裏子則襯以白絨布，它的功用是，覆蓋腳背、踝骨、腳後跟，使得皮鞋有如皮靴。這種男士特殊的裝扮品，只北平才有如此的俏皮，顯現一種紳士風貌。比著皮靴要透氣些。又專程去王府井大街，同陞和本店，買頂深灰色的呢帽。

有件事極難忘記。花了八元錢，在王府井大街的一家大百貨公司，買了一套羊毛衛生衣褲，薄的，米黃色，英國貨，十分柔軟。穿在身上，睡公寓的冷屋子、硬板牀，暖和極了。平生首次穿純羊毛內衣褲，眞是無上享受。想起父母如今在武漢過冬天，還沒有皮衣穿，心裏極其不安。第二天，把它包紮好，硬拿去退掉。後來，隔了兩年多，在長安爲老人買了皮衣，我也不曾再買羊毛內衣褲穿。可以斷定的是，壽堂一生當中，就只是這麼穿過一夜而已。誰知此斷定，後來給乾女兒莉莉打破了。莉莉自回澳門後，隔不幾年，必由香港來臺北，看她姑媽和我夫婦以及她的好友星兒。每年來，總爲我帶好多貴重禮物。七十七年她本人未來，是讓妹妹心倩帶來的兩套英國貨羊毛衫褲。在臺北最冷時著用，尤其八十年初歸大陸，春寒時著用，保暖極了。離大陸時，把它留給了么弟。冬臘月隨常薇兩去西安，我不能不跑遍臺北，好不容易買了兩套。如今老年，不著此衫，不保暖也。其初，本想告莉兒，以當年這段辛酸而未果。今述入雜憶，倒也好。

特地去燕京大學看劉克讓（他原名澤杰），略略領受這所貴族大學的風光。王府紅漆大門，好氣派，爲北京大學、清華大學所不及。校園開闊、寬廣。未名湖已結冰。我那天去是在晚上，看不見上課的情形。只遇到少數女生，校園行走，多著皮大衣，高跟鞋，如貴婦人。男生自然以長袍、西裝褲者爲多。**凡服飾較寒傖點的男生，多半功課好，讓女生們傾心。**我注意到社會學教授許德珩姓名，這是位思想相當左傾的人物。果然，他們的「民主牆」（其時，這個名詞還有待興起）上，很有些近於共產黨思想的意見，在當時社會，是會引人驚訝的。克讓引我去參觀女生宿舍外的交誼廳，男女同學的約會，極羅曼諦克的。

到南苑二十九軍軍部，看過家和兄。家和跟克讓同是民國十八年煙台時期同事。他叔父過之瀚跟宋哲元有很深關係。老友相逢，談了許多這幾年自身遭遇，特別是關乎中央軍、西北軍、東北軍以及已經消逝了的直魯軍。同爲中國軍隊，只以鄉土情分，歷史地方背景，軍頭們作風之異，而顯出差別。要非八年抗戰的後此歷史局面，這差異硬是不易融合。我略爲看看二十九軍軍部營區，家和不讓我一下子離開，硬要陪我進城，盡地主之誼，招待我洗澡、上館子。北海，雍和宮，陶然亭，景山，也都玩過了。

北平女性的俏麗，大方，總是特別迷人。

素若的介紹，得以去北平圖書館地下報紙庫房，就架上取閱所藏，一大本一大本的舊報。我的目標是，民十六、七年的北平晨報，使用大卡片，抄摘歷史資料，由於一些現代中國史書册的敍述，不夠我「女人」寫作上的參考。

也就在抄卡片的前後，在東安市場舊書店中，尋得了兩種極適用的書刊。半粟編著「中山出世後中國六十年大事記」，民十八年四月，上海太平洋書店版。那幾年裏，太平洋很是出版了一些社會科學、歷史的書册。之後，似乎功成身退，它歇業了。此書敍事，起自一八六六，止於一九二八。全書七八八頁，而一九二六至二八年史事，佔一半篇幅，逐日都有記載。正是我所著重的那三年歲月。這本書，一直在手頭，直用到如今。

天津「國聞周報」，民十五、六年的合訂本。國聞周報對於每一星期國內外事情的評述，比半粟大事記更見詳盡無遺。若早有此書，就用不著去北平圖書館地下室挨凍了。

在北平的重要購置是，我買了一部收音機，連同兩部備用的大電池回曲陽。體積龐大，攜帶甚費力氣。把它裝在客廳的窗台上，晚上剛一扭開，首先就聽到：「張逆學良，張逆學良」一迭連聲的報導，說是昨天發生了西安事變，這消息，可眞駭人到了極點。

據曾虛白主編「中國新聞史」（民六十六年三月四版，臺北，政治大學新聞研究所發行），中央廣播電台初設在南京丁家橋中央黨部後院曠地，十七年八月一日開播。其初電力甚小。次年擴充為五萬瓦，是向德國德律風根公司採購，新機裝置時卻變成了七萬五千瓦。原來外國生意人為經辦人留下了百分之二十的回佣，由於當時我方，誰也不願要這筆回扣——本是可以正當明份的分肥呀，一絲也不算貪污。**德國人認識了中國國民黨廉潔政治的精神**，他們自動加了二萬五千瓦。這件事，是陳果夫於三十八年九月十三日，在臺北寫給張道藩的便函所透露。二十五年中廣要擴充短波電台，向英商馬可尼公司簽約，原為二萬瓦的計劃，也由於同樣原因，變成了三萬五千瓦。

當時，日本軍閥對我中央電台甚為害怕，名之為「怪放送」。因其時日本全國僅有一萬瓦的電台五座，其總合尚不及我一座電力的強大。誰會想到呢，在中日國力懸殊之下，這項對比，太突出了。要知我們是處處皆落在日本之後呀。

中央電台音波，及於全國各地，日夜收聽均極清晰。海外收聽也有相當效果。

曾虛白評論說，中央電台的宣傳與社教功能，發揮得極高，非金錢所能買到，的非虛語。眼前的例子，是本師副官長楊泰昌，他只要不上班的時間，日夜都聽廣播，而使自己精神深處，有若干的改變。壽堂亦復如此，我以好玩的心理，聽兒童節目，孩子們的大姐姐口吻講說，聽著聽著，每每至忘我之境，彷彿自己也是個孩子了。當時，全國各縣城乃至鄉鎮，都有受過相當訓練的人，夜間收聽中央電台的新聞廣播，予以錄記，次晨即張貼出來。因為除非大都會，早上可看到當天報紙，絕大多數地方，都有如曲陽城，當天報紙得下午才能看到，電台廣播乃為人們重視。

曲陽城有不少自關外隨軍來的太太們，她們自然對張少帥有一份眷念、擁戴之情。可是，在聽到西安事變的消息之後，頗有人立即禁不住感傷哭泣。說：「這一來，我們怎能回老家去呀？」眞相未弄清楚之前，大家都只能說，這太出乎意外了，太出乎意外了。

本師會有甚麼舉動呢？不敢逆料。我立即斷然做了這樣決定：

一、萬一有甚麼變故，只有坦然受之。

二、保持平常的生活態度。

三、估計自己對部隊難於發生甚麼影響力，也就不必特有作爲。減少跟下級幹部以及班長們這一階層的接觸，以免引起部隊長的疑慮。

四、稍稍減少早晚城郊散步，免得人家誤會，我要逃跑。

跟師長、崔靖華等人，隨時坦誠交換對於時局的意見。

西安事變的政治因素如何？作種種揣測性的分析，也從人情上來加以考察。這分析、考察，只自己悶著頭來做。風聞有極少數人議論：怎麼還不把朱某人抓起來呀？

對這種風聞，我笑笑，不表示絲毫意見。也不跟同事們討論，更不與青提起，怕引起不必要的驚惶。心情上終必有些波動。如何排遣時日呢？除了從廣播、報紙、期刊上所發出的訊息，密切注視情勢的發展——無疑的，天津大公報的社評，尤其是致西安城東北軍官兵的一份公開信，爲西安事變所作的評論，很教人心信服。除了日常閱讀，無甚麼改變，特找了張恨水的幾部小說來讀。

張恨水小說中的北平諺語不少，引起輯錄的興趣。同時也寫記一些，這幾年在本師所聽到的東北諺語。乃使民十九年開始的武漢鄉土諺語採集，向前邁進一步，擴展爲全國性的諺語採集。飯桌上談話，姨媽提起的諺語較多，我採取有聞必錄主義，即刻放下筷子執筆寫記。要不是這樣抓住它，過一會，每每再也記不起。「俗語輯錄」，乃是這樣因西安事變，而寫記成册。

西安事變，爲中國現代史的大關鍵。給予中央政府好大的創傷，「安內攘外」的國策，因而中止。中國共產黨有了轉機。全國人心的歸向，有了一個測驗。日本軍閥感到分化中國之不可能，侵華戰爭，乃隨時有一觸即發之勢。如蒐集到了此一時期，平京滬漢公、民營報紙，加上二十種主要期刊的評論、報導，即可知悉西安事變種種情況。非如民八十五年在臺北所見，大陸電視連續劇述說之偏失連連。

壽堂的上級機關西北政訓分處，因西安事變而瓦解，主要負責人，如王超凡、曹敏等上十人，先受張、楊的拘押，那半個月裏，隨時有提付槍斃的可能。事既平息，又以待罪之身，在南京拘押了一個短時期。其實，事變前情勢不穩，西北分處非無所知，已有情報上達，無奈上級不聽。至此，蔣委員長盛怒之下，大大申斥西北剿共總司令部參謀長晏勳甫，西北政訓分處處長曾擴情，分別受到「無能」與「無恥」的指摘。

騎四師政訓處的上級機構有了轉移，乃直接受南京軍事委員會政訓處的指揮。一月三日，得悉西北分處人員集中鄭州。因於次日離曲陽車次高邑，而他們已過徐州。乃中止前去會合。至邢台，再北上高邑，到保定而返。

武漢家中，卻發生了鉅大事故。二弟仲波、么弟成北、袁勁遺孀王小鶯並金輪的兄弟曹應衡，被情報機關武昌站所拘捕。由於他們參加了民族革命解放先鋒隊（中共外圍組織，簡稱「民先隊」）的活動。父親也一度被拘留。這是民二十五年十二月二十七日的事。直到一月九日，我從保定回曲陽那天，才得知。父母不欲早告訴我。因爲西安事變的那半個月，家裏也爲我的安全擔心。那知一波未平，一波又起哩。侯一先在武漢，營救的事，全委之於他。不久，么弟、小鶯、曹應衡先後被釋放。這時際，我沒法回到武漢。即使回去，我也無甚麼辦法，因爲武漢軍政機關我毫無關係。挨到三月初，我方回武漢。

經過多方奔走，見到了情報方面武昌站的站長朱某。此時際，國共合作的新形勢，正在逐漸展開。仲波被押在秘密機關，總算沒甚麼大危險了。這等機關，是在法律以外的一種權力，它可以將你秘密處死而不露痕跡，也可放逐你到天涯海角，囚禁於邊遠地處。認爲有公開處理的「價值」，方移送軍法審判。極少的，方送司法審理，擺擺樣子。凡被拘禁在情報機關的「犯罪者」，經過了那裏主管、承辦人、看守者爲所欲爲的優待、折騰——總之，可視爲一種侮辱、玩弄，他在精神上自必產生一種反感，受難者一腔怒火，一經釋放，他的反叛心意，只有比從前更見堅定。

我跟二弟「南北飛」的文學通信，自是全部給搜走。人家的研判，或許對我這位任師政訓處長已滿三年的人，也不無疑問，而留下一些記載，不知有否通報我的上級？那年頭，情報機關可謂高於一切，它爲國家最高統治者的耳目、心腹、爪牙，可信、可威、可怕。

不留在武漢的兩個禮拜，找這位站長好多次，方見到他。他說仲波跟南京、北平都有關係，不是簡單人物，一時難以釋放。後來在臺北，倒是屢屢碰到過這位朱先生，頗有交談。看訪親友、同學，陪母親弟妹走抱冰堂等處散心。有一件事，教我大感愉快的，乃是一先好友陳聲鏗，原來他也是十六年夏秋，江西、福建、廣東長征中的伙伴，使彼此情誼更進了一層。

當時部隊通信裝備還不是太充足。政訓處辦公室無電話機，跟我們同駐城隍廟的無線電台也無電話機。我跟參謀處長田學周夫婦同住一個大門裏的前後院，以及副官長楊泰昌家，自然是都沒有電話。彼此串門來往，極少事先約會，都是隨時來來往往，時間早晚，休假與否，都少有顧及。

西安事變平息之後，王師長每有惠然駕臨我家，比從前來得稍勤些。爲了要多談一會，總是讓衛士先回官邸去。按禮貌上說，他也該順便走到後院，看看學周夫婦。在曲陽城那一年多時間，他來我家閒坐，總有十多次罷，剛好我總在家，他一次也未去過後院。當時無人認爲這樣有甚麼缺失。師長勿庸對屬下那麼多禮，而政訓處長係客卿地位，師長這麼樣的接觸，乃適宜的舉動。一月二十七日，天色陰霾，雪意甚濃，我起牀得遲。午間，他來訪，春風滿面的談話。現在想來，他應是司令部下班回官邸，順道彎到我家。隔不幾天，二月一日，晚飯後，王師長來談，先言哲理，次說時局，末了他推介「新時代百科全書」之可讀。其實，這天上午十時總理紀念週，他講時事問題，已經見過面了。

王師長如此殷勲相待，頗有撫慰與加強連繫的意味，明眼人皆可強烈感受得到。曲陽城入夜，街巷無燈，店鋪也不多，若非有月亮，晚上串門，得提馬燈，或用手電筒，照明道路。

在曲陽，我竟然把教育局所藏的一部二十四史，整個的連櫥架借回家來閱讀。也是，曲陽城竟無人使用此書。那正是秋秋出生前後。大約借讀了兩個多月，方還給人家。四十多年之後，有一天，不知怎麼想到這件事。假如當時有人陷害、誣賴我，說我勒索地方，這豈非贓物俱在，那有這樣借書的呢？年輕時太不懂事。

良友圖書公司推出了一部「中國新文學大系」，我預約了一部，展閱之下，頗感欣快。

上海生活書店更進一步，二十五年開始，由鄭振鐸主編「世界文庫」，揭載中外古今不朽文學佳著。振鐸把自己十多年來，海內外博覽、搜購到的好本子，以及編刊工作當時在京滬蘇杭公私藏書、集中全力強化作業的加緊搜集，據多種版本校讀，推出了這部好套書。例如魯迅譯了「死魂靈」，當年十月他便故世了。「金瓶梅詞話」，特用了些好的版本，鄭氏做了精心校勘。第二年，他們更改出版序列，不採取混合編刊方式，改出單行本，每月出版外國之部一卷，全年十二卷，約三百五十萬字，每隔月刊中國之部一卷，年六卷，一百五十餘萬字。全國名作家都受邀參加編譯工作，**譽爲中國文壇的最高努力**，確不爲過。

抗戰既起，上海文化、出版，給敵人砲火、搜查、蹂躪，破壞殆盡。它是軍部作戰指導方針，蓄意如此，並非戰事波及而如此。後此四十年，海峽兩岸阻絕，回顧「世界文庫」這種大力的出版，眞爲空前之舉，可嘆，可嘆。

二十五年「申報年鑑」首册出版。以後可逐年編刊，也因戰事而頓挫。

二十六年，上海開明書店編刊「月報」一種，每月一册，係文摘性質，廣摘全國報刊重要文章且兼及電影廣告。格調、取材不偏失，摘錄肯要。跟著，有孫寒冰的「文摘」，也爲月刊，內容、型式，比「月報」要略遜一籌。後此重慶時代的「文摘」續之，名同而實異。

「月報」、「文摘」劃時代的作爲，同樣因抗戰而中斷。後此五十年，雖有同性質的期刊，而難以媲美。重慶時代的「文摘」，篇幅薄薄的，內容偏重在政治方面。抗戰勝利之初，西安有「書報精華」月刊，若以「月報」爲一百分，這月刊勉能得二十分。四十一、二年之際，臺北，陶滌亞編刊的「半月文摘」，意思意思而已。張愍言附在國語日報的「書報精華」，取材更狹。其後臺北，有孫如陵「中國文摘」，只在文學方面。林太乙在香港編刊的中文「讀者文摘」，果然精選，但卻不是當年「月報」、「文摘」那樣，硬要達到廣摘全國報刊重要文字的要求。惟有這種要求，方能使讀書界擴大視線，愛書人不至於只拘限在主編者偏好的單一課題之內。

南京出版的「中心評論」，軍委會政訓處購來寄發。或許是黨政機關的外圍刊物。連載陳英競游記，文筆簡潔可喜。

張申府「所思」，哲學小品，隨筆式出之，每則爲文無多，特爲我所喜。

羅馬時代，西塞羅專文「論友誼」，眞光輝燦爛，不朽之作。

天津大公報，每天必首先讀其社論。自到北平時起，有十年光景，喜好大公報，過於所有報紙，總是先讀其社論。民五十年之後，凡屬講學，談論報業或新聞寫作，我總必提出這一論點：中外的報紙，還沒有第二家，一到讀者之手，不管國家元首、政治家、學者教授以及一般人士，能夠如此持續十年之久，迫不及待的，每天要先讀其社論——要知，百分之九十幾的報紙，社論每每是讀者望望然而不予閱讀的。此實中國新聞學史最可稱道的大事，値得學者詳加分析。那兩年，大公報看了捨不得丟，每月裝訂成册，後來裝了兩麻袋，好不容易運載。

北平、天津，河北省各地，各階層人士凡訂閱大公報，幾乎無例外的，必也訂北平實報作爲附帶。實報，四開小張，每天刊出一張，新聞取稿精簡，閱讀不費力。它之精編，爲當時國內各地許多四開小報所不及。如南京——朝報，青白報，救國日報，南京晚報，南京白話日報。上海——時代日報，小日報，大陸日報，上海日報，世界晨報，金鋼鑽，晶報，羅賓漢，鐵報，福爾摩斯。後五種，不以時事新聞報導爲主，而重在內幕新聞與月旦人物，動輒敲詐當事者。其時幾近二十家，報販攏總合在一起，銷售於上海、江浙以及武漢各地，人們以絕對消閒讀物視之，一角小洋一大捲，看後即扔。漢口——武漢時事白話報，漢口晚報，新漢報，大漢報，太陽燈。就在北平當地，十幾家小報，每天必有彼此比較，互取其長，而就是趕不上實報。

北平城鄉，有的人甚至每天但看實報就已夠了，而暱稱爲「小實報」。有意思的是，實報副刊即是以「小實報」爲名，其主編爲王柱宇。他每天在副刊上都有一段文字，類於目下各報的「方塊」地位，而字數多上一批，可稱「特別專欄」，十分的吸引讀者。二十六、七年，有一年時間，王柱宇儼然成爲北平城的偶象人物，他但憑人家寫一封信來，即能據以診斷各種疑難疾病，開方子給藥，也給精神治療的訣要，每天述說這些玄之又玄的事，無不神氣活現。北平社會信從這種玄說的人，比當時全國其他各地，要多十倍而不止。我本十分欣賞北平實報內容與編排，惟獨對王柱宇的玄說，深惡痛絕。屢想蒐集資料，仔細分析，爲文評譏，猛烈抨擊之，終以無時間捉筆而罷。也因王柱宇搬弄一些世俗觀點，有其不易駁斥之處。

實報發行人管翼賢，湖北人，儼然爲北平六十家大小報紙的領袖，冀察政務委員會以及二十九軍，凡有甚麼集會場合，他都受邀爲首要貴賓。沒想到罷，北平城一淪陷，他就成爲華北僞政權的新貴，不在乎自己當了漢奸。適才電話詢問林海音大姐，她還記得，說前幾天，還有人談論這五十多年前的小實報。管翼賢本已離開北平，是因他近視眼二千度的太太，人長得醜，吃不了苦，不願逃難，而扯住了丈夫。

再問實報半月刊的事，林大姐可記不得了。不知是否因她小我六歲之故。本想再問長我四歲的陳紀瀅兄，但陳兄近來重聽，電話連繫困難。就不想再問他人了。

實報半月刊是在二十五年發行的，雅俗共賞，一時紙貴洛陽。主編維保吾跟王柱宇完全相反。我很快的，忍不了，跟他通信，他的書翰，清新灑脫。後來，去北平，見到了他，湖南人，年歲與我相若，更覺人如其文。我倆曾有一起觀劇，他偕女友危慧慧小姐來，一對璧人。其明快、俏麗，使我甚難忘情。

張益弘老弟的第一本書「哲學概論」出版，自上海寄來，結構嚴緊，敘述簡潔，讀來每多欣然。

北平東安市場舊書店買得的「古今大哲學家之生活與思想」，美國人所寫，譯本開明書店版，書甚厚。從希臘哲學直說到十九世紀的美國哲學家。其論證，先述其生活，次論哲學思想概要，未作綜合評論。周延、平允，讀得極滿意。只美國哲學家部份，膚淺、無可讀。缺憾是，毫未涉及中國部份。後來，特加綠布面裝訂，護其陳舊，美之曰「綠皮書」，不時瀏覽。

陳伯吹的童話，以現實社會生活作題材，讀來極見意趣，比葉紹鈞諸作要進步。跟二弟仲波所寫的一些童話，堅實、苦硬，品格大不一樣。

讀朱其華「一九二七年底回憶」，與之通信，他的字寫得雜亂亂，稻草窩似的，令我驚異。後來王曲共事三年，似未提到這段往事。未想到罷，與朱其華情結六十載，民八十三年動筆，八十六年完稿，以他爲主角，寫了一部二十多萬字近乎長篇小說的「一九二七，悲情史話」。這六十多年來，除曾寫過幾篇短篇小說，大結構的小說篇章，不曾爲之。在曲陽，二十五年九月間，因汪大民的不斷刺激，「深秋集」始筆。直寫到現在，五十多年，凡屬長篇非詩、小說、隨筆的撰述，都收於此。內容龐雜，斷斷續續，賴以使非文學性的論述，沒有久受擱置。

二十六年春夏，想寫劉桂堂傳。向部隊老軍官們，探詢這位「劉黑七」草莽英雄的事蹟。他們都直搖頭，以爲此人不値得去寫。華北民間，則津津樂道其行動飄忽，戰鬥力強，以及純然的孝行。

我率同團政訓員，分別各自防地啓程，集合武漢，前赴廬山受訓。七月八日晨五時，離曲陽，到定縣，南下火車誤點，據說是前方發生甚麼事故。方確知盧溝橋事變了。北平的客車開不出來，直到晚上八時，乃是從長辛店開出的一列客車，載著我們奔向漢口。

第九節　抗戰前夕北平

我夫婦，帶著八個月大的秋兒，侍奉著孩子的姥姥，老幼四人，到北平度假。秋兒就在這樣的年歲，已經表現了她聰明、活潑、勇敢、正直、有理性。圓臉、高鼻樑、大眼，乖乖胖胖的女娃，一路上，逗起多少人的喜愛。在北平電車上，更是常遇到西洋婦人，臨下車去，還對這孩子依依不捨。秋兒給我們做父母的，多少驕傲和歡喜。一到北平，就給她買輛藤車，坐臥兩用。張起小小的涼棚，推了她，街頭散步。不可忘的印象是，我們這樣的遊太廟，寧靜蔭爽裡，孩子睡了一個最舒服的午覺。我夫妻倆不顧計現實的幻想，希望這孩子長成爲北平的妞兒。

記得頭一頓飯，是在東安市場對過飯館樓上雅座吃的，冰鎮杏仁豆腐，最爲秋兒所喜。三個大人只要逗得孩子開心。而我夫妻，則儘量想對老人善盡孝道。

大清早，就看到當天報紙，乃是這三、四年在大名、曲陽所難能。

特別去看李素若兄。去年，西安事變前，看到他，他仍然是把我當做是政府當道的一份子，而予以指摘：爲何還不抗日？是不是你們政府中人與日本有了勾結？否則，你們怎麼這樣怕日本，這樣對日本人忍氣吞聲？報紙上凡是談到日本，都不敢直呼其名，盡打××呢？……我只有淡淡的解釋，難以使他滿意。

這次北平的會見，他可是全部的熱誠，整個的瞭解了。西安事變揭開了好多政府的秘密，使朝野距離縮短到最小度。素若兄見到我，不再斥責，而只說慚愧；但也有點責備：你們爲何不申辯呢？豈可太是打一棒子不哼一聲嗎？他特別歡宴了我們老幼四人，大大讚秋兒的乖好。

此時，日本的華北駐屯軍早視平津地帶爲其禁臠，他的特務機關，驅使高麗棒子爲其爪牙，高麗棒子從特務機關指使的日本浪人手裏，弄來海洛英，販賣給吸毒的一些中國人。你如果因爲吸毒而弄得遊手好閒，傾家破產，好，那就是「白麵鬼」，要聽憑他們指使，他以毒品控制你整個人。

潘人木「蓮漪表妹」（初刊本，民四十一年一月，臺北文藝創作社。後來，純文學出版社屢有再版）壽堂手頭有其民七十四年十二月，著者校訂最新，純文學出版社版本。這部長篇小說，可看作是五十年代之初，現代中國文學創作上的里程碑。四十多年，不管怎樣時與世異，壽堂屢屢讀之，都引起無上的激賞。無它，乃緣八年抗戰之前，那幾年，我曾跟北平共過苦難，一如「蓮漪表妹」中那一群大學生們。

凡屬青春年華，曾生活在故都的朋友，未有不深深在精神上，有其北平情結。文學創作者，則尤甚焉。試略舉幾位現代中國文學史上的人物。

已仙逝者，若謝冰心，胡適，劉復，齊如山，趙元任，羅家倫，老舍，沈從文，齊鐵恨，洪炎秋，陳紀瀅，蕭乾，方師鐸，魏希文，穆中南，宋膺，依風露。

健在者，巴金(他早期乃在上海)，張佛千，夏承楹，林海音，張秀亞，王藍，張大夏，羅蘭，叢靜文——而潘人木乃筆致最剛健、活潑、明敏的一位，雖然她自稱太懶，不太輕易動筆。

後進的年輕小說作者，多的是，但如求之他必須有其深厚的北平情結，則當今之世並不多了。今日大陸，崛起不少新起的小說作家，可是，他難得有那份盧溝橋事變前，那幾年北平的苦難煎熬的情懷。若桑曄、張辛欣「北京人」，是口述實錄體的方式，多篇雜寫匯集成書。

此所以，寄希望於潘人木。請潘大姐恕我，硬必燒起這一把火來。您如果惠然下筆，必具有民族史詩的價值。這兒，謹爲那些暴屍天橋刑場可憐卑微的「白麵鬼」靈魂請命。

在北平半月，我完全著便衣，而且多半時間是抱著秋兒在街上走。

說到日本特務機關的指使，製造事端，那是述說不盡的。大者如二十四年「河北事件」後，他急速導演出漢奸殷汝耕的冀東政府，就在離北平四十里的通州，你說氣不氣人。小者，則在南北各地，七處冒火，八處冒煙，層出不窮鬧事情，於是，民二十五年八、九月間，一連串發生了「成都事件」，「北海事件」，「漢口事件」，「上海事件」，無非是日本僑民、水兵、警察跟中國人民的糾紛、衝突。而最特殊的，莫過於民國二十三年六月南京的「藏本事件」。當時，京滬報紙紀之甚詳。後世歷史，當指出此是「大日本」的羞辱。

這類事情，即令一個探討「中國現代史」，或「中日關係」的高級研究生，在博士論文撰述中，再也不會接觸到的。遍查手邊有關書册，一絲蹤影也尋求不到。在壽堂記憶深處，則是事相猶新，但向我年歲相若的人士提起，誰也創痛猶新，好難忘記。

駐南京的日本總領事館副領事藏本失蹤了。

天大新聞，由於中國人之排拒日本，對日本極端的不友好，乃至野蠻的殺害了日本的外交官，（日本朝野硬要如此編排中國人）這種罪行，那還了得。南京城的中國軍警、情報人員、外交官、地方行政人員、保甲長，乃至各級學生，都緊張得要命。全中國各地的報紙，這一個星期裏，都擠滿了有關藏本的新聞。可是，導演這件事的日本人，他們幾個同謀者卻竊竊訕笑不已。而且深信藏本必能效忠天皇，執行這項自己尋死，以誣賴中國的秘密任務。他們只等中國人在那兒搜尋到了藏本的屍首。且看怎樣懲兇、賠款、道歉，訂下屈辱的條件罷。

藏本才三十多歲，他是躲藏在紫金山的岩洞裏，紫金山又名鍾山。陽面半山爲中山陵。中山陵以外山麓，不管是去天文台，還是上天保城，都很荒涼，很少人行。至於山陰面，以少見陽光，更是陰邃暗黑，你如獨在那兒，縱使有的地方可遠望南京城，長江風光，彷彿就在腳下，然而可望不可及。紫金山雖非太高大、幽曲，如果獨自一人，即令大白天，走在這兒仍然有恐怖感。朝夕野狼出沒。白日餓鷹盤旋高空。紫金山並非有綿延的山脈相貫，幾乎遇不見樵夫，也少有獵人。民國二十一、二年，壽堂曾有兩度獨自登臨，高處下看山陰，那幾分恐怖感，執筆寫述的此刻，已歷時六十多年，還未完全消釋。

不知當時策劃這項陰謀的日本特務機關，怎麼沒有把藏本弄死了，棄屍南京的荒郊野外，而後放出空氣，說藏本喜好遊山玩水，讓中國軍警在玄武湖、清涼山、台城、白鷺洲、雨花台各處，枉費精力的撞木鐘一番，而後導引到湯山、紫金山這個方向來，日本駐華大使盛怒，責怪中國人民反日情緒太高，中國政府無能，你怎地還找不到失蹤已經一個星期的藏本？我日本駐南京總領事館提供了這麼多線索，你定是不盡心盡力了。

藏本藏身紫金山岩洞，並未往死路上走。記得當時有新聞報導說，是因爲他有愛於中國。其實，乃是他不願這樣受愚弄。飢餓過甚，迫使他走下山，到明孝陵附近的小茶館，吃麵充飢，身邊無錢，主人也並未定要他付賬。但是，他覺得不好意思，把衣服上的金鈕扣扯下來抵賬——這準是甚麼制服。主人一定覺得這東西太貴重，不肯收，彼此言語不通，推來推去。也許，藏本寫了幾個漢字，說：「還要來吃。」藏本走後，主人覺得蹊蹺，夫妻倆一研究，起了懷疑，立即向警察機關報案。這樣，把藏本活生生的尋獲。記得當時新聞報導說，紫金山的中國狼群也發了仁慈心，沒吃掉藏本。試想，萬一有一群餓狼，把藏本吃得屍骨無存，那就甚麼蹤跡也無有啦。

由於藏本失蹤，幾天尋獲無著，中國政府所受的壓力太大。藏本既經尋獲，日本方面不容許舉行記者招待會，讓藏本儘量接受訪問，那就完全掀露底牌了。

很快的，藏本被送回日本。它誣賴中國政府未成，反而大大丟臉。說起來，這只是其時中日之間大大小小的糾葛，千千萬萬之間的一件，事隔六十多年，若非在此提起，即使學者專家，也難理會到此一事件。印象中，總以爲這是民國二十五年春夏的事，遍查手邊有關書册，都罕有記載，獨沈覲鼎「過去日本軍國主義的特徵」（載民國五十七年五月「百年來中日關係論文集」，此書係賀張群八十華誕而輯，無版權頁，不知出版者爲誰。），其中述及此事。說是民二十三年六月上旬發生。日方指稱係遭中國憲兵或藍衣社殺害，脅我如最短期不尋出，日軍將自採行動。我朝野寢食難安，憂慮萬分。時沈氏爲外交部亞洲司司長，迭與日總領事須磨周旋。事後，日本有吉大使、須磨總領事來部道歉。

另外的一件事，應是民國二十五年。天津附近的海河，時有浮屍出現。屍身都是中國男性苦力。當時，全國南北報紙都有報導。其時，報紙少有刊載照片，但是一些書報，新聞性、政治性、社會性、歷史性、綜合性的期刊，則多有刊出照片。

記得，這海河浮屍事件，見於報刊報導，前後有一兩個月，不過撈起掩埋，免污染河川罷了，並無甚麼其他處置，也沒有苦主出面理論。死的，似全是孤家寡人的流浪漢，且是異鄉客。多半是吸海洛英的窮鬼。北方社會，對這類人，向來莫不十分鄙視，把他們看爲下賤的，無可救藥的渣滓。人們也都隱然感覺得到，這與日本駐華特務機關的殘暴行爲，十分緊密有關。浮屍奇臭，水泡多日，莫不腐爛，誰都怕接觸到它。不像如今臺灣，如發現無名屍體，警察、法院、衛生機關、鄰里長，都要出面查究，仍然是昔日法治的觀念，「人命關天」，定要追究到底。可憐「白麵鬼」，當初頗有中產階級人士，橫遭沈淪至此。

日本在上海、天津、漢口，都有地面廣闊的租界，它的兵艦，就緊靠碼頭，它但要做甚麼傷天害理的事，兵艦擔任接運，黑夜辦理，你中國人無奈他何——要是日本天津軍營有日本陸軍、兵艦上有水兵，或是租界裏日本警察失蹤了，而海河浮屍中竟然有仁丹鬍子疑似日本人者，那可是驚天動地的大事，必然要鬧到南京外交部一刻也難安寧。

可憐中國人的冤魂，有誰來查問這筆舊賬呢？記得是民五十年左右，在臺北看到一部影片「怪談」，描繪宋元之季，海上作戰死難軍民的鬼魂，十分動人。隔不幾年，又看到一部香港影片，特去韓國拍攝，說的是中國往代鬼魂的戀愛與世事的糾葛，描繪深刻，並無陰森感。那麼，這海河浮屍事件，人世大悲慘，後代有心人可有以小說、影劇來描繪的麼？

民二十六年五月十六日，一早起來，我穿上軍服，還帶著雨衣手杖的，獨往南口，作居庸關之遊。平生首次登臨長城，展望北方，灰漠蒼茫，興感非常。

十八日下午五點多鐘，劉克讓和我同往前門外「探險」。當時，冀察政務委員會厲行禁毒政策，天天抓了吸海洛英的可憐人犯，送到天壇外空地槍斃；而對於日本人、高麗浪人之公然販毒，無可奈何；還有那有勢力的官商，販運毒品，也管他不著。**這是日本軍閥借刀殺人，太侮辱我中國了**。克讓那時在燕京大學新聞系當研究生，經常給上海「新聞報」寫稿，報導北平城的光怪陸離，揭發敵人的醜惡。平津報紙那敢就地報導？只好裝著沒看見了。克讓對我說，我且引你來看罷，氣人的事還在後頭。

前門外，素來是北平城繁榮的，也最有意思的地方，買日用品，尋古董珠寶，吃喝玩樂，前門大街，打磨廠，大柵欄，八大胡同，楊梅竹斜街，天橋……，自從這一年多的「華北特殊化」以來，這些地方完全變了樣子，不少的門戶上有了一盞紅燈，表示此地有我「大日本帝國」的德政，也是北平警察給善良小百姓的警告：此地危險，當心送命！

拿北京大旅社爲例。這是一家舊式旅社，依他的房舍和陳設看，大約是清末民初開張的。以前我們都住過這樣的地方，接待親切，賓至如歸，它不會像上海同等旅社之使人煩雜不安，茶房一再慫恿你叫個姑娘。可是，如今有了鄰邦的德政，它大大的改變了。

大門口一下也不能乾淨，各色人等踐踏的塵埃；成天到晚，川流不息的人，出出進進——這不是大熱天嗎？來往這裏的人，一個個，面容蒼白，賊頭賊腦，縮肩曲背。你一眼看去，只覺得他絕非善類；再仔細觀察呢，他們好可憐哪：一個個是那麼乾癟的臉嘴，欲哭無淚的神氣。也雜有衣履入時的男男女女，這一部份人，區分起來只有兩類：

一、是那欲哭無淚者的後備軍。

二、恬不知耻的中國人，他是給敵人來做幫兇的。

像我跟克讓這樣「探險」的觀光客，絕無而僅有。我們也忒大膽了，**這樣無法無天的地方，在光天化日之下，隨時可以勒索、綁票、暗殺，毀屍滅跡。這樣大黑店，儘有人做情報。日方的特務機關長很欣賞這類地方。**

請看：

一上臺階，屏風上都是日本廉價商品廣告。

空氣悶沈沈，燒得熟透了的鴉片煙，也好奇臭無比。

賬房內的人，個個橫眉怒眼，歪痞下流，是人很難纏的那一路數。弄不清，他究竟是中國人、日本人、高麗人？只有一點，顯得極清清楚楚：他們跟這北平城，絕不相契合。而在這古城的「日本皇軍」，陶然於自己為天之驕子，輕視衆生，也不見得會瞧得起這　類份子。果眞這樣嗎？也很難說。土肥原旣為特務機關長，也當了威武顯赫的師團長。日本軍閥太情急了，恨不得在睡夢之間呑沒全亞洲，豈止志在中國而已哉？所以，他們盡量的不擇手段。

這裏，有各式各樣的賭博。最多的是押寶，來得快麽？讓你每個財迷心竅的人，無不輸得一精二光，然後，下水了，上了賊船，爲非作歹，難以拔足。

不少人來買海洛英的。他自己吃，他轉賣這海洛英，乃是他領來的一筆「經費」，一筆「犒賞」，是一件情報，或一個傷天害理的行爲換取得的。

就有吸白麵的人，在角落，在過道，「打高射砲」，把海洛英毒品粉末兒敷在香煙頭上，仰面朝天的大抽特抽——要是在這紅燈屋子以外，警察抓了去，馬上有槍斃的危險。癮君子多麽感謝日本人的庇護。

好幾個有姿色的女子，在一間有門帘的房間，讓那好像醫生或者護士樣的人在她們手臂、大腿或者身上任何一處扎嗎啡。國人不會健忘罷？抗戰前夕的北方，不知有多少腐敗官僚，巨商大戶，**他給日本人毒化得抽大煙、吃「白麵」都不濟事，而要一天扎幾次嗎啡，才活得下去**。當他發了癮的時際，會變得比禽獸還不如，操縱他的人，要他幹甚麽，他就幹甚麽。甚麽寡廉鮮恥，傷天害理，對不起自己，對不起國家社會的事，他都做得出來。抗戰之初，我們在第一線，稍一注意，就可捕到爲日本人偵察軍情的白麵鬼，他出賣國家，愧對祖宗，可並沒領到「皇軍」半文錢，只是一小包白麵弄得他當漢奸，在陣前受到軍法制裁。你恨他嗎？他實在是太爲可憐。

劉克讓兄以精於此道的姿態，引導我直往裏走。我們經過了許多雅座，有女侍前來，招待我們以貴賓的禮節，飲畢一盅細茶，她們端上了精緻的鴉片煙盤，紅木的，玉石的，鑲銀的；並且，另有兩位青年女子在我們眼前幌了一幌，媚眼丟過來，準備前來殷勤侍候……，我再也裝佯不下去了，掏了一塊現洋在煙盤上，起身就走。

走出了紅燈戶，我告訴克讓以中心的感受。驚濤駭浪，槍林彈雨，我都有勇氣，且早經考驗過了；這不到半小時北京大旅社的經歷，我只感到厭惡極了，恐怖極了，憤慨極了！，克讓告訴我，前門外，這種紅燈戶多的是。

這是，**敵人當年要打敗中國的許多惡毒下流作爲之一**。不曉得有那位史家注意沒有？諺語有道是：害人反害己，害不住人家害自己。這世代相傳的老古話，眞是一點也不錯的。後來咱們發現了，有不少日本特務機關的人員，也染上這些惡毒嗜好而不克自拔。如此可怕、悲慘的北平前門外，卻仍有人視而不見，望望然而去之，但陶醉於藝術之宮，象牙之塔，好教壽堂內心啼血，萬分感慨！屢次北海公園，看那志氣軒昂的青年男女學子，爲九龍壁的寫生繪畫。後來，民五十四年春天某一個晚上，陪張秀亞大姐在臺北中國文藝協會講課，偶然談起當年日本人在北平城的胡作非爲。這是太應留下詳細的記載，還希望有人專以此主題寫爲長篇小說。這絕非要記恨，只是要後人勿忘歷史上的苦難。還有，抗戰之初，舉國同仇敵愾，**北平的莘莘學子們，百分之百的都奮身而起，勇戰敵前，不知多少祖國的孩子們，齊爲國殤**！雜憶寫述到此，我內心無限的崇敬、悲愴交集。

抗戰前夕，這半個月北平城的居留，也有其悠閒之一面。

我極其滿意的看了張大千、于非厂的畫展。

黃昏之後，伴了青漫遊中南海、北海，而後去北平圖書館大閱覽室，領味夜間溫馨寧靜的情味。

東城、西城朋友家裏拜訪作客，談起話來，雖也浩歎北平城的形勢，卻還是打哈哈的時候多。北平城，不是砲火當頭，它總令人意興逸然。「日本皇軍」腰帶刺刀，一分隊一小隊的遊公園，逛市場，走大街，他隨時可逞兇行蠻，中國軍警管他不著。如上所述，我們習繪畫的學生，卻不計血腥刺刀在旁的威脅，仍然一心一意在北海描繪那九龍壁。趾高氣揚的皇軍，硬是圍繞著無畏的學生們，看他作畫。詩人文士們，也仍然喜歡在中山公園來今雨軒，以文會友。

有一件事，是今天想來覺得遺憾的。在北平的歲月，我太把時間多放在市場的尋書，圖書館的閱讀，北海和中山公園的遊息，而少有觀賞平劇。這次特別看了三次戲：楊小樓、郝壽臣的「野豬林」，尚小雲的「漢明妃」，金少山的「刺王僚」，看得快慰之至。楊小樓唱做都到了爐火純青的境界，他的表演，無一不美，不動人——我撰文追憶的現在，忽起一奇想：日本軍人如懂得中國話的，假設他看過十次楊小樓的演出，那麼，他無理逞兇行蠻的「皇軍」性格，是會隱然變化的，而復歸其標準的武士道。民國八十年間，中國大陸的一部出名電影，果有如此的描繪。金少山豪壯極了，那怕他嗯哼一聲，那充沛有力的音響也籠罩了全場。

「廢郵存底」這部書，是其時沈從文跟蕭乾主編「大公報」「文藝」週刊，跟青年人談生活，談寫作，信函，短文的集結。隨手拈來，**坦誠風趣，有深度，文辭簡鍊平白**。那天，我先去看了蹇先艾，談當代中國文壇。去北海，松坡圖書館小覽。方去西城看沈先生，那是他的工作場所，有幾位同事幫助他，是在編纂甚麼。我倆整整談一下午。他親切文雅如舊，說我還是八年前那樣年輕、漂亮。談軍隊事，說兵士是可愛的，勸我作好黨員，要好生幹。老作家只十幾位了，可是埋頭努力的無名作家很多。承他盛情，特地走東城，福生食堂晚餐。臨別，見他背微駝，飄然遠引，消失於人群中。時，他年三十六，大我十歲。

回曲陽前，先送青、秋兒母女倆，住進道慈診所就醫。青有婦科病，婚後，生了兩個孩子，如今得女醫生悉心療治，實在是太好的機會。這診所，是孫東衡兄在北平東城的家。醫療事務通由東衡夫人一手處理。青在這兒，成爲孩子們的朱大嬸。孩子們都是秋兒的大哥哥、大姊姊。朝夕相聚，七彩人生，無限溫馨。孫大嫂教導，我去買了一個專屬婦產科用的醫療器材——子宮鏡，又名鴨嘴，它是用來張開女性生殖器，以利檢查、洗滌、療治疾病。那天下午，孫大嫂還特地讓青爲實驗體，讓我看她的疾病徵候，指導我如何使用。這，多少使我有點尷尬。

這一個多月，青經歷了北平城的家庭生活，確是好可貴的。她跟秋兒，留下了在道慈診所門前的兩張照片，也是十分可貴的北平歷史文獻。

國家圖書館出版品預行編目資料

壽堂雜憶 / 朱介凡著. -- 初版. -- 臺北市：文史哲，民 88
冊：公分. --(文學叢刊；91)
ISBN 957-549-236-6 (平裝)

1.朱介凡 - 傳記

782.886 88012315

文學叢刊 ㉑

壽堂雜憶（上下冊）

著者：朱介凡
出版者：文史哲出版社
登記證字號：行政院新聞局版臺業字五三三七號
發行人：彭正雄
發行所：文史哲出版社
印刷者：文史哲出版社
臺北市羅斯福路一段七十二巷四號
郵政劃撥帳號：一六一八〇一七五
電話 886-2-23511028・傳眞 886-2-23965656

實價新臺幣八〇〇元

中華民國八十八年八月初版

ISBN 957-549-236-6